KB248229

억울한 사람이 없는
정의로운 세상을 꿈꾸는

___________ 님께

자유민주주의의 종언, 그리고 공화자유주의

# 프리덤과 리버티

자유민주주의의 종언, 그리고 공화자유주의

# 프리덤과 리버티

**발행** 2025년 12월 11일
**지은이** 허명환
**펴낸이** 모두출판협동조합(이사장 이재욱)
**펴낸곳** 모두북스
**디자인** 최남식

ⓒ 허명환, 2025

**모두북스** 등록일 2017년 3월 28일 등록번호 제2013-3호
**주소** 서울 도봉구 덕릉로 54가길 25 (창동 557-85, 우 01473)
**전화** 02)2237-3301, 02)2237-3316 팩스 02)2237-3389
**이메일** seekook@naver.com
**ISBN** 979-11-89203-67-2(03340)

*책값은 뒤표지에 씌어 있습니다.

# 프리덤과 리버티

자유민주주의의 종언,
그리고
공화자유주의

허명환 지음

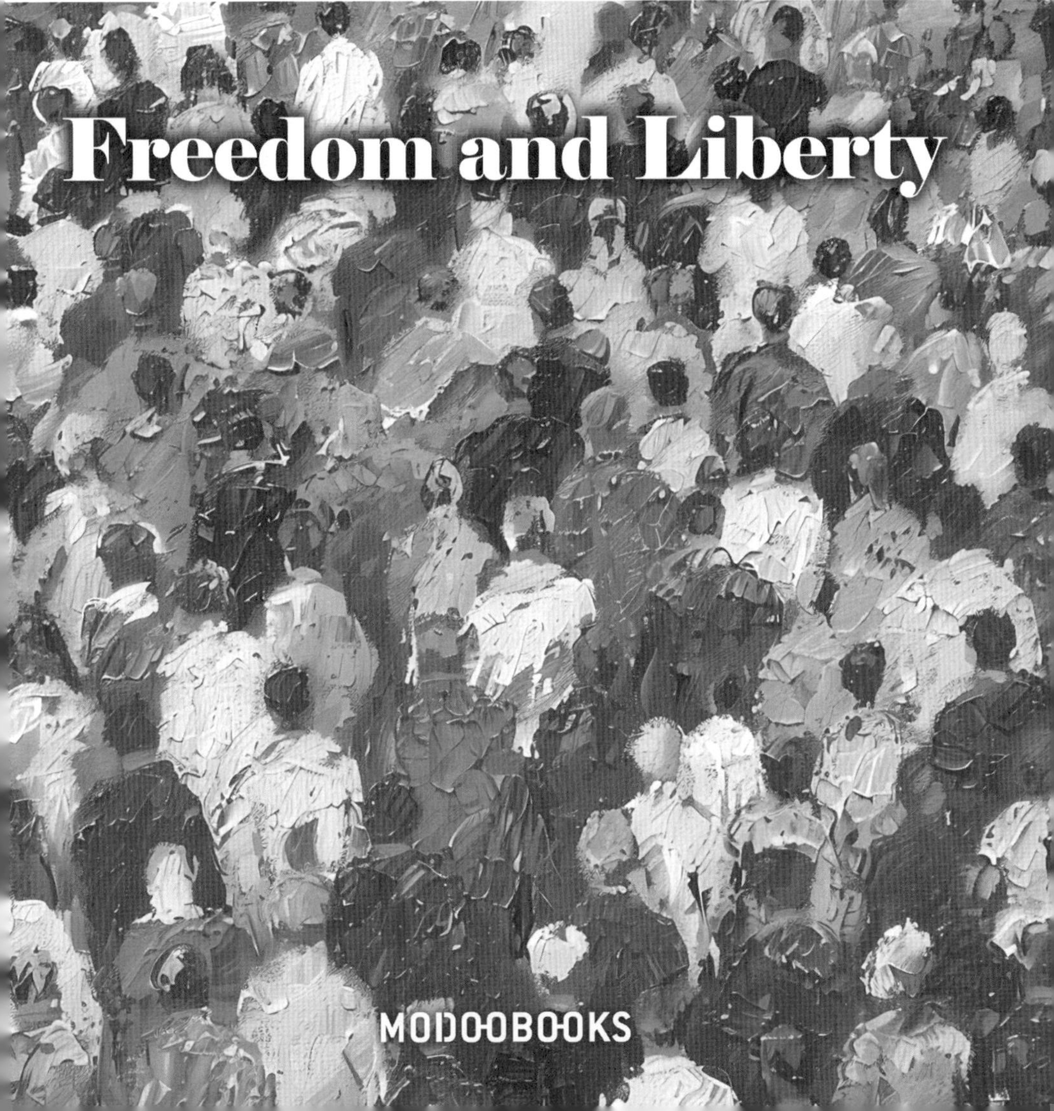

# 독자께 드리는 말

공직생활을 하던 중 정치권의 인재 영입 제안으로 정치에 발을 딛게 되었다. 공천심사위원회를 통과해도 발표 때 바꿀 수 있는 것이 우리나라 정치판이다. 매관매직에 생리적으로 거부감을 갖는 공직자가 공천 과정의 장난을 극복하기란 무리였다. 하지만 선거를 통해 세상을 온몸으로 부닥치면서 정말 많은 인생 공부를 하게 되었다.

사랑을 알고 싶으면 연애를 하고, 인생을 알고 싶으면 정치를 하라고 한다. 남녀노소를 도시, 농촌, 산촌, 어촌에서 길흉사 등 다양한 활동을 통해 만나면, 사람이 어떤 모습으로 한 평생을 살아가는지, 사회의 구조가 어떻게 작동하는지 등이 머릿속에 그려진다. 호랑이는 죽으면 가죽을 남기고 사람은 죽으면 명성을 남긴다는 말이 절실하게 다가온다.

"세상에 못 믿을 것이 사람이지만 그래도 믿을 게 사람이다", "마당에 뛰

———

어노는 닭들도 모으려면 손바닥에 쌀알 몇 톨 있어야 하는데 머리 검은 인간이 맨입으로 모아지나", "열 길 땅은 파보면 알지만 한 길 사람 속은 정말 알 수 없다", "밥 한 끼 사 줬나", "토박이를 조직책으로 해야 배신 못 한다", "말 잘하는 사람 믿지 마라, 저쪽에 가서도 그런다", "사기는 예고가 없다" 등 선거판 표현을 체감하였다. 언제나 내 주머니 속에 있는 것 같지만 돌아보면 저쪽에 가 있는 것이 민심이다. 뜨거울 때는 불에 델 듯 뜨겁지만, 차가워지면 얼음장보다 더 차가운 것이 민심이다. 그래서 권력자는 항상 민심을 두려워하고 권력 휘두르기를 조심해야 한다. 조자룡 헌 칼 쓰듯 권력의 칼을 휘두르면 그 칼이 자기 목 치는 것은 아차 순간이다.

차라리 전쟁이 선거보다 쉽다고 느꼈다. 눈앞의 알량한 이익에 인간관계는 헌신짝이 되어버리고, 평소에 소주잔 기울이고, 등산 같이 가고, 길흉사 찾아가도 막상 선거 때면 자신의 이익을 좇아간다. 인간은 자신의 행동을 합리화하는 속성이 있다. 변절자는 반드시 명분을 내세운다. 없는 사실로 모함하는 중상모략도 서슴지 않는다.

더욱 놀라운 것은 배를 채우면 다시 배실배실 웃으며 다가온다는 것이다. 승리자는 상대방에게 고소 고발부터 지역에서 왕따까지 온갖 비열한 보복을 시전한다. 중국 춘추전국 시대의 기기묘묘한 배신과 반간계와 이간계가 횡행하듯, 멀쩡한 내 편인 듯 웃으면서 사정없이 뒤통수를 내리치는 배신을 당하며 인간은 정말 탐구의 대상이라고 생각했다.

정치란 합법적이고, 합리적이고, 논리적이고, 효율적인 사람은 하지 말아야 한다. 인간은 비합법적이고, 비합리적이고, 비논리적이며, 비효율적인 경우도 많기 때문이다. 보통선거권은 수많은 사람이 피를 뿌려서 얻은 자유민주주의의 결실임에도, 포주라고 만나기를 꺼리고, 사기꾼이라고 회피한다면 정치의 예술적인 측면을 모르는 것이고, 알더라도 받아들이지 않는 자기 고집에 불과하다. 그렇지만 막상 배신이 횡행하는 현장에서 돈 몇 푼이나 흑색선전에 넘어가는 표를 보면 깊은 회의감이 드는 것도 사실이다. 자유로워도 너무 자유롭다는 생각이 든다.

천상천하 유아독존이기에 나의 자유에는 한계가 없는 것일까? 민심의 밑바닥 경험을 바탕으로 고전에서부터 현대까지 정치철학과 도덕철학에 대한 수많은 책을 읽었다. 문득 대한민국이 부닥치고 있는 문제점의 근원이 '자유'에 있지 않을까 하는 의구심이 들었다. 그리하여 프리덤과 리버티라는 용어가 다르고, 이 두 용어에 대해 서구 정치철학도 깊은 연구가 되어 있지 않음을 알게 되었다. 고전과 양서, 그리고 밑바닥 경험을 바탕으로 본격적인 '자유'에 대한 연구를 시작했다. 서구 정치철학에서도 본격적으로 연구되지 않은 주제이기에 전인미답의 경지를 더듬는 경우도 많았다. 작년부터 그 연구결과를 정리하여 발표해야겠다 생각하고 집필을 시작하였다.

그러던 중 2024년 12월 느닷없이 비상계엄령이 하룻밤 동화처럼 나타났다 사라졌다. 비상계엄의 목적이 자유민주주의를 지키기 위해서라는 주장에 "정말 큰 일 났구나"라는 심정이 들면서 집필을 서둘렀다.

자유란 제멋대로 하는 개념이 아니다. 프리덤과 리버티는 엄연히 다른 개넘이기에 구분하여 사용하여야 한다.

'자유'라는 엉성한 단어로 양자를 뭉뚱그려 사용하며 전가의 보도인 양 활용되어서는 안 된다. 대부분의 정치인과 학자들은 자유민주주의는 인류의 최종 이념이라는 역사의 종말을 믿고 있다. 그러나 정치철학은 고정된 교리가 아니다. 자유민주주의는 끝이 났고, 또 끝을 내야 한다. 공화자유주의로 진화되어야 한다. 이 책은 그 스토리를 정리한 것이다.

정치 현실과 경험을 바탕으로 고민하고 분석 검토하였기에 본격적인 정치철학서는 아니다. 그러나 많은 고민과 자료를 수집하며 정리한 프리덤과 리버티의 연구는 서양 정치철학도 도움을 받을 수 있으리라 확신한다.

하물며 대한민국에서야 오죽하겠는가!

2025년 11월

위혈(韙翅) 허명환

# 차례


독자께 드리는 말 _4

## 제1장 넘치는 자유 _13

1. 자유민주주의의 성공 _20
2. 자유민주주의의 그림자 _26
3. 역사의 종말 _45

## 제2장 자유의 탄생 _51

1. 고대의 자유 _53
2. 중세의 자유 _63
   가. 의회의 구성 _66
   나. 양심의 자유 _68
3. 혁명의 시대 _80
   가. 자연권 사상 _81
   나. 영국혁명 _87
   다. 미국혁명 _89
   라. 프랑스혁명 _94
   마. 1848년 혁명 _98

## 제3장 고난의 자유 _105

1. 제국주의(Imperialism) _107
2. 공산주의 _118
3. 파시즘 _124

4. 인종주의(Racism) _ 130

5. 성차별 _ 134


# 제4장 프리덤과 리버티 _ 141

1. 발육 부진의 자유 _ 144

2. 프리덤과 리버티의 발생 _ 154

　가. 프리덤 _ 158

　나. 리버티 _ 162

3. 프리덤과 리버티의 관계 _ 167


# 제5장 리버티의 승리 _ 175

　가. 자연상태라는 가정 _ 177

　나. 사회계약론 _ 181

　다. 가치와 사실 이원론 _ 183

　라. 정의론의 진화 _ 190

　마. 다수결주의 _ 197

　바. 신교의 길 _ 200

　사. 이성의 간계 _ 202

　아. 도구적 이성 _ 205

　자. 실존이 본질에 앞선다 _ 207

　차. 시장경제의 확산 _ 210

　카. 도시의 역설 _ 211

＿＿＿＿＿

# 차례


## 제6장 프리덤의 반격 _217

1. 반격의 논거들 _220
   가. 자연상태의 허구성 _221
   나. 사회계약의 허상 _225
   다. 가치와 사실 일원론 _228
   라. 이성의 사실 _237
   마. 정의의 무력함 _239
   바. 다수결의 전제 _243
   사. 자유는 권리인가 _250
   아. 자연권의 한계 _253
   자. 도덕적 해이 _256
   차. 본질이 실존에 앞선다 _258
2. 프리덤의 정체성 _262
   가. 아담 스미스와 루소 _265
   나. 공화문명체 _269

## 제7장 프리덤의 규범 _277

1. 규범의 원천들 _283
2. 공감의 프리덤 _297
3. 마땅함으로서의 정의 _311
   가. 정의는 자격 _312
   나. 중립화 정의론 _323


   프리덤과 리버티

**제8장 공화자유주의** _333

  1. 비개인주의 정치철학 _336

  2. 공화주의 _349
    가. 스키피오의 꿈 _354
    나. 공화주의의 진화 _362

  3. 제1덕목 _371
    가. 상호존중 _388
    나. 진실 _393
    다. 명예 _397
    라. 가족 _403

  4. 공화자유주의의 정의 _412
    가. 생애귀족제도 도입 _415
    나. 검사응보제 도입 _418
    다. 배심원제 전면 도입 _420
    라. 정치숙려기간제 도입 _422
    마. 고위공직자 상징 태형제 도입 _424
    바. 고위공직자 정책철학 개혁 _426

**제9장 맺는말: 자유민주주의의 종언 이후** _431

  찾아보기 _440

제 1 장
넘치는 자유

하나의 유령이 대한민국을 떠돌고 있다, 유물론이라는 유령이.

머리를 하늘로 둔 모든 인간은 이 유령의 성스러운 사냥을 위하여 동맹을 맺었다. 어차피 돈을 버는 것이 목적인 사업가야 그렇다 치더라도 돈과는 거리가 있거나 있어야 할 세력들, 정치인, 법조인, 고위공직자, 교수, 종교인, 문화예술인이, 게다가 젊으나 늙으나, 남자나 여자나, 잘 생기나 못 생기나, 이 유령을 사냥하려고 암암리에 배반의 동맹을 맺고 있다.

마르크스와 엥겔스가 1848년에 발간한 「공산당 선언」에서 주장한 공산주의 실험은 수많은 생명과 피와 눈물을 이 땅에 뿌리고 실패로 끝났지만, 현실은 그들이 지적한 자본주의 사회의 문제점은 정확했다는 것을 인정할 수밖에 없게 만들고 있다. 마르크스는 하부구조가 상부구조를 결정한다고 말했다. 하부구조에는 생산양식, 생산관계가 있어 이것이 상부구조인 정치, 사회, 문화, 종교 등의 지배관계를 결정한다는 말이다. 쉽게 표현하자면 돈 앞에 장사 없다는 의미다. 유물론은 공산주의 이론의 주된 비판 대상이지만 실패한 공산주의라 하더라도 마르크스의 이 주장은 여전히 유효하지 않은가? 오히려 날로 강력해지고 있는 것이 작금의 현실이다. 실로 마르크스는 도덕주의자의 밑바닥에 깔린 100톤의 다이너마이트를 폭파시켰고 우리는 지금도 그 엄청난 굉음의 메아리 속에 살고 있다.* 비록 그는 런던 북쪽 하이게이트 묘지의 위치 좋은 교차로에 넓게 땅을 차지하고는 지금도 당당하게 "만국의 노동자여, 단결하라"고 외치며 편안하게 잠들고 있지만, 그가 주장했던 유물론이 21세기 대한민국에서도 이렇게 영향을 미치고 있는 것이다.

언젠가부터 '얼마면 돼?'가 유행어가 되었다. 상대방에게 지울 수 없는 상처를 남기고도 오히려 당당하게 얼마를 주면 되겠느냐는 나쁜 남자가 인기를 끌기 시작했다. 경제적 능력 있는 사람만이 구사할 수 있는 언어가 된 것이다. 모든 것이 돈으로 환원되고 돈으로 해결되는 사회가 되고 있다.

마이클 샌델은 『돈으로 살 수 없는 것들』이라는 책을 내고 2012년 6월 아산정책연구원에서 특별 강연을 하기도 했지만, 우리의 현실은 돈으로 살 수 없는 것들은 나날이 줄어들며 유물론이라는 유령은 더욱더 거칠게 일상생

　　　프리덤과 리버티

활을 휘감아 돌고 있다.

　이런 현상을 신자유주의 탓이라고 한다. 소비자의 시각에서 공급과 수요 간에 일정 가격으로 제품이나 서비스의 양을 결정하는 시장균형을 최고의 의사결정으로 보는 시대적 흐름이 우리의 삶 모든 구석에 파고들었기 때문이라고 보는 것이다. 사회 각 분야를 생산자와 소비자 집단으로 나누고 수요와 공급에 의해 가격과 재화나 서비스의 양을 결정하는 분석 방법이 득세하고 있다. 주식시장, 노동시장, 외환시장, 상품시장 등 기존 경제학의 시장 접근법이 혼인시장, 출산시장, 육아시장, 교육시장, 뷰티시장 등 모든 부문으로 파고들게 되었다. '최소의 비용으로 최대의 효용을!' 이라는 교리가 금과옥조가 되고 전가의 보도가 되고 있는 것이다.

　공공경제학(public economics)은 정부 재정에 대해 미시경제학의 분석 기법을 적용하여 정부 부문의 비효율을 제거하자는 학문이다. 국민은 소비자로서 세금을 내고 행정서비스를 구매한다는 접근방식이다. 행정서비스의 공급과 주민의 수요 간에 적정 균형을 이루는 선에서 행정서비스가 공급되고 그에 소요되는 비용을 세금이라는 조세가격(tax price)으로 납부함으로써 공공분야의 비효율을 줄이자는 것이다. 공원의 쓰레기를 깨끗하게 줍고 조경을 예쁘게 하자거나 도로 포장과 차선 도색을 깔끔하고 안전하게 하고 싶다면 그만큼 세금을 더 내라는 것이다. 세금 내기 싫으면 쓰레기를 버리지 말고 차선 도선을 수년째 사용하여 흐려지더라도 참으라는 것이다. 같은 세금을 내더라도 무뚝뚝하고 불친절한 행정서비스는 사양하겠다는 것이다. 저가의 비용으로 양질의 서비스(less cost better quality)를 받게 정부의 효율성을 높이고자 하는 것이다. 그러면서 정부 부문의 비효율성을 감소시키고 재정의 효율성을 높일 수 있는 각종 정책들을 제안한다. 정부는 언제든 옳고 권위적이며 전권을 행사하는 지존의 존재로 인식하고 있던 관점에서는 획기적인 접근방식이다. 정부의 권위나 공무원의 불합리한 관례라는 것

*조지 오웰, 모든 예술은 프로파간다다, 조지 패커 엮음, 하윤숙 역, 이론과실천, 2013, 42쪽.

을 세금을 지불하면서까지 인정하고 국민이 받아들여야 할 여지를 없애는 것이다. 수요와 공급이 결정되는 곳에서 행정서비스의 량이 결정되고 그에 상응하는 세금을 내겠다는 생각에 누가 감히 반대할 수 있을 것인가! 어느 나라든 정권이 교체되면 효율성 기준으로 정부구조조정을 행하여 왔다. 미국의 2기 트럼프 정부도 정부효율성부(DOGE Department of Government Efficiency)를 두었다. 그만큼 인기 있는 접근방법이라는 말이다.

신자유주의 정치철학은 사람들을 자신의 선호 만족을 극대화하려는 합리적인 주체로 여긴다. 혐오, 역겨움, 모욕, 게으름, 능력 부족, 범죄 등을 포함하지 않고 합리적인 거래 관점에서 의사결정을 하는 철학이다. 오래 전부터 인정된 바람직한 관례나 가치도 비용과 편익으로 환원되어 계산되면서 정당성이 급격히 약화되었다. 그만큼 정이 없고 매몰차다는 말이다. 하지만 비용에 상응하는 서비스를 확실하게 보장함으로써 소비자 만족을 높여준 것은 사실이다. 관존민비(官尊民卑)라는 불합리한 권위 의식을 인정하지 않음으로써 서비스 접근이 용이해지고 개인이 존중받을 수 있게 되었다. 이 사상은 국가의 정당성을 국민의 자유 신장에 두고, 극단적 자유주의에 의한 자유의 제한은 '법의 지배'를 통해, 지나친 국가계획주의에 의한 자유의 제한은 '자발적인 시장기구'로 대치하여 목적을 달성하고자 한다. 문제는 이와 같은 시장 중심의 접근 방법이 무차별적으로 사회 각 분야를 파고들기 시작했다는 점이다. 정책 결정에 활용되고 있음은 물론이고 법의 영역까지 파고들어 사법 정의에도 활용되며, 문학과 예술 등 인간의 정서를 다루는 분야에도 스며들어 자리를 잡고 있다.

평생의 인연을 맺는 결혼도 혼인시장 방식으로 접근한다. 선남선녀가 서로 간에 흥정이 맞아 떨어지면 결혼이 성사되는 것이다. 성적 파트너를 사물처럼 바라보는 대상화(objectification)가 되어 개인의 특수성과 자율성을 고려하지 않게 된다.* SNS시대에 맞게 각종 남녀 간 인연을 맺어주는 사이트와 앱이 기세를 떨치고 있다. 출산도 마찬가지다. 임신 출산도 과학 기술의 발달로 시험관 아기라는 비용의 문제가 되었다. 아빠와 엄마의 사랑으로 엄마 뱃속에서 열 달을 교감하고 출산의 고통을 겪은 후 얻은 새 생명의 소중함이 유물론적 접근으로 바뀌게 된 것이다. 육아도 마찬가지다. 포유동물 중 출산 이후 자립 능력을 가질 때까지 시간이 압도적으로 오래 걸리는 육아 과정이 비용 편익 분석의 대상이 된 것이다.

아이를 한 명 낳아 기르고, 교육시키는 비용이 어느 정도 소요되는지를 계산하고 이 돈을 확보하거나 할 수 있는 구체적인 계획이 있을 때 아이를 낳는다. 육아 비용도 마련하지 못한 상태에서 출산은 무책임하다는 인식이다. 반론을 제기하기 어려운 것도 사실이다.

선남선녀가 동거생활에 들어가는 것도 유물론 접근방식이 적용된다. 동거가 혼인을 전제로 부득이한 경우에 허용되는 것이 관례였으나 이제는 젊은 남녀가 홀로 생활하면서 소요되는 경비 중 공동경비를 공유함으로써 생활비용을 줄이는 것이 합리적이라는 판단으로 기존의 관념이 바뀌게 된 것이다. 동거 생활을 하다 서로 확신이 들면 결혼으로 이어지고 그렇지 않으면 서로 쿨하게 헤어지더라도 그동안 생활비 절감의 이득을 공유할 수 있다는 것이다. 혼전 순결은 조선 시대나 빅토리아 시대에 존중받아야 할 덕목이 되었다.

외모지상주의(Lookism)가 전 세계적으로 빠르게 퍼지고 있는 것도 우연이 아니다. 외모는 더 이상 여성만이 추구하는 미의 대상이 아니다. 남성도 아름다움을 추구하고 그 아름다움은 자신만이 가질 수 있는 또 다른 부의 창출 수단이 된다. 자신의 미에 대한 소비 지출은 더 높은 수익성을 위한 투자가 되고 있다. 자연스럽게 뷰티 산업이 번창하게 되는 것이다.

교육도 선생님과 학생 간에 일정 금액의 교육비를 지급하고 그에 상응하는 교육서비스를 받는다는 유물론 개념으로 접근하였다. 교육행정의 비효율과 저생산성을 극복하자는 취지에서 공공경제학이 활용되었으나, 이제는 스승의 그림자는 밟지도 않는다는 스승의 권위는 사라지고 교육도 사고파

---

*마사 누스바움, 시적 정의, 박용준 역, 궁리, 2013. 97쪽.

는 개념으로 바뀐 것이다. 사정이 이렇게 되니 선생님도 노동조합을 결성하여 근로조건과 임금을 따지게 되고, 대학 교수도 교수협의회라는 노동조합을 결성하는 사회가 되고 말았다. 학생도 교육시장에서 소비자라는 인식으로 소비자 주권을 주장하기 시작하였다. 그 결과 학생인권조례를 법안으로 추진하게 되고, 선생님이 학생의 잘못을 지적할 수도 없고 조금만 학생을 부당하게 대했다고 생각되면 바로 학부모가 학교로 와서 시시비비를 따지고, 경찰 공권력이 교내에 수시로 출입하면서 학교는 학원보다 낮은 수준으로 떨어지고 말았다. 한때 "전부 도둑놈들이야"*라는 표현이 유행했었다. 사회 어느 분야든 고상하고 존경받는 직업을 가진 사람들이 직업윤리보다 돈에 집착하는 행위를 비난한 유행어였다.

정치 분야도 권위주의적인 관례를 깨면 신선하다고 호평을 받는다. 국회에 등원하면서 신사 정장 대신 캐주얼 복장을 입었다고, 등이 파인 짧은 원피스 치마를 입었다고 참신하다며 뜨거운 호응을 받았다. 하지만 그러한 행태는 그동안 수많은 선배 정치인들이 묵묵히 지켜온 관례와 전통을 한 입에 털어 넣은 것에 불과한 셈이다. 고객으로서의 시민, 소비자로서의 유권자가 되어 선거란 4년에 한 번씩 하는 쇼핑이 되어버렸다. 경쟁 상대보다 어떻게 하든 유권자 선택을 받는 것에 집중되면서 시장 좌판 수준으로 몰락하고 있다. 정치가 가치를 창출하고 국민을 통합하여 국가의 발전과 국민의 행복을 증진시켜야 한다는 본령을 외면하고 오로지 투표 순간의 선택을 장악하기 위하여 각종 비윤리적, 비도덕적인 행태를 보이고 이를 용인하게 되면서 정치가 공학적인 접근 대상으로 전락하게 된 것이다. 정치가 국가 전체를 잘 살게 하는 것이 아니라 철저하게 이권 연합으로 연결된 '프랜차이저 정권'으로 아프리카 세렝게티 수준의 원초적 먹이 다툼장으로 전락해버렸다.

정부는 저출산 고령화 사회에 대한 대응책을 여러 정권이 바뀌면서 수십 년 째 공통된 정책과제로 추진했지만 뚜렷한 성과를 내기는커녕 오히려 출산율 저하는 더욱 심각하게 진행되고 있다. 정부의 제반 사회문제에 대한 원인 진단이 틀렸을 수도 있지 않을까? 숫자로 표현할 수 없거나 가장 싸게 사서 가장 비싸게 팔 수 있다고 증명하지 못하는 것은 존재하지 않는 것이고 존재해서도 안 된다고 보는 신자유주의 탓으로 돌리면 충분할까? 보다 더 근본적인 이유는 없을까? 자유민주주의는 문제가 없을까? 자유민주주의가 성공했기 때문에 그런 현상이 빚어지고 있는 것이다.

* 'みんなとろぼうです' 라는 일본어를 은어로 사용하였다.

# 1. 자유민주주의의 성공

1945년 8월 15일 "서희는 해당화 가지를 휘어잡고 땅바닥에 주저앉았다. 그 순간 서희는 자신을 휘감은 쇠사슬이 요란한 소리를 내며 땅에 떨어지는 것을 느꼈다". 박경리의 장편소설 『토지』는 마지막 장면을 이렇게 묘사하고 끝난다. 그만큼 우리 민족에게 해방은 급작스럽게 찾아왔다. 미군정과 소련의 38선 이북 점령, 남한 내의 파업과 테러라는 악조건을 극복하고 대한민국은 1948년 자유민주주의 체제를 선택했다. 북한은 남한과는 전혀 다른 사회분위기에서 일사분란하게 공산주의 체제를 선택했다. 서독과 동독의 이념 분단과 실험이 동시에 한반도에서도 진행되게 된 셈이다. 돌이켜보면 혼돈과 격변의 시기에 대한민국이 자유민주주의 체제를 선택한 것은 민족사에 결정적인 영향을 미친 탁월한 결정이었다.

사실 대한민국 국민은 자유와 평등에 대한 강력한 지향성이 있는 민족이다. 일찍이 고려시대 신종 6년(1198년)에 '장상의 씨앗이 따로 있느냐'는 만적의 난은 1358년 프랑스 자크리의 난, 1381년 영국 와트 타일러의 난, 1648년 프랑스 프롱드의 난, 1773년 러시아 푸가초프의 난 보다 훨씬 일찍

발생하였다. 또한 1589년 '정여립의 난'으로 알려진 남녀와 신분 차별이 없는 대동(大同)사상과 천하공물(天下公物)이라며 누구든 왕이 될 수 있다는 하사비군(何事非君)의 공화주의 사상을 주장하다 참혹하게 도륙된 기축옥사는 영국 역사에서 높이 평가받는 1688년 명예혁명보다 100년이 앞서 발흥한 정치사상이었다.

당시 새로운 정치사상을 꽃피울 수 있던 조선의 인재를 정철은 동인과 서인의 당쟁으로 몰아 수백 명이나 살해하고 폐인을 만들었다.* 그런 그가 대궐의 맹호(猛虎)라며 조선시대 충신으로 거론되는 것은 참으로 아이러니하다. 새로운 정치사상을 서구 철학에만 의존할 것이 아니라 우리 스스로 충분하게 발전시킬 수 있었지만, 절대 무능군주의 전근대적인 통치의식 때문에 타고난 인재가 사장되었던 시기였다. 1894년 갑오개혁 때 신분제가 폐지되고 일본 식민지를 거쳐 해방이 되면서 개인주의는 비로소 우리 사회에 자리를 잡으면서 뛰어난 민족의 역량을 발휘할 수 있게 하였다.

1948년 새로이 건국된 대한민국은 토지개혁을 통해 농민에게 토지 소유권을 제공하여 자유민주주의의 기반을 다지기 시작했다. 3년 동안 겪었던 6.25전쟁은 역설적으로 자유민주주의의 기반을 오히려 다지는 계기가 되었다. 해방 이후 소련군이 진주한 북한은 공산주의 이념에 기반을 두고 지주와 자본가에 대한 가차 없는 숙청이 이루어졌다. 오갈 데 없는 가난한 청년을 자식처럼 아끼며 농사일을 돕고 한 가족처럼 살아왔지만, 팔뚝에 채워진 붉은 완장의 위력은 부모처럼 자상하게 대해준 은인을 죽창으로 잔인하게 처형하게 하였다. 공산혁명에 지주와 자본가는 처형 대상일 뿐이었다. 인민재판은 6.25전쟁 때 낙동강과 대구 포항을 잇는 남쪽 지역만 제외되었으나 나머지 북한군이 점령한 지역에서는 수없이 자행되었다. 유럽의 봉건제 역사에서는 도저히 찾아볼 수 없는 처절한 신분뒤집기 사례가 대한민국에서는 벌어졌던 것이다. 아무리 세상이 뒤집어져도 왕은 처형하지 않는다는 유

---

*신정일, 조선을 뒤흔든 최대 역모사건, 다산초당, 2007

럽 왕실의 불문율을 어기고 처형된 영국의 찰스 1세와 프랑스의 루이 16세
는 지극히 예외적인 사례다. 제 아무리 세상이 뒤집어져도 봉건영주와 소작
인의 체제가 유지된 것이 유럽의 봉건제도다. 상업과 공업을 통해 부를 축
적한 부르주아 계급이 새로이 등장했지만 소작인이 지주를 죽창으로 살해
하는 현상은 벌어지지 않았다. 하지만 6.25전쟁 때 북한공산군의 인민재판
으로 우리는 그런 경험을 하였다. 사회의 근본이 위아래가 완전히 뒤집어진
세상을 겪었던 것이다. 인류 역사에 사회 체제가 업사이드 다운되어도 이만
큼 극적이기는 어렵다. 이러한 경험은 그 후 '너는 뭔데' 라는 의식으로 남
아, 적어도 남보다 낫거나 우위에 서려면 반드시 실력이 뒷받침되어야 한다
는 사고로 진전되었다. 실력 중심의 인적 자원 충원 시스템이 국가와 사회
전반에 발 빠르게 자리를 잡을 수 있었다.

연줄을 동원해 고시에 합격했다는 추문은 애시당초 불가능했다. 국가 재
건 시기에 누구든 오로지 자신의 능력만으로 성공과 출세를 거머쥘 수 있었
다. 신분과 출신과는 무관하게 직업 선택의 자유가 있었고, 일정한 자격 시
험, 채용 시험을 통과하는 한 출세가 가능한 사회가 되었다.

1968년 정부가 발표한 『국민교육헌장』은 당시 국가발전의 정책과 목표를
잘 나타내 준다. "타고난 저마다의 소질을 계발하고~ 창조의 힘과 개척의
정신을 기른다"로 표현되는 부분은 압권이다. 아무리 가난하고 부모가 도시
무산자나 농촌 소작인이라도 열심히 공부하여 행정고시를 붙으면 시장, 군
수를 할 수 있었고, 사법고시를 붙으면 검사, 판사가 될 수 있었으며, 의대
에 합격하면 의사가 될 수 있었고, 외국에서 박사 학위를 취득하고 귀국하
면 대학 교수도 할 수 있었으며, 대기업에 공채 시험으로 합격하면 기업 발
전에 매진할 수 있었다. 사관학교에 합격하면 국가로부터 숙식을 제공받으
며 무료로 공부하고 장교로 임관되어 군인으로서 출세를 할 수 있었다. 아
무리 가난해도 구두닦이로 한푼 두푼 모아 초기 자본을 모으고, 그 돈을 장
사에 투자하여 부를 축적할 수도 있었다.

최근 TV에서 방영된 『흑백요리사』는 아무리 무명의 셰프라 하더라도 오

직 맛으로 블라인드 테스트를 통과한다면 부와 명예를 거머쥘 수 있음을 보여주었다. 상고 출신이라도 국회의원이 되고 대통령까지 될 수 있는 나라가 된 것이다. 어느 지역 출신이든, 부모 직업이 무엇이든, 반상 구분도 없었고, 성별 구분도 없었다. 대한민국의 급속한 발전은 이들이 이렇게 기회를 잡고 역량을 발휘함으로써 이루어낸 결과였다.

또한 6.25전쟁으로 인한 이념 갈등의 후유증인 연좌제를 폐지하였다. 해방 후 혼란기에 얼굴도 모르는 친인척의 이념 갈등 후유증이 지금 나의 인생 진로에 제약을 준 엄청난 억압의 굴레를 해제한 것이다. 6.25때 공산군에게 점령되었던 호남지역과 지리산 빨치산의 영향을 받을 수밖에 없었던 경상남도 지역 출신의 인재들에게는 인생의 꿈을 자유롭게 펼칠 수 있는 조치가 되었다. 불온서적이라 하여 금서로 지정되었던 『자본론』 등 공산주의 관련 서적에 대한 자유화조치가 시행되어 사상의 자유를 시행했다. 권위주의 정권 하에서는 대통령에 대한 비난은 형사처벌 대상이었으나 대통령도 자유롭게 비평할 수 있고, 각종 언론 출판의 자유와 표현의 자유도 시행되었다. 통금도 해제되었다. 유구한 중국의 역사에서 통금이 폐지된 것은 송나라 때였는데* 그것이 경제발전에 크게 기여했던 경험을 우리도 시행했고, 예상대로 자유로운 국가발전의 동력이 되었다. 해외여행을 하려면 정보기관의 교육과 심사 절차를 거쳐야 했지만 누구든 비행기 표만 구하면 자유롭게 해외여행을 할 수 있게 함으로써 국제화 시대에 걸 맞는 해외 교류를 추진할 수 있게 하였다. 또한 은행업 등 각종 제도의 자유화 조치로 명실공히 자유민주주의가 대한민국 발전에 혁혁한 공을 세울 수 있게 하였다. 학생들 교복과 두발의 자유화로 개성을 추구할 수 있도록 하였으며, 스포츠와 예술 등 다방면에서 개인의 역량을 최대한 발휘할 수 있고, 그것이 국내는 물론 세계적으로 역량을 인정받음으로써 한류 문화를 활짝 꽃피울 수 있게 하였다. 사회 전반에 걸쳐 개인주의에 뿌리를 내린 이와 같은 자유주의 정

*샤오젠성, 송나라의 슬픔, 조경희 임소연 옮김, 글항아리, 2021.

책 추진은 남의 간섭이나 지시를 배제하고 자신의 창의성과 역량을 최대한 발휘할 수 있게 하였던 것이다. 국가 간의 천연자원의 차이가 한 국가가 경제적으로 어려운 여건에 처하는 근본적 원인이 아니라는 점이 2차 세계대전 후 한국과 필리핀의 발전에서 얻을 수 있는 교훈이다.*

자유민주주의 체제를 채택함으로써 대한민국의 경제가 발전하게 되었고 국민소득 수준이 높아짐에 따라 국민들의 정치적 의식 역시 성숙해져갔다. 그동안 수많은 민주 인사들의 희생과 헌신을 통해 줄기차게 이어진 민주화 요구가 결실을 맺게 되었다. 국민의 생명, 자유, 재산 보호에 대한 인권 의식이 고양되었다. 율곡 이이(1536~1584)가 시무육조(時務六條)에서 "백성은 먹는 것을 하늘로 삼으니 먹는 것이 우선되고 나서야 교육도 가능하다"는 주장이 실현된 것이다. 민주화보다 산업화가 우선되어야 한다는 케인스의 논리가 대한민국에서 실현된 것이다. 케인스는 모든 사람이 고용되는 풍요로운 사회가 사상과 행동의 독립을 지키는 가장 확실한 길이고, 사상과 행동의 독립이 진정한 민주주의를 보장해준다고 했다.** 따라서 정치권력은 총구로부터 자라난다는 모택동의 말은 더 이상 유효하지 않게 되었다. 민주주의의 최대 장점인 권력 교체가 선거에 의해 이루어짐으로써 유혈이 아닌 무혈 권력교체가 실현되었다. 민주적인 선거제도에 의해 정권의 담당자가 평화롭게 교체되면서 종전 전제군주 시절의 왕이라는 이미지로 권위적인 정치적 파워를 행사할 수 있던 대통령의 이미지를 과거지사가 되었다.

민주주의 선거는 다수가 이긴다. 다수가 되기 위해서는 표의 외연성을 넓혀야 한다. 그러자면 종전에는 접촉할 생각조차 못했던 유권자들과도 만나야 한다. 이 과정에서 개발년대에 소외되었던 사회적 약자 계층들과도 접촉해야 되고 이들의 지지도 얻어야 다수가 될 수 있게 되었다. 개발년대 시절에는 최대 다수의 최대 행복이라는 공리주의 원칙에 입각하여 비용 편익분석으로 편익이 높다면 소수의 희생은 국가발전을 위해 부득이하게 감내해야 될 부분으로 인식하였다. 정부의 최대 보상이 당사자의 만족한 보상과는 거리가 있을 수밖에 없던 시기였다. 이제는 더 이상 그런 접근방식은 유효할 수 없게 되었다. 따라서 사회의 다양한 이익단체들이 자신들의 이익을 위하여 조직화되고 정치적 영향력을 행사하면서 유력한 정치인과 정치적 네트워크를 형성하고, 나아가 대통령과도 연결 고리를 만들 수 있게 되었다. 힘없는 약자도 표를 많이 모으고 결집할 수 있다면 권력에 동참할 수 있게 된 것이다. 개인으로서는 한 표가 미약하지만 결사체를 구성하고 그 지도부가 적절하게 정치력을 발휘한다면 상당한 정치적 이익을 얻거나 최소한 불이익을 받지 않을 수 있었다.

결사체 구성원이 되면서 내 표의 중요성은 새삼스럽게 인식되기 시작했다. 특히 선거가 팽팽한 접전일 경우 조직된 소수 중심의 이해집단들이 캐스팅 보트를 행사하는 경우가 많아지게 되어 이들의 정치적 권력이 다수를 능가하게 되는 경우가 발생하게 되었다. 하이에크가 지적했듯이 권력을 잡은 정치인은 수많은 집단들의 조직적 이해를 충족시켜주기에 급급하게 되어 오히려 다수가 소외되는 현실이 발생하게 된 것이다.*****

*존 롤스, 만민법, 장동진 외 옮김, 아카넷, 2009.
**케인스, 고용, 이자, 화폐의 일반 이론, 이주명 역, 필맥, 2009. 24장 마무리하는 글 : 일반 이론이 지향하는 사회철학에 대해.
***프리드리히 하이에크, 법 입법 그리고 자유3(자유사회의 정치질서), 서병훈 역, 자유기업센터, 1997, 13장 민주적 권력분립.

# 2. 자유민주주의의 그림자

세상사는 동전의 양면처럼 밝은 면이 있으면 어두운 면도 있기 마련이다. 자유민주주의의 괄목할 만한 성공도 그에 상응하는 후유증을 남기고 있다. 셀 수 없는 수많은 사람들이 서서히 스스로 유아독존 식으로 독재화되어 간다. 모두 비슷비슷하고 동등하며 끊임없이 작고 하찮은 쾌락으로 그들의 삶을 만족시키려 하는 사람들, 자신의 아이들과 친구들이 그에겐 전 세계의 인류가 되는 사람들이 되어 간다. 이런 인간의 무리 위에서 막대한 후견자인 국가가 그들의 운명을 감시하고 그들의 감사함을 확보하려고 위압적으로 서 있다. 품격을 부여하는 사회는 부를 경멸하고, 용기를 명예롭게 여기며 가족의 자부심을 더 강한 충동으로 받아들였었다. 그러나 개인주의와 상업주의가 사로잡은 사회에서는 이해(利害)가 유일한 가치 판단의 기준이 되었다. 힘이나 세력, 그리고 지위 상승과 부의 증대가 존재의 목적이라고 확신하게 되면 물질주의에 굴복하게 된다. 인간은 특징 없는 단순한 숫자, 즉 사회 체제에서 동일하고 서로 교체 가능한 존재가 되어버린다. 지능도 그에 따라 점차 줄어든다.* 우리는 자유민주주의 성공의 복수에 스스로를 노출하고 있는 것이다. 자유민주주의는 인간을 수단이 아닌 목적으로 대우해야 한다는 칸트의 목적의 왕국(Königreich der Zwecke, Kingdom-of-ends) 윤리에서 출발했지만, 권리의 우선과 선택의 자유로 받아들여져 다원주의와 상대주의의 정당화로 전용되었다.

그 결과 '모든 가치가 개인에게 달려 있다'는 인식이 확산되어 공동체의 도덕 기준은 붕괴되고, 공존의 윤리 역시 해체되었다. 공동의 목적 없이 자기 목적만을 우선하는 자유민주주의의 현실은 목적의 왕국의 이상을 구현하기보다는 그 이상을 타락시키고 있는 것이다. 그리하여 국가공동체는 이기적이고 고립된 자아들의 유치원 수준으로 전락되고 있다.

## 가치 붕괴

자유민주주의 성공의 가장 큰 후유증은 가치의 죽음이다. 가치 추구는 유치한 교과서 수준의 이야기가 되고 있다. 진정한 인간성과 윤리 도덕의 퇴조는 모든 자유주의적 운동으로 더 빨라졌다. 개인은 자유를 추구한다고 했지만 오히려 재산과 교역, 노동과 오락, 교육, 종교까지 철저하게 개인이 통제하게 되었다. 자신의 의무와 책임은 사라지고 인간의 권리만 내세우면서 도덕적 진공상태에 빠지게 되었다. 무엇이 옳은 것이며, 어떤 것이 좋은 삶이며, 아름다움이란 무엇인지에 대한 기준이 각자의 직관에 맡겨졌다. 따라서 너와 내가 동의하는 가치라는 것이 사라지게 되고, 그러한 가치에 입각한 사회질서의 유지 주장은 점차 입지가 좁아지게 되었다.

근대 철학이 현실적이고 실증적인 접근으로 정치화가 되면서 고전 철학의 가치, 목적 중심의 전통이 해체되고 급기야 근대성 위기를 발아케 하고 있다. 직관과 감정 우위의 정치철학과 정치의 융합이 서구의 정신적 위기를 야기시킨 근본 원인이 된 것이다.

니체가 "신은 죽었다"는 것은 존중받아 마땅할 과거의 방식이 점점 사라

*러셀 커크, 보수의 정신, 이재학 역, 지식노마드, 2018.

지고 있다는 의미다. 욕망과 적개심에 의해 자극된 자유 시민은 적나라한 편향성을 노정한다. 서로가 함께 살면서 함께 지켜야 할 가치가 사라지면서 이를 뒷받침했던 윤리나 도덕, 그리고 권위 역시 힘과 명분이 약화되었다. 존 롤스는 선에 대한 선택은 각자의 몫이고 과정만 공정하면 결과는 감내해야 한다는 정의론을 주장했다.

무엇이 좋고 나쁘다는 판단은 각자의 고유한 권한이니 너는 내 삶에 이래라 저래라 참견하지 말라는 행태로 귀결되었다. 육신의 끝없는 요구를 삼가는 것은 자연을 억압하는 것이 되고, 억압은 지배의 한 형태로서 진보적인 사상을 가진 사람과 의식을 고양하려는 사람에게는 적신호가 되었다. 욕구 충족이 우선이 되면서 명예라는 가치가 약화되어 사람들은 부끄러움에 둔하게 되고, 오히려 부끄러움을 지나쳐 뻔뻔스럽게 행동하는 것이 당당하고 충실한 삶을 사는 것인 양 받아들여지는 단계까지 이르게 되었다.

가족이 사라지고, 동네의 질서가 사라지고, 선후배 관계가 변하고, 직장에서 예의가 실종되었다. 직장 조직 질서는 상관없이 말단 직원이 사장에게 바로 메일로 의견을 보내고, 퇴근 보고 없이 시간되면 나간다. 상사면 상사지 내 인생, 내 시간에는 개입할 수는 없기에 퇴근 시간 이후나 주말에 카톡 업무는 금지된다. 공휴일은 내 시간인데 회사일이 아무리 바빠도 나갈 수 없다고 생각한다. 직장생활을 통한 자아 성취감보다 근로 제공에 따른 금전 거래 관계로 유물론화 되는 것이다.

천상천하 유아독존이 되니 세상 편해진다. 하지만 고삐 풀린 무한한 욕망으로 유한한 세상을 살아가지니 경쟁은 당연한 일이다. 아프리카 세렝게티 초원의 경쟁과 약육강식의 적나라함에 인간은 눈높이를 맞추고 있다. 거친 경쟁을 뚫고서 원하는 삶을 살고 싶으니 경쟁에서 이기기 위해 법이고 도덕이고 윤리고 관습은 뒷전이 된다. 욕이 배따고 들어오느냐다.

자유민주주의의 성공으로 가치가 죽게 되자 상대적으로 돈의 가치가 그 자리를 차지하게 되었다. 이런 현상은 신자유주의가 우리 생활 구석구석에 새로운 판단의 기준으로 스며들면서 더욱 강화되었다. 베이컨이 과학적으로 만들고 루소가 유행시킨 자연주의는 사회적 삶에서 정신을 배제시켰고 물질만 남게 하였지만, 이제는 과학이 아닌 돈을 전면에 내세우는 신자유주의가 우리의 생활 속을 파고들게 된 것이다.

토머스 홉스의 자연상태라는 가정이 시장경제에 그대로 적용되었다. "만인의 만인에 대한 투쟁"과 동일하게 시장에서는 오직 수요와 공급에 의해 돈으로 결정이 이루어진다. 시장경제야말로 전형적인 유물론이다. 마르크스가 제대로 지적했다. 역사상 문명의 존속을 위해서는 경제적 물질 조건의 제한을 받는다는 것을 꿰뚫어 본 것이다.

우리말에 '개처럼 벌어서 정승처럼 쓴다'는 말이 있다. 돈을 벌기 위해서는 자존심도 명예도 생각해서는 안 된다는 구실이다. "창기가 번 돈과 개 같은 자의 소득은 어떤 서원하는 일로든지 네 하나님 여호와의 전에 가져오지 말라"*는 성경 말씀은 구속력이 떨어지고 있다. 1719년 프랑스의 미시시피 거품 때 한 꼽추 사나이가 주식투기꾼들이 운집했던 캥캉푸아(Quincampoix) 거리로 매일 내려가 자신의 혹을 계약서에 서명하는 데 필요한 탁자로 빌려주고 제법 돈을 벌었다. 하지만 이러한 방법으로 번 재산이 그를 잘생긴 친구로 만들어줄 수 있었을까?** 지금은 달라지고 있다. 현대인은 생각도 없고 허약한 존재로서 눈앞의 즉흥적인 이득과 "장남의 권리를 한 그릇의 죽에 파는 것"을***최고의 도덕적 야망으로 생각하게 되었다.

돈의 가치가 높아지는 만큼 상대적으로 명예를 존중하거나 부끄러움을 피해야 한다는 사회적 덕목들이 경시되었다. 모세의 십계명 중 금욕과 질투 금지 조항은 효력을 상실한 지 오래다. 내가 보고 듣고 느낀 것 중에 무엇이든 내가 욕망의 대상으로 정하고 즐길 수 있기 때문이다. '너의 욕망을 비밀로 하지 말지어다'의 시대인 것이다. 오죽했으면 개발연대에 소설가 박완서

---

*신명기 23:18
**데이비드 흄, 도덕 원리에 관한 탐구, 강준호 역, 아카넷, 2022.
***창세기 25:34 야곱이 떡과 팥죽을 에서에게 주매 에서가 먹으며 마시고 일어나 갔으니 에서가 장자의 명분을 가볍게 여김이었더라

는 『부끄러움을 가르칩니다』라는 단편소설을 썼을까.* "서울 종로에 있는
온갖 학원에서 별의별 지식을 다 배워도 아무도 부끄러움은 안 가르친다.
모처럼 돌아온 내 부끄러움이 나만의 것이어서는 안 된다". 대학은 물질적
성공을 인간의 존엄성이나 행복과 동일시하는 사회의 가치에 절대로 반기
를 들지 않는다. 오히려 편승하고 나아가 부추기고 있다. 삶의 목적이 부자
의 모방에 있다는 말인가? 부유함과 풍요를 나타내는 것에 경의를 표할 수
있다. 하지만 동시에 부에 대한 경멸과 같은 숭고한 정념과 가치들이 공존
할 수 있어야 한다. 유물론의 유령이 겁을 내는 상대도 있어야 하는 것이다.

　우리나라만이 아니라 세계적으로도 도덕적 타락이 크게 진전되고 있다.
문제의 근원은 인간 내부의 무질서, 인간의 마음을 사로잡은 혼란이다. 거
짓과 참, 옳고 그름, 선과 악을 구분할 수 없는, 길 잃은 우리 세대의 문제이
다. 미국식 실용주의는 존경과 권위를 죽여 버렸으며 무차별적인 해방만이
골목대장 노릇을 했고 그것이 우리나라에도 그냥 휩쓸고 들어왔다. 도덕적
해이 현상이 만연하여 사회적 규범의 제어 능력은 약화되고, 수단과 방법을
가리지 않고 성과급으로 개인 이익 극대화를 추구하여, 달성된 부로 과시적
소비를 통한 귀족 생활의 흉내로 공동체의 가치를 붕괴시켜 버리고 있다.

## 희망 붕괴

　개인주의가 발전하고 민주화에 따른 개인의 인권이 강화됨에 따라 직관
주의 사고가 팽배해지게 되었다. 옳음과 당위에 대한 객관적인 도덕 준칙을
상정하고 따르는 것이 아니라 옳고 합당하다는 것은 각자가 분명히 알 수
있다는 입장이 널리 퍼지게 되었다. 즉 누구든 각자가 무엇이 좋은 지를 선
택할 수 있고 또 그것은 존중되어야 하기에 타인은 이에 대해 간섭을 하지
말아야 한다는 사고방식이다. 평생 독신으로 살더라도 비난하거나 비난 받
지 않아야 한다는 것이다. 기존의 유교 중심 윤리 도덕과는 크게 배치되었
지만 대한민국의 급격한 발전에 따른 세태의 변화라고 생각하여 받아들이
고, 나아가 존중해주는 분위기까지 생기게 되었다. 때마침 대한민국 사회에

불어 닥친 '정의란 무엇인가'에 대한 논의가 더욱 이러한 추세를 공고하게 해 주었다. 존 롤스의 정의론은 무지의 베일(Veil of Ignorance)을 전제로 사회적으로 최약자의 편익이 상승되면 정의롭다며 개인의 선택에 대해서는 간섭을 하지 말아야 한다는 주장이다.

개인주의가 팽배해지면서 서로의 의견이 다를 때 서로 상대를 존중하는 선에서 갈등을 피하는 슬기를 익히게 되었다. 각자는 나름대로 상이한 가치 평가 기준을 가지게 되고, 게다가 경제가 발전함에 따라 사회적 이동성의 증대로 자신만의 가치를 어디에서나 관철시키기가 점차 어려워졌다. 사적인 모임에서 정치적 입장이나 종교적 주장을 하는 것은 금기 사항으로 수용되면서 사적 모임이 깨어지는 것을 예방하는 슬기가 은연 중에 작동하고 있다. 각자의 입장을 존중하고 각자가 좋다고 생각하는 것과 추구하는 행복에 대한 간섭은 예의에 어긋나는 것으로 규범화되기 시작했다.

'지금 여기(now and here, hic et nunc)'라는 존재구속성이 인생의 전부라는 치명적인 경향만 강화되고 있다. 타인의 간섭 없이 지금 이 순간 나 자신의 감정에 충실하겠다는 것이다. 매 순간의 감정에 충실한 삶을 살다보면 인생 전체가 충실하지 않겠느냐는 지극히 단순한 논리에 서 있는 삶이다. 직관주의, 개인주의, 민주주의의 조합이 이루어낸 '거친 개인주의자들(rugged individualists)'의 세상이 되고 있는 것이다. '오늘을 붙잡아라', '현재를 즐겨라'라는 라틴어 카르페 디엠(Carpe diem)이 인기어가 되었다. 이 말은 고대 로마 시인 호라티우스(Horatius)의 시 구절에서 유래한 것으로** 불확실한 미래보다 지금 이 순간의 가치를 인식하고 현재의 삶을 충만하게 살라는 철학이었다. 지금은 즉흥성, 삶의 기쁨, 시간의 소중함을 상기시키는 표현으로 사용된다. 결국 오늘은 즐겁고 내일이 없는 개인의 삶은 가족, 공동체, 종교, 제도 붕괴에 일조하고, 누군가 희생과 노력으로 기존

*박완서, 부끄러움을 가르칩니다, 문학동네, 2006.
**Carpe diem, quam minimum credula postero(내일은 믿지 말고, 오늘을 붙잡아라).

규범을 복구하는 것은 가치가 떨어진다고 보는 슬픈 현실로 나타나고 있다. 세대 간 초역사적이고 통시적(通時的)인 질서의 사슬을 부수게 되니, 자기 조상을 잊고 살고, 후손에게 무관심하니 깨끗한 환경을 후손에게 물려주자는 구호는 귓전을 맴돌 뿐이다. 절약은 어리석은 짓이고, 오히려 미래의 소득을 당겨 지금 소비하는 것이 현명하다고 생각한다. 젊은 청춘들이 영원히 '지금 여기'의 자기 자신에게만 충실하자 하니 오지도 않은 미래를 위해 현실의 고통을 감내해야 할 출산은 당연히 기피하는 것이다. 현재의 오감(五感) 만족에 탐닉하게 되니 TV는 '먹방' 프로그램이 인기 있고, 클래식 음악보다 현란한 무용과 단순 리듬 반복의 대중가요가 더 인기 있다.

도덕적 비만과 욕구 자제력의 부족으로 인생과 세상에 대한 통찰력을 깨칠 수 없게 된다. 단적인 예가 고전 독서의 결핍 현상이다. 영국의 사회비평가 러스킨(John Ruskin 1819~1900)이 『참깨와 백합』에서 설파한 "책이란 지난 시대 최고의 교양인들이 우리의 정신적 삶을 지배할 지혜와 교훈을 담은 것"을 의미한다. 한 시절 물거품 같은 인기에 영합한 책을 고전이라 할 수 없음에도, 매스컴을 통해 인기인이 쓴 책을 읽는 것이 독서라고 알고 있는 것이 현실이다. 고전 독서를 통해 '지금이 아닌 과거', '여기가 아닌 다른 곳'에서 벌어진 삶을 반추함으로써 인생의 지혜와 슬기를 익히고 이를 바탕으로 가치를 고민한 행동을 하지 않는다. 단지 '내가 원하기 때문에' 혹은 '좋다는 느낌이 들기 때문에'가 행동의 이유다. 20세기 중반 미국의 콜럼비아 대학과 시카고 대학에서 주도했던 고전을 읽자는 『그레이트 북스(great books)』 프로그램은 실패하였다. 당시 유행했던 실용주의와 포스터 모더니즘은 시민적 가치의 권위를 부인했기 때문이다. 더 이상 고민을 하지 않는다. 합리적인 사람으로서 이성의 과정을 통해 자신의 욕망을 제어하고 선택하고 확인하지를 않는다. 욕망의 타당성 때문에 그러한 행동을 하는 것이 아니라 단지 욕망만으로 '지금 여기'를 채우는 삶을 사는 것이다.

'지금 여기에' 충실한다는 것이 자신의 감정에 충실한 경우도 포함되지만 그보다 더 가치와 규범에 충실한 경우도 포함되어야 한다. 지금 여기 상황에 부합되는 가치와 규범을 어긴 행위를 하였을 때, 즉 '경우에 어긋난' 행동을 하였을 때 그 후회감과 자책감은 평생을 따라다닌다. 지금 여기 상황에 부합되는 가치와 규범은 그 순간의 감정에 충실한 경우보다 더 타당하고 합당한 경우이기 때문이다. 지금 여기에 자신을 한정하더라도 자신의 동일성은 계속 유지된다. 지금 여기에 이어서 따라오는 나머지도 결국 지금 여기의 자신이다. 인생이란 컴퓨터 작업 중 프로그램 혼선이 발생하면 리셋하여 재부팅하듯 살 수 있는 것이 아니다. 신은 죽었고, 실존이 본질을 앞선다는 서양 철학의 단순한 몇 마디 표현에 현혹되어 내일의 꿈과 희망을 펼생각조차 하지 않는다. 자신의 둘러싼 여건만 탓한다. 발바닥이 어디에 있는지 인지하기보다 초점은 항상 구름 속을 헤맨다.

## 가족 붕괴

서러움 중 가장 큰 서러움이 부모 잃은 서러움보다 배고픈 서러움이라 한다. 해방 후 6.25전쟁을 거치면서 보릿고개라는 헐벗고 배고픈 시절을 살아오면서 묵묵히 고난을 어깨에 짊어진 아버지의 시큼한 땀 내음과 고린내 나는 양말, 찬 물에 빨래하며 손발이 부르트도록 가족들을 건사한 어머니, 그리고 서로 다투고 갈등하면서도 나누는 형제애와 가족의 사랑이 거칠고 가혹한 세상 풍파를 이겨내고 이만큼 살 수 있게 해준 엄청난 원동력이었다. 그러나 그러한 가족이 붕괴되고 있다.

가족이라는 것이 선남선녀가 적령기에 이르면 당연히 결혼을 하고 아이를 낳고 키우며 부부가 서로 맡은 바 역할을 하며 평생을 함께 인생을 살아가는 것을 의미한다고 할 때 이러한 개념은 붕괴되고 있다.

우선 선남선녀는 당연히 결혼을 해야 한다는 관념이 변화되었다. 결혼을 하여 배우자도 신경을 써야 하고 아기를 출산하고 양육하는 문제에 골머리를 썩는 것보다 평생 독신으로 사는 것이 '편하다'는 것이다. 개인으로 편하게 생활하다가 배우자를 만나 같이 살게 되면 서로 양해하고 맞춰야 할부분으로 인해 불편해진다. 시댁과 처가 식구들과의 관계는 미혼 때의 자유로운 생활에 대비되는 제약을 발생시키기에 불편하다. 그 결과 결혼률이 점차 낮아지면서 낮은 출산율로 이어지게 되었다.

저출산 문제는 여러 정권을 거치면서 중요한 정책과제로 다루어졌고, 수많은 예산이 집행되었지만 2023년 합계출산율이 0.72명으로 세계 최저를 기록하고 있다. 여성 1인을 기준으로 한 것이니 정상적으로 남녀 2인에서 0.72인으로 감소된 것이고 다음 세대에도 그대로 적용한다면 불과 2세대 만에 대한민국의 존립이 위태로운 수준에 이를 것이라고 예상할 수 있다. 이미 서울 강남 공사장에는 추락주의라는 경고성 표지판을 동남아 현지인들 언어로 게시하고 공사를 감독하고 있다.

혼전 동거가 경제적으로 비용을 줄인다는 명목으로 점차 확산되고, 결혼으로 인해 내가 얻게 될 이익과 손해를 비교형량하며, 아이를 키우는데 드는 돈을 맞벌이로는 감당할 수 없다고 '앉아서 천리를 보는 퇴행적인 신의 혜안'으로 결혼과 출산을 기피하는 풍조가 퍼지게 된 것이다.

부부의 사랑으로 얻게 된 새 생명을 돈으로 판단하는 극단적인 유물론의 사고에 심각한 충격을 받을 수밖에 없다. 동화책 읽어주기, 함께 놀아주고 목욕하기, 받아쓰기 숙제하기, 한 밤중에 아픈 아이 안고 병원으로 가기, 끊어질 듯 이어지는 아이의 숨소리에 마음 졸이기 등 부모와 자식 간의 한없는 애정을 그렇게 시장에서 거래되는 대상으로 인식하게 되니 결혼이라는 것이 인생사에서 중요한 비중을 점할 수 없게 된다. 설혹 서로 처음에는 끌리는 부분이 있어 결혼을 하였지만 막상 결혼 생활에 따라오는 불편을 서로 감내할 수 없게 되니 이혼을 하게 된다. 자식을 키우면서 서로 불편과 희생을 받아들이면서 함께 인생을 살아가는 전통적인 결혼 관습을 받아들이기가 어렵다는 것이다. 부부 간의 인연은 인륜이지만 부모 자식 간의 관계는 천륜이라는 인식도, 개인으로서의 편안함과 안위 앞에서는 아무것도 아닌 것이 되기에 이혼이 증가하고 있는 것이다.

유물론의 유령은 자신의 특별한 재능이나 소박함에 만족했던 보통 사람들을 이길 수 없는 부의 획득이라는 한탕의 경주로 내몬다. 그러나 실패한 사람이 대부분인 것이 당연하다는 사실에 하나의 사례를 보태주고서는 인생의 좌절과 절망감을 맛보게 된다. '이생망'이라고 젊은 층이 자주 사용하는 '이번 생은 망했다'라는 유행어를 생산한 것이다. 그러한 유행어의 영향으로 자살률은 치솟고 있다. 대한민국의 높은 자살률은 유명하다. 개발년대에는 입학시험에 불합격하거나 실연을 당하거나 사업이 부도나는 경우가 대부분의 자살 원인이었다. 하지만 지금은 경제적인 이유가 주가 되었고 우울증 등 정신 질환에서 비롯되는 경우도 증가하고 있다.

여성은 성 해방을 통해 남성과 대등한 관계를 유지하게 되었다. 남녀 관계가 아니라 대등한 인격체로서 공동의 이익에 관심을 함께 쏟아야 하고 공동체와의 관계만을 유지해야 한다고 믿게 되었다.

여성의 남성에 대한 종속적 관계는 서로 대등하고 독립적인 관계가 되어 미혼모가 가능하게 되었다. 드라마와 영화에 미혼모는 당당하고 능력 있는 여성의 상징으로 바뀌고 있다. 편부모와 함께 사는 자녀들이 늘어나게 됨에 따라 성(姓) 문화도 부계가 아닌 부계와 모계를 함께 표기하는 것으로 변화되는 등 전통적인 가족의 가치와 도덕 윤리가 약화되고 있다. '성경이 안 된다고 하는 것은 모두 된다'로 변하는 세상이다.

고대 이래 동성애는 역사 기록에 남아 있지만 요즘은 직관주의와 개인주의, 민주주의의 득세로 성적 정체성을 드러낼 수 있게 되었음은 물론, 불이익을 배제하는 차원에서 동성애자 인권 보호가 점차 활발하게 논의되고 있다. 또한 미국에서 도입한 자기 성별을 생물학적 성별과는 별도로 자기가 결정한다는 성적 자기 결정권이 아직 대한민국에서 논의되기는 시기상조이기는 하나 이와 같은 추세가 이어진다면 시점이 빨라지느냐 늦어지느냐의 문제일 뿐 우리도 한번은 겪어야 할 사회적 이슈가 될 것이다. 동성애는 숨겨야 할 대상이 아니라 당당하게 주장하는 수준까지 발전되고 있다.

## 공존 붕괴

자유민주주의는 법의 지배, 시민의 자유, 다원주의 등을 기반으로 개인의 존엄을 보장해왔다. 그러나 이 제도는 그 자체의 성공이 역설적으로 공동체적 삶의 기반을 위협하는 내재적 한계를 갖고 있기도 하다. 그 중심에는 개인주의의 팽배와 연대의 해체라는 문제가 있다.

인간은 공동체가 없으면 스스로 지탱해나갈 수 없다. 그러나 자유민주주의는 개인을 기반으로 하는 경쟁주의가 필연적이기에 이를 잘 관리하지 않으면 공존 붕괴의 위험이 상존한다. 공동체는 외눈박이의 분노이건 양쪽 다 근시인 자의 분노이건 시스템에서 소외된 이들의 분노로 공격당한다. 소속감이나 연대감을 결혼에서 찾으려 하나 이미 제도적으로 취약해진 결혼 생활은 견디기 힘든 긴장만 가중할 뿐이다. 종교를 찾아가 보아도 세속화로 귀결된 신앙의 모습에 실망만을 느낄 뿐이다. 그러니 정신과 의사를 찾아가고 취미 생활에서 소속감과 연대감을 찾으려 하고 있는 것이다.

아직까지 우리는 존재와 상생의 의무에 대한 적대감을 드러낸 단계는 아닌 것 같다. 폭력과 사기의 예방은 모든 민주주의 사회의 주요 목표이자 법적 시스템이 발전하기 위한 근본적 요소다. 하지만 개별적인 사례에 따라서는 그런 경우가 없다고 할 수는 없다.

그게 나와 무슨 상관인가? 이런 질문이 부적절한 경우는 별로 없다. 그러나 그러한 질문이 많아지고 있다는 것은 공존의 가치가 붕괴되고 있다는 반증이 된다. 명절이나 주말에 인접한 두 개의 좌석을 예매한 뒤 출발 직후 한 좌석을 취소해 두 자리를 편하게 이용하는 편법을 정부가 규제하자고 나섰다. 급하게 반드시 그 좌석을 이용해야 할 사람의 딱한 사정이야 아랑곳없이 나만 싼 비용에 최대한 편하게 이동하면 그만이라는 '나 우선(me-first)' 사고방식이 당당하게 드러나고 있는 것이다.

자유민주주의는 시장경제와 맞물려 개인의 선택과 소비의 자유를 극대화하는 방향으로 작동하고 있다. 이 과정에서 시민 개개인은 점점 더 원자화된 존재로 분절되고, 공동체에 대한 소속감과 책임 의식은 약화되고 있다. 각자가 자신만의 만족과 행복을 우선시할수록, '나 아닌 타자'에 대한 배려는 후퇴하게 된다. 가진 자는 자신이 얻은 부를 사적 소유로 간주하고 이를 사회에 환원하려는 의무감을 느끼지 않으며, 없는 자는 제도와 사회로부터 점점 더 소외된다. 늘어나는 부를 함께 나누는 공동체 의식보다 나만 더 챙기자는 무한 경쟁의 시대가 되는 것이다. 부자는 더 이상 가난한 사람들의 이웃이 되기를 그만두고, 오로지 부의 축적이라는 목표밖에 없는 사람이 되었다. 가난한 사람들도 더 이상 공동체 내에 나름의 그럴듯한 자리가 있다고 느끼지 못했다. 모두 사회적 원자가 되어버리는 것이다. 토마스 홉스가 그리워한 "만인의 만인에 대한 투쟁"이라는 자연상태로 맹렬하게 질주하게 된 것이다. 그 결과, 공존의 기반은 균열을 일으키고, 자유는 오히려 공동체 해체의 촉진제가 될 수 있다. 그 중에서도 투표권이 없는 소년소녀가장들은 정말 소외지대에 방치되고 있다. 민주주의 사회에서 소외지대에 있더라도 장애인, 노인 등은 투표권을 통해서 관심과 배려를 받을 수 있지만 미성년자인 소년소녀 가장들은 그렇지 못하기 때문이다.

뿌리라고 할 수 있는 공동 기반이 사라지게 되자 희망이 상실된다. 오직 결핍과 조용한 절망만의 땅에서 무슨 내일이 있을 수 있나. 세대 간 진보에 대한 뿌리 깊은 믿음이 붕괴된다. 결과적으로 개인은 소심하게 되고 자기 보호 본능이 강화하게 된다. 모든 개인이 가족이나 문화가 뒷받침해주지 않는다면 파멸과도 같은 불안한 욕망 속에서 점점 고독에 중독된 시민으로 변해갈 것이다. 개인주의가 강화됨에 따라 가족, 종교, 사회단체 등으로부터 뛰쳐나와 파편화된 개인은 결국 국가에 의존하게 된다. 시민들 사이의 자연스러운 연대와 윤리적 규율이 약해질수록, 질서를 유지하기 위해서는 보다 강력한 행정력과 법적 규율이 요구된다. 개인을 규율하는 법, 도덕, 윤리 중 점점 도덕, 윤리의 힘이 약해지고 상대적으로 법에 의존도가 높아가는 과정에서 국가의 권력이 강화되는 것은 불문가지다. 이는 자유민주주의가 궁극적으로 자유의 역설적 억압으로 귀결될 수 있음을 보여주는 사례다.

더 나아가, '지금 사고, 나중에 지불하라'는 현재의 자유민주주의는 지속 가능성에 대한 인식마저 약화시키고 있다. 즉각적인 소비와 개인 만족이 최우선되는 문화 속에서, 후손에게 물려줄 환경 자원과 사회적 기반에 대한 책임은 쉽게 무시된다. 깨끗한 공기, 깨끗한 물, 깨끗한 바다, 오염되지 않은 흙, 살기 좋은 기후 등 환경자원은 사익을 기준으로 합리적인 행위를 하는 사람들에 의해 파괴되고 있다. 물신주의, 소비주의 사고방식은 오직 나만의 행복과 만족을 위한 것일 뿐, 공동체와 미래 세대에 대한 의무와 배려는 도외시하고 또 도외시하는 것을 당연한 듯 여기고 있다. 벌거벗은 이익 외에 사람과 사람 사이의 유대는 하나도 남지 않고, 시민은 소비자인 고객의 만족으로 바뀌고 있다. 이는 세대 간 공존의 붕괴로 이어지며, 단기적 이익의 추구는 장기적 공동체의 존속을 위협하게 된다.

칼 폴라니는 『거대한 전환(The Great Transformation)』에서 경제라는 것이 자율적으로 굴러 가는 것이 아니라 정치, 종교, 사회의 제반 관계들에 종속되어 있는 것임에도, 별개 체제로 구상하여 나머지 사회적인 모든 것을 경제 체제에 종속되어야 하는 것으로 생각하게 되었다고 지적하였다.* 시장이 자율적으로 굴러가야 한다는 근대 자유주의의 환상은, 오히려 공동체의 해체와 인간관계의 파괴를 초래한다고 그는 경고했다. 이는 자유민주주의가 자본주의적 시장 논리와 결합될 때, 공존의 질서를 파괴하는 동인으로 작용할 수 있음을 암시한다.

결국 자유민주주의는 단지 정치 제도의 문제가 아니라, 그에 내재된 세계관과 인간관의 문제이기도 하다.

개인의 자유를 절대화한 나머지, 공동체적 삶의 규범과 연대는 사라지고, 남는 것은 각자의 욕망만이 무한히 충돌하는 시장과 권력의 공간이 된다. 공존 없는 자유는 허상이며, 진정한 자유를 유지하기 위해서는 공동체 윤리와 덕목이 그 기초를 이뤄야 한다는 절박함이 들게 되는 것이다.

## 정치 붕괴

영혼 없는 물질문명의 동맹자가 민주주의다. 자유주의는 민주주의와 결합하여 영혼 없는 정치를 생산 증폭시키고, 정치는 가치 창출이 아니라 이익배분의 기능으로 퇴락한다. 민주주의는 유물론이라는 유령의 부하이기에 희생과 지도력을 발휘하여 물질문명을 이끌 의무를 충족하지 못하고 있음을 우리는 목도하고 있다. 유물론의 유령이 정치를 휩싸고 도는 결과 정치는 장사가 되고, 장사가 순전히 정치가 되는 나라가 되고 있다. 미국을 위시하여 세계적으로 극단적인 우익 세력이 집권하고 있는 추세의 기본 배경이다. 미국의 45대와 47대 대통령 트럼프는 부자들을 장관으로 입각시키면서 사회적으로 성공한 척도를 돈을 많이 번 것으로 판단할 수 있기 때문이라고 했다. 우리나라도 대통령에 출마하는 후보는 경제대통령이 되겠다고 공약하고, 실적은 경제적 성장이 어떠했는지를 두고 평가하는 것을 당연한 듯 여기고 있다. 경제가 정치에 우선하는 것은 스스로 무덤을 파는 꼴이다.

개인의 자유가 국가의 간섭, 방해를 막거나 최소화하여야 한다고 했지만 극단적인 자유주의는 오히려 국가 권력의 강화와 의존도를 높이고 있다. 국가 권력의 강화는 정부 기관의 기관장, 감사, 이사 등 공직 인사권과 예산 배분권의 독점으로 나타난다. 권력자에게는 엄청난 이권이며 개인에게는 인생의 행보가 좌우되는 중요한 사안이 되는 것이다.

경제적 자유주의에서도 동일한 현상이 나타났다. 국가의 간섭을 최소화하자 했지만 노동시장, 토지시장, 화폐시장의 규제를 위해 국가 권력은 오히려 강화되었다. 결국 자유주의의 성공으로 개인과 국가 사이에서 위상을 차지했던 가족, 종교, 시민사회 단체 등은 사라지고 그만큼 국가의 권력이 더욱 넓어지게 되었다. 좌·우파를 막론하고 공통의 과제라 볼 수 있는 것은 불우한 사람들을 보다 잘 살 수 있는 위치로 끌어올리려는 노력을 함께 한다는 정도에 불과하다.

자유민주국가의 시민은 "매우 치졸한 목표, 즉 자기 자신에 대한 숙고로 으레 바쁘다"라고 한 토크빌의 격언이 맞는 세상이 된 것이다.

세계 역사를 만들어 가는 위세 당당한 수행자로 처신하라 하면 코웃음치거나 이해를 못 한다. 자유민주주의 시민은 무엇이든 될 수 있으나 특별히

*칼 폴라니, 거대한 전환, 홍기빈 역, 도서출판길, 2009.

무언가 되어야 할 이유가 없는 것이다. 정부 서비스에 감사할 줄도 모르고 비용을 지불할 의사는 추호도 없이 금방 소비해버리는 진상 고객이 되기만을 권장하고 있다.

그래서 정권을 누가 잡느냐에 목숨을 건 정치 훌리건들이 나타나게 되었다. 모두가 동등한 세상이 되니 그동안 억눌렸던 소수의 약자들이 목소리를 내기 시작한다. 더욱이 표에서 권력이 나오는 민주주의 국가 아닌가. 여러 가지 기준으로 분립되는 정체성 정치(identity politics)가 활발하게 되었다. 사회적 약자들이 기대고 배려 받을 가정, 종교, 사회단체들은 간섭과 방해만 되기에 외면하고 곧바로 정부에 기대게 되었다.

그렇기에 선거는 중요하다. 선거에서 이긴다는 것은 나의 이익이 관철되고 배려 받을 수 있게 된다는 의미다. 선거에 이기기 위해 여론조사를 조작하여 여론을 이끌어간다. 수많은 '떳다방 식'의 여론조사기관이 난립하여 특정 후보자의 금전으로 왜곡된 여론조사를 발표하고 이를 퍼뜨리며 민심을 오도한다. 통계학 상 오차범위라는 개념은 거론조차 되지 않고 0.1%p라도 높으면 그것이 순위가 되고 다시 여론을 왜곡시킨다. 어차피 오차범위 내의 순위라 실제와 다르게 조작해도 책임질 일은 없다. 엉터리 여론조사로 민의를 왜곡하는 경우에 대한 법적 단속은 선거 후면 한여름 날 소나기 물방울로 꺼져버린다. 그리고 다음 선거에 또다시 활개 친다. 정당의 공천 관련 조직도 이런 폐습에 물들어 있다. 공천 후보자에 대한 여론조사는 참고 자료가 아니라, 최소한의 통계학적 기초 정보 공개도 없이 공천의 절대적 낙점 구실이 되고 있다. 공천은 고도의 정치행위라는 사법적 자제 속에 공천권자의 부패, 담합, 사감에 의해 수많은 국가 인재가 외면 받고 버려지고 있는 것이다. 결국 돌고 도는 전근대적 선거풍토는 선거가 쌓여갈수록 첨예한 이익의 부딪침과 불꽃만 남길 뿐이다.

여야가 정권을 주고받는 과정을 거치면서 이제는 정권이란 정체성 정치를 주장하는 단체와 이권을 두고 표 거래를 하고, 이권과 예산을 두고 벌어지는 치열한 먹이다툼의 거래관계로 변질되었다. 사회가 원자화될수록 가정은 붕괴되고 각종 이익단체를 중심으로 국가와 거래를 하고 의지할 수밖에 없게 된다. 결국 국가 권력을 잡을 수 있는 정당과 선거에 목숨을 걸고 죽기살기식 투쟁을 하게 된다. 원자화된 개인은 오직 국가에만 의지하게 되며 그 결과 정치의 투쟁성, 예각성만 높아지고 사회는 더욱더 날카롭게 부닥치는 쇳소리만 드높아진다. 선거에서 승리하면 모든 분야에서 국가의 전횡을 옹호하게 된다. 참여가 해결책이 아니라 비자유주의적 독재자를 고대한다. 승자가 정의를 독점하기 때문이다. 승자는 승자대로 패자는 패자대로 공존의 덕목을 도외시하며 정치적 대립만 날카로워지고 빙탄불상용의 관계로 가는 이유는 국가라는 폭력권을 누가 잡느냐이고, 이를 못 잡을 경우 상대방의 폭력에 당해야 하기 때문이다. 정권이 바뀔 때마다 검찰권의 행사가 정반대로 가는 경우를 쉽게 볼 수 있는 것이다.

정권을 획득하면 승자가 모두 갖는다는 사고로 국정이 운영된다. 지금의 국회는 원칙이나 가치나 정의를 고민하지 않는 수많은 압력단체들의 부도덕한 로비판일 뿐이다. '쩐(錢)의 전쟁'이다. 다만 겉으로 나타나는 외양만 타협인 것이다. 자신들에게 반대했던 정당과 그 당을 지지하는 국민들은 함께 더불어 가는 대상에 포함되지 않는다. 이와 같은 현상은 공직 및 예산 배분과정에서 극명하게 드러난다. 생계형 정치인은 예산 편성과 집행이 소득 발생 기회가 되는 셈이다. 미국의 정치인 존 랜돌프(John Randolph 1773~1833)는 사회의 한 집단에서 돈과 권리를 빼앗아 그 체계를 주무르는 사람들의 이해를 충족시켜주는 수단으로 전락시키는 "입법 구더기(legislative maggots)"를 일찍이 예견한 바 있다.* 먹이를 두고 경쟁 상대와 기회를 공유할 동기는 전무하다. 그러니 선거와 정치는 더욱더 사생결단식으로 치열하고 살벌해지며 결과적으로 공동체 생활을 해야 할 정치공동체가 내부 분열과 갈등으로 곪아들어 가는 것이다.

*러셀 커크, 보수의 정신, 이재학 역, 지식노마드, 2018, 5 미국 남부의 보수주의 : 랜돌프와 칼훈.

‘깨어있는 시민’이라면 사안에 따라 이 당을 지지하고 저 당도 지지해야 할 터이지만 ‘깨시민’을 당당하게 내세우면서 오로지 특정 정당만 맹목적으로 지지하는 생각 없는 정치적 훌리건이 되고 말았다. 정치는 소수의 의견을 존중해야 한다고 고고한 척, 진보 연하지만, 상대 당을 철천지원수 대하듯 내뱉는 거친 언행과 무례한 언사에 고개가 절로 돌아가는 역겨움을 느끼게 한다. 직접 만나보면 얌전한 사람도 SNS 상에서 상대 당을 공격할 때 구사하는 비열하고 천박한 표현으로 자신의 천박한 인품만 노출시키면서도 부끄러운 줄은 전혀 모르는 것이 정치적 훌리건의 행태다.

인신공격과 비방을 침 튀기며 눈알 부라리며 목소리 핏대 높인다고 상대방이 설득되는 것은 아니다. 논리와 증거로 차분하게 토론하는 것이 지지 기반을 넓히는 방안임을 체득하지 못하고 있다.

게다가 자신들과 나라를 혼동하는 무식함과 뻔뻔함이 정치권의 대세가 되고 있다. 대한민국 헌법 제1조가 “대한민국은 민주공화국이고, 모든 권력은 국민으로부터 나온다”고 했기에 광화문에 많이 모이면, 혹은 대통령선거에서 이기면 자신들이 권력의 원천이라고 심각하게 착각하고 있다. 대통령이 되면 부정과 비리와 부패로 사법 처리된 파렴치한 정치인을 부끄러움도 없이 사면 복권시킨다. 입으로는 민주주의를 외치면서도 사고는 “짐이 곧 국가다”라는 절대군주제 머물고 있다. 공화국이란 국가 권력을 분산함으로써 견제와 균형을 통해 개인의 권리를 보장하는 간접민주정 방식이다. 광화문 광장에 운집한 시민이 원하는 대로 주권을 행사하는 직접민주주의 방식이 아니다. 개인의 권리만 맹목적으로 주장할 것이 아니라 명예와 신의, 성실, 절제 등 공화국 시민의 덕목을 존중해야 한다는 것은 전혀 모르고 선동적 정치구호로만 사용하고 있다. “사실을 왜곡시켜 가며 정치적 입지를 다지거나 규칙을 의도적으로 어기면서 순순히 규칙을 따르는 보통 사람을 부당하게 제치고 높이 오르려는 사람들에게 경종을” 주자고,* 프랭클린 루스벨트 대통령이 1938년 게티즈버그에서 한 연설이 한 세기 지난 대한민국에도 여전히 타당한 비극이다. 공화국을 이끌어야 할 정치인이 오히려 시민적 덕목을 한없이 경시함으로써 공화국의 기반을 허물고 있는 것이다.

개인적으로는 얼마나 능력이 있든지 간에 오늘날 직업 정치가들은 시스템적으로 무능력하고 무기력해지는 경향이 강하다. 투표라는 것이 정당의 지배구조에 동의하는 박수에 불과하기에, 현대판 군주인 당의 소수 지도부에 순종하는 정치 월급쟁이들 수준으로 전락하고 있다. 통상 4년의 임기 동안 좋은 수입과 연금이 딸린 위험하지 않은 직업으로 여긴다. 외형상 선출직이지 사실상 임명직으로 구성되고 있는 것이다. 결국 그들은 고도의 책임감이 결여된 비열한 과두 정치집단의 종이 되고 있다. 기회주의적인 현실주의자이고, 약삭빠른 사업가이고, 교활한 책략가이자 얼굴 두꺼운 협박꾼의 정치인이 득세하고 있다. 키케로가 공직, 권력, 영광에 대한 욕망이 대개 매우 위대한 영혼과 빛나는 재능을 지닌 자들에게 있다고 한 것과 너무 대비된다.** 그에 대한 반작용으로 정치적 무관심 역시 증대하고 있다. 정당의 당원으로 활동하는 유권자는 전체 유권자의 5%에도 미치지 못하기에 상당한 규모의 유권자가 무관심층이 되고 있다. ‘무당파’ 나 ‘지지자 없음’ 의 비중이 선거 때마다 상당한 비율로 나타나고 있는 것이다. 정치적 무관심의 증대는 정치인의 무책임성을 조장하게 된다.

국가의 백년대계에 입각한 국책사업이 아니라 정치인들 간의 야합에 의한 낭비적 국책사업의 폐해는 엄청나지만 아무도 책임지지 않는다. 정권을 내놓는 것으로 모든 책임이 다 한 것으로 치고, 다음에 새로 정권을 잡아 또 다른 낭비적 국책사업으로 국가의 인적 물적 자원을 낭비해도 아무런 문제가 없다. 예산을 둘러싸고 전개되는 부정부패의 고리는 더욱더 세련되고 내밀화될 뿐이다. 토크빌은 시민적 덕성이 공적 업무에 참여함으로써 더욱 증진될 수 있을 것이라고 믿었지만 현실은 그렇지 못하다.

대한민국이라는 민주공화국의 미래가 그만큼 어두워지고 있다는 말이다.

<br>

*필립 콜린스, 블루 스퀘어, 강미경 역, 영림카디널, 2022, 1장 민주주의.
**키케로, 의무론, 임성진 옮김, 아카넷, 2024, 38쪽.

여름철 파리 같은 지도자들이 유물론에 사로잡히고 유물론으로 유권자를
이끌어감으로써 평범하고 성실한 국민들이 좌절할 수밖에 없는 나라가 되
고 있다.

# 3. 역사의 종말

이득에 대한 사랑은 자연적 합리적인 원리로서 국가 번영에 있어 가장 거대한 동인이다. 하지만 욕망을 만족시키려는 의지만 횡행한다. 왜 이렇게 돈을 중시하고 명예나 신의를 경시하게 되었을까? 자유민주주의 체제로 인해 국가의 발전을 이룩한 것은 사실이다. 하지만 그 어두운 이면은 그대로 함께 가는 것이어야 할까? 아무도 국민을 직접 억압하지는 않는다는 의미에서 우리는 자유롭다고 할 수 있지만 삶에 대한 이해와 희망이 박탈되어 가는 의미에서는 노예 같은 삶으로 돌아가고 있다고 해야 할 것이다.

미국의 정치학자 후쿠야마(Francis Fukuyama 1952~)는 1989년 11월 9일 베를린 장벽이 붕괴되고, 1991년 12월 26일 소련이 공식적으로 해체되어 공산주의 실험이 실패로 끝이 나자 자유민주주의 이념은 원리의 차원에서 더 이상 개선될 여지가 없을 정도로 완벽한 것이라며 1992년에 『역사의 종말』을 발표하여 전 세계적인 반향을 일으켰다. 공산주의 붕괴라는 역사적인 사건이 현실화되자 자유민주주의는 전 세계 여러 지역과 문화를 아우르는 유일한 이상으로 남게 되었다고 본 것이다. 따라서 더 이상 자유민주주의보다 나은 이념은 있을 수 없다는 확신에서 역사의 종말이라는 충격적이면서 단정적인 표현을 하게 되었다. 19세기 초 헤겔은 역사를 진보의 관념을 통해 단선적이며 지향성이 있는 것으로 인식해야 한다고 주장하였고, 후쿠야마도 헤겔의 "주인 노예 이론"에 탐닉하면서 주제를 재론했던 것이다. 미국의 정치학자 새뮤엘 헌팅턴(Samuel Huntington 1927~2008)은 『문명의 충돌』에서 서양의 자유민주주의가 승리하기는 하였지만 최종적인 것으로 보지는 않았다. 이슬람과 유교의 연대로 서양 문명과의 충돌이 남아 있다고 보았기 때문이다.

하지만 위험한 속단이었다. 프랑스 철학자 자크 데리다(Jacques Derrida 1930~2004)는 후쿠야마의 주장에 대해 기독교적 종말론 형식을 띠며 알렉산더 코제브(Alexandre Kojève 1902~1968)의 헤겔 철학에 대한 인용을 적용하여 해피 엔딩으로 맞추었다고 진단했다. 독일 철학자 슬로터다이크(Peter Sloterdijk 1947~)는 후쿠야마가 알렉산더 코제브와 레오 스트라우스를 따라가며 티모스와 에로스의 양 극단을 재정립하려는 시도를 했다고 평가한다.* 프랑스 철학자 브뤼노 라투르(Bruno Latour, 1947~2022)는 1989년을 진정한 근대성의 완성체인 자유민주주의의 최종적인 승리가 아니라 근대성의 결정적인 위기를 의미하는 것이라 했다.** 결국 많은 철학자들은 아직 역사의 종말은 오지 않았다며 자유민주주의의 승리에 손을 들어주지 않았다. 인간은 티모스적인 불안의 에너지에 시달릴 수밖에 없는 존재이기에 자유민주주의의 성공은 항상 자유롭게 흘러 다니는 불만족의 물결에 젖을 수밖에 없기 때문이다.

특히 후쿠야마는 서양의 자유주의가 가져온 귀결로 역사의 종말을 주장하며 전통적이고 동양적 전제와 그 변종들에 빠져있는 동양과 남반구는 역사의 종말에 도달하지 않았다고 보았다. 서양 우위라는 오리엔탈리즘에 빠진 주장이다. 정작 자유민주주의 중 자유에 대해 분석의 초점을 들이밀지 못한 결정적인 한계가 있다.

베를린 장벽이 무너지고 후쿠야마가 본 역사의 종말이나 프랑스혁명의 격동기를 겪은 토크빌이 본 역사는 지금과 비슷하다. 그러나 역사는 반복되지 않는다. 그렇다고 자연스럽게 진보하지도 않는다. 오히려 퇴보하기도 한다. 홀연히 데우스 엑스 마키나(deus ex machina)*** 같은 신선(神仙)이 해결해주지 않는다. 다만 당대를 살아가는 선각자의 의지와 현명함이 있을 때 역사가 발전하였다는 것을 우리는 역사의 교훈으로 알고 있다. 후쿠야마도 자유주의가 자유주의 이전의 모든 형태의 문화를 해체시켜 온 반문화를 구성했다고 지적하며,**** 자유민주주의가 최종적으로 승리하기 위해서는 내적으로 적응을 잘 해야 한다고 했다.

공적 미덕들이 사생활 속에 가두어진 사회에서는 누구나 어떤 대가를 치르고라도 부유해지려는 욕구, 돈벌이에 대한 선망, 이익에 대한 집착, 안락과 물질적 만족의 추구 따위가 가장 공통된 열정이 된다. 이를 방치할 경우 국민 전체의 기강을 문란케 하기에 이른다.

토크빌은 이에 대한 해결책을 자유라고 했다. 자유만이 이러한 사회에 내재한 악덕들을 효과적으로 물리칠 수 있다고 처방했다. 하지만 그는 자유라는 것을 구체적으로 개념화하여 설명하지 않았다. 불행하게도 자유민주주의는 그런 상태에서 시작된 것이다.

개인의 역량을 최대한 발휘할 수 있는 자유민주주의가 대한민국 발전의 근본 원인이었다. 그러나 이제 자유민주주의의 성공이 그 한계를 노정하고 있다. 이러한 현실은 대한민국만의 유일한 사례가 아니라 자유민주주의 국가가 성공한 나라에서는 앞서거니 뒤서거니 대동소이하게 겪고 있는 공통된 현상이다. 당연한 것으로 인식되어 온 자유민주주의는 철저한 분석과 비

---

*페터 슬로터다이크, 분노는 세상을 어떻게 지배했는가, 이덕임 역, 이야기가있는집, 2017
**브뤼노 라투르, 우리는 결코 근대인이었던 적이 없다, 홍철기 옮김, 갈무리, 2009, 1.4
  1989년: 기적의 해.
***고대 연극에서 절박한 장면에서 맥락도 없이 갑자기 등장하여 문제를 해결하는 역할을 하는
  만능의 신.
****프랜시스 후쿠야마, 자유주의와 그 불만, 이상원 역, arte, 2022, 8 대안은 있는가?

판을 받을 시기가 되었다는 의미이다. 막연한 자유가 아니라 자유를 구체적으로 분석해보고 정치화(精緻化)시키며 새로운 시대에 부합할 수 있는 진화된 개념 정립과 용어 구사가 필요하다.

이를 기초로 새로운 정치사상의 정립이 필요한 시점이다. 지금 대한민국은 그런 때에 봉착한 것이며, 자유민주주의가 성공했다고 자부하는 나라들이 그런 전환기에 부닥친 것이다. 자유민주주의의 문제점을 분석하고 대안을 강구하기 위해 자유의 개념을 먼저 살펴보아야 한다.

진정한 자유는 더 많은 민주주의가 아니라 더 나은 민주주의다. 그렇기에 자유에 대한 정확한 개념의 이해와 그에 따른 용어 구사, 그리고 제도적 뒷받침이 따라야 한다. 올바른 철학적 토대가 있어야 올바른 문제 진단과 해결방안을 도출할 수 있다.

본서는 자유민주주의의 문제점을 해결하기 위한 다양한 대응책을 강구하면서도 정작 자유에 대한 천착이 부재하였음에 착안하여 자유에 초점을 두고 분석을 진행하고자 한다. 만약 우리가 이를 게을리 하여 초기 버전의 자유민주주의에 안주한다면 악귀에 들려 갈릴리 호수에 스스로 빠져죽은 2천 마리 가다라의 돼지(Gadarene swine)*에 불과하게 될 것이다.

*마가복음 5:13, 누가복음 8:26~33

제 2 장

자유의 탄생

21세기의 우리는 넘치는 자유 속에 살고 있다. 공기나 햇볕 같이 넘치는 자유를 너무나 당연하고 자연스러운 것으로 인식한다. 하지만 인류 역사를 돌이켜보면 우리가 이런 자유를 향유한 것은 100년도 되지 못한다. 자유의 역사는 그만큼 일천하다. 사정이 이러 하니 우리가 자유라는 단어를 쉽게 사용하지만 막상 자유에 대해 논의를 하려면 막연하고 빈약함을 느끼게 된다. 따라서 역사를 자유에 초점을 두고 되짚어 보는 것은 서구 정치사상에서 자유가 어떻게 위상을 정립하게 되었는지를 분석함으로써 향후 자유에 대한 정확한 인식과 개념의 도출에 유용할 것이다.

프로이센의 철학자 헤겔(Georg Wilhelm Friedrich Hegel 1770~1831)은 지극히 유럽 중심적이고 인종주의적이었다. 마르크스도 마찬가지였다. 그들은 유럽을 벗어나본 적이 없었기에 당시 비유럽 국가, 특히 중국, 인도 등의 발전에 대한 객관적인 사실을 놓쳤다. 헤겔은 1837년 『역사철학강의(The philosophy of history)』에서 중국과 이집트는 황제와 파라오만이 자유롭게 국민 위에 군림하고, 인도는 힌두교의 카스트 제도 때문에, 이슬람은 유목생활을 하는 부족 중심의 체제이기에 자유가 없다고 했다. 디드로는 "왕국 전체에 걷는 사람은 오직 하나가 있을 뿐인데 그게 군주지요, 나머지는 모두 포지션을 잡고 있는 것에 지나지 않아요"라고 하여 군주만이 자유롭다는 시각을 보이고 있다.* 『자유론(On liberty)』을 집필한 영국의 철학자 존 스튜어트 밀(John Stuart Mill 1806~1873)도 인도와 같이 복잡한 나라에서는 대의 정부가 불가능하다고 하며 오리엔탈리즘 시각을 취한다. 이들은 자유는 유럽에서 그리스 로마 시대부터 작동하기 시작했다고 한다. 이들의 인식을 따라 가보자.

      프리덤과 리버티

# 1. 고대의 자유

그래서 서구 정치 사상사에서 자유에 대한 논의는 통상 그리스에서 출발한다. 그리스 문명은 중세 암흑시대를 거치면서 이슬람 문화에 의해 현재까지 전승 소개되었지만 오리엔탈리즘이라는 인종적 편견 때문인지 이슬람 지역의 역사는 소개되지 않는다. 이집트 고왕국 때 건립되어 현재도 남아있는 피라미드는 기원전 3400년 것으로 추정한다. 메소포타미아 지역의 수메르, 아카드족(族)의 역사도 그 전후의 시기라고 추정된다. 페르시아 아케메네스 왕조의 키루스 2세(Cyrus II BC600~BC530)는 이민족의 전통과 종교 존중을 선언하고, 유대인을 비롯한 추방자들을 본국으로 송환하는 내용 등 인류 최초의 인권선언이라 할 수 있는 키루스 원통(Cyrus Cylinder)을 남겼다.** 모세의 애굽 탈출은 이집트 역사가 고왕국, 중왕국을 지나 신왕국의 람세스 2세 때 이루어진 것으로 기원전 13세기 경이다. 하지만 서구 정치이

*드니 디드로, 라모의 조카, 황현산 역, 고려대학교출판부, 2006, 178쪽.
**조르주 루, 메소포타미아의 역사2, 김유기 역, 한국문화사, 2013, 23 칼데아인.

론은 이들을 무시하고 그리스의 자유에서 논의를 출발시킨다.

고대 그리스 로마 시대의 자유는 근대인의 자유와 다르다. 프랑스 출생 스위스 작가인 벤자민 콩스탕(Benjamin Constant 1767~1830)은 고대인의 자유는 민주적으로 스스로를 통치하는 공동체에 속할 자유를 의미하고, 근대인의 자유는 자신의 사적 의지의 지배에 남겨지는 것을 의미한다고 했다.* 콩스탕이 본 고대 그리스 로마 시대의 자유는 국정에 참여할 자유와 참여 없이 강요받지 아니 할 자유를 의미하기에, 국가 사회의 간섭으로부터 보호받는 것이라는 근대 자유의 개념과 대비된다고 하였다. 즉 고대의 자유는 의회에 출석하고, 토론장에서 의견을 발표하며, 논쟁에 대한 판단을 하여 어느 한 편을 들면서 투표할 특권과 의무로 구성되었다. 행정관으로 봉사하거나 필요한 경우 배심원으로 일할 수 있는 것도 자유에 해당한다. 따라서 고대의 자유는 정치 과정에 대한 무관심을 허용하지 않기에 공적인 일을 처리하고 관여하는 것이 가장 중요하였다. 요즘 사용하고 있는 리버티의 어원인 리베르타스(libertas)는 고대에 이미 생긴 말이며, 자유인 혹은 자유의 공민적인 지위로 이해하였다.

## 그리스

그리스는 협소하고 작은 영토를 차지하고 있어 해양을 통한 교역으로 주된 생활을 하다 보니 진보적이었다. 경제적 목적에 따라 자유롭게 계약을 맺는 진보적인 분위기가 주도적인 곳이었다. 개인들은 개방적이고 자유스러운 성향을 가졌고 사회분위기도 진취적이었다. 그리스의 자유는 자신의 욕구와 정치적 지배에 대한 갈망을 스스로 다스림으로써 달성할 수 있는 상태를 의미했다. 먹고 싶은 음식과 품고 싶은 성(性)에 대한 갈망을 충족할 수 있을 때 자유롭다는 것이다. 에피쿠로스(BC341~270)는 인간의 삶은 죽음으로 끝나니 할 수 있을 때 최대한을 얻어내라고 했다. 권력, 부나 향락이 아니라 다른 사람에 개의치 말고 가족과 친구와 더불어 아무런 걱정이나 고통 없이 편안하게 이승의 시간을 즐기라 했던 것이다.**

고대 그리스는 도시국가였다. 아테네, 스파르타, 테베 등이 주요한 도시였고, 페르시아의 침략 등 외침이 있을 때는 단결하여 물리쳤다. 아테네는 계급 분열 없는 시민공동체를 형성하고 귀족공화정과 델로스 동맹을 통해 번영하였다. 1차 페르시아 전쟁(BC499-490)은 마라톤전투(BC490)의 승리로, 2차 페르시아 전쟁(BC481-479)은 살라미스 해전(BC480.9)의 승리로 이길 수 있었다. 현대 자유민주주의 정치사상에 그리스 문명이 크게 영향을 미친 부분은 펠로폰네소스 전쟁(BC431-404) 초창기 때 아테네의 페리클레스에 비중을 두는 바가 크다. 특히 페리클레스의 추도사가 오늘날까지도 인용되는 이유는 공공의 삶에 대한 긍지, 법 앞의 평등, 사생활과 공적 책임의 조화, 그리고 표현의 자유에 대한 시대를 초월하는 보편적 이상을 담고 있기 때문이다. 그는 "우리의 정체는 정치책임이 소수자에게 있지 않고 다수자 사이에 골고루 나뉘어 있기에 공민통치라 불리며, 모두는 법 앞에 평등하며, 계급에 의논하지 않고 능력 본위로 공직자를 선출한다"고 천명하며 자유에 기초한 공동체의 품격을 강조했다.*** 그러나 펠로폰네소스 전쟁 시작한지 2년 뒤 페리클레스가 전염병으로 사망하자, 기원전 416년 멜로스의 참극****에서 보여준 동맹국들에 대한 그리스의 제국주의적 착취와 강압, 그리고 400인의 과두정, 30인의 참주정***** 등 민주정이 중우정으로 변질되면서, 기원전 404년 스파르타의 리산드로스 장군에게 항복하여 멸망하게 되었다. 아테네 민주정의 멸망 과정은 시민의 도덕적 자제, 시민적 덕성, 정치적 절제가 병행되어야 한다는 교훈을 남겼다. 스파르타는 시

---

*필립 페팃, 신공화주의, 곽준혁 역, 나남, 2012, 1장 소극적 자유와 적극적 자유 이전의 자유.
**마틴 반 크레벨드, 양심이란 무엇인가, 김희상 역, 니케북스, 2020.
***투키디데스, 펠로폰네소스 전쟁사(상), 박광순 역, 범우, 2012, 2권37장.
****투키디데스, 펠로폰네소스 전쟁사(하), 박광순 역, 범우, 2012, 5권17장. 피지배는 강자에 대한 증오로 그 강자의 큰 힘을 알아차리는 것이라며, 성인 남자는 모두 살해하고 부녀자는 노예로 삼았으며, 이 섬에 아테네인 1,500명을 이민 정착시켰다.
*****30인 참주정의 지도자 크리티아스는 소크라테스이 제자이자 플라톤의 외삼촌이다. 플라톤이 주장한 민주정의 타락한 형태인 중우정을 따르다 과두파와 민주파 싸움에서 전사했다.

민, 변경주민, 노예로 구성되었으며 2명의 왕과 원로원, 민회 등을 구성하였다. 토지 균등분배제, 공동식사제 등 사회주의, 평등주의, 전체주의 체제를 유지했으나 BC330년 마케도니아에 의해 멸망했다. 아기스 5세(BC264~BC241)는 로마의 그라쿠스 형제처럼 부채탕감과 토지 개혁을 추진하다 기득권층의 저항으로 좌절되고 자살하였다. 스파르타에서 개인의 자유는 전체주의 체제 내에서만 허용되었다.

그리스 종교는 도덕이라는 문제를 크게 다루지 않았다. 그리스에서 자유는 어떻게 올바르게 살아야 하는가에 대한 철학적·도덕적 성찰과 긴밀히 연계된 개념이었다. 윤리와 도덕은 신의 계시에 근거한 외재적 명령이 아니라, 인간 이성의 탐구와 공동체의 질서 속에서 도출된 내재적 규범이었다. 소크라테스(BC470~BC399)의 윤리학, 플라톤(BC428~BC348)의 이데아론, 아리스토텔레스(BC384~BC322)의 덕 윤리학 모두는 선한 삶(eudaimonia)을 실현하는 능력으로서의 자유를 중심에 놓는다. 그리스의 자유란 자기 자신을 통제하고 공동체와 조화를 이루는 능동적 상태였다. 플라톤은 『국가』에서 영혼이 이성, 기개, 욕망의 세 부분으로 구성되어 있으며,* 자유는 이성이 욕망을 통제할 때 비로소 실현된다고 보았다. 아리스토텔레스는 『니코마코스 윤리학』에서 도덕적 탁월성은 본성적인 것이 아니라 습관에 의해 형성되며, 자유로운 인간은 자신의 행위에 책임지는 존재라고 했다.** 자유는 단순한 선택의 권리가 아니라, 옳음을 행할 수 있는 능력과 성숙한 자율성을 의미한다. 그러나 고대 그리스인은 모두가 자유로웠던 것은 아니다. 35만 명 주민 중 시민은 2만 명 정도였다.*** 오로지 성인 남성만 자유로웠다. 평등한 성인 남성들끼리 살고, 오직 법에만 복종하며 번갈아 다스리고 다스림을 받는 삶을 자유로운 삶으로 여겼다. 그들은 인간의 완성이라는 관점에서 사람들을 평가했기에 평등주의자들은 아니었다. 모든 인간은 본질적으로 동등하게 인격을 완성시키지 못하며 모든 자연이 선한 자연은 아니라고 보았다. 일부 인간은 본질적으로 다른 사람보다 우월하기에 자연권에 의거해 다른 사람들의 지배자가 되는 것이라고 했다. 그래서 그리스의 자유는 정상적인 시민권을 가진 사람이 정치에 참여하는 자유였던 것이지, 여자나 노예 등 모든 사람에게 자유가 부여된 시대는 아니었다. 아리스토텔레스는 '노예를 살아 있는 도구'라고 정의하고 여자는 이성적인 행위자가 될 수 없다고 했다. 그에게 있어 이성적이라는 것은 지성 때문이었고, 지성이 가장 분명하게 나타나는 것은 산술 능력이었다. 그리스 숫자 체계의 조악성 때문에 구구단조차 외우기 어려워 계산은 똑똑한 사람만 할 수 있었던 것이다.******

그리스인들은 신을 숭배했지만 히브리 전통이나 기독교의 신처럼 도덕의 절대적 근원은 아니었다. 신들은 인간적이었다. 제우스나 아테나와 같은 신들은 사랑, 질투 등 인간과 같은 감정을 갖고 있었고, 신화 속에서도 도덕적으로 문제적인 행동을 보였다. 제우스는 위엄 보다 협박과 공갈로 복종을 강요하고, 언제나 정의의 편에 서는 것은 아니다.

신은 인간의 운명을 결정하기보다 운명에 묻는다는 자세이기에, 그리스인들은 신을 통한 구원이 아니라 인간의 이성과 덕성(arete)을 통해 올바른 삶을 실현하고자 했다. 윤리와 도덕은 종교적 계시의 수동적 수용이 아니라, 이성적 탐구와 시민적 실천의 산물이었다.

종교는 시민의 일상적 경건함(eusebeia)을 유지하는 문화적 장치로 기능했으며, 윤리의 절대 기준이 아니라 사회적 조화와 제의의 근거로 작용했다. 종교와 윤리는 분리되었고, 자유의 문제는 신이 아니라 인간 스스로가 감당해야 할 철학적 과제로 인식되었다. 이것이 기독교 윤리가 강조하는 순종이나 은혜와 구분되는 지점이며, 자유를 공동체적 책임과 자기 완성의 과정으로 이해한 고대 공화적 질서의 핵심이기도 하다. 자유를 자기 욕망의

*플라톤, 국가, 조우현 역, 올재, 2014, 207쪽.
**아리스토텔레스, 니코마코스 윤리학, 전영우 역, 대원사, 2018, 2권 윤리적 탁월성 I.
***알렉시스 토크빌, 미국의 민주주의2, 임효선 박지동 역, 한길사, 2013, 1부 민주주의가 아메리카 지식인의 행동에 미친 영향.
****버트런드 러셀, 생각을 잃어버린 사회, 장석봉 옮김, 21세기북스, 2025, 138쪽.

해방이 아니라, 이성적 질서와 공동체적 조화 속에서 획득되는 삶의 형태로 이해한 것이다. 자유는 외적 방종의 상태가 아니라, 내면의 통제, 공동체적 책임, 덕성의 실천을 통한 상태였다. 그들은 자유를 법과 질서, 명예와 성찰, 공동선을 위한 능동적 참여로 이해했다.

## 로마

로마는 이기심을 바탕으로 냉혹하고 비정한 지배와 권력으로 운영되었다. 로마 역사는 지배와 정복의 역사 그 자체이기에 국가 권력으로부터의 자유라는 개념이 강했다. 라틴어 리베르(liber)는 사회적 법적으로 자유인의 지위를 지닌 상태, 즉 노예의 반대로 사용했다. 그러므로 로마 시대의 자유는 '노예가 아닌 것'이라고 정의할 수 있다. 즉 노예와 지배받은 모든 이에게는 자유란 없는 것이었다.*

로마는 다른 고대의 국가처럼 전제군주제를 채택하지 않고 공화정 원리를 도입한 것이 특이하였다. 루키우스 유니우스 브루투스는 로마 7대 오만왕 타르퀴니우스 수페르부스(BC534~510)의 아들 섹스투스가 유부녀 루크레티아를 능욕하자 그녀가 자살한 사건을 계기로 오만왕을 축출했다. 그리고 100명으로 구성된 로마 초기 개척자들 후예를 원로원으로 구성하고 임기 1년의 2명 집정관을 선출하는 공화정 체제를 도입했다. 민중의 승인 없이 관직을 강점하는 사람은 죽음으로 처벌하는 법안을 통과시켰다. 공화정 체제는 아우구스투스 황제 때 전제군주제로 변화되었다.

로마 공화정은 법과 시민권, 공적 절차를 중시하며 '지배받지 않는 자유(non-domination)'를 제도화한 고대의 가장 정교한 정치 체제 중 하나였다. 그러나 실천적 현실은 언제나 이상에 부합하지 않았다. 로마 공화정은 시민의 자유를 보장하려는 의도가 있었지만 그렇다고 시민의 자유가 법적으로 보장되는 것은 아니었다. 특히 권력 투쟁이 격화되는 국면에서는 법보다 힘이 우위에 섰고, 시민의 자유는 자주 무력화되었다.

기원전 2세기 후반, 티베리우스와 가이우스 그라쿠스 형제는 빈민과 중

　　　　프리덤과 리버티

소농을 위해 국유지 사유화로 형성된 대토지소유제인 라티푼디움(latifundium)에 국유지 소유 상한제 도입을 추진하고, 빈민에게 저렴한 곡물 공급 정책을 추진했다. 그러나 원로원을 중심으로 기득권 귀족 보수파의 반발로 형은 몽둥이로 피살되고, 동생은 자살하고 수천 명이 학살당하고 테베레 강에 버려졌다. 이 사건은 로마 공화정 내부에서조차 정당한 개혁이 정치 폭력에 의해 무산될 수 있었음을 보여준 상징적 사례다. 그러나 로마 시민의 권리에 기초한 절대적 소유권 개념으로 창안되는 계기도 되었다.**

기원전 1세기 초, 가이우스 마리우스와 루키우스 술라의 내전은 공화정 말기의 자유 붕괴를 극적으로 드러냈다. 술라는 최초로 무력으로 로마에 진입한 장군이었으며, 적을 재판 없이 '공적(enemy of the state)'으로 지명하여 살해하는 "프로스크립티오(proscriptio)" 제도를 도입했다. 이 명단에 오른 사람은 누구든 살해될 수 있었고, 살해한 자는 오히려 국가로부터 포상받았다. 수천 명의 시민이 정적이란 이유로 목숨을 잃었기에 이 시기 로마 시민의 법적 자유와 인권은 형식적인 허울에 불과했다. 술라는 권력을 잡은 후 적에게 잔혹한 복수를 저질렀는데, 두 다리를 하나씩 부러뜨리고 눈알을 도려내고 혀와 손을 잘라버리는 형벌을 내렸다. 원로원 의원이라도 불에 달군 쇠꼬챙이로 발목에 족쇄를 묶어 거꾸로 매달아 놓고는 불로, 채찍으로 고문을 했다. 심지어 처형시킨 자들의 아비에게도 백인대장을 보내 살해함으로써 비탄으로부터 해방을 시켜주었다고 할 정도였다.

사실상 공화정에서 제정(帝政)으로 달리다 피살된 시저의 권력 강화도 공포와 폭력의 기운 속에서 이루어졌다. BC44.3.15 브루투스(Marcus Junius Brutus BC85~BC42)와 카시우스(Gaius Cassius Longinus BC85~BC42) 일행은 원로원에서 시저 암살에는 성공하였지만, 자신들을 뒷받침할 무력을 확보하지 못하였다. 로마 공화정을 수호함으로써 시민의 자유와 법치를

*테리 핀카드, 역사는 의미가 있는가, 서정혁 역, 그린비, 2024.
**페리 앤더슨, 고대에서 봉건제로의 이행, 유재건, 한정숙 역, 현실문화, 2014, 4장 로마.

보장하려는 명분은 현실적으로 군사력이 안토니우스(Marcus Antonius BC83~BC30)와 옥타비아누스(Gaius Octavianus BC63~AD14)에 있었는데, 이들과 정치적 연합을 이루지 못하여 좌절된 것이다. 이들은 그리스 반도로 넘어가 군사를 모았고, BC42년 안토니우스와 옥타비아누스와 필리피 전투에서 싸웠으나 패전하고 자살하였다. 마키아벨리(Niccolò Machiavelli 1469~1527)는『로마사 논고』에서 "시저의 암살은 공화정 보호를 위한 정의로운 행동이었지만, 결국은 자유의 종언을 불러왔다"라며 비극적 이상주의가 낳은 정치적 실패라고 평가하였다.*

시저가 피살된 이후 로마는 안토니우스, 레피두스(Marcus Aemilius Lepidus ?~BC13), 옥타비아누스 3인에 의한 2차 삼두정치를 시행하였다. 이들은 시저 살해 사건의 복수 차원에서 각자 한 명씩 살해되어야 할 사람을 지명하였다. 옥타비아누스는 키케로,** 안토니우스는 옥타비아누스의 외삼촌 루키우스 카이사르를 정치적 거래, 그리고 레피두스는 자신의 친동생 파올루스를 재산몰수 목적으로 지명하였다. 키케로는 안토니우스가 시저를 이어 군주가 되려는 야욕을 지적하며 '필리포스를 공격함'이라는 글로 탄핵하였다는 이유로 피살된 후, 목과 오른 손이 잘려 로마 포럼 연단에 전시되어 시민들에게 정치적 경고로 사용되었다.

최고 권력자들이 지명하는 사람을 공정한 재판 절차 없이 살해하고 신체 일부를 전리품으로 헌상하는 체제였다. 이런 식으로 무력과 폭력으로 권력을 두고 서로 싸우는 과정에서 일반 시민들의 자유가 보장되리라 기대할 수는 없는 일이다. 법 앞의 평등, 시민의 참여, 권력의 견제 등 공화정의 이상이 실제 정치의 탐욕과 폭력 앞에서는 얼마나 쉽게 파괴될 수 있는지를 보게 된다. 제도적 시민권만으로는 자유를 지킬 수 없으며, 실질적 질서로 구현되기 위해서는 공적 덕목, 시민 상호 간의 신뢰, 권력의 절제가 함께 뿌리내려야 한다는 교훈을 남겼다.

로마 시민(civis Romanus)은 법 앞에 평등(equal before the law)을 누릴 수 있었고, 고문 금지, 재판받을 권리, 항소권(provocatio ad populum),

사형 유예권 등은 로마법이 보장한 시민의 자유였다. 노예(slaves)는 여전히 법적 인격을 가지지 못했지만, 해방 노예(liberti)나 속주민들(perigrini)은 제한적 권리를 가졌으며, 제국 확장과 더불어 시민권도 확대되었다. 212년 안토니누스 카라칼라 황제는 안토니누스 칙령으로 모든 자유민이 시민권을 가지게 하여 시민권 확대와 계급적 차별을 폐지하였다.

그러나 몽테스키외는 로마의 포악함이 세계로 퍼져 나갔기에 카라칼라를 인류의 파괴자로 악평했다.*** 종교의 자유는 관용의 범위 내에서 허용되었다. 로마는 다신교적이며 실용적이었고, 피지배 민족의 신들을 비교적 너그럽게 인정했다. 그러나 국가적 질서나 황제 숭배에 반하는 신앙은 금기였다. 기독교나 일부 유대교 분파가 박해받은 것도 종교의 내적 교리보다 정치적 충성심 문제였기 때문이다.

사상의 자유는 공화정 때에는 비교적 활발했다. 키케로(Marcus Tullius Cicero BC106~BC43), 세네카(Lucius Annaeus Seneca BC4~AD65), 루크레티우스(Lucretius BC99?~BC55?) 같은 철학자들이 스토아, 에피쿠로스, 플라톤주의를 자유롭게 논의했으며, 철학은 종종 정치 지도자의 인격 수양 수단으로 여겨졌다. 연극, 시, 조각, 건축 등은 공공 후원 속에서 번성했으며, 시인 호라티우스(Quintus Horatius Flaccus BC65~BC8)와 베르길리우스(Publius Vergilius Maro BC70~BC19) 그리고 오비디우스(Publius Ovidius Naso BC43~AD17)**** 등은 로마적 이상과 개인적 감성을 결합한 예술 세계를 발전시켰다. 하지만 제정 시기 이후 정권에 도전하거나 황제의 권위를 풍자하는 표현은 엄격히 통제되었다. 네로(재위 54~68)나 도미티아누스(재위 81~96) 치하에서는 철학자와 시인들이 반정

---

*마키아벨리, 정략론(로마사 논고), 황문수 역, 동서문화사, 2016.
**옥타비아누스는 안토니우스의 강권에 의해 키케로를 지명하여 살해한 것을 후회하였기에, 키케로의 외아들을 자신에게 대항했음에도 용서하고 집정관도 시켰다.
***조지 세이빈, 정치사상사1, 성유보 역, 한길사, 2008.
****베르길리우스는 「아이네이스」, 오비디우스는 「사랑의 기술」이 대표작이다.

치적 발언 또는 풍자를 이유로 유배, 추방되거나 처형되기도 했다. 반면에 경제적 자유는 매우 발전된 영역이었던 바, 재산 소유권은 신성불가침으로 간주되었고, 자유롭게 부동산을 매매하고 유언을 남기며 상속할 수 있었다. 상업의 자유, 계약의 자유, 거주 이전의 자유도 로마법에 의해 인정되었다. 로마 민법은 인간이 만든 가장 위대한 법 체계 중 하나로, 권리와 계약의 정교한 구분, 소유의 보장, 법의 보편성이라는 이상을 제시했다. 그러나 그것이 보장한 자유는 어디까지나 남성 시민에게 한정된 특권이었고, 여성과 노예, 외국인은 법의 그늘 속에 놓였다. 오늘날에도 유효한 민법 틀의 많은 부분이 이 시기에 기초되었으되, 권력자에게 집중되었던 로마법의 유산은 오늘날까지도 법의 정의를 둘러싼 논쟁 속에서 살아 있다.

　로마는 천년 제국이라 하나 제국 5대 황제 네로 피살 이후, 혈통이 아니라 힘이 센 장군이 무력으로 황제가 되는 것으로 바뀌었다. 황제권의 정당한 승계 절차가 마련되지 못하였기에 황제임을 자칭하는 장군끼리 전쟁을 통해 승부를 가리고 이기는 자가 황제가 되었던 것이다.

　이런 권력 승계 시스템은 궁극적으로 로마의 국방력을 약화시키게 되었고, 수많은 군인 황제들이 황제권을 승계하는 과정에서 점차 약화된 국방력은 게르만족 등 이민족의 침입을 막을 수 없게 되어, 475년 서로마제국이 멸망하게 되는 원인이 되었다. 영국의 역사가 에드워드 기번(Edward Gibbon 1737~1794)은 콘스탄티누스 황제가 기독교를 국교로 공인한 것이 로마 멸망의 근본 원인 중의 하나라고 하였다. 국가와 별도의 조직으로 교회가 운영되어 로마시민의 조세 부담을 가중하는 등으로 국력을 약화시켰기 때문이다.* 그러나 기독교가 황제권의 정통성을 왕권신수설로 확보해준 것은 대단한 반대급부였으며, 이후 유럽 제국의 왕들은 왕권신수설에 힘입어 체제의 정당성을 확보할 수 있게 되었다.

# 2. 중세의 자유

인간은 탄수화물과 단백질 등 필요한 영양분을 공급받아야 생존할 수 있다. 밀, 옥수수 등 식량과 닭, 소, 돼지 등에서 육류를 얻어야 살 수 있는 것이다. 이런 식량과 가축 그리고 추위를 피할 수 있는 가옥을 확보하기 위해서는 땅을 가져야 했다. 땅에서 농사를 짓고 가축을 키우고 주거를 할 수 있기에 인간은 유사 이래 땅을 중심으로 살아왔다. 땅을 점유하고 결혼과 상속으로 토지 세습의 정당성을 확보했던 것이다.

인류의 역사를 되돌아보면 근본은 약탈의 역사다. 힘 있는 자가 땅을 빼앗고 이를 개간 경작할 인력을 강압으로 확보하는 것이다. 이와 같은 약탈의 역사는 고대 이래 19세기 제국주의에 의한 식민지 확보까지 이어졌다. 마르크스는 피와 방화의 글로 인류의 연대기가 기록된 것이 역사라고 할 정도였다. 단지 역사가 진전되면서 폭력에서 자본으로 힘이 변화되었다. 폭력 대신 자본으로 땅을 확보하고 소유하면서 살아가고 있는 것이다.

*페리 앤더슨, 고대에서 봉건제로의 이행, 유재건 한정숙 역, 현실문화, 2014, 4장 로마.

결국 힘 있는 자가 땅을 소유하고, 소유권을 가진 사람이 영주가 되고, 백성은 그 땅에 붙어살며 노동으로 비용을 지불하는 삶으로 묘사될 수 있다. 영주 없는 토지는 없었다.

475년 서로마제국이 멸망한 후 유럽은 분열되어 각 지역에서 힘이 센 자가 토지를 장악하고 부를 배분하게 되었다. 지역에서 힘이 센 자들은 다시 인근 지역의 세력가와 싸우고 최종적으로 이긴 자가 요즈음 개념으로 국가라는 것을 형성할 수 있었다. 지역의 맹주는 종신직이었고 세습되었으며, 성주를 중심으로 봉건제가 구축되었다. 물론 국가라는 개념이 정식으로 대두하기에는 17~18세기까지 기다려야 한다. 농경 국가로서 세입을 늘릴 수 있는 유일한 길은 영토 정복이었다. 여러 군주국은 전쟁이 업이고 약탈과 수입이 목표였다는 토마스 페인의 지적*은 정확했다.

영국과 프랑스 간의 백년전쟁도 이와 같은 패턴의 예시에 불과하다. 백년전쟁은 프랑스 왕 샤를 4세가 후계자를 두지 못한 채 사망하자 샤를 4세의 4촌 동생 필리프 6세가 왕위를 계승하여 발루아 왕조를 열었다. 그런데 샤를 4세는 영국으로 시집을 간 여동생 이사벨의 아들인 에드워드 3세를 후계자로 지명했으나 프랑스 귀족이 반대하여 필리프 6세가 왕권을 계승한 것이다. 이에 에드워드 3세는 외삼촌의 후계자라는 명분으로 필리프 6세에게 프랑스 왕위 계승권을 주장하여 전쟁이 시작되었다. 외삼촌과 사촌 형 중 누가 더 가까운지 왕위 계승의 정통성을 다투는 전쟁이었지만, 핵심은 승리자가 모든 땅과 인간들을 소유하는 재산 다툼 전쟁이었고, 전쟁에 참여하는 귀족이나 병사들은 전쟁이 재산을 모을 기회가 되었을 뿐이었다. 자유나 평등이라는 이념과 가치를 내세운 전쟁이 아니었다. 영국과 프랑스 군은 슈보시(chevauchee)라는 초토화전을 전개하였다. 점령한 땅은 물론 거주하는 사람과 가축은 모두 승리자들의 소유가 되고, 남은 것은 철저하게 태우고 파괴하는 전쟁이었다. 포로들은 인질금을 받을 수 있는 재산이었다. 전쟁을 통한 소유의 강탈은 귀족이 자원을 획득하는 유일하게 명예로운 방법이었다. 중세 영국의 플랜태저넷(Plantagenet 1154-1199) 왕가를 연 헨리 2세는, 프랑스 아키텐 지역의 엘레오노르가 루이 7세 프랑스 왕과 이혼하고 연하남인 자신과 재혼함으로써, 잉글랜드 섬 외에 프랑스 대륙에도 상당한 영토를 소유하게 되었다. 헨리 2세를 이어 아들인 사자심왕 리처드(Richard the Lionheart)는 왕자 시절에 잔인, 오만, 탐욕, 욕정으로 이름이 났었다. 그는 소작인들의 아내, 딸, 여자 친지들까지 강제로 빼앗아 첩으로 만들었고, 그들에게서 욕정을 충족시키고 나면 자신의 기사들에게 넘겨 취하게 했다.** 통행증이 없으면 귀족이든 평민이든 마음대로 여행을 하거나 거주지를 옮길 수도 없었다. 맨발에 더러운 누더기, 감지 않은 머리, 눈꼽 낀 궁핍한 농민에게 인권과 자유라는 것은 없었다. 중세는 인류 역사에서 긴 기간을 차지하지만 죽음과 삶만이 존재한 매우 단순한 시대였다.

인류 역사가 진전되면서 인간은 땅에서만 부가 나오는 것이 아니라는 것을 체득하게 되었다. 중국 한나라의 실크로드가 로마까지 이어진 것은 돈이 되기 때문이었다. 이탈리아의 베네치아, 제노바 등은 무역과 교역을 통해 부를 쌓을 수 있음을 체득한 대표적인 도시국가였다. 베네치아가 도시국가로 천 년을 이어갈 수 있었던 것은 무역과 교역에 의해 부를 축적할 수 있었고, 축적된 부를 활용하여 도시국가를 유지할 수 있었기 때문이다. 베네치아와 제노바의 패턴을 이어 받은 나라는 네덜란드 연방이었다.

땅에 복종하며 붙어살기를 거부하는 사람들은 도적이 되었다. 바이킹족, 사라센족, 훈족, 마자르족 등은 약탈로 먹고 살았다. 백성은 치안과 안전의 불안 때문에 성을 중심으로 방어 요새를 구축하고 성주와 군사력의 보호를 받아야 했기에 중세는 인구 감소와 경제 쇠퇴가 필연적이었다. 그럴수록 백성은 장원을 중심으로 땅에 의존할 수밖에 없어 중세 때 개인은 토지 등 재산은 그럭저럭 보장되었지만 개인의 자유는 지극히 불안정하고 불안전했다. 물론 이마저도 전쟁이나 약탈이 없을 때에 한했다. 그렇지만 그렇게 암

*토머스 페인, 인권, 박홍규 역, 필맥, 2004
**앨리슨 위어, 아키텐의 엘레오노르, 곽재은 옮김, 루비박스, 2011, 281쪽.

울한 환경 속에서도 개인의 자유를 향한 소리 없는 진보는 진행 중이었으니 의회의 구성과 기독교에 의한 양심의 자유가 구축된 것이다.

## 가. 의회의 구성

폭력에 바탕을 둔 전제군주 하에서 백성들은 자유를 누릴 수 없다. 백성의 생명과 재산에 대해 임의적인 침탈이 수시로 가능하고, 또 그것이 가능했기에 전제 권력 체제를 유지할 수 있었다. 전제군주제의 역사 속에서 그나마 로마는 공화정을 채택하였기에 로마시민의 인권을 제한적이나마 보장할 수 있었다. BC510년 타르퀴니우스 수페르부스 오만왕을 몰아내면서 공화정으로 정체를 바꾸었다. 초기 원로원은 100명으로 로마 개척자들 후예로 구성하고, 임기 1년의 집정관 2명으로 하여금 통치를 하게 하면서, 원로원은 귀족과 평민 간의 갈등을 완화하고 집정관 등 공직자의 권한 행사를 견제하였다. 그리고 선거를 통해 호민관, 법무관, 조영관, 재무관, 감찰관 등을 선출하여 일정 기간 신분 보장을 해주면서 시민의 권익을 보호하게 하였다. 특히 호민관은 BC494년 임기 1년에 2명 씩 평민으로 선출함으로써 로마 무산자 계층이 최초로 정치적으로 확보한 관직이 되어 로마시민의 자유 보장과 정의 수호에 큰 기여를 하였다. 또한 BC367년 리키니우스법에 의해 2인의 집정관 중 한 명을 평민으로 뽑았다. 그러나 아우구스투스 황제 때부터 제정(帝政)으로 돌아가면서 로마시민의 자유는 침해되기 시작했다.

전제군주에 대항하여 백성의 생명과 재산에 관한 사항은 의회가 승인한 법규에 의해서만 가능하다는 주장은 인류 정치사에서 획기적인 전환이었다. 전제군주는 별다른 인간이고 다른 사람보다 위에 있으며 성스러운 기름 부음을 받은 사람이고 심지어는 신이 낳은 인간으로 여겨졌었다. 신의 계시를 전하는 군주에게 제한을 가한다는 것은 상상 밖의 일이었다. 영국의 시몬 드 몽포르(Simon de Montfort 1208~1265)는 제6대 레스터 백작(Earl of Leicester)으로서 13세기 중엽에 영국 의회의 틀을 만들었고, 이것 때문에 그는 인류에 대한 최고의 시혜자라고 벤담은 평가했다.**  1265년 몽포르 백작은 헨리 3세(1207~1272)의 전제정치에 대한 저항과 통치 정당성 확보를 위해 영국 역사상 최초로 귀족(Lords)과 성직자(Clergy) 외 지방 기사(Knights of the shire)와 도시 대표(Burgesses)를 포함하는 의회(Simon de Montfort's Parliament)를 소집했다. 이는 단순한 귀족 회의를 넘어 대표자 원리에 기반한 정치 제도의 출발점이었다. 몽포르 의회는 1264년 루이스 전투(Battle of Lewes)에서 헨리 3세를 이겼기에 가능했지만, 1265년 8월 에드워드 왕자가 탈출하여 몽포르를 이븐햄 전투(Battle of Evesham)에서 전사시킴으로써 막을 내렸다. 하지만 몽포르 의회는 영국 하원의 기초가 되었고, 자유란 왕의 자비가 아니라 제도 속에서 실현되어야 한다는 공화주의의 이상을 유산으로 남겼다. 프랑스의 삼부회의, 독일의 영방의회, 스페인의 코르테스 등도 있었지만 이들은 형식적인 것이었고, 오직 영국에서 의회가 제대로 운영되었다.

영국에서 의회가 기능할 수 있었던 것은 제4장에서 후술할 프리덤의 개념에 입각했기 때문이다. 영국은 북구 계통의 자유인 프리덤의 개념이 의식을 규제했기에 1215년 마그나 카르타가 가능하였다. 존 왕은 프랑스에 가졌던 광활한 영국의 영토를 야금야금 모두 잃어 버려 잉글랜드 섬으로 쫓겨들어갔고 그래서 별명이 '실지왕(失地王, John the Lackland)'이 되었다. 왕권이 약해지자 귀족들은 인권적이고 헌법적인 문서를 작성하여 존 왕에게 동의를 요구했다. 죄를 지었다고 그냥 백성을 구속하고 살해할 수 없고 반드시 재판을 거쳐야 생명과 재산을 박탈할 수 있으며, 과세할 경우 반드시 동의를 얻어야 한다는 등의 내용이었다. 이것이 마르나 카르타이고, 영국 헌정과 인권 보호의 시발점이 되었다. 하지만 그것은 현대적 의미의 법률이기보다는 상이한 신분들과 당파들 사이의 조약이라고 할 수 있어, 당사자의 권리나 권

* 이태숙, 근대영국헌정, 한길사, 2013. 17쪽.

리라고 주장하는 바를 확증한 것이라 하겠다.* 이후 1216, 1217, 1225, 1264년 추가 개정을 통해 영국 헌정의 기틀을 지속적으로 잡게 되었다.

의회에 의한 군주의 견제 제도는 백성의 인신 보호와 함께 오히려 군주정의 강화에 기여하게 되었다. 1337년에 시작된 영국과 프랑스 간의 100년 전쟁 초기에 영국의 헨리 5세가 프랑스 군을 물리치고 프랑스 왕의 사위가 된 것은 의회의 협조로 전쟁 비용을 잘 조달할 수 있었기 때문이다. 영국 왕과 의회 간에 권력 투쟁의 역사는 영국인들의 자유가 담보되어 가는 과정의 기록이다. 찰스 1세가 1625년 즉위한 때는 스페인 및 프랑스 등에 대한 해외 원정이 있던 때라 전쟁 비용 조달이 중요하였다. 이때를 기회로 의회 동의 없이 과세 하지 말 것, 정당한 법절차에 의하지 않고는 투옥하지 말 것, 군대를 민가에 숙박시키지 말 것, 민간인을 군사재판에 회부하지 말 것 등을 의회는 찰스 1세에게 요청하였다. 이것이 영국 의회의 찰스 1세에 대한 권리청원(Petition of Right)이다. 하지만 찰스 1세는 이를 수용하지 않고 1629년부터 1640년까지 의회를 아예 소집하지 않았다. 의회의 소집권은 왕의 고유 권한이었기 때문이다. 하지만 이런 과정을 통해 영국인들의 자유에 대한 법적인 보장은 좀 더 체계적으로 자리 잡게 되었다.

권리 청원을 찰스 1세가 공식적으로 수용하지 않았지만, 의회의 요구는 1688년 명예혁명을 통해 즉위하게 된 윌리엄 3세 및 메리 2세 공동 국왕에 의해 1689년 권리장전(Bill of Rights)으로 보장되게 되었다. 과세와 법률은 반드시 의회 동의를 얻게 함으로써 의회 주권을 법적으로 확보하게 되었고, 그에 따라 영국인들의 자유는 더욱 안정화될 수 있었다. 권리장전 이후 영국 의회는 영국인의 자유 신장에 크나큰 영향력을 발휘하게 된다.

## 나. 양심의 자유

인류 역사 이래 종교는 정치와 분리될 수 없었다. 인간은 먹고 입고 살기 위해 땅이 중요했고, 그 땅을 뺏고 뺏기지 않기 위해서는 전쟁이 필요했으며, 전쟁에서 병사를 동원하고 목숨을 걸고 싸워 승리를 얻기 위해 종교적 의식은 권력자들에게는 반드시 필요한 것이었다. 전쟁에서 승리하기 위해서는 전투원의 단결이 중요했고, 종교는 집단으로서의 일체감을 높이기 위한 효과적인 메카니즘으로 기능했기 때문이다. 그리하여 종교는 정치에 영향을 끼치게 되고, 정치는 신학을 형성하고 발전시키게 되었다. 이러한 과정이 중세를 통해 서서히 진행되면서 종교 교리의 발전과 교권(敎權)과 속권(俗權)의 관계가 정립되었다. 이 책의 목적은 서구 정치사상사에서 자유가 어떻게 형성되어 왔는지를 규명하는 것이므로, 종교 일반에 관한 사항이나 이슬람교, 힌두교, 불교 등과 관련한 사항은 생략하고 기독교 사상이 자유에 영향을 준 부분만을 집중적으로 살펴보고자 한다.

우리가 중세를 암흑시대라 칭하는 것은 기독교 사상이 유럽인들의 일상생활을 좌우했고 성서 이외의 삶은 철저하게 금하였기 때문이다. 개인이라는 개념은 없었고 개인의 일상적인 생각과 행동은 오로지 성경을 따라야만 하였다. 스코틀랜드 철학자 데이비드 흄(David Hume 1711~1776)은 중세 신학은 어떠한 타협 조건도 받아들이지 않고, 자연현상 그리고 편견 없는 감정에도 개의치 않고, 모든 부문의 지식을 신학의 목적에 맞게 왜곡했다고 지적하였다.** 성경은 천동설을 설파하여 과학지식도 규율하였고, 성경 위반을 이유로 마녀 사냥을 일삼았으며,*** 천국과 지옥 그리고 연옥이라는 개념으로 내세의 삶을 현세의 삶에 주입하고 이끌어왔다. 경미한 죄로 연옥에 머무를지 모른다는 불안감으로 교회에 재산을 기부하여 연옥의 영혼을 구제받기를 바라도록 했다. 성경은 과학 지식도 통제하였던 바, "태양이 머물고 달이 그치기를 백성이 그 대적에게 원수를 갚도록 하였느니라 야살의

* 월터 배젓, 영국 헌정, 지식을만드는지식, 2012, 442쪽.
** 데이비드 흄, 도덕 원리에 관한 탐구, 김준호 역, 아카넷, 2022.
*** 출애굽기 22:18 너는 무당을 살려두지 말라(Thou shalt not suffer a witch to live)

책에 기록되기를 태양이 중천에 머물러서 거의 종일토록 속히 내려가지 아니하였다 하지 아니하였느냐”*며 천동설을 가르치고 있다.

갈릴레오가 망원경을 발명하고 수많은 밤을 하늘의 별자리를 관측하면서 얻게 된 지동설이라는 과학지식도 로마 교황청의 천동설 해석을 벗어날 수 없었다. 갈릴레오는 지동설 대신 성서의 천동설을 그대로 유지함으로써 교황청으로부터 가택연금형으로 감형받았다. 중세는 인간 정신에 대한 교권의 폭정이 엄혹하였던 시기였다.

하지만 성서적인 삶을 강요한 중세가 역기능만 수행한 것이 아니다. 역설적으로 성경은 개인의 양심의 자유에 대한 신학적 이론을 발전시키고, 현실 권력에 확고한 위치를 갖게 하여 개인의 자유 의식을 신장시키는 데 결정적인 역할을 하였다. 또한 종교개혁 이후 가톨릭과 신교 간의 갈등으로 인한 속절없는 전쟁을 치르면서 누구도 상대를 절멸시킬 수 없음을 인식하게 되어 서로가 공존하는 관용의 정신, 그리고 정치와 종교의 분리를 통한 종교의 자유를 확립하게 된 것도 큰 기여이다.

고대 인류는 요즘처럼 개인, 이성, 의도, 자유, 책임이라는 개념들을 익힐 수가 없었다. 인간 세상에 내재하고 있는 합리적인 질서를 철학자가 로고스로서 찾아내고, 영웅적인 명예와 칭송을 중시하며, 합리적인 이성이나 자연법에 따라 살아갔다. 개성을 존중하고 나의 인생관과 취미나 기호를 추구하는 삶은 원천적으로 사회에서 인정받고 존중받을 수 없었다. 그러나 기독교가 313년 로마제국의 콘스탄티누스 황제에 의해 공인되자 인간의 사상과 의식에 크게 영향을 미치게 되었다. 다신교인 로마제국에서 하나님을 믿는다는 이유로 로마 콜로세움에서 사자 밥이 되고 핍박과 순교의 대상이 되었던 기독교가 제국이 승인한 종교(religio licita)가 된 것은 돌이켜보면 인류사에 큰 획을 긋는 일이었다. 사실 기독교는 하나님 앞의 평등을 단언하고 인간의 자만심을 비난하고 있지만, 이 세상의 모든 불평등은 하나도 건드리지 않았다. “종들로는 자기 상전들에게 범사에 순종하여 기쁘게 하고 거스려 말하지 말며”**라 하여 노예제도도 인정했다. “각 사람은 위에 있는 권세들에게 복종하라 권세는 하나님으로부터 나지 않음이 없나니 모든 권세는 다 하나님께서 정하신 바라"***, 또는 "너희는 내가 사로잡혀 가게 한 그 성읍의 평안을 구하고 그를 위하여 여호와께 기도하라"****고 하여 현실 기득권을 인정하는 종교라는 비난을 받게 된다.

그러나 기독교는 개인의 평등과 선택과 책임을 존중하고 양심의 자유라는 사상을 발전시켰다. 우선, 그리스도 안에서 모두가 한 몸이고 각자는 도덕적 평등과 그에 따르는 의무를 가진다는 사상을 전파하였다. "너희는 유대인이나 헬라인이나 종이나 자주자나 남자나 여자 없이 다 그리스도 예수 안에서 하나이니라",***** "우리 주 예수 그리스도에 대한 믿음을 너희가 가졌으니 사람을 차별하여 대하지 말라"******고 하여 인간은 그리스도 안에서 모두 평등하다고 함으로써 개인이라는 개념이 생길 수 있게 하였다. 교회법을 모두에게 똑같이 적용한다는 사고가 들어섬에 따라 교회법학자들은 구체적인 법적 결정을 바탕으로 공통적인 특성을 찾아내고 그것을 개념으로 확립하고자 했다. 즉 일반화와 추상에 관심을 보인 것이고, 결과적으로 아리스토텔레스의 논리학에 관한 지식이 기독교의 도덕적 직관과 결합할 수 있게 되었다. 더 이상 개인들이 타고난 사회적 역할 때문에 자신의 정체성을 죽이는 일이 없어지게 된 것이다.

그렇다고 기독교 사회가 원자화된 사회는 아니었다. 전통적인 사회적 끈을 그냥 해체한 것이 아니라 하나님에 대한 믿음에 따라 움직이는 애정 어린 의지들을 통해서 사람들을 서로 연결시켰다. 하나님의 손길에 의해 평등한 사랑의 연합체라는 구성을 이룬 것이다.

* 여호수아 10:13
** 디도서 2:9
*** 로마서 13:1
**** 예레미야 29:7
***** 갈라디아서 3:28
****** 야고보서 2:1

둘째, 개인의 의지로 신앙을 선택할 수 있게 하였다. 종교를 의무가 아니라 개인의 선택에 맡긴 것이다. 카르타고의 난봉꾼 출신인 아우렐리우스 아우구스티누스(Aurelius Augustinus 354~430)는 원죄설과 은총설을 주장하였다. 사탄의 유혹으로 에덴동산에서 쫓겨난 아담의 후손은 출생과 동시에 죄를 범하게 되나, 모든 사람에게 똑같이 주어지는 하느님의 은총을 받아들일 때 죄가 사하여진다고 하였다. 프로이센의 철학자 쇼펜하우어(Arthur Schopenhauer 1788~1860)는 존재 자체의 죄(das Schuld des Daseins)를 원죄(primal sin)라 한다고 했다.* "우리가 유대인이나 헬라인이나 종이나 자유인이나 다 한 성령으로 세례를 받아 한 몸이 되었고 또 다한 성령을 마시게 하셨느니라"**고 하였기에 하나님의 은총은 사람 구분없이 모두 베풀어지는 것이다. 플라톤 이래 자연법 사상은 자연적 불평등과 귀족주의적 입장을 가졌었지만, 기독교는 모든 사람이 평등하게 죄를 지었고 또 은총으로 구원받을 수 있다고 한 것이기에 이것은 아주 새로운 사상이었다. 하나님의 은총이 똑같이 주어짐에도 이를 선택하는 것은 결국 개인의 의지에 달린 것으로 본 것이다.

은총선택설은 이슬람교 같은 이교도와 기독교 내에서도 이단에 대한 고민을 해결할 수 있었다. 이교도와 이단은 자신의 선택으로 이를 거부한 것으로 간주되었다. 선택에는 목숨까지 포함하는 책임이 따른다. 하나님이 은총을 내려주셨지만 이를 거부한 이교도와 이단은 그에 상응하는 처벌을 받아도 어쩔 수가 없게 된 것이다. 도마복음서는 집단의 능력보다 개인의 능력을, 물려받은 사회적 역할보다 개인의 양심을 우선시했다.

개인의 선택을 전제함으로써 자유의 개념이 성숙 발전할 수 있게 되었다. 중세 이탈리아의 귀족 출신 성직자 성(聖) 토마스 아퀴나스(St. Thomas Aquinas 1225~1274)는 고독한 은둔자에서 엄격한 수도사 생활의 준칙을 세웠다. 세속에서의 출신과 단절하고, 수녀 제도를 인정함으로써 여성도 영원한 종속적 지위로부터 벗어나게 하였다. 또한 수도사는 누구든 성실하게 노동을 하게 함으로써 예속적인 신분과 분리되게 하였다. 자유를 개인의 동의와 양심과 연결하여 스스로 규칙을 준수하는 것을 자유라 할 수 있게 하였다. 또한 심판의 날이라는 개념을 세움으로써 인간의 자유가 실제로 존재한다는 것을 입증하였고, 사후에 연옥에서 개인의 죄를 씻어낸다는 것도 자유의 느낌이 사후의 세계에도 존재함을 보인 것이다.

셋째, 양심의 자유를 신학적인 근거 아래 발전시켰다. 성경에는 "그러므로 복종하지 아니할 수 없으니 진노 때문이 아니라 양심에 따라 (선을) 할 것이라",*** "내가 범사에 양심을 따라 하나님을 섬겼노라 하거늘",**** "깨끗한 양심에 믿음의 비밀을 가진 자라야 할찌니"***** 등 양심과 관련한 말씀이 여러 곳에 나타난다. 다소의 사울인 바울은 이러한 성경의 양심에 착안하여 이를 율법의 지위로 올렸다. 바울은 종교를 머리로 이해하고 복종하려는 자세를 버리고, 무조건 믿고 복종하고 존중한 후에 이해하는 것이 정상이라 하였기에, 당시로서는 이와 같은 종교관은 지적 혁명에 가까웠다. 아우구스티누스는 일단 무조건 믿음을 강조했다. 성서에 대한 이해는 그 다음이라는 것이다. 아퀴나스는 개인의 의지에 대한 이성의 우위를 강조하여 믿음을 가진 사람의 양심과 신의 목소리는 일치한다고 했다.

스코틀랜드 신학자 둔스 스코투스(John Duns Scotus 1266~1308)는 개인의 자유의지가 이성보다 우위에 있다고 주장했다. 인간은 자유의지를 통해 도덕적 결단을 내리는 존재이기에 개인의 양심이 선과 악을 구분하여 주는 궁극적인 심판관이 되어야 한다고 했다. 양심은 신이 각 개인 안에 심어 준 내면의 법정이며, 이는 교회나 국가의 외적 권위보다 먼저 작동한다는 것이다. 결국 신이 창조했으며 심장에 깊은 뿌리를 내린 양심은, 인간이 행

---

*로저 스크루턴, 인간의 본질, 노정태 역, 21세기북스, 2023, 4장 신성한 의무.
**고린도전서 12:13
***로마서 13:5
****사도행전 23:1
*****디모데전서 3:9

동과 신의를 통제하기 위한 사법적 심판을 피할 정당한 권리를 가진다는 사상으로 자리를 잡게 되었다.

양심의 자유는 1517년 루터의 종교 개혁으로 현실적인 힘을 확보하고, 본격적인 위치를 공고히 하게 되었다. 종교개혁의 핵심은 하나님과 개인 사이에 성직자의 입지를 사라지게 한 것이다. 모든 신자는 성서를 통해 바로 하나님의 은총을 간구할 수 있으며, 직접 하나님께 기도를 하고 응답을 받을 수 있게 되었다. 근대적 정신을 품은 개인주의가 성장하게 되는 것이다. 구텐베르그의 활자술이 마침 성서의 번역과 대중화에 큰 기여를 할 수 있었다. 개인이 하나님과 통할 수 있는 것은 개인의 양심을 존중하였기 때문이고, 오직 양심을 따라 살아가는 자들만이 구원받은 자들이라고 하였다. 1525년 독일농민전쟁 때 성문헌법의 성격을 가진 슈바르츠발트의 12개 조항에 양심에 따라 성경 읽을 권리가 포함되었던 것이다.

양심을 신의 말씀과 동일하다고 하며, 교황이나 사제가 아니라 성경에만 주목하는 것이 양심의 의무라 하였다. 신이 창조했고 인간의 심장에 깊이 뿌리를 내린 양심은 사법적 심판을 피할 정당한 권리를 가진다고 주장했다.* 당시로서는 무지하게 급진적인 주장이고 사상이었다. 당연히 기득권인 가톨릭 구교와 충돌은 불가피하였다.

한편 교황과 군주와의 관계도 다양한 협조와 갈등 과정을 겪으면서 일정하게 형성되었다. 교황은 교권을 상징하며 내세와 영혼을 관할하고, 황제나 군주는 속권을 상징하며 현세의 일을 관할하기로 하였다. 영적 권력과 세속 권력의 역할 분할로 정립된 것이다.

475년 서로마제국이 멸망하자 요즘 유럽연합 정도 크기의 영토 내에서 안전을 담보하던 치안력이 사라지게 되었다. 유럽은 지역별로 소규모 부족과 집단으로 흩어지게 되었다. 바이킹족, 마자르족, 사라센족 그리고 각종 종족들의 침입과 약탈이 일상화되고, 도처에는 종족 간 전투와 도적의 횡행 등 생존의 문제가 심각하게 되었다. 교황과 주교도 무지한 야만인의 폭력으로부터 기독교 사상을 전파하기는커녕 목숨을 부지하기가 다급한 상황이었다. 무엇보다 약탈을 일삼는 이들은 기독교도들이 아니었기에 문제는 심각하였다. 역설적이게도 이슬람의 압바스 왕조가 서유럽에 대해 완전히 무관심한 것이 그나마 도움이 되었다.

지역별로 난립하던 종족들이 상호 생존투쟁 결과로 큰 권력체로 성장하게 되었고, 751년 프랑크 왕국을 형성한 피핀 2세가 카롤링거 왕조를 세우게 되었다. 교황 스테파노 2세는 753년 눈 쌓인 알프스 산맥을 넘어 파리로 가 대관식에 입회하면서 새로운 왕국의 정통성을 부여하였고, 그 대가로 로마 교황청 통치구역을 지정받아 안전을 보장받았다.

그 후 샤를마뉴 대제는 교권을 확립하기 위하여 세례를 거부하고 교회를 모독하는 자를 사형시키고, 수도원을 건설하며 십일조를 인정하였다. 그러나 샤를마뉴 전성기를 지나 843년 베르덩 조약으로 서유럽은 3개 지역으로 분할되어 다시 혼돈의 시기를 보내다 독일에서 새로운 세력이 강성해졌다. 962년 색슨족의 왕 오토 1세는 교황으로부터 대관과 왕의 신성성을 보증하는 도유를 받으면서 신성로마제국 황제로 등극하였다. 황제는 역시 대가로 교황과 주교들의 안전을 보장하였다.

이후 교황과 황제는 주교 임명권과 과세권한을 누가 가질지를 두고 서로 주도권을 다투었다. 1077년 하인리히 4세(1050~1106)는 교황 그레고리우스 7세(1073~1085)에 의해 카놋사의 굴욕을 당하기도 하고, 교황이 아비뇽에 유수(1309~1377)되기도 하며, 교황청 분열의 시기를 거치면서 양자는 서로 인정하면서 세력 균형을 이루게 된다. 1차 십자군 전쟁은 1095년 11월에 교황 우르바누스 2세(1035~1099)가 소집하였다. 카놋사의 굴욕을 거치면서 황제와 권력 다툼이 진행 중이었기에 교황은 교회의 지배적 특권 지위인 리베르타스를 확보하기 위한 복심이 깔린 소집이었다. '하나님이 원하신다(God wills it. Deus vult)' 라는 구호로 신의 뜻을 앞세워 황제에 대한 절대적 정당화를 확립하고자 하였다. 주교 서임권이 황제가 아닌 교황에게 있

*마틴 반 크레벨드, 양심이란 무엇인가, 김희상 역, 니케북스, 2020, passim.

음을 확인한 것이 1122년 보름스 협약이었다. 그 과정에서 현세와 내세를 구분하여 현세는 황제가 관할하고 내세는 교황이 관할하는 것으로 서로의 영역을 구분 짓고 상호 존중하게 된 것이다. 교황은 십자군 원정을 통한 성전 기사단을 운영했고, 이것이 교황을 뒷받침하는 폭력 집단이 되었다. 인노켄티우스 3세는 십자군 전쟁을 통해 세속 군주들에 우위를 차지하여 교황 군주가 되었다. 로마교황은 사제권(司祭權), 사목권(司牧權), 교도권(敎導權)의 3중관(The Pope's tiara)을 갖게 되었다.

이에 대응하여 귀족들은 12세기에 기사도 정신*을 기사도 규약으로 정립하여, 기사의 영주에 대한 충성은 신성한 의무이며 다른 어떤 약속도 그것을 대신하지 못한다고 했다. "가이사의 것은 가이사에게, 하나님의 것은 하나님께 바치라"**는 성경의 말씀대로 내세는 교황이, 현세는 왕이 관할한다는 원칙이 깔려 있는 것이다. 기사도 규약을 지키는 왕은 자신들도 교회로부터 독립하여 하느님과 직접 연결된다고 믿으며 무력을 행사할 수 있게 되었다. 그래서 프랑스 필리프 4세와 영국의 에드워드 1세는 자신의 영토에서 성직자에게 과세할 권리를 주장하고 관철시켰다,

1302년 교황 보니파키우스 8세가 우남 상크탐(Unam Sanctam, 유일한 신성)을 발표하여 세속 군주는 교황보다 열등한 존재임을 선포하자, 필리프 4세가 보니파키우스 8세를 체포하였고, 후임인 클레멘스 5세(1305~1314)는 왕권에 복종하여 템플기사단을 해체하였다. 여러 교황과 황제 중 필리프 4세(1268~1314)와 인노켄티우스 3세(1160~1216)가 가장 강렬하게 자신의 권력을 추구하면서 누구보다 냉혹하고도 잔인하게 시대를 헤쳐 나갔다. 이러한 와중에 백성의 자유란 존재할 수 없었던 것이다.

하지만 교황과 황제 간의 권력 투쟁과 강요된 성서적인 삶에 대한 반항으로, 14세기에서 16세기 어간, 특히 이탈리아에서는 그리스 로마 시대의 인간 중심의 학문과 지식을 부흥시키고자 하는 르네상스 운동이 꽃을 피우게 되었다. 모든 일상 생활이 엄격하게 성경으로 규율되는 것에서 벗어나, 인간의 존엄성, 인간 정신과 지혜와 창조 등 기독교가 공인되기 이전의 자유

스러운 그리스 로마 문화를 되살려 보자는 흐름이었다. 회화의 추세에서 대표적으로 나타나는바, 성화(聖畵)에서 인간의 아름다움을 나타내는 그림과 조각이 등장한 것이다. 르네상스 운동은 16세기 이탈리아가 역사적 주도권을 상실하면서 동력이 소멸되었으나, 당시 새롭게 발명된 인쇄술의 영향으로 유럽 전 지역에 그러한 사상이 전파되었고, 이것은 곧이어 다가올 계몽시대의 밑거름이 되기에 충분하였다.

교권과 속권의 투쟁 과정에서 세속의 황제는 교황을 정점으로 주권을 명확히 형성하고, 지역별로 주교를 임명하는 중앙집권식 교황 통치체제를 배우게 된다. 서로마제국 멸망 후 서유럽은 사실상 원시적 오지가 되고 문명이 사라진 곳으로 되었으나, 교황은 브리튼, 갈리아 등지로 선교사를 파견하여 원주민을 개종시키는 노력을 지속적으로 전개하였다.

그리하여 로마 교황을 정점으로 하여 각 지역별 주교 제도를 통해, 중앙집권식 성서 해석 및 교회 운영체제를 구축하였다. 1140년 그라티아누스 교령집에 의해 교회법이 집대성되었다. 이런 교회 체제는 황제가 따라할 수 있는 모범적인 케이스가 되었다.

유럽 역사에서 11세기부터 13세기까지를 중세성기(中世盛期)라 한다. 유럽 도시 문화 속에서 새롭게 성장한 부르주아는 비기독교인을 대상으로 한 것이 아니라, 농부나 승려 등 독실한 기독교인이 가득한 유럽인에게 향한 종말론에 거부감을 느꼈다. 변증법적 시도로 지옥과 천국 사이에 제3의 장소인 연옥을 발견하게 된 것이다. 기독교에서는 대단한 혁신이었다. 영원의 존재인 지옥과 천국 사이에 연옥을 만듦으로써 저주의 선택에 복종해야 할 교권의 공포와 타협할 수 있었다. 연옥의 발명은 돈으로 살 수 있는 면죄부 판매 체계로 이어져 배금주의로 접근하게 된 연유가 되었다. 하지만 교황과 성직자의 축재, 축첩 등 부정을 혁파하기 위하여 마르틴 루터(Martin

*용맹, 충성, 정직, 예의, 박애의 이상을 구현하고자 함
**마태복음 22:21, 마가복음 12:17

Luther 1483~1546)가 1517년 종교개혁(the Reformation)을 통해 신교를 주장하였다. 가톨릭을 대신하여 양심을 중시하는 신교가 프랑스는 위그노, 영국은 프로테스탄트 등 각 종파로 활동하게 되었다. 1555년 아우스부르크 화의에 의해 영토에 속하는 자는 종교도 영토에 따라야 한다는 원칙을 확인했다. 하지만 영토 전쟁 결과에 따라 종교도 따라가야 하기에 엄청난 갈등이 이어졌다. 프랑스의 위그노전쟁(1562~1598)은 신교의 위그노파와 가톨릭파 그리고 경쟁하는 귀족 분파들의 정치적 다툼이 동시에 진행된 것이다. 신구교 간의 종교 갈등이 영토분쟁과 결합되어 마침내 30년전쟁(1618~1648)이 일어났다. 종교전쟁이 정치 체제에 대한 공격과 함께 진행된 것이다. 신교도들은 자연스럽게 로마 교황 대신 황제와 지역 영주들에게 의존하게 되었고, 반대로 황제와 영주들은 교권에 대항하여 세속권을 확보하기 위하여 신교도가 필요하였다. 30년전쟁은 오랫동안 지속되면서 종교적 신념과는 관계없이 국가 간 영토 전쟁으로 진행되었다. 수많은 살육과 학살과 갈등을 겪은 후 영토 분쟁과는 별도로 종교는 상호 관용하는 것이 좋겠다는 현실적인 대안에 서로가 동의할 수 있게 되었다. 종교가 모든 것도 아니고, 정치 또한 모든 것이 아니라는 것을 깨치게 된 것이다. 이른바 종교적 관용이라는 지혜가 인류사에 형성되었다. 종교와 정치를 섞는 것은 대단히 위험하고 치명적인 잘못임을 알게 되었다. 그 결과 종교를 개인의 양심에 따른 사적 영역으로 간주하는 새로운 주권 국가가 나타났다. 교황이나 사제에 의해 주어지는 신앙이 아니라, 개인의 양심에 바탕을 둔 하느님 은총의 선택을 채택한 것이다. 양심에 바탕을 둔 사상의 자유는 신성한 가치로서 타협할 수 없는 인권의 하나가 되었다.

게다가 개인의 자유는 황제나 왕의 입장에서는 영주와의 투쟁에서 도움이 되었다. 자연스럽게 신교가 중요하게 여기는 양심의 자유가 황제와 영주의 속권에 의해 인정받게 되어, 1644년 특수 침례교의 신앙고백 제44조에 양심의 자유를 국가가 적극적으로 보호해야 할 하나의 권리로 요구하였다.* 30년전쟁이라는 허망한 전쟁의 결과로 정치와 종교는 분리하고, 유럽

　　프리덤과 리버티

의 영토는 고정하자는데 모두가 합의하게 된 것이다.

　이러한 굴곡진 역사를 거친 중세의 최고 업적은 양심의 발견이다. 안하무인으로 행동하던 군주나 귀족에게 양심이라는 족쇄를 채워 마음대로 할 수 없게 만든 것이다. 양심은 인간의 내면에 자리 잡고 강력하고 위대한 모든 것에 대항할 수 있게 되었다. 군주는 개인의 양심에 대한 관할권이 없기에 이단과 싸우거나 성전을 이끌 권리가 없다. 양심은 영적인 사항으로 교회의 소관 사항이며, 교회도 성경을 통해 하나님 앞에 홀로 서기 때문에 양심은 순순한 개인의 일이 되었다. 그 결과 개인의 양심의 자유는 교권과 속권을 아울러 자연권으로서 개인의 천부적 기본권으로 인정받게 되었다. 기독교의 위대한 업적이다.[**]

*막스 베버, 프로테스탄트 윤리와 자본주의 정신, 박문재 역, 현대지성, 2020, 246쪽.
**우리나라 헌법에 나타나는 양심 관련 조항은 "모든 국민은 양심의 자유를 가진다(19조)", "국회의원은 국가이익을 우선하여 양심에 따라 직무를 행한다(46조2항)", "법관은 헌법과 법률에 의하여 그 양심에 따라 독립하여 심판한다(103조)"이다.

# 3. 혁명의 시대

관념적인 유물론자 포이어바흐는 '인간은 그가 먹는 것이다(Der Mensch ist was er isst)'라 하였다. 인간이 생존하는 데 필요한 의식주 중 먹는 것이 중요하다는 표현이다. 못 먹어 굶어죽는 사람, 넉넉하고 다양하게 먹는 사람, 겨우 입에 풀칠만 하는 사람 등등 어떻게 먹느냐에 따라 그 사람의 신분을 판단할 수 있다는 것이다. 중세는 먹고 사는 것이 문제이지 자유를 누릴 수 있느냐는 것은 문제가 될 수 없는 삶이었다. 게다가 속세의 삶에 이어지는 내세의 삶을 관할하는 교회의 가르침에 순종하며 살아가야지 성경 말씀과 다른 언행을 하였다가는 종교적 처벌을 받았기에 이 또한 자유를 생각할 여지가 없었다. 빈약한 영양 상태, 헐벗은 옷과 움막 같은 거처, 식량 확보를 위한 끝없는 노동, 형편없는 의료, 칼로 상징되는 폭력, 수시로 출몰하는 강도, 넘쳐흐르는 무지와 미신 속에 살아가는 삶에 자유라는 개념은 형성될 수 없었다. 하지만 엄격한 성서적 삶에서 싹트고, 왕과 영주에 의해 확실하게 담보된 양심의 자유는 개인이라는 존재를 인식함과 더불어 자유라는 것을 고민하게 만들었다. 이어지는 걸출한 사상가들의 계몽 시기를 지나면서 자연권이 시민들의 의식에 전파되었고, 이렇게 전파된 자연권 사상은 마침내 18세기말 혁명의 시대를 거칠게 항해하면서 자유의 개념이 인간의 일상생활로 파고들게 만들었다.

## 가. 자연권 사상

그리스 로마시대의 고대인들은 자연에 따르는 삶이 행동의 궁극적 목적이었다. 개인의 자유나 의지에 따른 삶은 생각할 수 없었다. 자연은 본래 불평등하였기에 그에 맞추어 사회도 노예제도, 성차별 등 불평등하게 영위되었다. 그리스의 도시국가 사상이 마케도니아의 알렉산더에 의해 페르시아, 이집트, 인도의 정복으로 거대 제국을 형성하면서 세계 사상으로 변화되게 되었다. 마침 BC300년 무렵 제논에 의해 제시된 스토아 사상이 변화된 정치 환경에 부합하는 사상의 기반을 제시해주었다. 우주는 질서 있고 이해할 수 있는 것이며 올바른 이성은 자연의 법칙이기에, 사람은 이성의 지시에 따라야 하고 이성이 지시하는 것은 '자연에 따르는 삶을 살라' 는 것이라고 보았다. 이것은 그리스만이 아니라 어디에서나 정당하고 정의롭고 불변적인 기준이라고 하였다. 스토아 사상은 인간이 종족, 계급, 부의 차이에도 불구하고 본질적으로 평등하다는 개념을 제시한 것이다.

그러나 스토아학파는 거창한 말들을 했지만, 행동은 아주 빈약하고 위선적이었기에 거부감을 많이 일으켜 자연법 사상이 발전하지는 못했다. 서로마제국 멸망 이후, 기독교 사상의 도덕적 평등에 바탕을 둔 자연권 이론이 형성되기 시작한 것은 11세기 말이었다.

12세기에 정립된 그라티아누스 교령집에 신의 율법과 복음 그리고 황금률 안에 자연법이 존재하고, 개인적 양심과 자유의지는 도덕적 평등에 바탕을 둔 자연권이라는 이론으로 서서히 자리를 잡게 되었다. 종교전쟁의 과정을 지나면서 개인의 양심의 합당한 명령과 선택에 바탕을 둔 개인의 자유가 왕과 영주의 세속법의 보호까지 받게 된 것이다.

자연권이라 명명하였지만 내용은 인간으로서 해야 할 도리를 규정하고 이것은 사회보다 앞서며, 실정법이나 관습법보다 우선해야 한다고 보는 것이다. 그러나 해가 동쪽에서 떠서 서쪽으로 지는 자연 현상과는 달리, 인간 사회에서 확립되어야 할 인간의 권리이기에 천부인권으로 지칭되는 것이 보다 현실에 부합하였다. 1637년 프랑스 철학자 데카르트(René Descartes 1596~1650)가 "나는 생각한다 고로 나는 존재한다(cogito ergo sum)"라 함으로써 종교개혁 이후 가톨릭교회에 의존하는 삶이 아니라 개개인의 이성에 대한 각성을 통한 삶의 자각은 인류사를 거칠게 휘몰아갔다. 기독교의 개인과 양심의 발견과 논리적 정립, 그리고 이성으로 각성된 개인에 의해 천부인권 사상이 발전되었고, 이것은 실정법에 의해 침해될 수 없는 자연권 사상으로 발전하게 되었다. 이러한 자연권 사상은 18세기 후반 격동적인 정치혁명의 동력이 되었던 것이다.

영국의 토마스 홉스(Thomas Hobbes 1588~1679)는 1651년 『리바이어던』이라는 책을 출간하게 된다. 인간과 국가 그리고 기독교에 관한 의미 있는 사상을 밝혀 서양 정치사상사에 커다란 역할을 하게 되는 책이다. 홉스는 이 책에서 사람은 날 때부터 평등하다고 주장하면서 주권을 '평등한 복종' 으로 정의하였고, 최초로 도덕철학과 정치철학의 기반을 과학에 두었다. 인간은 모두를 위압하는 공통 권력이 없이 살아갈 때는 만인에 대한 만인의 전쟁 상태로 들어간다(bellum omnium contrary omnes, a war of all against all)*며, 자연상태에서 인간의 삶은 "고독하고 빈곤하고 더럽고 야만적이며 짧다"고 했다. 그러면서 자신의 생명을 유지하기 위해, 자신의 판단과 이성에 따라 가장 적합한 수단으로 판단되는 모든 일을 할 수 있는 자유를 자연권이라 하였다. 자연상태의 비참한 삶을 청산하기 위해서는 정부가 필요하지만, 인간 본래의 평등과 자신의 생명을 지키기 위한 모든 행동을 천부의 자연권으로 본 것이다. 극단적으로 국가로부터 사형 언도를 받은 죄수라 하더라도, 자신이 살기 위하여 탈옥하는 것은 정부의 권리와 개인의 자연적 자기보존권 사이에 해결 불가능한 갈등으로 인정하였다.**

존 로크(John Locke 1632~1704)는 좀 더 진전된 자연권을 제시하면서 인간의 자유를 옹호하였다. 이성은 기존 관습과 지배 권위로부터 자유로운 것이라는 관념을 생성하고 그것을 반영하였다. 인간의 생명, 자유 그리고 사유재산권에 대한 자연권 사상을 발전시킨 것이다. 그는 정치철학을 자연적 의무에서 자연권으로 초점을 변경시키고, 개인이 도덕적 체계의 중심지가 되게 하였다. 성경이 아닌 인간이 중심 혹은 근원이 되어 합리적이고 자기책임성 있는 주체가 되었다. 모든 사람은 날 때부터 자유롭고 모든 정부의 권력은 제한적이며, 오직 피치자의 동의에 기초해서만 존재한다고 하였다. 특히 자신의 신체와 자신의 노동으로 획득한 소유권은 원초적이고 자연적인 권리라 하여 재산권을 자연권으로 확립하였다. 쾌락과 고통은 우리에게 선과 악이다. 욕망은 결핍 때문에 발생하는 것이고 결핍의 충족은 선한 생활의 요구에 따라 제한되거나 숨겨진 목적을 갖지 않는다. 욕망을 충족할 수 있는 재산을 소유하는 데서 고통이 줄어든다고 인정한다. 재산권 이론에 의해 개인 재산의 획득성이 해방됨으로써, 개인의 자유로운 창조에 의해 무한한 소유의 자유를 누릴 수 있게 되었다. 사람은 어떻게 살아야 하는가가 아닌, 어떻게 살고 있는가에 따라 태도를 결정해야 하는데 재산이 중요한 역할을 하는 것이 이론화된 것이다. 따라서 개인이 정당하게 재산을 획득하는 상이하고 불평등한 능력을 정부는 첫 번째 과제로 보호해야 한다고 했다. 자연법을 위한 제재력은 인간에 의해 제공되어야 하는 것으로, 자연법이란 마음속에 존재하며 개념일 뿐이지, 사물 자체에는 존재하지 않는다고 보았기 때문이다. 사실 정부가 재산권을 보호해야 한다는 것은 로크가 처음으로 주장한 것은 아니다. 이미 로마 공화정 때도 키케로는 『의무론』에서

*토마스 홉스, 리바이어던, 최공웅, 최진원 역, 동서문화사, 2017. 13 인간의 자연상태.
**레오 스트라우스, 자연권과 역사, 홍원표 역, 인간사랑, 2001. 5장 근대의 자연권.

"사람들은 자연의 인도로 인해 군집했지만, 자기의 재산을 보전하기를 희망해서 국가와 도시 공동체의 보호를 받고자 했다"고 하였던 것이다.* 로크는 정치와 종교의 분리도 자연권으로 보았다. 그때까지 유럽 역사에 뿌리 깊게 내려 왔던 종교적 폭력 신화를 꿰뚫어 보았던 것이다. 하지만 로크는 사람들이 죽어 마땅한 어떤 행위로 말미암아 생명에 대한 권리를 빼앗겼으나 승자의 관용 덕분에 살아남았을 때 맞이하게 되는 운명을 정당화하였다. 다만 노예의 목숨까지 빼앗을 수 있는 주인의 절대적이고 자의적이며 전제적인 권력은 인정하지 않았다.** 그래서 프랜시스 후쿠야마는 로크 철학에 등장하는 인간은 공공심도 애국심도 필요 없으며 주위 사람들의 행복을 생각할 필요도 없다고 하였다.*** 이러한 사상은 미국혁명 때 제임스 매디슨(James Madison 1751~1836) 등 건국의 아버지들에게 크게 영향을 미쳤다. 로크도 사상의 근저에는 홉스의 사상이 깔린 것이다.

프랑스의 사상가 장 자크 루소(Jean-Jacques Rousseau 1712~1778)는 자유의 철학을 주장하였다. 인간은 자유롭고 평등하게 태어났으나 도처에 쇠사슬에 매여 있다고 보았다. 즉 개인의 자유는 각종 사회 제도의 질곡에 의해 제약되기에 불평등은 인위적인 것이라고 보았다. 그래서 그런 질곡으로부터 벗어나 자연상태로 돌아가 자신에게만 복종하는 자연적 자유를 추구해야 한다고 했다. 자유는 자신의 자아에 부여했던 법에 대한 복종이라고 했다. 자유는 근본적으로 자기 규제인 것이다. 그는 덕(virtue)의 중요성과 의미를 함께 지적했다. 덕은 자유로운 사회를 전제하며 자유로운 사회는 덕을 전제함으로 덕과 자유로운 사회는 상호 연계되어 있기에 자유와 선을 동일시하였다. 덕을 민주주의의 원리로 간주하며, 덕은 평등과 분리될 수 없고 평등에 대한 인식으로부터도 분리될 수 없다고 했다.

이와 같은 논리의 귀결인 그의 일반의지론은 결국 개인의 의지에 앞서기에, 자유를 일반의지에 대한 복종과 같은 것으로 보아 정치적 평등만이 유일하게 정당한 사회 체제인 것으로 만들었다.**** 개인이 사회 계약으로 법이 수립된다면 법에의 복종은 단순히 자유로운 선택의 반대편일 뿐이다.***** 루소는 1762년 『사회계약론』에서 군주의 권위 대신 인민의 주권을, 『에밀』에서 성직자의 교리 대신 이성과 양심의 신앙을 강조함으로써 왕정과 교회, 양대 질서에 도전했다. 이러한 주장은 당시 권력과 사회 질서의 급진적 전복을 암시하는 것으로 받아들여져, 체포 명령과 함께 사상적 이단아로 낙인찍히며, 오랜 도피와 고립의 시간을 감내해야 했다. 결국 그의 부패하지 않은 자연의 선함에 대한 신뢰 사상은 프랑스혁명 때 로베스피에르에 의해 피에 젖은 무기가 되었다.

홉스와 로크는 인간의 도리에 맞는 가르침을 정립하고 인간이 바라는 그무엇이든 완전히 마음대로 추구하는 상태, 즉 신이나 인간에게 복종할 필요 없이 그의 이성을 따를 수 있는 인간이 자유로운 인간이라고 보았다. 루소가 말하는 자연상태인 셈이다. 인간은 원래 외로운 존재이고 자신의 보존과 편안함에만 관심이 있기에, 홉스와 로크는 자신의 이익을 위해 문명사회를 만들어 냈지만 루소는 사회의 질곡으로부터 해방되기 위해 자연으로 돌아가야 한다고 했다. 무정부주의자들이 루소를 따르는 이유이다.

결국 근대의 자연권 사상은 자유를 자율성과 아울러 제약이 없는 것을 의미하고, 인간은 자유로워지는 법을 배우는 것이 아니라 자유롭게 태어난다고 하였다. 자유는 이성과 정신의 고귀한 능력을 사용해 스스로를 다스리는 덕성 함양을 통해 학습하는 역량인 것이다.

홉스가 시작하고 로크와 루소가 발전시킨 자연상태에서 인간은 천부적으로 자유롭고 평등하며 생명과 자유와 재산을 추구할 권리가 있다는 사상이 18세기 내내 유럽인들에게 뿌려졌다. 영국의 공리주의자 제레미 벤담(Jeremy Bentham 1748~1832)은 이렇게 발전된 자연권 사상에 평등 의식

* 키케로, 의무론, 임성진 옮김, 아카넷, 2024, 152쪽.
** 존 로크, 통치론, 이극찬 역, 삼성출판사, 48쪽.
*** 프랜시스 후쿠야마, 역사의 종말, 이상훈 역, 한마음사, 1992. 3부 인정받기 위한 투쟁.
**** 장자크 루소, 사회계약론, 김영욱 역, 후마니타스, 2018, 6장 사회계약에 대해.
***** 로저 스크루턴, 하룻밤에 읽는 보수의 역사, 돌밭, 2022. 2장 철학적 보수주의의 탄생.

을 고취하는데 큰 기여를 하게 된다. 그의 공리주의 제1원칙이 "모든 사람을 하나로 고려하며 누구도 하나 이상으로 고려하지 않는다"는 것이다. 칸트는 자연 과학의 결정론적인 추세 하에서도 자유를 가능하게 하는 인식론을 발전시켰고, 인간의 본성이 원래 이기적 욕구로 가득 차 있더라도 새로운 도덕성을 발달시킴으로써 인간의 위엄을 가능케 해주었다. 미학 이론을 발전시켜 아름다움과 장엄함을 살려 내었다. 헤겔은 인간적인 자유는 인간 본래의 자연적이고 동물적인 존재를 뛰어넘어 '스스로의 힘'으로 새로운 자기를 창조할 수 있을 때 비로소 출현한다고 했다.* 18세기 말 서유럽의 주요 사상가들에 의해 발전된 자연권은 다양하게 확장되어 생명권과 재산권, 통치에 동의할 권리, 자기방어권, 종교를 갖지 않을 권리, 결혼의 권리, 절차의 권리 등을 망라하게 되었다.

압제자나 거짓 권위로부터 해방되어 자신의 뚜렷한 재능을 통해 스스로가 볼 수 있는 대로 자신의 생을 배열하는 것을 자유라 했다. 계몽 운동이었다. 인간은 자연을 숭배했을 때는 가난했고 자연에 도전했을 때는 풍요롭게 되었다. 신화가 가르친 덕을 실천하는 것이 아니라 이성적이고 부지런할 때 인생이 나아질 수 있었다. 고통 없이 살겠다는 열정이 권리의 기초이고, 이에 바탕을 둔 것이 새로운 형태의 도덕성이 되었다. 이것이 침해되면 도덕적 분노가 야기되고 이를 억제해주는 사회에 대한 의무를 다해야 한다는 것을 또한 받아들여야 한다고 했다. 계몽된 자유가 되는 것이다. 통상 이기심은 공동의 이익에 냉담하지만 계몽된 이기심은 냉담할 수가 없게 된다. 모든 자연발생적인 것은 관습적인 것으로 변질되었고, 순수한 것은 세련된 것으로 대체되었으며, 모든 진심에는 사회적 의례의 겉치레가 덧칠되어 있었다. 하지만 자연권을 내세워 억압체계에 대항하고, 시민의 정직한 마음으로 귀족적 교활과 허위에 대항하며, 자유로운 사회 계약 이념으로 케케묵은 봉건적 억압 관계에 저항하기 시작한 것이다.** 영국과 미국 혁명은 로크의 이론에 따라 수립되었으며 루소의 이론이 프랑스혁명에 불을 지폈다.

# 나. 영국혁명

1688년 영국의 명예혁명(Glorious Revolution)을 영국혁명(The Revolution)이라고 지칭한다.

유혈 혁명이 아니라 하여 명예혁명이라 하지만 사실은 사상자가 있었고, 혁명이라 하나 현역 국왕을 몰아내고 새로운 왕을 옹립하였으니 실패하였더라면 쿠데타라 할 수 있는 정치적 사건이었다.

1685년 찰스 2세가 사망하자 동생인 제임스 2세(James II 1633~1701)가 후임 영국 국왕으로 등극했다. 하지만 제임스 2세는 3년을 겨우 통치하고는 쫓겨나게 된다. 이유는 헨리 8세(Henry VIII 1491~1547)가 가톨릭을 폐지하고 1534년 신교인 영국국교회를 세우고 국정 전반을 이에 맞추어 100년을 넘게 운영해왔는데, 제임스 2세가 전격적으로 가톨릭 부활을 향한 전제주의를 펼쳤기 때문이다. 헨리 8세가 가톨릭을 폐지하고 교회의 재산을 국유화한 후 계속 되는 전쟁 비용을 세금으로만 충당하기 어려워지자, 엘리자베스 1세(Elizabeth I 1533~1603)로 이어지면서 많은 교회 재산을 불하하였다. 불하받은 재산으로 소득을 늘려 신흥 부르주아가 된 세력이 의회에서 휘그파로 입지를 다지고 있었기에, 제임스 2세의 반동정치는 재산권의 심각한 위협으로 간주되었다. 의회 내 휘그 세력의 반발이 커 가던 중 1688년 6월 제임스 2세의 왕자가 탄생하자 이들은 행동에 나섰고, 제임스 2세를 지지했던 토리당도 국교회를 선택함으로써 서로 손을 잡게 되었다. 영국 의회는 제임스 2세를 내치고 종교에 대해 무덤덤한 네덜란드의 오렌지공 윌리엄과 메리 2세를 공동왕으로 옹립하였다. 오렌지공 윌리엄의 외할아버지가 찰스 2세이고, 메리 2세가 아버지 제임스 2세의 큰딸이니 혈통 상 정당한

---

*프랜시스 후쿠야마, 역사의 종말, 이상훈 역, 한마음사, 1992.
**페터 스로터다이크, 냉소적 이성 비판, 이진우, 박미애 역, 에코리브르, 2015.

왕위계승이었다. 영국 의회가 제임스 2세를 폐위하고 윌리암 3세와 메리 2세의 옹립을 선포하였기에 정당하고 적법한 혁명이라 한다. 하지만 윌리암 3세가 이끈 혁명군이 1688년 11월 영국으로 진공하면서, 대화조차 거부당한 제임스 2세는 프랑스로 도망가고 신교도 영국 장교가 탈영하였기에 전초전에서 50~100명 사망에 그쳤으나, 이어진 혁명군과 진압군 간의 스코틀랜드 전쟁에서 2,000명 그리고 아일랜드 전쟁에서 10,000~20,000명이 사망하였다. 무혈혁명은 아니었다.

휘그파가 주도한 영국의회에 의한 왕위 교체였고, 실패한 것이 아니라 승리하였기에 헌정 논리 상 성공한 혁명으로 인정된 것이다. 영국 의회의 권유와 협조로 윌리암 3세와 메리 2세는 공동왕이 되었기에 의회가 요구한 사항을 전폭적으로 승인하는 것은 당연한 과정이었다. 그것이 1689년의 권리장전(Bill of Rights)이다. 권리장전은 로크의 자연권 사상이 반영되어 과세와 법률의 제정 및 폐지, 징병은 반드시 의회의 동의를 받아야 하고 의원의 불체포특권을 명기하는 등 의회주권을 확립하였다.

의회군주제(Parliamentary monarchy)에서 영국 왕을 '의회 안의 왕' 으로 만드는 입헌군주제(Constitutional monarchy)로 명백하게 전환되었다. 의회가 가진 구속 없는 절대 권력은 위험하지 않고 또 제한할 필요도 없는 것으로 발전되어 명예혁명에서 승리한 것이다. 로크는 찰스 2세와 제임스 2세의 절대군주제를 반대하였고, 종교적 관용과 의회 권한을 강조하는 휘그파의 형성을 주도하다가 1683년 네덜란드로 망명하였지만 명예혁명이 성공하자 1689년 2월 메리 여왕과 함께 귀국했다.

사실상 의회가 제임스 2세 대신 윌리암 3세와 메리 2세의 공동왕을 선택하였기에 후대에 논쟁거리로 남는다. 영국의 사상가 토마스 페인(Thomas Paine 1737~1809)이나 영국의 철학자 리처드 프라이스(Richard Price, 1723~1791)는 국민의 왕 선택권 행사라고 보나, 아일랜드 출생의 영국 정치인 에드먼드 버크(Edmund Burke 1729~1797)는 왕위 계승권의 확실성을 위한 필요한 조정이었을 뿐이라고 보았다.[*] 메리 2

세가 1694년 사망하고 윌리암 3세가 단독으로 통치하다가 1702년 사망하자, 의회는 제임스 2세의 작은딸 앤을 후임 여왕으로 옹립하였다. 1714년 앤 여왕이 급사하자 다급해진 영국의회는 왕위 계승법에 따라 왕가의 혈통을 톺아보다 제임스 1세의 외손녀인 하노버의 소피아 왕비(Princess Sophia)의 아들을 조지 1세로 옹립하였다. 1701년 프랑스에서 사망한 제임스 2세에게 웨일스공 제임스라는 아들이 한 명 프랑스에 거주하고 있었고, 찰스 1세의 딸의 자손들, 소피아 왕비 모친의 자식들 중에도 후보가 있었으나 영국 의회는 프로테스탄트가 아니라는 이유로 이들을 모두 외면한 것이다.** 그러나 제임스 2세의 아들과 손자는 대를 이어가며 왕위 계승을 도모한 재커바이트(Jacobites) 운동을 이끌어왔다. 로마 교황청과 가톨릭 왕조인 프랑스의 도움을 받아 구교 세력인 스코틀랜드를 기반으로 1715년과 1745년 전쟁을 시도했지만, 컬로든(Culloden) 전투를 끝으로 좌절하고 영국의 철저한 핍박을 받았다. 재커바이트를 진압한 영국 의회는 조지 1세가 영어를 못하니 자연스럽게 대지주와 대상인층을 기반으로 하는 휘그당의 월폴(Robert Walpole 1676~1745)이 국정전반을 책임지는 내각의 수상이 되었고, 이후 영국 정치에서 의회 우위는 더욱 더 공고화하게 되었다.

## 다. 미국혁명

    미국혁명은 1776.7.4. 독립선언, 이어지는 영국과 독립전쟁, 1787 헌법 제정 그리고 1789.4 뉴욕에서 조지 워싱턴이 새로운 형태의 왕, 즉 대통령으로 취임하는 과정을 이른다.

*에드먼드 버크, 프랑스 혁명에 관한 성찰, 이태숙 역, 한길사, 2017. 1부.
**월터 배젓, 영국 헌정, 이태숙, 김종원 역, 지식을만드는지식, 2012, 137쪽.

1620년 필그림 파더스(순례자)들은 미국 매사추세츠 주로 메이플라워호를 타고 건너 왔을 때 북아메리카는 말 그대로 신세계였다.* 국가라는 것이 없었다. 영국이 식민지로 관할하기는 하였지만 근본적으로 워낙 넓은 땅에다 교통, 통신 수단의 부재로 아무런 인위적인 제약이 없었다. 유럽에서는 태어나면 이미 존재해온 여러 사회체제, 즉 루소가 지적하였던 질곡과 쇠사슬이 개인을 휩싸고 조여왔지만, 북아메리카에서는 그런 구체제가 아예 없었다. 봉건 영주와 폭력을 휘두르는 기사들, 잘 태어난 이유 하나로 제반 특권을 누리는 귀족제도, 교황과 주교 등이 주도하는 교회법이 없는 세상이었다. 막 영글어가는 자연권 사상이 마음껏 구현될 수 있는 여건이었다.

당시 북아메리카는 유럽에서 신분이 낮은 사람들의 피난처였다. 곤경에 처한 가족들, 종교적 신념을 달리하는 사람들, 전쟁 난민, 모험을 추구하는 젊은이들 등 영국, 프랑스, 스코틀랜드, 아일랜드, 독일, 스위스 등지에서 짐 같은 존재로 내쫓긴 사람들로 채워지고 있었다. 북아메리카는 말 그대로 신천지로서 누구나 부를 잡아챌 수 있는 기회의 땅이었다. 이를 정당한 이유 없이 막는다면 결투로 종결지어 나가던 자유의 시대였다. 그것이 정부가 되든, 마을 보안관이 되든 정당한 사유 없이 자유가 간섭받고 왜곡될 수 없는 분위기였다. 자유주의, 급진주의의 매혹이 휩쓸었던 시기였다. 풍부한 땅을 가지게 된 미국의 농부는 프랑스의 빈농(peasant)이나 영국의 소작농(tenant)과는 다르고, 동부 지역의 장인(artisan)은 비프롤레타리아적이었다. 경제가 호황으로 굴러가는 한 휘그 보상의 대법칙(great law of Whig compensation)**이 균등하게 작동하였기에 모두가 같은 신분(All of the same estate)이라는 의식이 일상의 기본적 틀이 되어 있었다.***

1763년 유럽 대륙의 7년전쟁이 끝났다. 북미 대륙에서 영국이 승리함으로써 프랑스의 세력은 쇠락해져 북미 대륙은 이제 본격적으로 영국의 식민지가 되게 되었다. 7년전쟁으로 프랑스가 북미에서 세력을 잃게 되자 식민지 사람들은 영국군에 대한 의존도가 감소하게 되었고, 오히려 애팔레치아 산맥 너머 서부로 뻗어나가려는 것을 금지하는 영국의 1763년 선언(The

1763 Royal Proclamation)이 걸림돌이 되기 시작하였다. 영국은 7년전쟁을 어렵게 이겼지만 인디언과 싸울 병력과 물자, 자금이 심각하게 부족했기에 인디언 영토를 보장할 수밖에 없었던 것이다. 북아메리카 식민지의 대표가 참여할 수 없는 영국 의회에서 부과되는 불평등한 관세법 등 타운센드법에 대한 저항의식이 커져 가던 중, 1775년 4월 렉싱턴 콩코드 전투를 시발로 하여 미국혁명이 시작되었다.

13개 주 대표들이 모여 독립선언서를 만들고 식민지 의회의 비준을 받은 후 1776.7.4. 독립선언서를 선포하게 된다. 자연권은 자명한 것(prima facie)이라 하며 자연권 사상을 기반으로 독립선언을 하였다.

독립선언서는 로크와 계몽주의의 자유와 평등사상을 구현했다. 생명, 자유, 재산이 인권의 핵심 요소라는 이상에 기초한 문건이었다. 우리는 다음과 같은 것을 자명한 진리라고 생각한다. 모든 인간은 평등하게 태어났으며, 창조주에 의하여 어떤 양도할 수 없는 권리를 부여받으며, 그 권리 중에는 생명과 자유와 행복 추구가 있다. 미국인은 로크주의자이다. 일은 반드시 해야 하고 균형 있는 절제를 따른다. 그렇게 하는 것이 합당하다는 것을 누구나 알고 있고, 자신의 권리를 존중받기 위해서는 남의 권리를 존중하고, 그들 자신의 이익을 위하여 그들 스스로가 법을 만들었기에 법을 따르는 의식이 확고하게 자리를 잡았다.

거침없는 개척 정신으로 새롭게 정착하는 과정에서 빈부 격차가 극심해져 비록 귀족제는 없었지만, 사실상 귀족 같은 삶을 사는 엄청나게 부유한

---

*당시 북아메리카를 신대륙이나 신세계로 부르는 것은 유럽인 중심 용어이다. 이 지역에서 오래 전부터 살아온 인디언의 시각에서는 합당하지 않은 용어이기에 본서에서는 신대륙을 북아메리카로 표현한다.

**영국의 역사가 매콜리(Thomas Babington Macaulay)의 진보적 역사 모델을 설명한 것으로, 직접적인 이익이나 보상을 얻지 못해도 장기적으로 정치 체제 전체가 휘그가 지향한 방향과 형태로 보상을 받는다는 의미.

***루이스 하츠, 미국의 자유주의 전통, 백창재, 정하용 역, 나남, 2012, 1부 봉건제와 미국의 경험.

사람들과 극빈층 및 중산층과의 위화감이 커지고 있었다. 건국의 아버지들은 큰 부자들에 대한 적대감이 발생할 것을 우려하였으나, 다행히 영국과 그 지지자들에 대한 공격으로 분출구를 돌리는데 성공했다. 1781년 10월 요크타운 전투의 승리로 13개 주에서 영국군을 몰아내는 데 성공하자, 이러한 제반 사정을 감안하여 새로운 나라의 자유의 헌법(constitutio libertatis)을 제정하게 되었다.

건국의 아버지들은 민주주의에 의해 폭도들이 다수가 되어 전제를 벌일 가능성을 걱정하였다. 유럽의 계몽주의적 합리주의와 봉건적 전통주의가 미국에서는 다수의 지배, 즉 다수의 전제(Tyranny of the majority)가 이슈로 된 것이다. 식민지 개척자들은 사회가 계층화된 것은 하느님의 뜻이라고 믿었기에, 오히려 대중이 다수로 주도하는 단순한 민주주의는 최악의 정부형태라고 보았다. 해밀턴, 매디슨, 아담스 같은 연방주의자들은 인간본성은 보편적 항구성을 지니는 것으로 보고는 귀족과 수평파의 유령을 두려워하고 이를 극복할 수 있는 헌법을 제정하고자 했다. 연방주의자들은 결국 홉스주의자였던 것이다.* 미국 건국의 아버지들은 전제군주와 귀족제를 생래적으로 혐오하였기에, 군주정, 귀족정 그리고 민주정의 혼합정이 가장 이상적이라고 한 아리스토텔레스의 의견을 따랐다.

결과적으로 미국의 다수는 사자용 목줄에 영원히 묶인 온순한 양치기 개와 같다고 할 것이다. 유럽은 자유로운 개인 개념을 위하여 각종 계급, 교회, 길드, 지역의 무수한 결사들로부터 인간을 풀어주어야 했으나, 미국은 그런 것이 없었다. 미국인은 권력과 지배를 갈망하지 않고, 동포를 상대할 때 상호의존을 이끌어내는 재능이 특성임을 환기함으로써 국가 권력 제한에 초점이 주어졌다. 미국은 광범위하게 공유되는 가치와 도덕, 감성적인 관습에 의해 결집된 국가를 만들 수 있었기에 자연적인 미국의 자유가 구현될 수 있었던 것이다. 미국인은 스스로 자유롭고 평등하다고 느꼈으며 실제로도 그러했다. 묘하게도 연방주의자는 없는 수평파와 싸우고, 민주주의자는 없는 자본주의자와 귀족들을 공격하다가 결국 휘그주의자가 민주주의화된 셈이다.** 진정한 공화국을 설립하려는 열망과 부패에 대한 혐오를 특징으로 하는 공화주의 사상이 자유주의 이념과 대립했다. 주정부의 권한을 위주로 하고 연방정부의 기능은 제한하였으며, 매사추세츠 주에서 발달한 타운쉽 제도에 의한 지방자치, 몽테스키외의 권력의 견제와 균형, 양원제 구성, 독자적인 법원 시스템 등 공화정 원리를 구현하여, 시민의 자유가 최대한 보장되고 정부에 의해 쉽게 침해되지 않도록 헌법을 만든 것이다.

1776년 미국 독립전쟁 때만 해도 정부의 목적은 사회의 행복이라고 했다. 미국의 2대 대통령 존 애덤스(John Adams 1735~1826)는 '편안함과 안락, 안전, 한 마디로 가장 많은 행복을 가장 많은 국민들에게 주는 정부가 최고다'라고 하며 자유라는 덕목은 빠져있었다. 사실 미국 헌법을 제정할 때 자연권 사상을 옹호한 3대 대통령 토마스 제퍼슨(Thomas Jefferson 1743~1826)보다 연방주의를 주장한 알렉산더 해밀턴(Alexander Hamilton 1755~1804)의 영향력이 더 강했다. 해밀턴은 자연권에 기반한 권리장전을 굳이 헌법에 둘 이유는 없다고 보았다. 물론 그가 인간의 기본권을 무시한 것은 아니었다. 헌법이 제정 공포된 이후 이와 같은 사항을 반영하자는 의견이 득세함에 따라 수정헌법이 만들어지고 이것이 미국판 권리장전의 역할을 하게 되었다.

청교도들이 영국성공회와 가톨릭의 탄압을 피해 천신만고 끝에 북아메리카로 건너왔기에 종교의 압제에 대한 증오는 미국 정체성 밑바탕에 깔리게 된다. 종교적 폭력의 실상을 너무나 절감한 경험이 있었기에, 종교 의례를 통한 종교가 아니라 성경을 통한 하나님에 대한 믿음을 실현하고자 했다. 수정헌법 1조의 권리장전(1791년)에 "의회는 국교를 정하거나, 자유로운 종교 활동을 금하는 것과 관련된 법을 제정하지 않는다"를 포함함으로써 국가는 종교를 장려하지도 방해하지도 않고 내버려둘 뿐이었다.*** 청교도정

---

*루이스 하츠, ibid. 2부 신세계의 혁명.
**루이스 하츠, ibid.
***카렌 암스트롱, 정영목 역, 신의 전쟁, 교양인, 2021. 415쪽

신이라는 근검 절약하는 독실한 종교의 정신과 자유의 정신이 미국혁명의 기반을 다졌다.

그러나 미국 독립선언서 서명자들이 상정한 모든 인간이란 영국의 통치에서 벗어날 이민자였기에 아프리카인은 인간 이하라고 했다.* 흑인의 가치는 백인의 3/5만큼만 인정했다. 결국 노예를 많이 소유한 남부의 유권자수를 늘림으로써, 이른바 버지니아 다이너스티(Virginia dynasty)**가 실현되는 데 도움이 된 셈이다. 건국의 아버지들은 영토 내의 유색인종과 여성에 대해서도 시민의 지위를 부여하기를 거부하였다. 흑인 노예해방은 미국혁명 이후 전개된 인디언의 강제 이주 정책과 함께 다음 세기인 19세기 자유의 역사에 기록되게 된다. 진보의 역사가 좀 더 진전되기를 기다릴 수밖에 없는 정치적 환경이었다.

1789.4.16 조지 워싱턴이 뉴욕 맨하탄 연방홀(Federal Hall)에서 미국 초대 대통령에 취임함으로써 미국은 산마리노와 스위스에 이어 3번째 공화국이 되었다. 미국의 건국은 유럽을 비롯한 전세계에 큰 영향을 주었다. 배타적인 영국인이나 프랑스인의 권리가 아니라 '모든 사람은 평등하게 창조되었고' '양도할 수 없는' '생명과 자유와 행복 추구의 권리'를 부여받았다고 주장하는 것은 너무나 참신한 것이었다. 대서양 건너 영국에는 과두 정치와 부패에 대한 개혁, 네덜란드에는 족벌주의와 과두 정치 체제의 한계에 대한 개혁 욕구를 자극하였으며, 특히 미국독립 전쟁을 직접 지원한 프랑스는 미국 독립을 함께 기뻐하면서 애국심과 자유를 동일시하게 되었다. 미국혁명의 대가가 프랑스혁명으로 이어지게 된다.


## 라. 프랑스혁명


미국혁명은 북아메리카라는 신천지에서 자연권을 자유롭게 구현할 수 있었지만 프랑스는 불행하게도 그렇지 못했다. 자연권 이론에 따라 쌈박한 국가를 구성하기에는 곳곳에 똬리를 틀고 자리를 잡아, 오랜 세월동안 체제를 구축해온 앙시앙 레짐을 처리해야만 했다. 따라서 프랑스혁명의 시작을 대체적으로 1789년으로 보지만 언제 끝났는지에 대해서는 분석 시각에 따라 다르다. 여기서는 자유의 역사를 살펴본다는 시각에서 1815년 나폴레옹 퇴위 후 루이 18세가 등극한 때까지로 본다.

18세기 전쟁은 돈이 드는 국가적인 사업이었기에 중상주의 시대라 한다. 문제는 전쟁 재원을 어떻게 조달하는가이다. 영국은 의회 동의를 얻은 세금과 공채로 충당했다. 그러나 프랑스는 의회에 의한 왕권 견제 체제가 정착되지 않았기에 변칙적인 징세와 공채로 충당했고, 공채가 늘어나다 보니 이자 부담도 급증하였다. 1788년 왕실 세출의 50% 이상이 순수한 이자 부담 분이었다. 프랑스는 무역, 기업, 상업소득이 없는 순수한 농업국가였기에 세수에는 한계가 있었다. 따라서 농민에 대한 수탈이 집중될 수밖에 없어 수확의 반이나 착취되는 상황에서 농민은 점차 날품팔이로 전락하게 되었다. 징세청부업자는 가정 사생활을 예사로 침해했었다. 아무렇게나 집에 들어와서 이리저리 거들떠보거나 어떤 것에나 마음대로 손을 대었다. 그들은 폭군과 군주정부, 귀족들의 탐욕에 희생되지 않기 위해서는 주민들을 수탈할 수밖에 달리 도리가 없었다. 경찰은 혐의가 있는 촌락을 하룻밤 사이에 포위하고 날이 밝기도 전에 가택 수색하고는 영장도 없이 용의자를 체포해 갔다. 구금자는 24시간 이내 재판에 회부되어야 한다는 칙령 규정에도 불구하고 오랫동안 감옥에 있어야만 했다. 프랑스 농민은 농노가 아니라 자유롭게 노동하고 이동하고 매매할 수 있었으며, 토지분할 상속제로 소규모 농토를 소유할 수 있어 봉건 멍에가 가장 가벼웠지만 이러한 사정은 혁명이 발

<hr>

*조지 프리드먼, 홍지수 역, 다가오는 폭풍과 새로운 미국의 세기, 김앤김북스, 2020, 1부 3장 미국인.
**미국 초기 대통령 5명 중 4명이 버지니아 주 출신임을 표현(조지 워싱턴, 토머스 제퍼슨, 제임스 매디슨, 제임스 먼로).

발할 여건이 되었던 것이다. 반면에 귀족과 성직자는 각종 면세와 공제의 특권을 누렸으며, 신흥 부르주아는 뇌물과 함께 공직을 매수하여 법복귀족(noblesse de robe)이 되었다. 가난한 귀족이라도 귀족이라고 특권을 누리고, 부유층은 부유층이라고 특권을 누렸으며, 영주권은 왕권에 흡수되어 실질적인 행정권은 없었지만 성직자들과 함께 여전히 특권을 누리는 것에 대한 시민의 저항감이 강렬하였다.* 앙시앵 레짐 균열의 엔트로피는 이미 잔뜩 팽배해 있었다. 상상해온 온갖 탐욕스럽고 만족을 모르는 괴물들이 모두 하나로 녹아들어 단두대라는 모습으로 나타났던 것이다.**

1789.5.5. 루이 16세는 유별났던 겨울 혹한과 흉작으로 어려운 시기였지만, 극심한 재정난 때문에 성직자, 귀족, 평민의 삼부회를 소집할 수밖에 없었다. 제3계급인 평민은 귀족이 주도하는 회의를 거부하고, 평민과 출신 배경이 같아 평등한 교회를 바랐던 하위 성직자, 귀족 중에서도 파리 귀족에게 경멸을 받던 시골 귀족과 부유한 부르주아의 협조를 얻어 6.17 국민의회를 구성하였다. 8.26 자연권 사상에 입각하여 모든 특권, 모든 차별, 모든 예외가 사라져야 한다는 『인간과 시민의 권리선언』을 선포하였다. 모든 인간은 양심, 재산, 언론의 자유를 누릴 천부의 권리가 있고, 법 앞의 평등, 개인의 안전, 기회 균등을 누려야 한다는 것이 포함되었다.

대서양 건너 미국이 독립한 후 미국헌법을 제정하고 왕과는 다른 대통령제를 채택하여, 1789년 4월 조지 워싱턴이 대통령직에 취임한 것을 잘 알고 있었기에 미국혁명의 자연권 사상을 그대로 구현한 것이다. 그리고 가톨릭 교회를 공격함으로써 교회를 국가로부터 분리해내는 작업을 시작했다. 볼테르(Voltaire 1694~1778)는 교회를 특권과 맹신과 억압의 원천으로 보고, "교회를 부수자"는 구호로 이성과 관용의 시대를 열고자 했다. 반면 드 메스트르(Joseph de Maistre 1753~1821)는 프랑스혁명을 이성과 자유의 오용이 낳은 재앙으로 간주하고, 극단적 교권주의와 신정정치를 옹호했다. 볼테르 파가 메스트르 파를 눌렀다.

국민의회가 자유를 위한 투쟁에 대중의 도움을 먼저 요청하여 7.14 바스티유 감옥을 함락함으로써 혁명의 횃불을 올렸으나, 파리의 영세민, 공화주의자, 반귀족, 도덕적 평등주의자 등에 의해 혁명은 독자 논리에 따라 역동적으로 흘러가게 되었다. 루이 16세가 봉건제 폐지와 인권선언 수용을 거부하자, 성난 군중은 1789.10.6. 그와 왕비 마리 앙트와네트를 베르사이유 궁전에서 파리 시내 튈르리 궁까지 19km를 6시간 동안 강제로 끌고 왔다. 앙트와네트는 오빠인 오스트리아 황제 레오폴드 2세에게 구출을 요청하고, 1791.6.21. 프랑스를 탈출하려다 동부 바렌에서 체포되었다. 프랑스는 1792.4.20. 오스트리아, 프로이센과 전쟁을 선포하게 되고, 1792.9 프로이센이 베르덩을 점령하고 곧 파리로 닥칠 것이라는 위기의식이 팽배하자 내부의 제5열을 처단해야 한다며 성직자, 귀족 등을 대학살(1,000~1,400명)하게 된다. 1792.9.21. 부르봉 왕정을 공식적으로 폐지하고 공화정을 선포하며, 루이 16세는 1793.1.21., 마리 앙트와네트는 1793.10.16. 길로틴에서 처형해버렸다. 국왕 부부의 처형은 유럽 전역에 엄청난 충격을 던졌다. 게다가 루이 17세로 왕위를 승계할 루이 샤를을 감옥에 가두고 학대하여 1795.5 10살로 죽게 만들었다. 자코뱅이 주도권을 잡게 되자 공안위원회 주도로 공포정치가 전개되었다. 하층 관료, 중소지방도시의 소귀족, 초급 장교 등이 주축이 된 자코뱅은 1793.4.6. 공안위원회가 설립된 후 1794.7.27. 로베스피에르(Maximilien Françios Isidore de Robespierre, 1758~1794)가 처형될 때까지 공식적으로 17,000여명을 길로틴으로 보냈다. 붓을 든 로베스피에르인 자크 루이 다비드(Jacques-Louis David 1748~1825)는 1793.8.10. 왕의 문장과 홀(笏) 그리고 왕좌를 태우는 축제를 연출했다. 11.10. 노트르담 성당에서 가톨릭 대신 이성의 축제(Festival of Reason)를 열고 이성의 사원(Temple of Reason)을 내세웠다. 가톨릭이 아니라 최고 존재에 대한 예배를 드리며 덕의 공화국을 추구하였다. 인권 선언이 정치적 복음서가


*알렉시스 토크빌, 앙시앵 레짐과 프랑스혁명, 이용재 역, 박영률출판사, 2006.
**찰스 디킨스, 두 도시 이야기, 성은애 역, 창비, 2014.

되었고, 프랑스 헌법이 목숨을 걸고 지키는 새로운 종교가 된 것이다.

루소 등 철학자들은 공공업무로부터 단절되어 실질적인 내용을 몰랐기에, 억압적이고 복잡한 통치 관습을 이성과 자연법에서 유래한 단순하고 기초적인 규범으로 대체할 필요성에 쉽게 공감하고 주장한 것이다. 이들 철학자들이 향유할 수 있는 단 하나의 자유는 사회의 기원이나 통치의 기본적 성격 및 인류의 본원적 권리에 대해 아무 거리낌 없는 사색할 수 있었다는 점이다.* 귀족적, 봉건적 제도에서 유래한 모든 것과 이와 결부된 모든 것을 완전히 파괴한 것은 적어도 열 세대에 걸친 사람들의 노고로 이루어진 작업의 돌발적이고 격렬한 결말이 되었다.

버크가 프랑스혁명을 비난한 것은 유럽의 낡은 기본법 제거를 목적으로 한 혁명이라는 사실을 깨닫지 못했기 때문이다.**

이후 총재정부를 거쳐 나폴레옹(Napoléon Bonaparte 1769~1821)이 이집트에서 무단 귀국하여 쿠데타로 통령으로 취임하다 1804.12.2. 제4의 핏줄로 황제가 되어 사실상 왕정으로 복귀하였다. 그러나 나폴레옹은 프랑스 청년 300만 명을 희생하며 유럽 전역을 누빈 전쟁으로, 프랑스 인권선언이 외쳤던 자유, 평등, 박애의 정신을 유럽인들에게 전파하였다. 나폴레옹이 1815.6.18. 워털루 전투에서 패배한 후 남대서양 세인트 헬레나 섬에 유배되자, 루이 16세의 동생인 루이 18세가 등극하여 1789년 프랑스 혁명은 한바탕 15년간의 소극(Fifteen year farce)으로 끝나게 된 것이다.


## 마. 1848년 혁명


미국혁명과 프랑스혁명의 자유와 평등이라는 자연권 사상은 19세기 초부터 나폴레옹 전쟁을 계기로 유럽 전역에 재빠르게 전파되어 나갔다. 아이들이 길에서 돌을 던지며 쫓아가던 인간 이하의 개 같은 존재였던 흑인, 유대인 등은 천부인권 사상에 의해 인간으로 대우받게 된 것이다. 그러나 프로이센, 오스트리아, 러시아, 스페인, 이탈리아로 더욱 전파되기도 전에 자유주의는 온갖 시련을 겪게 된다. 자유의 개념은 나폴레옹 전쟁이 끝난 이후 1820년경부터 대두되었다. 무지와 몽매로 살아왔던 시민에게 자유에 대한 인식이 생기게 되고, 정치 참여를 위한 선거권 확대 요구가 커져만 갔다. 입헌군주제에 대한 열망도 커지면서 절대 군주와 귀족을 중심으로 하는 기득권 세력의 우려와 저항도 그에 상응하여 커져 갔다. 1820년대 이후 노동시장, 금본위제, 자유무역이 현실적으로 작동하기 시작했다. 자유주의, 자유무역, 자유기업 그리고 경쟁적 개인주의 시대가 나타났다. 노예무역, 서인도제도의 설탕, 커피 무역 등으로 새롭게 부를 축적한 신흥 부르주아 계급의 영향력도 날로 드세지고 있었고, 도시 노동자의 증가가 현실적으로 모습을 드러내기 시작했다. 돈이라는 것이 인류 경제와 함께 존재해 왔지만, 19세기 이래 시대정신으로 본격 등장하기 시작했다. 아무리 정신을 강조해도 돈이라는 것이 그만큼 강력하게 자리를 잡기 시작한 것이다. 핏줄이 아니라 돈으로 사회적 입지를 잡게 된 부르주아와 프티 부르주아의 에로티시즘이 오페레타라는 장르에서 가장 효과적으로 표출될 수 있었기에, 19세기는 '오페레타(operetta)의 시대' 라고도 부르게 된 것이다.***

영국은 이러한 시대적 조류의 변화에 평화적인 타협과 제한적인 개혁을 통해 적응함으로써 모범을 보였다. 1832년 영국의 선거법 개정으로 산업주의와 민주주의가 널리 퍼지고 이제는 무산자 계급의 존재를 인정하는 국민(people)이라는 용어가 사용되기 시작하였다. 영국 보수당 정치인 디즈레일리(Benjamin Disraeli 1804~1881) 등 보수주의자는 국민이라는 추상적 단어를 경멸하였지만 자유주의자들이 득세하기 시작했다. 민주주의가 헌정체제의 이데아를 무색하게 하고 삼켜버릴 수 있게 된 것이다. 차티스트 운

*알렉시스 토크빌, 앙시앵 레짐과 프랑스 혁명, 이용재 역, 박영률출판사, 2006,
**알렉시스 토크빌, ibid., 5장.
***페터 슬로터다이크, 분노는 세상을 어떻게 지배했는가, 이덕임 역, 이야기가있는집, 2017.

동(Chartist movement)은 1838년 5월 윌리엄 러벳이 기초한 법안으로서, 21세 이상의 정신이 온전하고 전과 기록이 없는 모든 남성에게 투표권을 줄 것, 비밀투표를 보장할 것, 의원 선출에 재산 자격 요건을 없앨 것, 의원 임기 동안 봉급을 지불할 것, 선거구 분할을 인구에 고르게 할 것, 의회를 매년 열 것 등 6개 요구 사항(six points)을 포함한 인민헌장(People's Charter) 운동이었다. 그러나 중간계급이 장악한 의회의 반대로 1848.4.12을 지나면서 서서히 둔화되었지만 매년 선거 요구 사항 이외에는 결국 모두 받아들여졌다. 1840년대 부르주아 자유주의자들은 인민이 참여하는 정부에 대해서는 몸서리치도록 혐오하였다. 영국 중간계급에게는 민주주의라는 것이 전혀 낯선 것이지만, 서서히 자유주의는 지평을 넓혀가고 있었고 유럽 대륙에서는 폭풍우로 다가오고 있었다. 역사가들은 1848년을 "민족들의 봄"이라 부른다. 하지만 춘래불사춘(春來不似春)이라 아직 봄이 아니었다.

1848년 파리혁명은 혁명이 벌어지기 전 베를린과 런던에 있는 사람들이 정확히 어느 날에 파리에서 봉기가 일어날지를 예견할 정도였다. 나폴레옹 시대 이후 이미 프랑스 사회는 법 앞의 평등, 능력에 따른 출세 등은 부동의 지위를 갖게 되었다. 수공업자, 자영업자 등의 주도로 1830년 7월혁명을 일으켰으나 부르봉가에서 오를레앙가로 권력이 이전되었을 뿐, 프티 부르주아와 농민 계급을 철저히 배제하여 국민의 3%만 참정권을 가졌고, 귀족과 대부르주아 중심의 국영사업으로 경제적 불평등은 심화되었다. 오를레앙가의 수상 프랑수아 기조(Français Guizot 1787~1874)는 "부자가 되시오(enrichissez-vous) 그러면 투표권을 얻을 것이오"라 했다. 결국 1848.2 학생과 노동자 주도로 모든 사람의 무차별적인 우애와 형제애를 슬로건으로 내세우고, 루이 필리프를 내쫓아 제2공화국을 선포하였다. 그러나 6월 온건파와 우익세력은 연합하여 2월혁명의 동지였던 도시빈민 노동자를 3천 명 이상 학살하였다. 그들은 12월 부르주아 공화파인 루이 외젠 까베냑(Cavaignac 1802~1857)을 꺽고, 사회주의를 부정하는 체제로 루이 보나파르트를 대통령으로 선출하였다.

1848년 오를레앙 왕정을 무너뜨린 프랑스 혁명의 여파는 프로이센과 오스트리아 왕정에 심각한 위협으로 영향을 미치게 되었다. 두 나라의 왕정은 자유에 기반을 둔 시대적 변화 요구를 수용하기 싫어했다. 프로이센은 자신의 주권을 넓히기를 싫어하는 절대군주와 융커 귀족계급이 결합되어 있어서 혁명을 막을 수 있었다. 융커 지주는 절대적인 지역 권력을 가지고 인신예속농노제와 영지예속농노제를 운영하고 있었기에 더 이상의 권력을 넘보지 않았다. 융커 지주 중에는 실제 경영자 수준으로 왕권을 위협할 정도의 대귀족층은 없었다. 빌헬름 4세(Friedrich Wilhelm 1795~1861)는 1848년 3월 자유주의 시민과 수공업자의 요구에 부닥치게 되었다. 제빵, 제화, 재단, 인쇄 등 수공업자는 도제, 직인, 장인의 단계를 거치는데, 직인 단계에서 노동자로 전신해야 하기에 공장 생산제에 대한 불만이 강하였다. 자신들 간의 경쟁을 줄이면서 공장제에 대응하여 왔지만, 수공업자는 공장제 폐지와 길드 정상화 등을 요구했으나 시민층이 거절하자 혁명대열에서 이탈하게 되었다. 공화정의 요구가 아니고 수공업자의 이익 요구로 혁명 세력이 분열된 틈을 이용해 1848.11 왕정에 원상 복귀하게 되었다. 농촌의 봉건적 사회관계의 폐지를 성과로 볼 정도로 파급력은 약하였다.

오스트리아 합스부르크 왕국은 공통 언어와 단일 민족이 결여된 다민족 다언어 국가로 구성되어서, 프란츠 1세(Franz Joseph I 1830~1916)는 메테르니히(Klemens Fürst von Metternich 1773~1859) 수상을 활용하여 군대와 경찰로 체제를 유지하고 있었다. 체코어 사용 등 체코 민족주의 요구를 1848.6 프라하 포격으로 진압하였고, 헝가리 마자르족 독립운동을 남슬라브족과 연대하여 진압하였으며, 사르데냐왕 샤를 알베르트가 밀라노, 베니스 시의 독립운동을 진압하였다. 합스부르크 왕국은 유럽 중심부에 위치하고 있으나 세계 경제 제패라는 탐욕은 전혀 없었고, 프랑스인처럼 과하지는 않지만 사치문화였으며, 높은 신분이나 국가 관직을 통해 특권을 부여받지 못한 개인의 천재성과 천재적 발상은 건방지고 주제넘은 것으로 여겼고, 인종주의가 이성과 진보를 밀어내는 분위기였다. 군사적으로도 군 예산

을 열심히 투입하나 유럽 열강 중 두 번째로 약한 군대였을 뿐이었다. 1848
년 혁명의 바람이 비록 공화정을 수립하지는 못했지만 시민 문화 발전으로
이어져 귀족 계급들은 점차 힘을 잃어가게 되었다.

러시아는 나폴레옹 몰락 후 청년장교들이 파리를 방문하고 자유주의 분
위기를 느낀 후 귀국하여 1825.12 데카브리스트의 난을 일으키게 되었다.
알렉산드르 1세(Aleksandr I 1777~1825) 사후 니콜라이 1세(Nikolay I
1796~1855)로 차르가 승계되는 과정에서, 일단의 청년장교들은 니콜라이
1세의 형인 콘스탄틴 파블로비치(Constantin Pavlovich 1779~1831) 대공
을 옹립하자고 요구했다. 하지만 농노제는 여전히 유지되고 있었고, 새로운
산업을 통한 부르주아 계급의 형성도 없어, 공화정을 요구할 시민 계층이
뒷받침되지 않았기에 곧 진압되어 1848년 유럽 대륙의 혁명의 바람이 러시
아에서는 일어나지 않았다.

1848년 이후 유럽에서는 부유 지주층과 새로운 산업 엘리트 사이에 동맹
이 성립되어 노동자 계급을 고립시키고 무산자와 빈민은 정치권력에서 확
실하게 배제하게 되었다. 밑으로부터의 자유주의를 막아내고, 위로부터의
혁명을 통해 부르주아지는 자신들의 요구를 충족시켜 나가게 된다. 본격적
으로 자본의 시대와 제국의 시대로 나아가게 되는 것이다.

제 3 장

고난의 자유

　17~18세기를 거치면서 유럽인들이 겪게 된 영국혁명, 미국혁명, 프랑스혁명 그리고 1848년 혁명으로 인해 자유, 평등, 박애 그리고 인권이라는 개념이 점차적으로 자리를 잡아, 현실적인 정치, 경제, 사회 제도 전반에 영향을 미치게 되었다. 성서적 삶에 얽매였던 시절은 지나고 개인의 존재를 인정하고 개인의 역량이 존중받는 분위기가 형성되면서 자연스러운 시대의 흐름으로 변화될 수 있었다.

　하지만 자유의 진전이 그리 쉽게 흘러가지는 않았다. 19~20세기를 지나면서 자유의 신장 추세와는 반대로 자유를 억압하는 사상과 이념도 함께 어우러지면서 자유의 역사는 굴곡진 행진을 계속하게 된다.

# 1. 제국주의(Imperialism)

제국주의는 서구 열강이 자본과 군사력을 앞세워 아시아·아프리카를 식민지로 편입시킨 팽창적 지배 체제였다. 자유무역과 문명화라는 명분을 내세웠지만, 실제로는 수탈과 지배, 인종주의를 내면화한 자유의 왜곡된 형태로 나타났다. 유럽에서 부의 창출은 국내 토지 개발로는 한계가 있었고, 영토 획득 전쟁은 1648년 베스트팔렌 조약으로 한계에 봉착하였기에 해외무역과 식민지 개발이 탈출구가 될 수밖에 없었다.

유럽은 일찍이 대포와 범선에 눈을 떠 15세기말이면 남아프리카 희망봉을 돌아 인도까지 가고, 대서양을 건너 서인도제도까지 도착할 수 있었다. 지중해 중심의 무역을 통해 땅이 아닌 교역에서 부를 창출할 수 있음을 파악한 베네치아, 제노바 등 도시국가에서 스페인, 포르투갈로 근대적 국가 단위로 커짐에 따라 아메리카 대륙을 공략하기 시작하였다. 잉카 문명과 아즈텍 문명을 대포와 총으로 제압한 유럽인은 은을 대량으로 착취하여 수입하면서 급속한 경제 발전을 이루게 되었다. 가톨릭 전파라는 종교적 명분과 함께 황금이라는 눈앞의 이익을 실현할 수 있었다.

유럽은 왜 제국주의를 추구할 능력이 있었을까? 일찍이 지중해를 내해로 제패한 로마제국의 갤리선 운영 경험을 바탕으로 한 지중해 무역선과, 북해를 중심으로 한 대양의 범선이 결합하여 둥근 배에 다수의 돛대와 돛을 장착하여 대서양의 사나운 파도와 남서풍을 헤쳐 나갈 범선을 개발할 수 있었다. 영국 헨리 8세는 1546년 해군성을 설치하고, 서섹스 주의 인(燐)이 포함된 철로 청동대포보다 3~4배나 값싼 주철대포를 대량으로 제작하여 범선에 장착함으로써 제해권을 장악해 나갈 수 있었다. 부친 덕에 엘리자베스 1세는 1588년 스페인의 무적함대를 격파할 수 있었던 것이다.

영국의 발명가 제임스 와트(James Watt 1736~1819)가 1769년 증기기관을 발명하자 범선은 증기를 이용한 철갑선 형태의 군함으로 진화하면서 가공할 무력을 확보하게 되었다. 1815년 나폴레옹 전쟁이 끝나고 빈 체제가 확립되면서 유럽 제국은 다시 해외 식민지로 눈을 돌릴 수 있게 되었다. 자유주의 바람을 극복하고 군주제와 노예제를 유지하며 식민지주의를 복구하는 일이었다. 또한 육군이 사용할 수 있는 개틀링 기관총이 1861년 발명되고, 1886년에는 맥심 기관총도 실전에 도입되었다. 무력으로서는 세계 어디를 가도 승리할 수 있는 화력을 갖추었던 것이다. 화약은 물리적 힘과 지배로부터 세계를 해방하고 사회의 다양한 질서를 평등하게 만드는 주요 도구 중 하나가 되었다.

서인도 제도에서 나는 설탕, 커피, 코코아, 담배, 면화 등은 엄청난 수익을 창출하여 새로운 부르주아 계급을 창출하였다. 문제는 많은 노동력이 필요한데 현지인 인디오는 체력과 질병에 약해 인력 동원에 한계가 있었다. 그럼에도 스페인의 인디오인에 대한 착취와 학살은 너무나 심각하여 도미니쿠스 수도회 스페인 선교사인 바르톨로메 데 라스 카사스(Bartolomé de Las Casas 1474~1566)는 차라리 열대 지방에서 노동에 적합한 아프리카 흑인을 데려오라고 건의하였고, 1517년 카를 5세(Karl V 1500~1558)는 15,000명 아프리카 흑인을 생도밍고(아이티)로 수출할 수 있도록 허가하였다. 이것이 서인도 제도의 흑인노예무역(transport stock slavery)의 시발

　　　　프리덤과 리버티

점이었다. 라스 카사스는 모든 인간 종은 하나이며, 인간사에서 자유보다 더 소중하고 귀한 것도 없으므로 인디오인에게 자유와 정의를 보장해주도록 스페인 왕실에 간청하였다.* 그의 인권 의식은 미국혁명 때 인권선언보다 앞섰지만, 그도 아프리카 노예는 자산으로 간주한다는 한계를 넘지 못했다. 유럽의 가공품을 아프리카 골드 코스트 등지에 팔고, 흑인을 사냥하거나 매입하여 승선한 후 서인도 제도와 아메리카 대륙에 팔고, 거기서 다시 설탕, 담배 등을 선적하여 유럽으로 와서 판매하는 삼각무역이 형성되었다. 이후 19세기 중반 노예무역이 폐지될 때까지 1,200만 명이 아프리카에서 아메리카 대륙으로 이송된 것으로 추정되고 있다.**

1498년 포르투갈의 탐험가 바스코 다 가마(Vasco da Gama 1460~1524)가 남아프리카 희망봉을 돌아 인도 고아에 도착했다. 동남아시아의 향신료 무역사업을 베네치아나 아랍 세력을 통하지 않고 바로 추진할 수 있게 된 것이다. 인도항로가 개척이 되자 네덜란드, 영국도 가세하게 된다. 정부로부터 지정된 지리적 영역에서의 무역 독점권과 그 특권을 행사하는 데 필요한 전쟁 수행과 국가 건설 기능을 수행할 수 있는 권리를 부여받은 기업 조직인 동인도 회사를 영국은 1600년, 네덜란드는 1602년에 설립하였다.*** 단순히 동남아시아와 유럽 간의 무역만이 아니라 지역무역에도 참여하여 수입을 올렸고, 네덜란드와 영국의 무역 규모에 밀린 포르투갈의 주요 무역 형태가 되었다. 일본의 은을 중국으로, 일본의 구리를 중국과 인도로, 인도네시아의 정향을 인도로, 인도산 면직물을 동남아로, 페르시아의 은과 양탄자를 인도와 일본으로 교역하는 식이었다. 16~17세기를 지나면서 유럽의 경제추는 서서히 네덜란드에서 영국으로 이동하였다.

*티모시 와인가드, 모기: 인류역사를 결정지은 치명적인 살인자, 서종민 역, connectiong, 2019, 255쪽.
**https://slavevoyages.org
***지오바니 아리기, 체계론으로 보는 세계사, 최흥주 역, 모티브북, 2008, 2장 기업의 변천.

아크바르(Akbar 1542~1605) 황제가 총과 대포를 앞세워 델리를 점령하여 1526년에 무굴제국을 건국하였다. 무굴제국이 왕성할 때 영국은 동인도 회사를 내세워 인도 대륙의 해안 지역 위주로 교역을 하였으나, 1707년 마지막 황제 아우랑제브(Aurangzeb 1618~1707)가 사망하여 인도 대륙이 권력 공백의 혼란기에 접어들자 상황은 변하기 시작했다. 1757.6.23 캘커타 북쪽 플라시(Plassey) 전투에서 영국군 그라이브 장군이 무굴 벵골군(영주 시라지우드 다울라)과 프랑스군에 대승하여 인도 지배권을 확립하게 되었다. 철도 등 인프라 건설을 추진하는 등 인도 대륙 전체의 인적 물적 자원에 대한 효율적 통제를 통해 본격적으로 영국의 이익을 취하기 시작했다. 1812년에 미국에서 재발한 영미전쟁으로 원면 수출입이 불안정해지자, 1813년 동인도 회사의 독점권을 폐지하고 인도를 후추와 향료에서 피륙 무역으로 중심을 이동시켜, 1843년 무렵에는 인도가 최대 면제품 단일시장이 되었다. 1857년 힌두교와 무슬림 용병에게 입으로 물어뜯는 탄약 주머니에 종교적 금기인 소기름과 돼지기름을 발라 줌으로써 용병이 반란을 일으킨 세포이 항쟁(The Indian Mutiny)이 발생하였다. 그것은 종교적 모욕성을 사소한 불만쯤으로 치부한 단순 실수가 아니라, 영국의 지배 의식 깊숙한 곳에 뿌리내린 우월의식과 강제 동화의 논리에서 비롯된 구조적 폭력이었다. 1857.7.2~11.16 영국 캠벨장군(1792~1863)은 시칸다 바그(sikandar bagh) 궁전에서 1,800명을 살육하고는 시체를 방치하였다. 이후 1919.4.13 편잡 지방 잘리안왈라 바그(jalianwala bagh) 공원에서 영국군이 인도인 375~1,500명을 살해한 암리차르(amritsar) 학살* 사건도 발생하는 등 영국은 식민지 강압통치를 시행하였다. 영국은 인도인들이 능숙한 기계공이 되는 걸 철저히 막았고, 영국식 민법으로 압박하였으며, 영국에서 획득할 수 있는 물자를 생산하는 인도기업들과 계약을 거부하여 인도에서 자주적인 산업구조가 형성되는 것을 방해하였다. 이러한 극도의 착취 구조는 인도 하위 계층의 전통적 생산 기구를 파괴하였다. 영국은 가중되는 재정부담 때문에 지원병제인 본국의 영국군은 감축했으나, 인도의 비용으로 인도인을 병력으로 충원하고 맥심 기관총을 사용하여 군사력은 오히려 강화할 수 있었다. 홉스와 로크 등이 주장한 자연권 사상이 인도에는 적용되지 않은 것이다. 1823년 동인도회사에 입사하여 부친 뒤를 이어 심사관으로 근무한 존 스튜어트 밀마저도 인도 같은 후진 지역에는 오직 영국 같은 문명국가에 의한 '엄격한 전제 정치'만 가능하다고** 하였고, 통치 받는 인종보다 더 고등한 인종이 견해를 표현할 수 있는 영국 정부가 인도에 군림하는 것이 더 좋다***고 할 정도로 식민지 주민의 자유에 대해서는 억압적이었다. 요컨대, 영국의 빅토리아 여왕 시대의 번영은 인도의 희생 위에 가능했다.

중국 청나라에 대한 유럽 열강의 약탈도 본격화되고 있었다. 1793.9 영국의 조지 3세(George Ⅲ 1738~1820)가 보낸 조지 매카트니(George Macartney 1737~1806)는 청의 건륭제(1711~1799)를 알현하고 교역을 요구했으나 거절당했다. 1816년 교역 사절을 재파견했지만 여전히 문호를 개방하지 않았다. 중국은 당시 세계 경제의 주력이었기에 굳이 유럽과 교역할 물품이 없다고 본 것이다. 청나라는 유럽인들이 가져온 시계도 단순한 오락거리로 생각하였다. 강희제(1662~1722)는 시계 제작소를 황궁에 설치하였지만 기계 제작, 제철, 무기, 조선에 필수적인 시계 제작 기술을 발전시키지 않았다. 건륭제는 "우리는 이상한 물건을 귀히 여기지 않으며 뽐내는 소리에도 귀 기울이지 않으나, 그대들이 먼 길을 달려온 것을 생각하여 백배로 되돌려주겠노라"****며 돌려보냈다. 중국의 비단, 도자기, 차 등에 대한 영국의 무역 수요는 증가하였으나 그에 상응하여 수출할 품목이 여의치 않고, 1776년 미국혁명으로 멕시코의 은 공급이 단절되자 은을 대체할 품목으로 아편에 착안하게 되었다. 중국 아편은 마카오에서 아편 거래한 포루투갈

*에릭 홉스봄, 극단의 시대: 20세기 역사, 이용우 역, 까치, 1997, 7장 제국들의 종식.
**지오바니 아리기, ibid., 4장 세계사의 관점에서 본 서양의 패권,
***월터 배젓, 영국 헌정, 이태숙, 김종원 옮김, 지식을만드는지식, 2012, 286쪽.
****아놀드 토인비, 시련에 처한 문명, 강기철 역, 일지사, 1975, 5장 세계의 단일화와 역사적 전망의 변화.

인에 의해 소개되었고, 인도 주둔 영국군 장교 헨리 왓슨(1738~1786)이 제안하여* 영국은 인도 벵골에서 아편을 재배하여 이를 청나라에 수출하였다. 그러나 1838년 도광제(1782~1850)는 아편 무역을 근절하기 위하여 임칙서(林則徐 1785~1850)를 흠차대신으로 보내, 영국에게 비단, 차, 면제품과 아편을 구분할 것을 요청하였으나 거절당하자 아편을 압수하여 소각시켰다. 영국 외무상 파머스턴(Palmerston 1784~1865)은 아편 밀반입을 금지하고 몰수할 권리는 인정하였으나, 도광제가 영국과 통상 단절 선언한 것을 이유로 벌린 것이 1차 아편전쟁(1839~1842)이다. 증기 동력을 갖춘 전함의 공격을 이길 수 없었던 청나라는 난징조약이라는 불평등 조약을 맺게 된다. 2차 아편전쟁(1856~1860)은 1856년 청나라의 영국 국적 상선 나포와 프랑스 선교사 피살사건이 계기가 되어 발발하였다. 영국과 프랑스 연합군에게 포로가 된 양광총독(兩廣總督) 섭명침(葉名琛 1807~1859) 인도 캘커타로 압송된 후 단식으로 사망하게 된다. 아편전쟁이라는 부도덕한 사안을 "백인의 부담"이라며 국제적 윤리의 수호자임을 자임하면서** 무력으로 관철시킨 것은, 국제 평등과 국가 주권이 아닌 정치적 예속을 지운 제국주의 정책이었음을 반증한다. 아편전쟁에 대한 영국인의 평가는 그 전쟁 이후 줄곧 영국인들이 이 사실을 수치스러워하고 있었다는 정도였다.*** 오스트리아 사상가 루트비히 미제스(Ludwig von Mises, 1881~1973)는 아편전쟁을 청나라의 영토나 아편이 아니라, 전반적인 무역의 자유를 요구한 전쟁이라고 보았다.**** 마르크스 조차 전 세계의 부르주아들이 '만리장성을 부숴 버리고' '정체 상태인' 중국을 세계 시장은 물론 세계사 속으로 끌어들이려 한 것이라고 했다.***** 요컨대, 세계적 관점에서 보면 영국 노동자가 인도와 중국의 착취자라는 잔인한 진실이 보이고,****** 인도와 중국은 시장경쟁이 아니라 전쟁, 침략, 아편, 일방적 관세제도에 의해 강제로 해체된 것이었다.*******

종교적 영향력도 제국주의 흐름에 따라 세속화되었다. 1870년 이후 기독교는 반근대적 캠페인의 선두에 섰다. 교황 무류설을 주장하고 성모마리아에 대한 열광을 부추기며, 자유주의적 세속주의적 서적들을 비난하고 세속 사회에 교황 지상론을 대표하는 정당을 건설하였다. 세상을 교화하는 종교의 역할이 사라지고 제국주의 행렬에 동참한 것이다.

미국은 자국의 정체성을 자유와 민주주의의 보루로 정립해 왔지만, 역사적 경로는 제국주의적 팽창의 서사이다. 오늘날의 50개 주로 구성된 연방의 외형은 무력, 침탈, 조약의 강요, 원주민 축출 등의 방식으로 점철된 팽창의 역사 위에 세워졌다. 무엇보다 미국 내에서 인디언에 대한 잔인한 살육 및 이주정책은 치명적인 오점이다. 존 로크는 아메리카 대륙은 방대하고 텅 빈 혼돈의 땅으로 보았고, 아메리카 원주민인 인디언들의 추장은 독자적인 사법권이나 땅에 대한 소유권이 없다고 주장했다. 그는 북아메리카의 땅이 어떠한 개선, 경작, 관리도 없이 자연 상태로 방치되는 것을 견딜 수 없었다.******** 네덜란드 법학자 그로티우스는 인디언에 대한 군사력 행사는 인디언이 아메리카 대륙에 대한 법적 권리가 없기에 모두 정당하다고 주장했다. 홉스도 인디언은 수도 적고 야만적이고 수명이 짧고 가난하고 비열하여 농업 경제를 발전시키지 않았기에 그들은 땅을 포기해야 한다고 주장했다.********* 1845년 저널리스트 존 오설리번(John O'Sullivan 1813~1895)은 미국이 북미 전역을 지배할 운명을 타고났다는 명백한 운명

<hr>

*카를로 치폴라, 스페인 은의 세계사, 장문석 역, 미지북스, 2015, 서양이 찾은 해법.
**찰스 테일러, 자아의 원천들, 권기돈, 하주영 옮김, 새물결, 2015, 799쪽.
***아놀드 토인비, ibid.
****루트비히 폰 미제스, 사회주의, 박종운 역, 지식을만드는지식, 2015, 2편 사회주의 공동체의 대외 관계
*****케네스 포메란츠, 스티븐 토픽, 설탕 커피 그리고 폭력, 박광식, 김정아 옮김, 심산, 2021, 220쪽.
******조지 오웰, ibid., 379쪽.
*******마이크 데이비스, 엘니뇨와 제국주의로 본 빈곤의 역사, 정병선 역, 이후, 2008, 4부 기근의 정치생태학.
********존 로크, 통치론, 강정인 문지영 역, 까치, 1996.
*********카렌 암스트롱, 신의 전쟁, 정영목 옮김, 교양인, 2014 397쪽.

(Manifest Destiny)을 주장하였고, 이것이 미국의 영토 확장 및 인디언 추방 정책의 논거로 활용되었다.**

제국주의의 가장 대표적인 사례는 미국-멕시코 전쟁(1846~1848)이다. 텍사스 합병을 둘러싼 긴장에서 시작된 전쟁이지만 본질적으로는 미국이 멕시코의 북부 영토를 편입하려는 명백한 확장주의 정책이었다.

전쟁 승리 후 과달루페 이달고 조약을 통해, 미국은 캘리포니아, 뉴멕시코, 애리조나, 유타, 네바다, 콜로라도, 와이오밍 일부 등 광대한 영토를 획득했다. 단일 전쟁으로 미국이 획득한 최대의 영토이며, 이로써 태평양 연안까지의 진출 기반이 마련되었다.

그보다 앞선 1803년의 루이지애나 매입(Louisiana Purchase)은 미국 토머스 제퍼슨 대통령이 프랑스로부터 미시시피강 서쪽 광대한 영토를 1,500만 달러에 구매한 사건으로, 외형상 합법적 거래였지만 원주민의 영토 권리는 전혀 고려되지 않은 제국주의식 거래였다. 나폴레옹이 1802년 카리브해의 전략적 요충지 생도밍고를 흑인 자코뱅 투생 루베르튀르(Toussaint-Louverture 1743~1803)의 혁명군에 빼앗기자, 전략적으로 무의미해진 루이지애나를 전쟁으로 상실하기 전에 매매할 수밖에 없었다. 이 거래로 미국의 15개 주와 캐나다의 2개 주의 광대한 면적을 확보하게 된 것이다. 플로리다(1819)는 스페인에 대한 외교적 압박을 통해, 오리건(1846)은 영국과의 협상을 통해 편입하였다. 본래 독립 왕국이었던 하와이의 병합(1898)은 명백한 제국주의 행위였다. 윌리엄 매킨리(William McKinley 1843~1901) 대통령은 설탕의 무관세 수입을 노린 미국 상인과 해군의 정치적 개입을 통해 쿠데타를 지원하여, 여왕 릴리우오칼라니(Liliuokalani 1838~1917)의 왕정을 전복시킨 후 미국의 준주로 강제 편입했다. 원주민의 자결권은 무시되었고, 경제적·군사적 이익이 자유라는 명분 위에 덧씌워졌다. 또한 알래스카(1867)는 앤드류 존슨(Andrew Johnson 1808~1875) 17대 대통령이 러시아로부터 구입했으나, 전략적 군사 요충지로서의 가치가 강조되었다. 필리핀, 괌, 푸에르토리코 등은 스페인과의 전쟁(1898)을 통해 식민지화했다.

　　결국 미국은 인디언 토지의 약탈, 대량 학살과 강제 이주, 그리고 흑인 노예의 획득과 착취가 현재의 번영에 상당한 수준으로 기여했다고 볼 것이다. 경제적 동기와 지정학적 전략, 그리고 문명화(civilizing mission)라는 자기 정당화 논리 아래 타자의 자유를 침해하며 성장해 온 제국의 얼굴을 보여준다. '자유의 전파'를 내세우면서도 실질적으로는 미국의 권익과 지배를 추구한 이중적 태도였던 것이다.

　　하지만 시민사회 저변에는 자유가 특정 국가나 민족의 인권이 아닌 세계적인 인권으로 변모되어 가고 있었다. 종전 영국 국민의 기본권에서 인류의 기본권으로 넓혀가고 있었던 것이다. 자유주의 사상은 해외 식민지를 확보해가던 제국주의 흐름에 어떤 영향을 미쳤을까?

　　경제적 이득과는 별도로 자연권과 자유주의 사상이 널리 퍼지고 자리를 잡아가게 되자 유럽 제국에서는 노예제에 대한 고민이 현실화되었다. 프랑스는 1794.2.4. 로베스피에르의 공안위원회가 자유와 평등의 보편주의에 따라 식민지의 노예제 폐지를 선언하여 1804년 생도밍고의 독립에 이르렀고, 이것이 카리브해의 노예 봉기와 이후 남아메리카의 해방 투쟁의 구호가 되었다.** 그러나 나폴레옹이 황제로 즉위하자 부르주아의 사유재산 보호에 따라 노예제를 다시 부활하였다가 임금노동으로의 경제 구조 변화에 따라 1848년에 폐지하게 된다. 영국은 노예무역으로 가장 큰 무역이익을 보고 있었지만, 보수당 하원의원 윌리엄 윌버포스(William Wilberforce 1759~1833)가 노예무역은 국가적 수치이기에 다른 방법으로 무역이익을 추구하자고 주장하여 1833.7.26. 노예해방법이 의회를 통과하게 되었다.*** 미국은 1863.1.1. 16대 대통령 링컨(Abraham Lincoln 1809~1865)

---

이 남북전쟁 중이었으나 노예해방을 선언하였다. 한국은 1894년 갑오개혁으로 노비제도를 폐지하였으며, 중국은 1910년 신해혁명 때 폐지하였다.

그러나 때 마침 유럽인에게 무력 사용의 도덕적 부담을 덜어주는 사상이 나타났다. 1859년 영국의 생물학자 찰스 다윈(Charles Darwin 1809~1882)이 『종의 기원』을 발표하면서 18세기 후반부터 19세기 유럽을 흔들었던 자유, 평등 등 인권에 대한 의식이 변화하게 되었다.

자연은 약육강식이라는 자연스러운 선택에 의해 약자는 자연도태 되면서, 유력하고 건강하고 행복한 개체가 살아남아 진화가 이루어진다는 사상이 널리 퍼지게 된 것이다.* 정치적인 대외 팽창은 생명력을 증명하는 동시에 자신들의 우월한 문화를 확산시키는 민족적 사명으로 받아들였다. 힘이 있는 강자가 약자를 정복하는 일은 자연스러운 현상이며, 특히 하나님과 성경을 앞세우며 정복하게 되니 피정복자의 자유와 인권에 대해서는 고민할 필요가 없게 되었다.

1차 세계 대전은 민족을 내세운 제국주의의 충돌의 결과였다. 1914년 1차 세계대전이 발발했을 때 정치가들은 스스로 제국주의자라고 부르는 것을 자랑스러워했다.** 태양이 중천 정상에 와 있고 더 움직이지 않으리라 착각하고 있었다. 1914.6.28 프란츠 페르디난트(Franz Ferdinand 1863~1914) 오스트리아 왕위 계승자에 대한 사라예보의 총성은 유럽에서 슬라브민족과 게르만족의 대결이 민족이라는 '상상의 공동체'가 실체를 갖추게 한 현실로 등장했다. 직접적인 등장의 계기는 1884년 베를린 회의를 통해 유럽 열강이 상호 충돌을 회피하는 아프리카 식민지 분할에 합의한 사실이다. 아프리카 원주민의 인종적, 문화적 동질성은 감안하지 않고 일방적으로 분할 경계선을 설정하였다. 영국은 이집트에서 남아프리카 공화국까지 철도 연결선, 프랑스는 아프리카를 동서로 횡단하여 모로코, 알제리, 튀니지 등을 경유하여 마다가스카르까지, 벨기에는 콩고를, 독일은 나미비아, 탄자니아, 카메룬, 토고를 연결하는 것으로 하였다. 모로코에서 영국과 프랑스가 독일과 대치한 모로코 위기(1905, 1911)가 있었고, 1912년 발칸 동맹***은 쇠퇴하는 오스만 제국을 상대로 선제공격을 감행했다. 발칸 전쟁은 민족주의와 영토 회복의 열망이 충돌한 것으로, 패배한 오스만 제국은 "유럽의 병자(The Sick Man of Europe)"로 불리면서 유럽 내 거의 모든 영토를 상실하고 역사적 패권에서 밀려났다. 자유와 해방을 외친 발칸 전쟁은 곧 동맹 내부의 분열로 이어져 1차 세계대전의 도화선이 되었다. 제국주의가 1차 세계대전으로 발전한 것은 식민지 분할 과정에서 영국, 프랑스, 러시아는 삼국협상(triple entente)을, 독일, 오스트리아, 이탈리아는 삼국동맹(triple alliance)을 맺어 가입국 중 한 나라가 공격을 당하면 나머지 나라가 함께 참전하기로 하였기 때문이다.

그러나 제국주의는 1차 세계대전이 끝나고도 종식되지 않았고 유럽 열강이 식민지를 포기하는 것은, 1941년 미국 루스벨트(Franklin Delano Roosevelt 1882~1945) 대통령과 영국 처칠(Winston Churchill 1874~1965) 수상이 '무력에 의하여 주권과 자치권을 박탈당한 인민들에게는 그 권리가 회복되기를 원한다' 고 합의한 대서양헌장(1941.8.14.)에 의해서다. ' 대영제국은 일시적으로 방심한 틈에 얻어진 것 '으로 본 처칠은 이를 적극적으로 유지하려는 생각이 없었기 때문에 헌장에 합의한 것이다.**** 아무튼 2차 세계대전 후 세계 곳곳의 식민지는 독립하여 자유를 쟁취하기 시작하였고 이것은 국제연합의 정신이 되었다.

# 2. 공산주의

산업화, 식민지, 제국주의 시대를 지나면서 부(富)가 교역에서 발생하게 되어 새로운 부르주아 계층이 창출되었고, 그 과정에서 빈부 격차는 심화되었다. 19세기 초가 되면서 가난하고 소외된 도시 노동자와 농촌의 빈농 등 대중이 다수가 되고, 이들이 자유와 평등 등 인권 의식을 가지게 되었다. 이들은 선거권을 요구하며 정치적 주도권을 가지게 되었으나, 1848년 혁명의 좌절에 따른 자유주의의 한계로 인해 공산주의가 득세할 수 있게 되었다. 공산주의는 자유의 역사에 엄청난 굴곡과 피를 지불하였다. 사상의 무게가 저울의 기우는 방향을 결정한 것이다.

마르크시즘(Marxism)의 대두는 인간 존엄성에 대한 정당화를 신의 이미지에서 창조한 기독교적 인본주의 질서 개념에서 노동의 역사인류학의 개념으로 이동시켰다. 인간 존엄성의 핵심적인 근간을 자기 존재의 창조자로서 자신의 노동 결과를 즐길 권리를 요구하는 개념으로 자리를 잡게 된 것이다. 독일의 철학자 엥겔스(Friedrich Engels 1820~1895)는 맨체스터에 부친의 방직공장(Ermen & Engels)을 운영하고 있었는데, 1845년 '영국 노동자 계급의 상태(The situation of the working class in England)'를 책
으로 발간하였다. 아동 노동, 열악한 환경, 최악의 주거 시설, 위생상태 등
노동계급의 비참한 삶을 드러내었다. '이같이 더러운 하수구로부터 인간이
가진 근면의 가장 커다란 흐름이 흘러나와 온 세상을 기름지게 하고 순금이
흘러나온다'고 표현하였다.* 독일의 사상가 마르크스(Karl Heinrich
Marx 1818~1883)와 엥겔스는 1848년 공산당선언(Communist
Manifesto)을 발표하면서 과거 봉건주의와 길드 사회에 반대하는 해방 계
급으로서 시민계급을 찬미하였다. 거대 자본가층, 대소 자본가층, 부르주아
와 프롤레타리아 사이의 중간 계층을 이루는 쁘띠 부르주아층과 지식인층
을 시민계급으로 보았다.** 선언에서 프롤레타리아는 그들을 묶고 있는 사
슬 외에는 잃을 것이 아무 것도 없으며, 그들에게는 쟁취할 세상이 있다고
하였다. 19세기 들어서면서 사회주의자들이 자본주의나 개인주의라는 용어
를 사용하기 시작했다. 보수주의자는 자본으로 축적한 기득권 유지에 급급
하는 이기주의자라는 이미지를 심어주기 위해서다.

하지만 유구한 세월을 통치해 온 군주와 귀족 세력과 갓 역사의 무대에
대두한 부르주아 입장에서는 자유와 평등을 외치며 폭력혁명으로 체제를
전복하려는 프롤레타리아가 결단코 타협과 협조의 대상이 될 수 없었다. 19
세기 초 프롤레타리아와 신사 계급 간에 적대감은 첨예하지 않았더라도 서
로가 서로를 다른 동물 종으로 느꼈을 때이다.

독일 통일을 저지하고자 했던 나폴레옹 3세(Napoléon III 1808~1873)는
1870.9.2. 스당전투에서 패배하여 독일군에게 포로로 잡힌다. 프랑스는
1852년 시작되었던 제2제정의 막을 내리고 1870.9.4 파리혁명으로 제3공
화정을 선포하고 항전을 계속한다. 1871.3.18 제3공화국의 과도정부 수반

---

*에릭 홉스봄, 혁명의 시대, 정도영, 차명수 역, 한길사, 2018, 1부 전개과정.
**에두아르트 베른슈타인, 사회주의란 무엇인가, 송병헌 역, 책세상, 2014, 3. 사회주의란 무엇
  인가.

이 된 아돌프 티에르(Adolphe Thiers 1797~1877)가 프러시아와 협상 때 전공무원을 베르사이유로 철수시켜, 파리는 진공상태가 되었고 국민방위대의 대포 회수를 시도하자 파리봉기가 시작되었다. 1871.3.26 파리코뮨 중앙위원회는 선거로 의원 90명을 선출하고 공산주의 시책을 3.28부터 선포하기 시작했다. 집세 전액 면제, 시영 전당포 저당품 매각 중단, 외국인 공직 취임 허용, 교회재산 국유화, 길로틴 소각 그리고 5.16 방돔 광장의 나폴레옹 1세 동상을 파괴하였다. 그러나 5.21 7만 명의 베르사이유군이 파리를 전격적으로 공격하여 입성하고, 5.28 벨레빌(belleville)산록 전투에서 최후로 승리하자 베르사이유군의 파리코뮨군에 대한 살륙이 자행되었다. 프로이센 작센군단은 파리코뮨군에 대한 처벌 명령을 어기며 그들의 도망을 허용하였다. 8일간 전투에서 25,000~30,000명이 사망하여, 프랑스 대혁명 15개월 기간 보다 10배나 많은 시민이 죽었다.

독일도 공산주의 파도를 피할 수가 없었으나 냉정하게 외면하였다. 철혈재상 오토 폰 비스마르크(Otto von Bismarck, 1815~1898)는 1871년 독일 통일 이후 사회주의의 뿌리를 제거하기보다 제도적으로 흡수·관리하는 데 성공했다. 사회주의자 탄압법(Sozialistengesetz)으로 공산주의·사회주의 조직 활동을 금지하였고, 산재보험, 질병보험, 연금 등 사회보장 제도를 도입하여 노동자 계층의 사회적 안전망을 국가가 제공하여 급진화를 억제하였다. 비스마르크 사후 사회주의 혁명을 주장하던 스파르타쿠스단은 1918.12.30 독립사회민주당 임시정부로부터 탈퇴하면서 독일공산당(KPD)을 설립하였다.

베를린에서 시위를 선동하던 리프크네히트(Karl Liebknecht 1871~1919)와 로자 룩셈부르크(Rosa Luxemburg 1871~1919)는 1919.1.15 체포되어 베를린 서부 티어가르텐 수로(水路) 가에서 피살 방기되었다. 1933년 히틀러 집권 후 공산당을 불법화하고, 국가사회주의(Nazism)와 공산주의를 이념적으로 완전히 배타적인 것으로 규정하고 대중 선전과 체제 폭력으로 급진적 좌파 운동의 정치적 공간을 완전히 박탈했다.

　　공산주의 혁명은 1917년 러시아 10월혁명으로 성공하여 전세계에 엄청난 파급력을 보였다. 1917.10.26 러시아 볼셰비키는 케렌스키 임시정부의 각료를 체포하고 레닌(Vladimir Ilich Lenin 1870~1924)을 의장으로 하는 인민위원회를 구성하여 세계 최초로 공산주의 정권을 세웠다. 1924.1.21 레닌이 사망하자 스탈린(Joseph Stalin 1878~1953)은 1927.12 15차 당 대회에서 유력한 경쟁자 레온 트로츠키(Leon Trotsky 1879~1940)를 숙청하고 권력을 장악하였다. 1929.4 5개년 경제성장 계획을 추진하면서 농민을 정복 착취할 대상으로 보고 노동자화를 추진하였다. 공산주의 국가를 건설한다는 스탈린은 너무 변덕스러워, 월요일에는 의심의 여지가 없던 신조가 화요일에는 저주 받을 만한 이단이 되기도 하였다.* 평균 매년 100만 명의 이단이 총살, 구금, 추방되어 1914~1922년 간 희생자는 1,600만 명이었고, 1930~1952년 간 약 2천만 명을 수용소, 유형지 등에 징역을 보냈다. 쿨라크(kulak 부농) 희생자는 600만 명으로** 우크라이나에서 희생자가 많았기에 지금도 러시아와 우크라이나는 갈등을 이어오고 있는 것이다.

　　중국혁명을 주도한 모택동(1893~1976)은 외국어는 모르고 지식도 제한적이었다. 모든 것은 선과 악의 두 측면 가진다고 주장하였다. 마르크스는 생전에 이런 유형의 변증법을 쁘띠부르주아의 난센스라고 조소한 바 있다. 모택동은 낡은 사고, 관습, 습관, 문화를 4대 구습으로 정하고, 이를 개혁하기 위하여 모택동 어록을 소홍서(小紅書 little red book)로 발간 배포하였다. 병든 자도 이 글을 읽으면 치유되고, 외과 의사도 수술에 도움을 받는다는 것이다. 공무원 입학 및 채용 허가는 정치적 기준에 따르고, 가족관계는 감시와 상호 고발 체계로 해체하고, 개인주의와 자신만의 만족 욕망은 청산되어야 할 부르주아 정신의 해로운 잔재라고 규정하였다. 사회는 적대 계급들로 구성되었기에 인권 개념을 명백하게 비난하고, 인민과 적대자 간의 갈

---

* 조지 오웰, ibid., 177쪽.
** 올레크 흘레브뉴크, 스탈린, 독재자의 새로운 얼굴, 유나영 역, 삼인, 2017.

등은 독재, 즉 강제에 의해 해결될 수밖에 없다고 하였다.

마르크스 관점에서 모택동주의는 원시공산주의 유형*이었다. 그는 1959-1961년 대약진운동(the great leap forward)을 추진하다 3~4천만 명을 아사(餓死)시켰고, 1966년 문화대혁명(the great proletarian cultural revolution)을 추진하면서 홍위병(中高生)을 선동하여 주자파(走資派)를 공격하여 수백만 명을 처형하였다.**

2차 세계대전 후 공산주의 사상은 미국과 소련 간의 냉전으로 변하여 세계 곳곳에 희생자를 양산하였다. 1945.8 일본이 패전하자 소련은 한반도 38도선 이북을 점령하고 북조선인민공화국을 수립하였다. 1950.6 북한이 대한민국을 남침한 한국전쟁(1950.6.25.~1953.7.27.)으로 인해 군인 100만, 민간인 250만 명이 희생되었다. 베트남은 제2차 세계대전 후 프랑스 식민군에 맞서 8년간의 전쟁 끝에 1954년 디엔비엔푸 전투에서 승리함으로써 독립의 전기를 마련했다. 그러나 제네바 협정에 따라 북위 17도선을 기준으로 베트남 민주공화국(월맹)과 베트남 공화국(월남)으로 분단되었다.

그 후 벌어진 월맹과 월남의 베트남전쟁(1955~1975.4.30.)으로 200만 명이 사망했다. 캄보디아의 폴 포트(Pol Pot 1925~1998)는 프랑스 파리로 유학 중 1951년 프랑스 공산당에 가입하여 '숙청'을 강조한 스탈린주의와 모택동 사상에 심취하였다. 귀국 후 농경 유토피아를 건설하고자 크메르루 주 정권(1975.4.17.~1979.1.7.)의 '킬링필드'라는 비극을 빚어내었다. 10대 중반 소년 소녀를 활용하여 외국어를 구사하는 사람, 공무원, 교수, 교사, 의사, 약사 등 전문 직업을 가진 사람, 중산층 이상의 사람, 예술가, 성직자, 소수민족 등 농민과 노동자 외의 사람들을 사회의 장애물이자 제거해야 할 악으로 보고, 고문, 타살, 생매장, 질식사, 화형, 익사, 아사 등의 방법으로 200만 명을 학살한 것으로 추정된다. 하지만 인도차이나의 베트남 전쟁 동안 반전사상이 서구를 흔들면서 자유 의식이 전세계적으로 더욱 발전되어 가는 계기가 되었다.

프롤레타리아가 폭력으로 부르주아를 타도하고 국가 없는 유토피아를 만들겠다는 공산주의도 1991년 소련이 붕괴하면서 허망하게 끝났다. 1985.3.10 소련의 미하일 고르바초프 서기장(Mikhail S. Gorbachev 1931~2022)은 개혁과 개방을 추진하던 중 1989.11.9 베를린 장벽이 무너졌고, 급기야 1991.12.26 소련 내 각 구성국이 서로를 국가로 인정하는 형태로 독립하면서 소련공화국은 사라지게 되었다.

영국의 소설가 조지 오웰(George Orwell 1903~1950)은 소련 붕괴를 보지는 못했지만, 사회주의가 자유주의의 분위기를 유지하거나 심지어는 확대시킬 것이라는 생각이 얼마나 거짓이었는지 생전에 이미 깨달았던 것이다.*** 인간의 자유 본성을 거르는 공산주의 이념 실험은 잔혹한 전쟁과 테러와 억압 속에 실패로 귀결되었다.

---

*레셰크 코와코프스키, 마르크스주의의 주요 흐름3, 변상출 역, 유로, 2007, 13장 스탈린 사후 마르크스주의의 발전.
**장융, 존 핼리데이, 마오, 황의방, 이상근, 오성환 역, 까치, 2009.
***조지 오웰, ibid., 199쪽.

# 3. 파시즘

자유에 대한 위협은 파시즘이라는 형태로도 나타났다. 파시즘에 대한 일관성 있는 정의는 어렵지만, 반민주적, 반자유적, 반근대적, 반자본주의적, 반공산주의적, 인종주의적인 것이 특징이다. 홉스는 폭력을 억제하기 위하여 국가가 필요하다고 했지만, 역사의 진전은 민족이라는 이름으로 폭력이 충돌하였다. 30년전쟁 이후 종교와 국가가 분리됨에 따라 민족이 구조적으로 군사적 폭력에 굴복하게 되었다. 파시즘이 성장할 기반이 되었던 것이다. 라틴어 파스케스(fasces)는 로마시대 처벌권을 가진 자가 지녔던 끝에 도끼날이 달린 봉을 지칭하듯이 폭력을 상징하기에 특히 파시즘의 의미와 부합하였다.

이탈리아의 베니토 무솔리니(Benito Mussolini 1883~1945)는 비천한 출생이었다. 그는 스타카토식 선동적 연설을 통해 무정부주의자들의 검은 셔츠(Blackshirts, camicie nere)를 일색으로 차려입은 수많은 지지자들에게 둘러싸여 있었다. 그는 '파시즘의 교의'에서 파시즘은 민족을 최대의 수, 다수파의 수준으로 끌어내리는 민주주의에 반대한다고 했다.[*] 1919년 국가

파시스트당을 창당하고 1922.7.31 총파업이 선언되자 이를 기회로 집권 가도를 질주했다. 10.28 나폴리에서 파시스트 전당대회를 하고, 10.30 밀라노에서 로마진군(Marcia su Roma)을 하여 비토리오 엠마누엘레 3세(Vittorio Emanuele III 1869~1947) 왕의 요청으로 수상직을 수락하고 새 내각을 꾸렸다. 1922.10.31. 그는 39세에 합법적으로 정권을 장악한 최연소 이탈리아 수상이 된 것이었다. 당시 이탈리아 국민은 90만 명의 실업자, 퇴역군인 100만 명. 그리고 해외영토 피우메(Fiume) 편입 무산으로 상처받은 자존심을 회복하고 옛 영광을 되찾기 위해 독재와 타협한 것이다. 무솔리니는 1935.10 에티오피아를 침공하고 1940.6.10 대연합국 선전포고를 하였으나, 연합군이 시칠리아 섬에 상륙하자 1943.7.25. 실각하고 체포되었다. 9.12 히틀러가 보낸 특공대 90명의 낙하산부대는 아브루초의 그란사소(Gran Sasso)에 연금된 무솔리니를 구출하였고, 그 후 그는 파르티잔 활동을 하던 중 1945.4.28 이탈리아 북부 코모 호수 부근 메제그라(Mezzegra)에서 사살되었다. 이탈리아 파시즘으로 인해 전사, 처형, 학살 등으로 희생된 사람은 75만 명에서 100만 명으로 추산한다.

스페인 내전은 다양한 요인이 복합적으로 얽혀 전개된 전쟁으로서, 2차 세계대전의 전초전이었다. 자유, 가톨릭, 군주, 신분제, 파시스트, 공산주의자, 무정부주의자, 스탈린, 트로츠키, 히틀러, 무솔리니, 카탈루냐와 바스크의 분리주의, 지주, 노동조합, 군부, 유대인, 제5열, 무기 실험장 등의 요인이 작용했다. 1936.2.16 총선은 좌우 양극화를 극명하게 드러내어, 인민전선(people's front, frente popular)은 15만 표 차이로 국민전선(frente nacional)에게 승리하였다. 근소한 표 차이로 승리하였기에 정파 간의 대화와 타협이 필요했으나, 인민전선의 공화정부는 전권을 행사했다. 1936.4.7 알칼라 사모라(Alcalá Zamora 1877~1949) 대통령을 탄핵하고, 5.3 마누엘 아사냐(Manuel Azaña Díaz 1880~1940)를 후임으로 선출하였다. 국정장

*안토니오 그람시, 그람시의 옥중수고1 정치편, 이상훈 역, 거름, 2005, 1장 현대의 군주.

악이 확고하게 되지 않았음에도 토지개혁, 은행과 대기업 국유화를 추진하였고, 수감자 석방, 카탈루냐 자치, 전국 파업 등으로 무정부 상태에 들어갔다. 급기야 팔랑헤당을 중심으로 하는 우파와 공화정부 간의 폭력대결 상태*가 발발했다. 1936.7.18. 히틀러의 공군 도움으로 아프리카 주둔 국민군을 전투에 투입시키고, 프란시스코 프랑코(Francisco Franco 1892~1975)도 카나리아 섬에서 본토로 진입하여 3년 간 내전이 시작되었다. 내전을 거치면서 프랑코는 파시스트 지도자로 총통(generalissimo 대원수)이 되었다. 내전 주체는 우익, 중앙집권적, 권위주의적인 우파 국민군과 좌익, 지역주의적, 자유주의자, 공산주의자, 사회주의자, 무정부주의자, 좌파 공화정부의 대결로 전개되었다. 파시스트와 인민전선(popular front)의 전쟁으로서 자유와 파시즘의 충돌이었지만, 국제사회는 민주주의와 공산주의, 파시즘의 대결 상황이었기에 복잡한 구도를 형성했다. 프랑코의 국민군에 대해 영국과 프랑스는 중립을 가장했으나 실상은 공산주의에 대항하였기에 우호적이었고, 독일과 이탈리아는 적극적으로 국민군을 지원했다. 공화군을 실질적으로 도운 국가는 소련이었다. 그러나 공화정부는 워낙 다양하게 구성되어 일체감을 가질 수 없는 상태에서, 내부의 좌파 분열과 외부의 외면 속에서 고립되어 1939.3.29. 항복을 하게 된다. 스페인 내전은 사상과 신념, 계급과 복수심이 불을 뿜은 전쟁 이었기에, 전사, 학살, 공습과 기아 그리고 내전 후 숙청 등으로 희생된 사람은 50만 내지 100만 명으로 추산된다. 공화군 점령 지역에서는 가톨릭 성직자, 수녀, 보수 귀족, 지주 계급 등 수만 명이 학살되고, 교회와 수도원이 방화 파괴되었다. 1937.4.26 프랑코 측 요청으로 바스크 지역 공화군 도시인 게르니카(Guernica)를 독일 콘도르 군단이 대규모 무차별 폭격하여 추정 사망자가 약 150~1,650명으로, 현대적 공중전의 민간 피해의 상징이 되었다. 프랑코 군대는 공화파 인사·지식인·교사·노조원 등 수만 명을 처형하였고, 스페인 남성의 1/3을 제거해서라도 볼세비즘이라는 바이러스를 근절해야 한다며 공산주의자에게 보복을 가했다. 내전 후 프랑코는 반공주의 명분 아래 1941~1943년 사이에 "아줄 디비

시온(División Azul, Blue Division)"이라는 명칭으로 약 4만 7천 명을 독일군에 자원 입대시켜 동부전선에 투입했다.

전쟁 뒤에는 나치 전범의 피난처와 탈출 경로를 지원하여** 연합국은 경제 제재와 외교적 압박으로 프랑코 정권을 국제 질서 밖으로 몰아냈다. 그러나 냉전이 시작되자, '공포 동맹(fear alliance)'의 논리 아래 1953년 서방 편에 복귀했고, 프랑코는 "난로 없는 가정과 빵 없는 스페인인이 없게 만들겠다"며 1973년 후안 카를로스 1세(Juan Carlos I 1938~)에게 왕권을 이양할 때까지 스페인을 장기간 통치하였다.

1차대전의 패전으로 암울해진 독일에서는 아돌프 히틀러(Adolf Hitler 1889~1945)가 나치즘으로 국민을 사로잡고 있었다. 나치당은 국가사회주의 독일노동자당(NSDAP Nationalsozialistische Deutsche Arbeiterpartei)으로서 자본가의 탐욕성을 비난하고, 마르크스주의는 유대인들의 속임수이자 인종적 자각을 지닌 민족을 거세하고 도덕을 타락시키려는 것***이기에 배척한다. 1923.11.8-9 히틀러는 무솔리니의 로마진군을 흉내 내어 베를린진군을 시도했으나 실패하고 투옥된다. 1924년 출옥된 뒤 하위 중간계급, 개신교, 농촌, 소도시 지지기반으로 나치당을 재건한다. 의회민주주의를 통한 반의회주의를 추구하며 모든 사람에게 모든 것을 의미하는 대중운동을 추진하였다. 바이마르공화국은 군소정당이 난립하고 거대정당의 정강이 극단적으로 상이하였기에, 바이마르공화국의 민주주의는 민족적 치욕, 경제적 재앙, 사회적 갈등, 개인적 불안정과 동일시되었다. 중산층 600만 명의 실업과 급격한 인플레이션, 정치인 암살 속에서 좌파와 유태인을 집중 공격하는 나치당은 국민의 지지에 힘입어 급속하게 성장하게 된다. 1928년에 12석을 얻었으나 1930.9 107석을 얻고, 1932.4 대통령선거

*앤터니 비버, 스페인 내전, 김원중 역, 교양인, 2006, 4장 인민전선.
**1943.9 무솔리니를 구출했던 지휘관 오토 스코르체니(Otto Skorzeny)는 1975년 마드리드에서, 벨기에 출신 레옹 디그렐(Leon Degrelle)은 1994년 말라가에서 자연사했다.
***랄프 게오르크 로이트, 괴벨스, 대중 선동의 심리학, 김태희 역, 교양인, 2004, 3장

에 출마하여 파울 폰 힌덴부르크(Paul von Hindenburg 1847~1934)가 당선되었지만 히틀러는 차점자가 되었다.* 그리고 1932.7 230석, 1932.11 196석을 얻게 되자 1933.1.30 힌덴부르크 대통령이 거센 압력에 밀려 히틀러를 총리에 임명하게 된다. 1933.3.5 288석을 얻게 되자 1933.3.23 수권법을 통과시켜 총통에 취임하게 된다. 민주주의와 의회주의 그리고 인권에 반대하며, 총통 개인 결정에 전권을 부여하고 절대적인 복종을 요구하는 지도자주의(Fuhrertum)가 확립된 것이다. 히틀러는 1939년 노벨평화상 후보가 되기도 하였지만 1939.9.1. 폴란드를 침공하자 영국, 프랑스 등 유럽 열강의 태도는 급변했다. 스탈린은 하느님이고 모스크바는 천국이며, 히틀러는 악마이고 베를린은 지옥이라는 도식 하에 러시아와 연합하여 히틀러의 파시즘과 대결하였다. 1941년 미국의 참전과 1944년 연합군의 노르망디 상륙작전으로 반격하여 소련이 베를린을 점령하게 되자, 1945.4.30 히틀러가 자살함으로써 나치즘은 막을 내리게 되었다.

일본은 군국주의 형태의 파시즘이다. '천하가 한 집안'이라는 팔굉일우(八紘一宇)의 대동아공영권 구상을 추진하다 좌절하였다. 일본은 백인 우월주의에 입각한 제국주의 시절에 황인종으로 유일하게 제국주의에 동참한 나라다. 1853년 미국 동인도함대 사령관 페리(Matthew Calbraith Perry 1794~1858) 제독의 군함에 문호를 개방하였지만, 1878년 유신헌법을 제정하고 1894년 청일전쟁과 1904년 러일전쟁에서 승리하자, 버마, 인도, 이집트 등지의 3세계 국가에서 엄청난 인기를 끌었다. 1차대전에서 영일동맹으로 영국과 함께 승전국이었음에도 1919년 전후 파리강화회담에서 일본은 인종차별로 푸대접을 받았다. 미국 28대 대통령 윌슨(Woodrow Wilson 1856~1924)은 '인종평등 조항'이 표결에서 승리해도 과반수 의결은 무효라고 선언할 정도로 반동적인 인종주의자였다.**

1931.9.18 일본은 만주사변(奉天)을 일으켜 1932년 초에 만주국을 세웠다. 미국, 국제연맹 등으로부터 인정을 받지 못하였지만, 일본은 1937.7.7 중국 완핑(宛平) 29군과 충돌을 일으켜 중일전쟁(1937~1945)을 일으키고,

    프리덤과 리버티

상해를 거쳐 1937.12.12 난징을 함락하며, 충칭 대공습(1938.2.18~
1943.8.23.)을 감행하였다. 1940.6.18. 독일이 프랑스를 점령하자, 1941.7
일본은 프랑스령 인도차이나를 점령하였고, 이 때문에 미국은 대일 금수조
치를 시행한다. 중일전쟁이 예상 밖으로 교착되자 일본은 석유와 고무 때문
에 미국으로 눈독을 들이게 되었다.

1941.12.8. 진주만을 전격적으로 공습하였으나, 1945.8 히로시마와 나가
사키에 투하된 핵폭탄으로 항복을 하였다. 2차 세계대전은 사실상 중일전
쟁으로 시작되었다고 볼 것이니, 중국은 일본의 국력을 장기전으로 소모시
키고, 100만 군과 관동군 70만 명을 함께 묶어두게 함으로써, 미국이 남태
평양 전투에서 승리할 수 있도록 간접적으로 도왔다.*** 미군정은
1948.12.23 도조 히데키(東條英機 1884~1948) 등 전범을 처형하고 자유민
주주의에 기초하여 일본이 새로운 발전을 할 계기를 만들게 되었다.

2차 대전은 유대인과 슬라브 민족에 대한 멸시가 폭력으로 드러난 전쟁
이었으며, 일본은 황인종으로서 백인종에 대한 경멸로 미국 및 유럽 세력과
전쟁을 벌였다. 독일과 이탈리아의 파시즘과 일본의 군국주의, 레닌, 스탈
린, 모택동, 챠우세스쿠, 폴 포트, 김일성, 호치민 등 공산주의적 파시즘이
자가 면책된 살인을 자행하면서 자유와 평등의 도덕적 법칙은 붕괴되었다.
직업적 혁명가는 모든 도덕성을 일시적인 것으로 취급한 것이다. 나치의 유
태인 학살, 소련과 중공 등 공산국가의 피비린내 나는 숙청은 공공선을 위
한 살인이 만성적이고 전문적이고 조직적으로 수행되었던 것일 뿐이었다.
자유는 그런 식으로 억압받았다.

<hr>

* 힌덴부르크 1940만, 히틀러 1340만, 탤만 370만 표.
** 판카지 미슈라, 제국의 폐허에서, 이재만 역, 책과함께, 2012, 4장 1919년, 역동하는 세계사.
*** 레너 미터, 중일전쟁: 역사가 망각한 그들 1937~1945, 기세찬 권성욱 역, 글항아리,
  2013, 4부 독이 된 동맹.

# 4. 인종주의(Racism)

자유라는 자연권이 유럽인 이외에 흑인과 황인종에게도 적용되어야 하지 않을까? 최소한 그리스도 안에서 모두가 평등하다면 흑인과 황인도 동일한 자유를 누릴 수 있어야 할 것이다. 그러나 역사는 그렇지 못했다. 로마 시대에는 미숙아나 기형아가 태어나면 즉시 죽인다는 것이 법률로 정해졌었다.* 흑인, 황인, 유대인 등을 열등한 인종이라고 여기고 인권을 유린하였던 유럽인에게 근대의 약육강식, 적자생존이라는 다윈의 진화론은 합당한 명분 제공과 함께 죄의식을 덜어주게 되었다. 특히 백인, 흑인, 황인 등의 기원은 다르다는 '인류 다원설'은 모든 인간과 민족을 단일하게 결합시키는 자연권 사상을 파괴하였다. 인종 간의 결혼을 막고 혼혈인에 대한 차별을 심화시켰다. 혼혈인은 참된 인간이 아니고 어떤 인종에도 속하지 않는 일종의 괴물로 보았다. 여기에 철저한 서양우월 동양차별주의자인 프랑스의 역사가 에르네스트 르낭(Ernest Renan 1823~1892)이 주장한 오리엔탈리즘이 기반을 깔아주었다. 오리엔탈리즘이란 서양의 스타일로 동양을 지배하고 재구성하며 위압하기 위한 주장이다. 백인이라는 가면 안에는 언제나 힘을 행사하고 죽이고 죽겠다는 의지가 명백히 들어 있다.** 프랑스의 고비노(Arthur de Gobineau 1816~1882) 백작은 백인종은 황인종보다 우위에 있으며 황인종은 흑인종보다 우위에 있다고 주장했다.

그는 문명의 몰락은 인종의 퇴화에 기인하고, 인종의 퇴화는 혈통의 혼합에 기인하기에 인종 간 결혼에 의한 잡종화를 반대했다.*** 영국의 철학자 버트란드 러셀(Bertrand Russell 1872~1970)은 흑인은 백인보다 하등하기에 출산을 통해 아이를 낳는 것을 막아야 한다고 주장했다.**** 인종주의란 사이비 과학적 이론에 기초한 비논리적이고 비합리적인 이데올로기의 명백한 귀결이었다.

대포와 진화론으로 무장한 유럽 열강은 19세기 후반 아프리카를 분할하여 식민지로 개발하면서 그에 따른 원주민의 저항을 학살로 응답하였다. 독일은 1884년 나미비아 보호령을 선언하고 자원약탈을 자행하였다. 1904.1 헤레로인과 나마인이 반란을 일으키자 1908년까지 원주민의 80%인 10만 명을 학살한 헤레로 제노사이드를 자행했다. 탄자니아에서는 가혹한 세금과 강제노동 그리고 면화 착취 등에 대한 저항이 마지 마지 반란(1905~1907)으로 나타났으나, 이를 무자비하게 진압하여 20만~30만 명을 학살하였다.***** 벨기에의 2대 국왕 레오폴드 2세(Leopold II 1835~1909 재임)는 콩고에서 고무 등을 채굴하면서, 생산량을 채우지 못한 원주민의 손목을 절단하는 등 1885~1908년 어간 콩고 인구 대학살로 2,000만에서 4,000만 명의 원주민을 850만 명으로 격감시켰다.******

---

*루키우스 안나이우스 세네카, 화에 대하여, 김경숙 역, 사이, 2015, 61쪽.
**에드워드 사이드, 오리엔탈리즘, 박홍규 역, 교보문고, 1993, 3부 오늘의 오리엔탈리즘.
***한나 아렌트, 전체주의의 기원, 이진우 박미애 옮김, 한길사, 2006, 제6장 인종주의 이전의 인종사상.
****리차드 포스너, 성과 이성, 이민아 이은지 공역, 말글빛냄, 2007, 687쪽.
*****두 사건에 대해 독일은 2016년, 2023년 공식 사과하였다.
******한나 아렌트, 전체주의의 기원, 이진우, 박미애 옮김, 한길사, 2006, 362쪽.

원주민에게 놀이 삼아 총을 발사했으며, 토착민은 동물에 불과하고 열등하
며 인간의 감정을 느끼지 못한다고 믿으며 잔인한 행동을 합리화했다.**  이
런 참극은 벨기에 부르주아 계급의 팽창 과정에서 벌어진 것이 아니라 순전
히 국왕 개인의 탐욕에서 빚어진 것이었다. 그러나 그는 시민의 권리와 노
예제도라는 잔혹 행위를 폐지하자고 한 위대한 인도주의자로 교황으로부터
성인 칭호까지 받았다.**

　19세기 말 아르메니아인은 기독교로서 튀르크 사회의 주류가 되지 못하
여 유대인처럼 상업과 금융업 중심으로 활동하였다.

　튀르크 민족주의자 중심으로 구성된 청년튀르크黨은 1894~1896년 아나
톨리아 동부에서 아르메니아 독립운동을 이유로 30만 명을 학살하였고,
1915.4.24 시리아 사막으로 재배치라는 명목으로 100만 명을 학살하였
다.***  같은 땅에서 공존할 수 없다는 멸절 전략으로 자행된 이 학살극은
인종과 종교가 얽히고설킨 비극이었다.

　히틀러의 유대인 학살은 인종 학살로 악명이 높다. 1935.9.15 제국국민법
으로 유대인의 시민권을 박탈하여 무국적자로 전환하고 국가의 종속물로
규정하였다. 이어서 독일 혈통 및 명예보존법을 제정하여 유대인이 독일시
민이나 독일 혈통과 결혼을 못하게 하여 '타종족 상간' 시에는 사형이 선고
되었고, 아우슈비츠, 베르겐 벨젠,**** 헤움노, 마이다네크, 소비부르, 트
레블링카 등 학살수용소에서 6백만 명을 학살하였다. 유대인의 팔레스타인
이주를 반대한 예루살렘의 이슬람 율법학자와 여타 아랍인들은 히틀러에
대해 우호적이었다.*****  한편, 유대인도 만만치 않다. 그들은 다른 민족
과 결혼해서 태어난 아이는 법적으로 사생아이며, 어머니가 유대인이 아닌
사람은 유대인과 결혼할 수도 없고 유대인식으로 장례를 치를 수도 없다.
이스라엘 사람들은 종교적이든 비종교적이든 다른 민족과 결혼을 막는 법
을 갖는 것이 바람직하다는 데 동의하는 듯하다.******

　프랑스는 1945.5.8 알제리 세티프(Setif)에서 독립운동 저지를 위해
45,000명을 학살하였고, 1895년부터 프랑스 식민지였던 마다가스카르에

서 1947년 독립운동이 일어나자 이를 진압하는 과정에서 9만 명이 사망하였다. 영국은 1952년 케냐 반란을 영국 본토 부대를 파견하여 진압하면서 20만 명이 사망하였다.******* 1992년 세르비아가 보스니아 민간인 수천 명을 집단 학살하였고, 1998년 세르비아로부터 분리 독립을 원하는 코소보 전쟁이 발발하였다. 유럽인의 인종주의 사상에 기반한 극단적 민족주의에다 이슬람, 그리스 정교, 가톨릭의 종교가 결합된 결과, 유럽인의 생명과 자유, 재산권이 유린됨으로써 유럽 자유의 역사에 커다란 오점으로 남았다.

　미국은 독립선언서에 모든 인간은 평등하게 창조되었다고 하면서도 제헌헌법에서 노예제를 폐지하지 않고 흑인을 3/5명 비율로 인정했다. 1808년까지 노예무역을 막지 않았고 도망친 노예 반환을 허용했다. 비록 1863년 남북전쟁 중 흑인노예 해방을 선언하여 재산형 노예제(chattel slavery)를 폐지하였지만 인종차별은 여전하였다. 노예를 해방한 링컨 대통령 때도 백인이 흑인과 결혼하면 처벌을 받았다. 1857년 흑인 드레드 스콧에 대한 판결에서 '흑인은 연방헌법의 의미에서 시민이 아니고, 또한 시민이 될 수도 없다' 고 판결했다. 미국 육군 내 진급이나 봉급에서 인종차별은 1948년이 되어서야 해리 트루먼(Harry Truman 1884~1972) 33대 대통령 행정명령으로 철폐되었다. 짐 크로우(Jim Crow)법에 의한 흑백 분리 인종차별이 있었고, 1964년에서야 민권법(Civil rights acts)이 시행되었으며, 흑인의 선거권을 박탈한 차별적 선거 관행을 시정하는 흑인 투표권법이 1965년에 시행되었고, 인종간결혼금지법은 1967년이 되어서야 위헌으로 폐지될 수 있었다.

*케네스 포메란츠, 스티븐 토픽, ibid,. 404쪽.
**비자이 프라샤드, 갈색의 세계사, 박소현 역, 뿌리와이파리, 2015, (탐색) 브뤼셀.
***타임 안사리, 이슬람의 눈으로 본 세계사, 류한원 역, 뿌리와이파리, 2009, 14장 산업, 헌법, 민족주의.
****안네 프랑크가 1945.3 살해된 곳이다.
*****에릭 홉스봄, 극단의 시대, 이용우 역, 까치, 1997, 4장 자유주의의 몰락.
******한나 아렌트, 예루살렘의 아이히만, 김선욱 옮김, 한길사, 2006, 55쪽.
*******프란츠 파농, 대지의 저주받은 사람들, 그린비, 2004, 1. 폭력에 관하여.

# 5. 성차별

인간은 DNA에 포함된 23쌍의 염색체 중 22쌍은 동일하나 나머지 한 쌍의 염색체에 의해 남녀가 구분되는 종이다. 남녀의 생물학적 성(sex)은 이 한 쌍의 염색체로 인해 구분되어, 여성은 임신, 출산, 수유를 하게 되고 나머지는 인간으로서의 속성은 남녀가 동일하다. 그럼에도 사회문화적 성(gender)을 생물학적 성에 예속시켜 온 것이 인류의 역사다. 젠더 차별의 역사는 그만큼 오래 된 것이다.

플라톤은 지적 능력과 의지력을 기준으로 할 때 남녀의 차이는 없어 여성도 통치자 계급이 될 수 있다고 하여 젠더 입장에서 페미니즘의 원조라 할 수 있다. "국정운영에 있어 여자가 여자이기에 적절한 업무도 없고, 남자가 남자이기에 적절한 일도 없다. 두 성 사이에 똑같이 능력이 배분된 만큼, 여자는 남자와 마찬가지로 모든 업무에 타고난 바에 따라 임명된다"고 했다.* 그러나 아리스토텔레스는 여자는 이성적 사고능력 약하기에 남자의 지배를 받는 것이 당연하다고 하였다.

여성은 유사 이래 가부장적인 재산권 행사의 대상으로 여겨졌다. 결혼과 상속으로 인해 지참금과 토지와 동산이 이전되는 통로였고, 자식을 생산하는 수단이었으며 노동력의 원천이었다. 중세 시대 때 여성에 대한 강간은 인격권의 침해가 아니라 재산 손괴로 다루어졌다. 그러나 인류 역사가 시대적으로 진보되어 가는 것은 자유를 향한 여성의 진보와 비례하며, 여성 해방이 이루어진 정도가 인간의 보편적 해방을 측정하는 자연적 척도가 되었다.** 메리 울스턴크래프트(Mary Wollstonecraft 1759~1797)는 영혼에는 성별이 없다며 여권(女權)을 옹호하면서, 특히 루소를 음란한 몽상에 탐닉하는 관능주의자로 정의하고 가장 조직적으로 비난하였다. 루소는 남녀 간에 양성 평등과 동일한 의무를 갖는다는 것은 공허하다고 비판했던 것이다. 루소의 여성관은『에밀』의 5부에 기술된 여성교육에 대한 사상을 살펴보면 알 수 있다. '여자에게 가장 필요한 것은 유순함이다. 소녀들은 어린 나이부터 불의에 순종하는 버릇을 기르고 남편이 가하는 부당한 대우 역시 군소리 없이 견뎌내야 한다는 걸 알아야 한다', '교태는 여자의 천직이다', '오늘 젖 먹이던 여성이 내일 군인이 될 수 있는가' 등 남녀 불평등을 전제로 하고 있다. 울스턴크래프트는 남자들 욕망에서 나오는 왜곡된 기사도 정신이나 여성을 보호해야 한다는 의무감에서 비롯된 뻔뻔한 친절이 아니라, 인간에 대한 겸손한 존중심과 동지애인 개인에 대한 경의를 느껴야 한다고 했다.***여성의 억압은 오성의 결핍이 원인이기에 가엾은 여성들을 지키기 위해 오성을 계발해야 한다고 주장하여, 페미니즘의 신조는 1792년 그녀가 발표한『여권의 옹호』로부터 시작된다고 할 정도였다. 존 스튜어트 밀은 역사는 언제나 여성의 사회적 위치를 향상시키는 조치와 더불어 한 단계씩 발전했다고 하면서도, 여성이 결혼을 하는 순간 일정 시점까지 집안 일을 전

*뤼스 이리가레, 반사경: 타자인 여성에 대하여, 심하은 황주영 옮김, 꿈꾼문고, 2021, 284쪽.
**프리드리히 엥겔스, 가족, 사적 소유, 국가의 기원, 김경미 역, 책세상, 2007, 1.마르크스주의적 여성 이론의 시작,
***메리 울스턴크래프트, 여권의 옹호, 손영미 역, 연암서가, 2014, 2장 여성에 대한 여러 견해.

담하고 아이를 키우는 것을 자신이 일차적으로 해야 할 일로 받아들이는 것이 통념에 맞다고 했다.* 그가 여성의 인권을 옹호한 것은 『자유론(On liberty)』에서 각자가 자신의 의무감과 양심에 맞게 스스로의 행동을 규율하는 자유가 왕성하게 발전해야 한다고 주장했기에, 여성도 자기가 하고 싶은 일을 추구할 수 있어야 한다고 주장했기 때문이다.

여성 인권의 확보는 여성 참정권 확보 운동으로 나타났다. 영국의 서프러지스트(suffragist) 에멀린 팽크허스트(Emmeline Pankhurst 1858~1928)는 방화, 파괴 등으로 자신의 주장을 공공연하게 표출하여 대중과 정치권의 관심을 유도하였고, 투옥, 단식 등을 통한 치열한 투쟁을 전개하였다. 반면 런던 의사당 건너편 광장에 동상이 건립되어 있는 밀리선트 포셋(Millicent Fawcett 1847~1929)은 온건하게 여성운동을 추진하였다. 그리하여 영국은 1918년부터 여성 투표권이 수용되기 시작하면서 1928년에 전면적으로 투표권을 확보하게 되었다.

유럽 주요국가의 여성 투표권은 뉴질랜드(1893), 호주(1902), 핀란드(1906), 미국(1920), 독일과 오스트리아(1918), 프랑스(1945) 등으로 확보되었다. 이후 고용 및 직장에서의 남녀평등, 출산과 육아에 대한 정부의 지원 등 일상생활에서 여성 차별이 폐지되는 방향으로 여성의 인권은 진보해 왔다. 특히 1968년 전 세계에서 동시다발적으로 일어난 저항과 사회운동인 "1968년 혁명"으로 인해 권위주의와 가부장적 질서에 균열을 가하는 여성해방운동은 성과 젠더 문제를 사회 의제로 끌어올리는 전환점이 되었다.

그러나 페미니즘 활동은 병역 의무 등에 대해서는 육체적 이유를 대며 평등을 외면하고 자신의 이익만 골라서 챙기는 뷔페미니즘(buffeminism)으로 비난을 받고 있는 상황이다. '여성차별'에서 '성차별(gender-based discrimination)'로 시각을 전환해야 할 필요성을 보여준다. 자유는 특정 성별이나 계층의 권익을 확대하는 데에만 국한되지 않으며, 모든 개인이 자신이 누구인지에 관계없이 공정하게 대우받고, 자신의 삶을 설계할 수 있는 조건을 의미한다. 지난 수십 년간 페미니즘은 여성에 대한 차별과 억압을 자유의 관점에서 조명해 왔고, 이는 사회 진보의 핵심 동력이 되어 왔다. 그러나 오늘날의 현실은 여성차별이라는 단일한 틀만으로는 설명할 수 없는 새로운 억압의 양상을 드러내고 있다. 여성은 법적으로 병역의무에서 제외되어 있지만, 전투 분야가 아닌 정보·인사·군수·의무 분야 등에서 복무할 수 있음에도 거부되고 있다. 반면 물리력이 요구되는 경호, 치안, 중장비 운전 등의 분야에는 상대적으로 여성의 진입이 용이하여 그 부담은 남성 중심으로 귀결된다. 젠더 입장에서 드러나는 명백한 역량의 차이를 섹스 입장에서 역우대하는 입각, 공천 등 공적 책임의 불균형은 자유의 권리와 의무가 성별에 따라 비대칭적으로 왜곡 배분되고 있음을 보여준다. 교육 현장에서 여성 교사가 대다수를 차지하면서 아동기의 사회화와 규율 형성이 특정한 젠더 감수성에 치우치는 경향이 나타나고, 여학생이 남학생에게 가하는 괴롭힘이나 폭력은 종종 사회적 무관심 속에서 은폐된다. 남학생이 정당한 항변조차 하기 어려운 구조는 보편적 자유의 권리가 특정 성별에는 일관되게 보장되지 않고 있는 것이다.

자유란 권리의 독점이 아니라 책임의 공유 속에서만 정당화될 수 있으며, 성별을 기준으로 권리와 책임이 제도적으로 불균형하게 배분될 경우 그것은 차별이라는 이름의 새로운 지배 형식이 된다.

따라서 이제는 여성차별을 넘어선 '성차별' 자체가 자유를 억제하는 현실적 조건으로 다루어져야 할 상황이다.

지금까지 자유민주주의의 진전과 그 한계를 알아보기 위하여 서구 정치사에서 자유가 어떻게 태동하고, 발전되고, 전개되어 왔는지를 유럽 역사를 중심으로 살펴보았다. 자유민주주의가 동양이 아닌 서구 정치사상에서 유래되었기에 때문이다. 오늘날의 '넘치는 자유'란 오랜 인류 역사 중 불과 200년 정도 역사에 불과함을 알 수 있다. 그나마 20세기 말까지 고난의 역사가 전개되고 있고, 어떤 측면에서는 아직도 완전한 자유의 세계를 이루지

*존 스튜어트 밀, 여성의 종속, 서병훈 역, 책세상, 2018, 2장 왜곡된 결혼 생활.

못하고 있음을 인정해야 할 정도이다. 따라서 자유를 주어진 상수로 보고 민주주의의 발전방안을 논의함으로써 자유민주주의의 한계를 극복하고자 하는 접근법에는 문제가 있다고 본다. 따라서 본서에서는 역으로 자유 그 자체를 집중 분석하고 거기에서 대안을 찾고자 한다. 다음 장부터는 서구 역사에서 차지하는 프리덤과 리버티에 대한 정확한 인식에서부터 초점을 집중하여 논의를 전개할 것이다.

제 4 장
리버티와 프리덤

영국의 극작가 윌리엄 셰익스피어(William Shakespeare 1564~1616)가 1599년에 쓴 비극『줄리어스 시저』3막 1장에 시저를 암살한 후 카시우스는 "누가 광장에 가서 다음과 같이 외쳐라"라고 명령한다.

"Liberty, freedom and enfranchisement"

브루투스 일행은 당대의 절대 권력자 시저를 암살한 상황이다. 천하의 시저를 암살한 엄청난 정변을 일으켰으니 말 한 마디에 거사의 성공 여부가 달린 엄중한 상황이다.

공화정을 방어한 영웅이 될지, 아니면 최고 권력자를 암살한 반역자가 될지 절체절명 위기의 순간에 외친 세 단어 중 두 단어가 리버티와 프리덤이다. 우리는 통상 리버티와 프리덤을 자유로 번역하기에 같은 의미를 두 번 사용한 꼴이라 두 단어의 차이를 제대로 인식하지 못하면 이 대사는 연극의 상황 파악을 어렵게 한다. 국내 번역서적을 찾아보았다.

'자유와 해방과 복권을 외쳐라!' 라고 한다.*

리버티를 '자유' 로 번역하고 프리덤을 '해방' 으로 번역하여 양자를 구분하였다.

그 후 브루투스는 다음과 같이 이야기했다.

"Let's all cry 'Peace, freedom and liberty!' "

"우리들 머리 위로 붉은 무기 흔들며

평화와 해방과 자유를 외칩시다"

같은 책이라 카시우스의 이야기 때와 같게 번역되어 있다.

그러나 다르게 번역한 책도 있다.

"피 묻은 검을 머리 위로 휘두르며

다함께 외칩시다. '평화, 자유, 해방' 이라고!"**

BC44.3.15 브루투스와 카시우스 일행이 시저를 로마 원로원에서 암살한 것은 시저가 공화정을 버리고 황제정으로 옮겨 가려는 것을 막기 위해서였다. 브루투스 일행은 시저를 살해함으로써 그가 황제가 되어 로마 시민에게 군림할 공포로부터 자유로워지고, 생사여탈을 포함한 절대 권력으로부터 해방되고, 로마시민이 다시 공화국의 시민으로서 권한을 누릴 수 있게 되었다는 것을 세 단어로 공표한 것이다. 우리말로 번역은 다를 수 있지만 셰익스피어는 분명히 프리덤과 리버티를 구분하여 사용하였다. 우리는 최소한 리버티와 프리덤을 동일하게 사용해서는 안 된다는 것을 알아채야 한다.

시저 암살은 지중해 중심의 라틴어권인 로마 제국에서 일어난 일이지만, 세기의 대문호 셰익스피어는 잉글랜드 앵글로 색슨의 북유럽 계열 사람이다. 셰익스피어가 이탈리아로 가서 상당 기간 체재하였다고 주장하는 사람도 있다.*** 『로미오와 줄리엣』 1막 1장에 등장하는 베로나 서쪽 성벽 바깥의 단풍나무를 현장에서 확인한 후, 그 부분에 대한 묘사는 셰익스피어가 들어서 안 것이 아니라 직접 현장에서 체험하고 느껴야만 가능한 표현이라고 주장하는 것이다.**** 만약 셰익스피어가 이탈리아에 수년 간 체재하면서 해 뜰 무렵 베로나 성벽을 산책했고, 베니스의 운하를 거닐었다면, 라틴 문화권에서 사용되는 프리덤과 리버티의 개념 차이도 인지하였을 것이다. 북구와 라틴 두 문화권에서 사용된 프리덤과 리버티는 용례는 달랐고, 특히나 언어의 달인인 셰익스피어가 달리 사용하였기에, 두 용어를 단순하게 자유나 해방이라고 이해해버릴 사안은 결단코 아니다.

* 윌리엄 셰익스피어, 셰익스피어 전집4, 최종철 옮김, 민음사, 2014.
** 윌리엄 셰익스피어, 줄리어스 시저, 김성환 옮김, 동인, 2017.
*** 이탈리아 바리(Bari) 지방의 정치인 Araldo di Crollalanza의 성(姓) crolla는 흔들다(shake), lanza는 창(speare)이라 하여 Shakespeare가 '창을 흔드는 사람'으로 이탈리아 사람이라는 속설도 있다.
**** 리처드 폴 로, 셰익스피어의 이탈리아 기행, 유향란 역, 오브제, 2013, 20쪽.

# 1. 발육 부진의 자유

자유는 오늘날 보편적 이념으로 통용된다. 자유민주주의는 세계의 정치체제를 대표하는 이름이 되었고, 개인의 권리와 자유는 기본권으로서 확고히 자리를 잡아 각종 법과 제도, 교육과 문화의 전제조건이 되고 있다. 그러나 자유의 개념이 정확히 무엇을 뜻하는가에 대한 질문은 여전히 미해결로 남아 있다. '자유'라는 단어는 그 자체로 자명한 것이 아니라, 동·서양의 교류 속에서 문화적·역사적 맥락이 뒤섞이며 번역되고 수용된 용어이기 때문이다.

동양철학에서 '자유(自由)'는 전통적으로 긍정적인 개념이 아니었다. 특히 사서오경 중심의 유교 문맥에서는 '제 멋대로'라는 의미로 사용되며, 자기 절제와 예의(禮)를 중시하는 삶의 규범과 충돌하는 개념이었다. 주자학의 틀 안에서 '자유로운 사람'이란 이상적인 군자가 아니라, 도리를 벗어나 규범을 무시하는 자로 이해되기도 했다. 즉, '자유'는 삶의 이상이라기보다는 경계해야 할 태도로 간주된 것이다.

우리가 프리덤이나 리버티를 자유로 번역한 것은 일본이 메이지 시대(明治時代 1868~1912) 때 번역한 것을 그대로 사용하였기 때문이다. 메이지 시절 일본에서도 프리덤이나 리버티를 어떻게 번역하는 것이 정확할 지에 대해 고민이 많았다. 우리나라나 일본은 중국의 철학 사상에 직접적인 영향을 받아왔는데, 중국철학에 자유라는 개념은 없다. 서양철학에서 사용되는 프리덤이나 리버티에 상응하는 개념이 없기에 적절한 단어를 찾기가 어려웠던 것이다. 그나마 자유라는 단어가 사용된 곳은 후한서(後漢書) 오행지(五行志)에 적미(赤眉) 농민군의 우두머리 번숭(樊崇)의 이야기에 나온다. 번숭은 소년 유분자(劉盆子)를 천자로 옹립한 후 천자를 어린아이처럼 보고 제 마음대로 권력을 행하였다(然視之如小兒百事自由)는 표현이다. 허수아비 천자를 내세우고 적미 번숭이 제멋대로 권력을 행사했다는 부정적인 의미로 자유라는 표현이 사용된 것이다.

당시 일본에서도 자유라는 것이 '제멋대로' 라는 부정적이고 혐오스럽고 비난에 가까운 의미였다. 그렇지만 에도막부 말기까지는 리버티와 프리덤을 자유로 번역하였다. 그러나 동시대의 사상가 후쿠자와 유키치(福澤諭吉 1835~1901)는 프리덤과 리버티에 적당한 번역어가 없다고 하면서, 이들을 제멋대로에다 방탕하며 국법도 두려워하지 않는다는 '자유(自由)' 로 번역하는 것은 뉘앙스의 섬세한 차이를 놓치는 오류라고 명확히 지적했다. 화란자휘(和蘭字彙 1855~1858)에 리버티는 '자유, 거치적거림이 없음' 으로, 프리덤은 '면허, 허가를 받는 것, 자유' 로 번역되었으며, 두 단어를 공통적으로 '자주(自主), 자재(自在), 자주지리(自主之理), 불기(不羈)' 로 번역하였지 '자유' 로 번역은 꺼렸다고 한다. 그러다가 일본의 사상가 나카무라 마사나오(中村正直 1832~1891) 교수가 영국 근무 후 귀국하여, 1872년에 J.S.밀의 『On liberty』를 『자유지리(自由之理)』로 번역한 이후 많은 사람이 리버티를 자유로 사용하게 되었다. 또한 나카무라는 'liberal politics' 를 '관홍(寬弘)의 정학(政學)' 으로 번역하기도 하였다.<sup>*</sup> 이 작업은 단지 한 권의 번

---

*야나부 아키라, 프리덤, 어떻게 자유로 번역되었는가, 김옥희 역, 에이케이커뮤니케이션즈, 2020, 9장 자유.

역서를 넘어, 서구 자유주의 사상을 동아시아에 도입하는 하나의 사상적 혁신이었다. 일본이 청일전쟁과 러일전쟁에서 연이어 승리하면서, 일본의 근대 문물은 동아시아 전역, 특히 중국과 한국에 선풍적으로 퍼져나갔다. 『자유지리』는 청년지식인의 필독서로 자유민권 운동에 큰 영향을 주었고, 중국의 신해혁명을 주도한 청년 손문(孫文 1866~1925)과 사상가 루쉰(魯迅 1881~1936) 등 당시 지식인들은 일본 유학과 번역서를 통해 자유, 권리, 의회, 인권 등의 개념을 접했고, 그 중심에는 나카무라의 『자유지리론』가 있었다. 우리나라에도 일본의 번역이 그대로 수입되어 현재까지 그대로 사용되고 있는 것이다. 그러나 영어권 자유 개념에는 두 가지 전통이 공존한다. 하나는 프리덤, 즉 자기 실현과 도덕적 자율성을 강조하는 고대 공화주의 전통, 다른 하나는 리버티, 즉 타인의 간섭이나 권력으로부터 벗어난 상태로서의 근대적 자유다. 이처럼 상이한 철학적 유산을 단일한 단어 '자유'로 수용한 번역의 문제는 그 자체로 중대한 개념적 모순을 품고 있기에 이후 동아시아 정치사상의 개념 지형에 장기적인 혼란을 남겼다.

문제는 이 개념적 혼란이 단지 과거의 언어 문제에 그치지 않는다는 데에 있다. '자유민주주의'가 오늘날 지배적인 정치사상으로 정착되었음에도, 이 사상이 실제로 프리덤을 말하는 것인지, 리버티를 말하는 것인지에 대한 철학적 성찰은 부재하거나 모호하다.

각국 헌법과 정치 담론, 교육 현장에서 사용되는 '자유'는 대부분 정치적으로는 리버티를, 교육적으로는 프리덤을 말하지만, 이 둘의 경계는 명확히 구분되지 않은 채 통합된 듯 혼용되고 있다. 거기다 동양의 '제 멋대로'라는 개념으로 인해 '자유' 사상의 보급으로 개인의 권리 주장은 급격히 확산되었고, 책임과 공존의 윤리는 빈약해진 현실이 초래되었다.

결국 오늘날 우리가 마주한 자유는 한 세기 이상 동안 정체된 자유이자, 미분화된 자유다. 단어는 사용되지만, 의미는 흐려지고 본질은 왜곡되어 있다. 자유를 주장하지만, 어떤 자유를 말하는지 알지 못하고, 자유를 누리지만, 그 자유가 어떤 철학적 기반 위에 서 있는지는 묻지 않는다. 이러한 상태에서 자유라는 이름 아래 방임과 무책임, 도덕적 해이조차 정당화될 수 있으며, 공동체적 신뢰와 연대는 점점 더 약화된다.

결국 19세기 말 후쿠자와 유키치가 지적했듯이 자유는 리버티와 프리덤에 대한 정확한 번역어가 아님은 지금도 유효한 상황이다. 계란에서 깨어나 병아리가 되었으면, 계속 닭으로 성장하여야 한다. 그러나 우리의 자유는 발육 부진되고 성장이 멈춰진 상태다. 그럼에도 자유는 현실적으로 지배적인 사상이 되고 있는 것이다.

따라서 지금 우리에게 필요한 것은 단순한 자유의 확대가 아니라, 자유 개념의 세밀화와 철학적 정밀화이다. 철학은 고정된 교리가 아니다. 정치철학이든 도덕철학이든 철학은 그 자신 속에서 지속적인 투쟁을 벌이는 것이다. 프리덤과 리버티를 구분하고, 각각이 지닌 역사적 · 철학적 맥락을 분석하며, 우리 언어와 현실에 부합하는 적절한 대응 개념을 정립하는 작업은 더 이상 미룰 수 없는 과제가 되고 있다. 이 책은 바로 그 작업의 일환이다. 지금까지 '하나의 자유'로 통합되어 있었던 개념에서 '제 멋대로'와 '프리덤'과 '리버티'를 다시 분해하고, 각각의 철학적 뿌리와 윤리적 함의를 밝혀냄으로써, 자유민주주의 그림자를 극복하고 개인들이 공존 가능한 새로운 자유의 길, 즉 공화자유주의적 자유 개념의 정초를 시도하려 한다.

자유의 역사에서 살펴본 바와 같이 유럽의 우위는 후장포, 증기기관, 군함, 대포, 천연고무, 석탄 가스, 목재 펄프 종이, 전보 등의 발명에 기반했다. 일찍이 중국이 화약, 나침반, 제지술, 인쇄술 등 4대 발명을 하였지만 유럽 열강보다 나은 대포를 만들고 군함을 건조하고 기관총을 만들지 못한 이유는 무엇 때문일까? 보다 나은 포탄을 만들고자 그 방법을 공부하게 되면 자연스럽게 기계적 발명에 다다르게 되고, 발명은 다시 정치 개혁으로 이어지고, 정치 개혁으로부터 정치 이론들을 이해하기 시작하고, 정치 이론들은 다시 우리를 서양의 철학으로 이끌게 된다.* 청나라 말기 영국에 파견

*카를로 치폴라, 대포 범선 제국, 최파일 역, 미지북스, 2010, 178쪽.

되었던 중국의 사상가 옌푸(嚴復 1854~1921)는 기술은 과학에 뿌리를 두고 과학은 철학에 뿌리를 두기에, 자신들의 철학을 수정하지 않는다면 중국인은 결코 서양 과학을 배울 수 없다*고 했다. 결국 중국이 유럽을 능가하지 못한 것은 중국인의 사고와 문화 때문이었고, 중국인의 사고와 문화는 중국의 정치철학에 지배적인 영향을 받은 것이다.

서양 철학을 제대로 배우려면 서양 철학에서 사용하는 개념과 용어를 적절히 우리가 이해하여야 함에도 그렇지 못한 부분이 많다. 자유라는 용어도 프리덤과 리버티의 개념을 정확하게 구분하여 전달하지 못한 채, 자유민주주의라는 현실 정치제도의 근본이념으로 활용함에 따라 사람의 인식을 오도하여 여러 가지 역기능이 드러나게 되었다고 볼 것이다. 그렇지만 서양 철학에서도 자유라는 개념이 본격적으로 전파된 것은 18세기 후반이었고, 제국주의, 공산주의, 인종주의 등의 다양한 영향과 양차 세계 대전을 거치면서 서서히 프리덤과 리버티에 대한 관심을 갖게 되었을 뿐, 충분하게 이론이 개발되어 있는 상태는 아니다. 따라서 동·서양이 공히 자유민주주의를 이상적인 정치 모델로 추구하고 있는 이상, 프리덤과 리버티에 대한 연구는 더 이상 서양철학만이 고민해야 할 전유물이 될 수는 없다.

우선 20세기에 드러나기 시작한 프리덤과 리버티에 대한 주요 철학자와 사상가의 연구 실적을 살펴보기로 한다. 아직까지 서양 철학자들도 프리덤과 리버티를 사용하는 개념이 각각 다르다. 프리덤과 리버티에 대해 명확하게 개념이 정립되고 상호간의 관계가 확립 것은 없다.

영국의 정치철학자 프리드리히 하이에크(Friedrich August von Hayek 1899~1992)는 오스트리아 학파로서 자유란 '강제의 부재'를 의미한다고 했다. 그는 『자유헌정론』에서 프리덤과 리버티를 명확하게 구분하지 않은 채 혼용했다. 일반 준칙이 금하지 않는 것은 모두 허용하는 네가티브 방식을 리버티로 보았고, 명시적으로 허용되지 않는 것은 모두 금지되는 포지티브 방식을 리버티스(liberties), 즉 복수의 개념으로 보았다.**

『치명적 자만』에서 스코틀랜드의 철학자 애덤 퍼거슨(Adam Ferguson

1723~1816)의 말을 번역하면서 리버티를 권리, 프리덤을 자유라 하며 프리덤은 자유사회의 모든 성원에게 가장 효과적인 모든 형태의 정당한 제한을 가하는 것이라 하였다.***

　미국의 철학자 한나 아렌트(Hannah Arendt 1906~1975)는 『혁명론』에서 프리덤은 정치적 공적 자유를 의미하고, 리버티는 시민적 사적 개인적 자유를 의미한다고 했다. 아렌트는 정치적 자유와 적극적 자유를 동일하게 취급하면서 자유란 공적으로만 존재한다고 주장했다. 자유의 개념은 공화주의적이라는 것이다.****

　영국의 정치철학자 이사야 벌린(Isaiah Berlin 1909~1997)은 자유를 행동의 기회이지 행동 그 자체는 아니라 하며 사실상 권위와 같은 것이라고 했다. 자유를 소극적 자유(freedom from)와 적극적 자유(freedom to)로 구분하여 접근하였는데, 소극적 자유는 타인으로부터 간섭 없이 스스로 할 수 있는 일을 할 수 있도록, 혹은 스스로 될 수 있는 존재가 될 수 있도록 방임되어야 할 영역으로 보았으며, 적극적 자유는 사람으로 하여금 이것 말고 저것을 하게끔 결정할 수 있는 통제 및 간섭의 근원이 누구 또는 무엇인가의 영역으로 보았다.*****

　소극적 자유는 사적 생활, 개인의 선택, 최소 강제에 우선순위를 두는 것이고, 적극적 자유는 자신의 의지나 잠재력을 현실화시키는 것으로 참여, 자율 그리고 국가에 대한 집단적 통제와 연관되는 것이다. 벌린은 두 가지 자유를 논의하지만 리버티와 프리덤을 혼용하는 입장이다.

---

*카를로 치폴라, ibid., 2장 유럽 너머의 대포와 범선.
**F.A.Hayek, The constitution of liberty, Ronald Hamowy edited, The University of Chicago Press, 2011, p70.
***프리드리히 A 하이에크, 치명적 자만, 신중섭 역, 한국경제연구원, 1996, 서론 : 사회주의는 오류였는가.
****한나 아렌트, 혁명론, 홍원표 역, 한길사, 2004, 새로운 시작과 자유를 기리는 혁명송.
*****이사야 벌린, 이사야 벌린의 자유론, 박동천 역, 아카넷, 2014, 자유의 두 개념.

미국의 경제학자 밀턴 프리더먼(Milton Friedman, 1912~2006)은 자유주의자는 두 가지 가치를 가진다고 한다. 사람들 간의 관계에 관련된 가치에서는 자유가 최우선이고, 개인이 스스로 자유를 행사하는 과정과 관련된 가치는 개인 윤리와 철학의 영역*이라고 본다. 그는 하이에크와 같이 경제적 자유는 정치적 자유를 지향하는 수단이라고 보면서 윤리와 철학 입장에서 자유를 보기에 프리덤의 개념에 입각하였다.

미국의 법철학자 로널드 드워킨(Ronald Dworkin 1931~2013)은 리버티와 프리덤을 구분하여 접근하였다. 리버티를 정부가 개인의 윤리적 책임을 보호하기 위해 설정하고 강화해야 하는 일련의 권리로서 정치적 가치라 하고, 프리덤은 종교적 자유로서 내전과 학살을 피할 최선이자 유일한 방법임을 알기에 중립적인 입장을 취하는 자유라고 하였다.** 정당하게 자신의 자원을 가지고 원하는 대로 할 수 있는 권리를 자유라고 봄으로써 리버티 개념에 비중을 두었다. 또한 그는 『정의론(Justice for Hedgehogs)』에서 프리덤과 리버티를 구분하였고, 이를 번역한 박경신(2015)은 프리덤을 자유로움, 리버티를 자유로 번역하였다.*** 자유로움(freedom)은 정치 공동체나 타인에 의해 부과된 제약이나 위협으로부터 자유롭게 원하는 대로 행동할 권한을 의미한다고 했다. 프리덤은 정부 구속을 받지 않고 원하는 것을 할 수 있는 능력을 의미하고, 리버티는 프리덤의 일부로 정부가 구속할 경우 잘못을 범하는 것이라 하여 권리에 준하는 개념으로 사용하였다.

호주의 정치사상가 케네스 미노그(Kenneth Minogue 1930~2013)는 리버티는 그리스 신화에서 술의 신인 디오니소스의 변형으로서 로마 신화에 나타나는 리베르(Liber)에서 유래되었고, 프리덤은 가정의 가장에게는 소중한, 노예가 아닌 사람을 의미하는 게르만어 프라이(fri)에서 나온 것이라 하여 구분하였다. 프리덤이란 번역하기 어려운 개념인데 유럽인들이 자유로 번역한 것은 그 단어와 결합시키는 용기와 독립심보다는 뺀질거림과 이기심을 의미한다고 지적하였다.**** 도덕 전통이나 공동 유대로부터 분리된다면 리버티는 프리덤의 기초가 될 수 없으며, 그런 상태에서 리버티만 존

　　프리덤과 리버티

중할 때 '시민 정신 없는 시민'이라는 왜곡을 경험할 것이라고 하였다. 프리덤이란 도덕적 특성과 한 세트로 연계된 것이기 때문이라고 했다.*****

　비판이론을 주장하는 프랑크푸르트 학파의 허버트 마르쿠제(Herbert Marcuse 1898~1979)는 프리덤이 리버레이션(liberation)의 조건이라고 하였다. 이데올로기적 제약으로부터, 지배적인 꿈꾸는 양식으로부터의 자유인 프리덤이 리버레이션의 조건이라고 하였는데, 박정수는 프리덤과 리버레이션을 똑같이 자유로 번역하여 자유는 자유의 조건이라고 하였다.******『이성과 혁명』에서 시민사회는 내적 모순으로 인해 참된 통일과 자유를 획득할 수 없으므로 시민사회가 목적이 될 수 없다면서, 추상적인 자유(리버티)는 제한되나 실체적인 자유(프리덤)는 해방된다고 구분하였다.******* 리버티는 권리나 구조화된 선택 그리고 이데올로기적 한계에 갇힌 추상적인 자유이지만, 프리덤은 기성 세계의 조화를 깨트릴 때 실체적으로 자유로워진다고 보는 것이다. 이런 사상은 후기 비판이론가인 슬로베니아 출신 슬라보예 지젝(Slavoj Zizek 1949~)으로 이어져 사회의 법규를 벗어나지 않으며, 타인의 자유를 침해하지 않는 책임 있는 자유를 리버티라 하고, 억압으로부터의 완전한 해방이나 자신의 욕구를 충족시키는 무한의 능력을 프리덤이라 하였다.******** 그는 이런 구분을 바탕으로 추상적

*밀턴 프리더먼, 자본주의와 자유(Capitalism and Freedom), 심준보, 변동열 역, 청어람미디어, 2007, 1장 경제적 자유와 정치적 자유의 관계.
**로널드 드워킨, 민주주의는 가능한가, 홍한별 역, 문학과지성사, 2012, 3. 종교와 존엄.
***로널드 드워킨, 정의론, 박경신 역, 민음사, 2015, 17장 자유.
****케네스 미노그, 정치, 공진성 역, 교유서가, 2018, 8 정치적 경험1 : 정치인.
*****Kenneth Monogue, The Liberal Mind, Liberty Fund Indianapolis, 1963, p.155,
******슬라보예 지젝, 잃어버린 대의를 옹호하며, 박정수 역, 그린비, 2009, 4장 로베스피에르부터 마오까지의 혁명적 테러.
*******허버트 마르쿠제, 이성과 혁명, 김현일 역, 중원문화, 2017, 6장 정치철학.
********슬라보예 지젝, 자유, 치유할 수 없는 질병, 현암사, 2025, 34쪽.

자유(abstract freedom)와 구체적 자유(concrete freedom)로 나누었다. 같은 비판이론 학파에 속하는 아도르노(Theodor Adorno 1903~1969)는 자유롭지 못한 어떤 구체적 표현의 규정적 부정을 자유라 하면서 프리덤과 리버티를 구분하지 않았다. 인도의 경제학자 아마르티아 센(Amartya Sen 1933~)도 리버티와 프리덤을 구분하였는데, 이규원은 리버티를 개인적 자유로 프리덤을 일반적 자유로 번역하였다.*

미국 철학자 제이슨 브레넌(Jason Brennan 1979~)은 프리덤은 자신이 원하는 행동을 할 수 있는 상태이며, 법 규정과 상관없이 개인에게 부여된 권리라 하고, 리버티는 억압에서 벗어난 독립이나 해방의 상태이며, 법적으로 부여된 권리라고 했다.** 리버티는 권력이 전제되는 것이나 프리덤은 그렇지 않다고 보았다.

연세대학교 명예교수 김학은은 『이승만과 마사리크』에서 프리덤은 천부적이며 불가양한 자유이고, 리버티는 주인이 노예를 속박에서 풀어주는 자유라 하였다. 프리덤은 필설로 쟁취하는 불가양의 자유이며, 연결과 소속에서 얻는 자유이고, 친구와 연결(union)을 의미한다. 반대로 리버티는 대포나 칼로 쟁취하는 자유이고, 분리, 단절된 자유이며, 주인과 분리단절(seperation)을 의미한다고 했다. 그러면서 프리덤은 리버티와 박애(fraternity)의 합과 같다고 정의했다.*** 조선의 자유는 불기(不羈)라 하여 도덕과 사회의 관습에 구속 받지 않는 것을 의미한다고 했다.

인류 역사에서 자유라는 것이 현실적인 영향력을 행사한 것이 18세기 후반부터이므로, 이상에서 개괄적으로 살펴본 바로는 아직까지 자유의 개념이 완벽하게 정립된 것은 아님을 알 수 있다. 눈앞에서 폭력을 휘두르는 전제권력, 귀족의 간섭, 공권력 남용 등으로부터 개인의 자유라는 입지를 확보하는 것이 우선 다급했던 시기를 지나왔던 것이다. 1차 대전이 끝나고 서서히 고난의 시기를 극복하면서 자유라는 개념에 대해 정치철학자 및 사상가들이 천착하기 시작했고, 프리덤과 리버티를 희미하게나마 구분하여 논의를 하고는 있지만 아직도 혼용되고 있는 실정이다. 그렇지만 전체적인 흐름은 프리덤과 리버티를 통합적으로 다루던 분위기에서 최근 젊은 학자들 중심으로 양자를 구분하여 논의하고 있는 흐름을 파악할 수 있다. 자유의 역사도 진보의 흐름을 타고 있는 것이다. 우선 프리덤과 리버티라는 개념이 왜 이렇게 달리 형성되었는지를 발생 단계에서부터 살펴보기로 한다.

*아마르티아 센, 정의의 아이디어, 이규원 역, 지식의날개, 2019, 3부 정의의 재료.
**제이슨 브레넌, 자유주의: 당신이 알아야 할 105개 질문, 도서출판해남, 2023, 2장 자유의
  본질과 가치.
***김학은, 이승만과 마사리크, 북앤피플, 2013.

# 2. 프리덤과 리버티의 발생

자유란 무엇일까? 비간섭, 비침해, 비방해, 비배제 등 다양하게 정의를 내릴 수 있다. 당연한 듯 여겨왔던 자유도 막상 개념을 따지고 들면 결코 간단하지 않음을 알 수 있다. 통상 우리는 자유를 자신의 의지에 따라 행동할 수 있는 상태라고 이해한다. 즉 자신의 선택과 의지에 따라 행동하거나 하지 않는 것이 자유다. 생물학적인 관점에서 자유는 유기체의 고유하고 자연스러운 움직임의 총체적 가능성을 실현시킬 수 있는 능력을 의미한다. 능력 있는 사람이 자기 방식대로 삶의 계획을 세우고 선택하도록 하는 역할을 하는 것이다. 즉 자유란 선택이다. 천부의 인권인 자유는 자기 자신을 자기 의지대로 할 수 있다는 것을 의미하며, 이것은 모든 사람이 태어날 때부터 타고난 권리이다. 내가 원하는 생각을 말할 수 있는지, 원하는 곳에 가서 살 수 있는지, 나의 노력으로 재산을 모으고 이를 마음대로 처분할 수 있는지, 내가 하기 싫어하는 것을 강요당하지는 않는지에 관한 자유가 초점이다. 내 자신의 의지에 따라 움직이지 다른 사람의 명령에 따라 움직이지 않는다는 의미이다. 그렇기에 우리는 자유를 국가나 타인에 의한 간섭, 방해, 침해가 없는 것으로 이해한다. 나도 강요받지 않고 타인도 강요하지 않는 것이 자유다. 하지만 그런 자유도 무제한적인 것은 아니다. 자신의 의지와 선택에 따라 행동을 하려 할 때 못하거나 포기해야 하는 경우가 있다. 나에게는 자유일지라도 타인과 관계될 때 나의 자유가 행사될 수 있느냐가 초점이 된다. 그래서 외부로부터의 간섭과 규제가 있다. 법 없이는 질서 있는 공동체가 존재할 수 없기에, 개인은 법의 적용을 받는 대상으로서 온전한 자유를 누릴 능력이 필연적으로 그만큼 제한되어야 한다. 합당한 간섭, 합당한 방해, 합당한 침해는 용인된다. 도둑이나 살인은 당연히 금지되고 이를 자행한 자는 합당한 법적 처벌을 받는다. 내가 어떤 옷을 입을지를 내 자유로 결정한다 하더라도 장례식에 비키니 차림으로 간다는 것은 용인되지 않는다. 주차를 출입구에 해서는 안 된다. 윤리, 도덕규범 등 우리가 공동생활을 하면서 구축한 질서가 있기 때문이다.

개인의 자유에 대한 간섭과 규제에는 금전적 이익(돈), 폭력, 약속, 권력, 종교, 양심 그리고 자연법, 실정법, 윤리, 도덕, 전통과 관습, 예절 등 규범이 있다. 규범을 무시한 자유는 방종이지 자유라 하지 않는다. 규범이란 우리가 공동체 생활을 하면서 최소한의 질서를 유지하기 위하여 만들어낸 인공물로서, 도덕적, 윤리적, 관습적 혹은 종교적 기준이다. 관습과 예의범절은 자연상태의 인간본성과 반대되고 이를 절제하기 위해 만든 것이기에 강요가 될 수밖에 없다. 시간은 가치를 창조하고 전통과 관습은 그것을 보존한다. 그러나 시간과 전통은 믿을 수 없다. 노예제와 여성의 종속이라는 부정적 가치도 보존하기 때문이다. 그럼에도 우측 주행 관습은 우리가 위험에 빠지는 것을 피하기 위해 준수해야 할 규범이다. 그래서 규범을 어기면 법적 제재가 있거나 도덕적 윤리적 비난이 따른다. 경멸이나 소외 등 심리적 제재를 받고 처벌을 받는다. 이러한 규범이 전 세계적으로 모두 동일하지는 않다. 모든 사람은 인종, 피부, 언어, 문화, 성, 취향 등과 관계없이 태어나고 병들고 죽는 과정을 거치는 것은 동일하다. 아기가 태어나면 축복해주고 누군가 죽으면 애도한다. 하지만 행동으로 나타내는 방식은 차이가 있다.

예컨대 초상이 나서 문상을 간 곳에서 우리는 문상객끼리 건배를 하면 안 된다. 하지만 미국 같은 서구는 고인을 기리며 건배한다.

강요에 의해서 나의 선택이 제한될 수 있지만 내가 동의하는 강요는 강요가 아니다. 내가 식사를 하루 3식이나 2식을 할지, 채식 위주로 할지, 어떤 옷을 입을지 등 일상사에 속하는 의사결정을 나의 의지대로 할 수 있을 때 자유롭다. 하지만 나의 주치의가 식사를 2식만 하고 채식으로 하라고 할 때, 내가 동의한다면 자유가 침해되는 것은 아니다. 약속이란 당사자가 동의하는 것이다. 우리가 지게 되는 일반적인 의무는 자발적인 동의로 지는 것이 아니고, 내가 직접 약속한 책무를 제외한 대부분의 책무도 자발적으로 지는 것이 아니다. 하지만 내가 동의하지 않은 강요를 무시한다면, 그것은 자유일까 방종일까? 강요의 강제성은 어떤 형태로 규범을 담아내는 가에 따라 달라진다. 법은 당연히 강제성을 갖는다. 그 외의 규범은 강제성의 강도가 제반 여건에 따라 상이하게 모습을 드러낸다. 노인을 공경하라는 도덕이 지하철에서 노인에게 자리를 양보하게 만든다. 하지만 그 노인이 욕을 하고 난폭한 행동을 할 경우에도 그 도덕을 지켜야 할까? 그렇기 때문에 강제가 주어지는 방식이 중요해진다.

인간은 본인의 의지와 관계없이 이 세상에 태어난다. 태어남 자체로 부모를 만나고, 형제자매를 만나게 되며, 부모의 부모, 부모의 형제자매를 만나는 가족관계의 구성원이 된다. 가족은 가족 단위끼리 씨족을 이루고, 씨족들은 부족으로 공동체를 구성하여 개인들은 한 평생을 살아가는 것이다. '나'라는 개인으로서 '나만의 자유'를 누리고 싶지만 가족, 부족 등 공동체 내의 관계에 의해 제약이 주어질 수밖에 없고, 그러한 제약은 나의 동의와 무관하게 규범이 된다. 만약 그 규범 바깥의 세상으로 가고 싶다면 그 역시 나의 자유이지만, 생존을 위한 모든 고난과 위협은 자신이 선택한 결과로 받아들여야 한다. 공동체의 일원으로 살아야만 생존이 가능한 여건이라면 자신의 자유에 대한 제약은 받아들일 수밖에 없다. 모든 신생아는 탄생과 더불어 자신이 속한 집단 내 규범에 순응하는 것으로 암묵적 합의를 하였다고 본다. 다만 그 규범의 제약이 내가 참여하고 동의한 것이라면 최상의 상태일 것이다. 성인이 되면 규범에 대한 이의제기를 할 수 있고 반대하지 않으면 강제 규범에 동의하는 것으로 간주될 것이다. 자유의 역사는 역사적으로 강제가 어떻게 주어지느냐에 따라 프리덤과 리버티가 구분 발전되었다고 단적으로 묘사할 수 있다.

인류 역사는 4대 문명을 중심으로 전개되었다. 우리의 민주주의 정치제도는 지중해 문화, 즉 그리스 로마문명으로부터 전해진 것이다. 로마제국이 이탈리아 반도를 중심으로 번창할 때 알프스 이북은 야만인이 거주하는 곳이었다. 시저가 갈리아를 정복하고 잉글랜드까지 공격하였으며, 하드리아누스 황제가 지금 스코틀랜드와 경계를 이루는 칼라일 부근에서 동서로 하드리아누스 성벽을 세운 곳까지 로마 문명이 전달되었다. 시저가 갈리아 지방을 복속하였지만 라인강 이동 지방과 알프스 북쪽 흑림(黑林 Schwarzbald, Black Forest) 지역, 그리고 북독일 저지대 지방과 스칸디나비아 반도 쪽은 여전히 야만인이 거주하는 비문명 지역이었다. 로마제국 변경 밖에 위치한 북유럽 지역의 사람들은 자유로운 사람들끼리 공동체를 이루고 합의된 자유에 대한 제약 만 준수한다면 자유롭게 살 수 있었다. 그들이 누린 자유가 프리덤이고 법과 규범에 의한 제약만을 인정하는 자유였던 것이다. 반면 일찍이 제국을 이루고 국가 통치 제도를 구성하여 운영한 로마의 경우, 자유에 대한 제약은 권력이라는 무력을 가지고 권위에 의해 인정된 제약만을 인정하는 자유였고 그것이 리버티 개념이었다. 즉 로마제국의 통치가 미치는 곳은 리버티, 미치지 못한 곳은 프리덤의 개념으로 인간은 기본적인 자유를 누려 왔다고 구분할 수 있다. 두 문화권에 공통적으로 자유에 대한 제약을 가할 수 있었던 것은 기독교에 의한 종교적 강요였고, 그런 식으로 작동된 것이 중세 시대의 삶이고 자유였다. 처칠은 1943.5.19. 의회 연설에서 독일을 훈족에 비유함으로써, 영국은 로마의 후예이나 독일은 훈족의 후예이기에 문명화된 영국이 야만인의 후예인 독일을 이길 것이라고 전쟁을 독려하였다. 유럽 역사의 흐름에서 정확하게 핵심을 찾아낸 지적이었다. 결국 독일, 네덜란드, 스칸디나비아 국가에서는 프리덤을 사용하지 리버티는 사용하지 않고,* 스페인, 프랑스, 이탈리아는 반대로 리버티를 사용하지 프리덤을 사용하지 않는다. 다만 영어만이 프리덤과 리버티를 선택적으로 사용한다.** 프리덤은 게르만, 앵글로 색슨계 단어이고 리버티는 라틴, 프랑스계 단어인 것이다. 이와 같은 개괄적 구분을 기초로 프리덤과 리버티가 구체적으로 어떻게 발생하고 자리를 잡게 되었는지를 살펴본다.

## 가. 프리덤

역사상 최초의 자유는 정치적 자유가 아니라 삶의 자유였다.*** 프리덤이었다. 최초의 자유는 공허하지 않았고 공동체 삶에서 전승된 핵심적인 내용을 보존하고 있었다. 우리는 통제 없이는 실존할 수 없다. 공동체의 전승된 규범에는 당연히 많은 의무가 채워진다. 프리덤은 공동체 구성원이 일정한 규범이나 법을 지키면 나머지는 자유로운 상태를 의미한다. 특정한 행동만 하지 말라는 규범을 지키는 한 모든 것이 자유로운 것을 개념화하는 것이다. 네 부모를 공경하라, 살인 말라, 간음 말라, 도덕질 말라 등 모세의 십계명****이 한 예이다. 동형보복법(同形報復法)을 규정한 BC1776년 함무라비 법전도 마찬가지다. 로마제국은 BC451년 채무를 변제하지 못하면 노예가 된다는 등 12표법을 최초로 제정했다. 개인이 소속된 종교 집단이나 국가 내에서 이런 행동만 하지 않으면 모두는 자유로운 것이다. 현대의 정부 규제 제도를 다루는 시스템 중 '네가티브 시스템'과 유사하다.

영어에는 프리덤 처럼 접미사 ~dom이 붙는 단어들이 있다. ~dom이란 통상 신분이나 상태(state, condition of being), 지배 영역(domain), 권위나 관할구역(jurisdiction)의 의미를 갖는다. 킹덤(kingdom)은 왕의 권위이나 '왕의 평화'가 미치는 범위를 의미하듯이, 공작, 백작, 상속인의 경우도

　　프리덤과 리버티

같은 의미를 나타내는 용어로 접미사 ~dom을 사용한다. 교황(pope)은 교황권(popedom)이라는 권위를 의미하기 위하여 ~dom을 사용한다.

### Freedom의 어원

| 단 어 | 의 미 | 함 의 |
|---|---|---|
| Freedom | 자유 | 상태, 신분, 영역 |
| Serfdom | 농노, 농노제 | |
| Thralldom | 노예, 노예제 | |
| Martyrdom | 순교, 순교자의 고통 | |
| Officialdom | 공직, 공직사회 | |
| Stardom | 스타계, 스타반열 | |
| Fandom | 팬모임 | |
| Savagedom | 야만, 야만세계 | |
| Kingdom | 왕권, 왕국 | 신분, 권위, 영토, 영역 |
| Dukedom | 공작, 공작령 | |
| Earldom | 백작, 백작령 | |
| Heirdom | 상속, 상속지위 | 신분, 권위, 영역 |
| Popedom | 교황권 | 권위, 영역 |
| Christendom | 기독교, 기독교계 | |
| Scepterdom | 주권 | |
| Wisdom | 지혜 | 상태 |
| Boredom | 권태 | |
| Reckondom | 심판의 장(domain of judgment) | |

*freedom에 상응하는 독일어는 Freiheit이나 liberty에 상응하는 단어는 없다. 따라서 정치적 자유(Politische Freiheit)처럼 수식어를 붙여 사용한다.
**David Hackett Fischer, Liberty and Freedom, Oxford University Press, 2005, 11p.
***칼 야스퍼스, 철학적 생각을 배우는 작은 수업, 한충수 옮김, 이학사, 2020, 117쪽.
****출애굽기 20:3~8, 12~17

fandom, stardom, serfdom 등은 어느 모임이나 집단에 소속된다는 의미이다. 스타덤은 스타들의 신분이나 상태, 팬덤은 팬들의 신분이나 상태이고, 서프덤은 농노들의 신분이나 예속된 상태를 의미하듯이, 프리덤은 free한 사람들의 신분이나 상태 그리고 그런 모임이나 집단에 소속되어 있다는 의미이다. 따라서 프리덤은 자유로운 사람들의 모임이나 그러한 자유의 영역을 의미한다. 자유로운 사람들의 모임을 의미하는 프리덤과 직접적으로 반대 의미를 갖는 것은 자유롭지 않은 농노나 노예들의 모임이나 그런 상태를 의미하는 serfdom, thralldom이다. 프리덤은 팬덤이나 스타덤과 같이 소속된 상태이며, 독자적이고 고독한 자유가 아니라, '나' 이외의 나처럼 자유로운 개인들, 팬들, 스타들과 함께 공유하는 영역을 의미한다. 따라서 프리덤이라는 자유에 천상천하 유아독존(天上天下唯我獨尊)식의 '고립' 이라는 개념을 투입하는 것은 잘못된 것이다. 프리덤은 자유로운 개인이 아니라 '자유로운 개인들의 자유' 이다. 그러한 팬덤, 스타덤 등의 신분이나 모임에 구성원이 되면 반드시 지켜야 할 규범이 있다. 구성원으로서 의무를 다해야 하며, 그럴 때에야 비로소 구성원으로서 갖는 특권도 누릴 수 있는 것이다. 프리덤을 가진 개인들은 상호 존중과 인정을 기반으로 하기에 공존할 수 있는 규범을 가져야 한다. 구성원에게 부여하는 의무는 자연법적인 근거나 종교적인 근거, 그리고 인습법적인 근거에 의해서 부여되게 된다. 프리덤은 자유로운 사람들만이 누리는 자유이기에 여기에 속하지 않는 농노(serfdom)와 노예(thralldom)는 당연히 제외된다. 프리덤은 주인이 없는 사람들의 계급을, 군주와 같은 권위자가 없는 공화적 정체를 확인하는 자유의 개념으로 기능하도록 논리적으로 연계되는 것이다.

프리덤은 국가나 정부 심지어 왕이 존재하기 전에, 자신이 속한 자유로운 사람들의 부족 혹은 가족과 연계된다. 친족이나 동족 관계에서 존재하는 것이다. 프리덤의 뿌리는 고대 북유럽과 게르만족 사회에서 존재했던 자치적 회의 체계와 그 정치문화인 "Thing(띵)" 문화이다. 모든 자유민(Free men)이 정기적으로 모여 공동체의 관습법을 제정하고 분쟁을 해결하며 자율적으로 권력을 통제하던 제도이다. 이들에게 자유란 참여와 책임을 전제로 하는 것이었다. 개인은 프리덤의 영역을 구성함과 동시에 구성되는 주체가 된다. 그리하여 프리덤의 집단에서 개인은 자유로운 상태로 태어나고, 집단이 설정하고 유지하는 법의 지배(rule of law)를 받게 되며, 왕은 존재하지 않는다. 그래서 프랑스 철학자 루소(Jean-Jacques Rousseau 1712~1778)는 인류 역사 초기에는 사람들에게 왕은 없었고, 오직 신만이 있었다고 말한 것이다. 프리덤을 누리는 개인은 집단이 설정하고 따르는 법, 즉 규범에 대한 복종(obligation) 만이 요구된다.

인간의 프리덤에는 성스러운 경외, 모든 것이 허용되지는 않는다는 일종의 예지가 수반된다. 이 경외를 고무시키는 공포를' 인간의 자연적 양심 '이라 부른다.* 통상 프리덤을 추구하는 중세인들의 핵심 정체성은 강력한 도덕적 감각과 법적 감각을 지녔다는 점이다. 자신들이 서약을 통해 의무를 가지게 된 사람들에게 예속되는 것에서 자부심을 느꼈다.

대부분의 종교는 사람들의 행동을 통제하기 위해 조직되었다. 같은 종교를 믿는 신도는 신의 계율을 동일하게 준수해야 한다. 19세기 영국의 옥스퍼드 운동 주도자인 가톨릭 성직자 존 헨리 뉴먼(John Henry Newman 1801~1890)은 의심하고 다 부숴버리는 의미의 자유가 아닌 아주 오래되고 더 순수하며 진정한 자유의 의미가 있다고 하면서, 그것을 신의 계율이 미치는 범위 안에서 사는 자유를 말한다고 했다.** 종교개혁을 통해 등장한 신교는 가톨릭과 차이를 내세우고 신교를 믿는 사람은 그에 따른 행동을 해야 한다. 가톨릭 신도의 행동을 여전히 유지한다면 신교도가 아닌 것이다. 신교 내에서도 캘빈파, 루터파, 재세례파, 퀘이커교 등은 각각 그에 따른 신앙생활을 해야 한다. 그렇지 않으면 동일한 신자가 아닌 것이다. 결국 개인

---

*레오 스트라우스, 자연권과 역사, 홍원표 역, 인간사랑, 2001.
**러셀 커크, 보수의 정신, 이재학 역, 지식노마드, 2018, 8 보수주의의 상상력 : 디즈레일리와 뉴먼.

의 자유라는 것은 자신이 속한 집단의 규범에 종속될 때 대우를 받고 자유로워지는 것이다. 프리덤의 개념이 종교에서 구현된 사례이다. 프리덤의 개념은 인류의 자유 역사에 면면히 이어져 오고 있다.

## 나. 리버티

　씨족이나 부족 단위로 평화롭게 살던 자유인에게 강력한 폭력집단이 무력으로 밀고 들어와 자신들을 약탈의 대상으로 삼게 되었다. 로마의 역사가 그렇게 시작된 것이다. BC1250년 경 트로이 전쟁에 패배한 유민(流民)이었던 왕자 아이네아스(Aeneas)는 지중해를 떠돌다 이탈리아 반도 중부의 테베레강 하구에 정착했다고 한다. 그의 후손인 로물루스(Romulus)는 경계를 넘어왔다고 동생 레무스(Remus)를 살해하고 BC753.4.21 로마를 건국하여 1대 왕으로 통치를 시작한다. 로마는 원로원을 두고 임기 1년의 집정관을 2명 선출하는 등 공화정 방식으로 영토를 넓혀 갔다. 로마제국의 최대 절정기는 하드리아누스 제14대 황제(Publius Trajanus Hadrianus, 재위 AD117~138) 시절 지중해를 내해로 하고 잉글랜드의 스코틀랜드 접경까지 국경을 확장하였을 때이다. 로마는 정복지를 다양한 방식으로 통치하였는바, 속주(province)로 지정하면 로마가 임명한 지사가 로마법에 따라 세금 징수 등 직접 통치를 하였고, 지역 여건에 따라서 충성이 담보되면 자치를 허용했다. 로마시민권(civitas romana)을 갖고 누리는 자유는 가장 강력한 특권으로서 조세와 병역 의무 위주의 개념이었기에 현대의 평등주의적 개념의 자유와는 다르다. 로마시민권보다 특권이 점차로 약화되어 가면 라틴시민권(civitas latina), 동맹시민권(civitas foederata), 자유도시(civitas libera) 그리고 속주 체제로 단계화되어 구분 통치하였다.

　로마의 통치는 지혜로웠다. 스스로의 한계를 인식하고 슬기롭게 대응하는 과정에서 시민권 제도와 리베르타스 등 적절한 통치방식을 고안한 것이

| 법적 상태 | 의 미 | 적 용 |
| --- | --- | --- |
| 로마시민권 | 투표, 결혼, 교역, 법정출석권 | 전 지역 |
| 라틴시민권 | 재산권, 교역, 결혼 | 이탈리아 도시 |
| 동맹시민권 | 조약에 의한 자치 | 그리스 |
| 자유도시 | 징세, 로마법 면제 | 아테네, 로도스 |
| 속 주 | 지사 통치 | 복지 |

다. 카르타고의 한니발(Hannibal Barca BC247~BC183)이 약화된 것은 이탈리아 반도를 종단하면서 전쟁에서 승리하였지만, 승리한 지역을 지키기 위한 수비대의 배치로 전력이 약화되었기 때문이다. 반면에 알렉산더 대왕이 페르시아와 인도까지 정복할 수 있었던 것은 복종과 충성을 담보하는 한 피정복민의 통치체제를 그대로 유지하였기 때문이다. 로마인들은 전쟁에서 승리하면 로마로 돌아왔다. 광대한 지역을 점령하였더라도 지금과 같은 과학기술의 도움이 없던 시절이기에 항상 전쟁의 요인은 잠복하는 통치 방식이었다. 공식 달력도 없고, 십진법도 없으며, 로마 군대와 별도로 치안을 전담하는 경찰이 없었다. 위협, 검열, 사기 등의 이유로 황제에게 접근하기도 어렵고, 그만큼 관료의 권한은 컸지만 기록보존제도도 없었다. 제국의 최고 통치자 황제가 사망한 소식이 중부 이집트에 알려지는 것은 2-5개월 소요되었다.* 은화의 질이 저하되고 위조 화폐를 묵인하였다. 통치 사정이 그렇기에 피점령지역이 자발적인 복종과 충성을 유지하면 자치를 허용하는 것이 현명했다. 평화가 유지되고 세금이 들어오면 그것으로서 족했다. 그 지역의 우두머리가 자치를 어떻게 운영하든, 그들의 종교가 무엇이든 문화풍습이 어떻든 개의치 않았다. 획득한 땅을 동맹국에 줌으로써 더 많은 기대를 갖게 하고, 분할 통치 방식으로 약한 쪽 편을 먼저 들고, 약화시켜야 할

*램지 멕멀렌, 로마제국의 위기, 김창성 역, 한길사, 2012.

| 라틴어 | 의 미 | 함 의 |
| --- | --- | --- |
| Libertas | 자유 | 리버티 |
| Libertus | 해방노예 | 조건부 리버티 |
| Liberatio | 해방 | 자유 부여. 천부적 권리 아님 |

왕은 약화시키고 임의로 동맹을 못 맺게 했다. 많은 민족과 왕이 희구한 로마국민의 동맹자 칭호 수여하여 로마는 신성불가침으로 여겨지게 하였다. 몽테스키외는 『로마인의 흥망성쇠 원인론』에서 "모든 민족에게 자신들의 법률이나 관습을 가르치고 싶어 하는 것은 정복자의 어리석은 욕심이다. 사람들은 어떤 통치 형태 하에서도 복종할 수 있기 때문이다"라 하며,* 로마인의 지혜로운 통치 기술을 평가하였다.

로마는 점령지역을 도시, 부족, 집단, 속주 등으로 구분하여 각각 다른 특권을 부여했으며, 부여 방식은 헌장, 칙령, 법령 등으로 이루어졌고, 이것을 통칭하여 리베르타스(libertas)라 불렀다. 리베르타스는 자유(libertates)의 복수형이며 현대에 사용되는 리버티에 상응하는 어원이다.

리베르타스와 유사한 단어로 리베르투스(libertus)는 해방노예를 의미한다. 노예의 신분에서 해방된 사람을 지칭한다. 그러나 해방노예는 전 주인에 대해서는 자유가 제한되기 때문에 완전한 시민이 되지는 못한다. 또한 리베라티오(liberatio)는 자유를 부여하는 것을 의미한다. 자유는 국가에 의해 부여되는 것이기에 현대적인 의미에서 자연권으로서 천부적 인권이라는 개념을 뜻하는 리버티와는 다르다. 11세기 중세의 혼돈기에는 리베르타스와 구분하여 리베라티오(liberatio)를 사용하였다. 이슬람 통치 지역으로부터 해방된 땅을 소유하고 그곳에서 자유를 누리는 경우를 리베라티오라 한 것이다. 그런 의미로 사용되어 오면서 점차 다른 의미도 포함하게 되었다. 로마제국이 멸망하고 새로운 권력이 자리를 잡기 전의 권력 공백기에 교황으로부터 지역별로 임명된 주교들이 과거 귀족들의 리베르타스 개념을 차지하기 시작했다. 현대적 의미의 자유와는 달리 지배 계급의 특권적 지위를 의미했다. 성 베드로(Saint Peter AD1~67)의 후계자인 교황은 기독교 제국을 통치할 교회의 신성한 의무를 리베르타스로 내세웠던 것이다. 현대적 의미의 리버티와는 차이가 있는 개념이었다.

리베르타스는 분리, 독립, 자율을 속성으로 한다. 좀 더 힘이 센 권력, 즉 황제나 원로원에 의해 주어지기도 하고 빼앗기기도 하는 자유의 개념이다. 로마 시민은 태어나면서부터 근본적으로 제한되는 삶이었다. 일단 로마 시민권을 확보해야 기본적인 시민으로서의 권리와 의무를 누릴 수 있었다. 로마 원로원의 귀족들도 시민과 같은 자유의 조건에서 자유를 누렸다. 리버티라는 자유를 누리게 되면 누구든 관대하거나 공평무사(liberality) 함을 기대할 수 있었다. 리버티가 주어져도 책임(responsibility)이 사라지는 것이 아니라 반드시 상응하는 의무와 책임이 따랐다.

리버티를 정당하게 자신의 것인 자원을 가지고 원하는 대로 할 권리의 개념까지 강하게 보기도 하지만, 천부인권이 아니라 결국 국가와 정부와의 관계에 속에서 나타나는 개념임은 분명하다.

전제 군주의 통치 아래에서 모든 사람은 자유롭지 못한 것이 원칙이다. 그런 상태에서 특정한 사람, 특정한 지역, 특정한 행동이 자유롭게 될 때, 해방 즉 리버티라 명명했다. 그 해방이 전제 군주가 주는 것보다 시민이 무력이나 혁명을 통해 쟁취해온 것이 리버티의 역사였다. 군주제가 보편적인 통치제도였기에 군주제 하에서 모든 것은 금지되되 특별히 허용된 것만 자유를 가진다는 의미가 리버티였던 것이다. 결국 리버티란 정치적 자유였다. 규제이론상 '포지티브 시스템'과 유사하다. 금지된 특정한 행위를 특별히 허용하는 의미였고, 그렇기 때문에 리버티는 복수로 사용될 수 있는 것이다. 프리덤은 별도의 복수형이 없다는 점과 대비되는 부분이다. 전제군주 시절, 봉건 체제를 살아오는 농민과 시민들은 거주 이전의 자유도 없고, 직

*몽테스키외, 로마인의 흥망성쇠 원인론, 박광순 역, 범우, 2007, 6장.

업 선택의 자유도 없고, 현대의 기본권에 상응하는 자유는 근본적으로 없었다. 군주가 허락한 경우에만 자유를 가졌다. 일단 자유가 허락된 범위에서는 간섭이 없어진다. 행정법상 허가 개념과 유사하다고 볼 것이다. 모든 것이 금지된 상태에서 허가 받은 행위는 권리라기보다 반사적 이익에 가까웠다. 그렇지만 역사의 진전은 리버티가 반사적 이익에서 권리의 지위까지 강화되어 갔음을 보여준다.

# 3. 프리덤과 리버티의 관계

미국의 초대 버지니아 주지사 패트릭 헨리(Patrick Henry 1736~1799)는 1775년 독립전쟁 전야에 버지니아 하원 연설에서 "나에게 자유가 아니면 죽음을 달라(Give me liberty, or give me death)!"며 리버티를 외쳤다. 영국 병사의 군복인 레드 코트(red coat)로 상징되는 영국 왕정의 강압적 통치에 대한 시민적 저항을 표현한 것으로, 의회와 국가를 믿고 자유는 제도 안에서 실현되는 공화정적 자유, 시민권, 정치적 독립을 드러낸 것이다.

영화 『브레이브하트』에서 13세기 스코틀랜드 독립운동가 윌리엄 월리스는 마지막에 "자유(Freedom)!"를 외치며 단두대에서 목이 떨어져 나간다. 영국 제국의 폭압과 신분적 억압에 대해 속박 없는 상태에서 숨 쉬는 인간의 절규였다. 그의 외침은 삶 그 자체가 속박이라면 죽음조차 자유라는 존재의 속박에서 벗어나려는 원초적 자유의 감각을 터뜨린 것이다.

이탈리아 로마에는 로마제국 아우구스투스(Caesar Augustus BC63~AD14) 황제 시대 때 아그리파(Marcus Vipsanius Agrippa BC63~BC12)가 건립한 판테온 신전이 있다. 이 신전의 돔 천장에는 오쿨루스라 하여 원형으로 구멍이 나 있는데, 이 구멍을 통해 하늘에서 내려온 동그란 형태의 햇살이 신전 내부의 바닥을 비춘다. 리버티란 신전 내부를 비추는 햇살과 같다고 하겠다. 그 햇살이 있는 곳에서는 자유가 있고 그 햇살 바깥에는 자유가 없다. 모든 것이 금지된 상태에서 햇살이 비춘 곳만 자유가 허용되는 포지티브 개념이다.

반면 프리덤은 신전 내부에서 사람들 간에 합의된 곳, 예컨대 신전의 정중앙이나 신전의 남쪽 제단 부근은 밟으면 안 된다고 정하고 나머지 지역은 마음대로 다닐 수 있다는 네가티브 개념과 같다. 신전 중앙은 지도자의 연설 때 필요한 곳이라는 관습, 신전 남쪽은 종교 의식에 필요한 곳이라는 종교적 이유로 개인의 프리덤을 제약할 수 있다. 판테온 신전 안에 들어가는 참배객은 자신의 이동 동선 선택에 자유가 있지만, 동선의 제약이 어떤 시각과 어떤 규범에 의한 것인지는 리버티와 프리덤에 따라 달라지는 것이다. 국가가 가드레일을 설치하여 내부의 이동 동선을 정한다면 그 동선에 따라서만 리버티를 누릴 수 있다. 하지만 신전 남쪽 제단만 밟지 않으면 나머지 구역은 마음대로 다닐 수 있다고 한다면 그 경우는 프리덤이다.

미국의 건국은 세계의 여타 국가와는 달리 애당초 프리덤을 기초로 공화주의 이상을 구현하는 것이었다. 독립혁명을 통해 미국 시민은 영국 조지 3세의 폭정에 맞서는 것은 경험하였지만, 그들은 여전히 왕이 없는 상황에서 평범한 일상을 살아가는 나라를 구현해야 했다. 지역적인 주 정부 차원에서 평등과 비지배를 경험하긴 했지만, 평등한 시민들의 국가라는 개념적인 틀을 가지고 건국 작업에 들어갔던 것은 아니다. 연방 헌법 제정 당시 알렉산더 해밀턴이 권리장전을 헌법에 포함하자는 요구에 반대한 배경에는 프리덤의 개념이 있었기 때문이다. 그가 쓴 연방주의자 44번의 내재된 권리(implied powers)라는 개념도* 동일 논리로 이해할 수 있다. 그러나 토머스 제퍼슨은 외부 통제의 해방, 즉 리버티에 비중을 두었다. 개인의 자기 통제도 반드시 있어야 하지만 외부 통제에서 해방시키는 것을 더 중요하게 본 것이다. 제퍼슨식 리버티를 보장해주는 수단은 사법적 통제였기에, 그는 나

　　프리덤과 리버티

중에 권리장전의 헌법화를 추진하였다.

보편적 의미의 자유나 정의, 올바름은 전적으로 불확정 상태로 두게 된
다. 이런 용어들은 특징화를 통해서만 진정한 의미를 갖게 된다. 모든 특징
화는 결국 인습적이다. 자유를 구체적으로 개념을 정치화(精緻化)시켜야 하
고 그런 의미에서 프리덤과 리버티의 개념을 좀 더 구체화할 필요가 있는
것이다. 리버티의 개념이 내포하고 있는 노예와 주인의 상대적 지위는, 부
족들의 자유롭고 평등한 성원들 사이의 관계에서 존재하는 프리덤과는 하
늘과 땅 만큼 차이가 있다. 물론 리버티나 프리덤 중 어느 쪽 자유의 개념을
택하든지 재분배 체제는 동일하다는 것은 기본 전제가 된다. 리버티는 어원
상 통치의 부재에서는 절대 존재할 수 없다. 항상 적절하게 통치되는 방식
에 의해 주어지는 자유이기 때문이다. 그런 면에서 통치권자가 없더라도 법
의 지배로 존재하는 프리덤과는 확연히 구분되는 것이다. 리버티는 결국 뿌
리 없는 자유다. 어떤 규칙이 적용되든 인간이 자유롭지 말아야 할 수많은
일들이 있다. 자유는 폭넓은 의미의 복종과 규율이라는 미덕의 중요성을 적
절하게 인지하는 분별력과 양립해야 한다. 리버티는 결국 프리덤 범위 안이
지만, 프리덤 중 특히 국가나 제3자의 간섭과 제한을 배제하기 위한 것이라
고 보면 된다. 정의(正義)의 기준을 적용할 수 있는 경계선이 있는 것이다.
자유는 행동의 간섭만이 아니라 다른 사람에 의한 고통이나 불쾌감의 부재
도 포함된다. 만약 무제한의 자유를 인정한다면 어떤 사람은 자신을 노예상
태로 만드는 계약도 자유로이 맺을 수 있기 때문이다. 그래서 프리덤과 리
버티가 혼용되어 이러한 상황을 방지하게 되는 것이다. 헨리 8세는 자신의
재가를 받은 보통법은 타법보다 우위에 있다는 전통을 확립하고, 이 법에
사적 소유권의 배타적 권리를 심어주었다. 소유의 사용은 그 소유의 재가를
제공한 전체 공동체의 이익으로 제한된다는 대륙적인 소유 관념과 다르게

*알렉산더 해밀턴, 제임스 매디슨, 존 제이, 페더럴리스트, 박찬표 옮김, 후마니타스, 2019,
 353쪽.

발전된 것이다. 대륙의 게르만은 공동체적 토지 소유권과 개인적 토지 소유권으로 관습적 의무와 주기에 따르기에 자유롭게 양도는 불가하다.* 게르만적 자유토지 보유와 로마적 절대적 소유권이 상이한 것은 결국 프리덤과 리버티에 연원하는 바가 크다. 헨리 8세의 조치에 의해 소유권에 대한 자유의 개념이 프리덤에서 리버티 개념으로 변하게 된 셈이다.

　요컨대, 리버티는 개인을 보호하지만 프리덤은 전체를 연결한다. 프리덤은 개인을 공동체로 연계시켜 주는 한계, 전통, 의무를 포함하지만, 리버티는 자기 표현이나 불간섭을 이유로 그러한 연대를 녹여버린다. 리버티는 프리덤을 방해할 수 있다. 독립성은 연대하는 것이다. 남과 어울리지 않는 것은 독립이 아니다. 독립성 안에 있는 자유는 공허하지 않다. 결국 서구 정치철학의 전통은 자유를 자의적 명령에 예속되지 않는 리버티와, 법의 지배 아래 사는 상태인 프리덤으로 정의됨을 알 수 있다. 자유라는 서구의 이상은 문명체에서 살고 있는 많은 사람들에게 거부할 수 없게 매력적이지만, 반면에 쉽게 획득되지 않는 자기통제의 형태들에 의존하고 있다는 점도 알아야 한다. '자유의 역설'은 자유가 오직 우리가 이미 가진 소유물일 수밖에 없다는 사실에 있다. 항해를 이끄는 이상으로서의 자유는 언제나 착각일 수밖에 없지만, 현실적인 한계는 자유의 개념을 좀 더 천착하면서 바른 방향으로 나아가야 할 것이다.

　자유를 의미하는 영어 표현에는 프리덤과 리버티 외에도 '해방'을 뜻하는 emancipation과 liberation이 있다. 이 두 단어는 일반적으로 서로 혼용되며, 특히 미국 역사에서 노예해방선언(Emancipation Proclamation)이나 국회의사당의 노예해방홀(Emancipation Hall)과 같은 경우에서 보듯, 해방의 성취(liberation)를 의미한다. 그러나 이탈리아 철학자 안토니오 네그리(Antonio Negri 1933~2023)와 미국의 철학자 마이클 하트(Michael Hardt 1960~)는 『공통체(Commonwealth)』에서 두 단어에 대해 독특한 해석을 하며 구분하고 있다. 탈거(脫去, 구속벗기, emancipation)는 정체성의 자유, 진정한 당신 자신(who you really are)일 수 있는 자유를 추구하고, 해방

(liberation)은 자기결정과 자기 변형의 자유, 당신이 앞으로 될 수 있는 바(what you can become)를 결정할 수 있는 자유를 목표로 한다고 주장한다.** 이들은 '다중(multitude)'이 국가 권력과 자본의 억압을 뚫고 새로운 정치적 공간을 창조할 수 있다는 급진적 정치철학에 이 개념을 주장하나, 본서에서는 이를 통해 자유라는 개념의 내적 구성요소를 좀 더 정교화하고자 한다. '탈거'는 자기가 누구인지에 대한 주체적 인식과 자기결정(self-determination)의 자유를 뜻한다. 이는 내가 누구인지 밝히는 존재(Being)의 자유로 윤리적 책임이 수반되는 프리덤에 가깝다. 예컨대, 자신이 여성임을, 흑인임을, 또는 성소수자임을 당당히 드러내고 살아갈 자유는 '탈거'의 영역이다. 반면, '해방'은 정치적 억압, 외적 간섭, 제도적 차별을 제거하고 내가 무엇이 될 수 있는지(Becoming)를 선택하는 자유를 의미한다. 이는 직업·사회참여 등에서 기회의 평등을 확보하는 가능성의 자유로 리버티에 가깝다. 흑인이든 여성이든 변호사, 의사, 공직자, 시민사회 활동가 등 사회적 역할을 할 수 있는 자유, 즉 '무엇이 될 수 있느냐'의 자유는 '해방'의 과제이다. 이런 구분은 단순히 언어적 차이를 넘어, '존재하는 자유'와 '되어가는 자유', '자기 정체성의 승인'과 '사회 제약의 해방', 즉 프리덤과 리버티의 철학적 대립이자 상호보완적 구조를 드러내는 토대가 된다.***

프리덤이나 리버티가 우리나라에는 존재하지 않았던 개념이기에 일본에서 번역된 자유로 통칭하기에는 분명히 한계가 있다. 자유민주주의가 최고의 정치 규범으로 자리를 잡으면서, '제멋대로'라는 자유에 '권리'라는 서양의 리버티가 자유를 '자유권적 기본권'으로 인식하도록 만들었다. 자유를 권리가 아닌 의무라고 하는 헌법학자는 없다. 프리덤의 개념을 놓치고

---

* 페리 앤더슨, 고대에서 봉건제로의 이행, 유재건 한정숙 역, 현실문화, 2014, 3장 종합을 향하여.
** 안토니오 네그리, 마이클 하트, 공통체, 정남영 윤영광 옮김, 사월의책, 2014, 453쪽.
*** 『공통체』에서는 힘과 무력까지 포함하는 급진적 정치를 주장하나, 본서의 공화자유주의가 제시하는 자유는 정체성을 드러내는 용기와 함께, 공존과 상호존중이라는 윤리적 지평 속에서의 해방을 지향한다는 차이가 있다.

있는 것이다. 자유의 개념을 정확히 표현하는 단어가 부족하다. 이 부분은 우리나라의 정치사상 논의를 영어로 번역할 때 심각하게 부각되는 문제이다. 새로운 신조어가 필요하다. 독일어는 개념을 표현하는 단어를 연결시켜 한 단계 높은 개념을 전달할 수 있어 과학적이고 이성적이며 논리적이다. 우리도 결합 단어를 사용하면서 새로운 개념의 용어를 만드는 것이 필요하다. 인간 정신의 빛은 명료한 말(words)에 달려 있기에, 말의 정의가 정확해야 하고, 정확한 정의에 기초하여야 추론을 전개할 수 있다. 그런 추론의 길이 과학의 증진으로 채워지고, 그 도착점이 인류의 복지 향상이 되는 것이다. 최근 양자 역학이 빠르게 발전하면서 양자는 퀀텀(quantem)으로 파동과 입자가 공존하는 것으로 알려졌지만, 당초 이름을 양자로 지음으로써 입자라는 점이 은연중에 주도하게 되어 불필요한 혼선을 초래하기도 한다. 이름을 올바르게 정의하는 것이 언어의 첫 번째 효용이고, 그래야만 과학적 지식을 얻을 수 있다. 자연과학에서도 용어의 중요성이 이렇게 깊은 함의를 내포하고 있는데, 사회과학, 특히 권력을 다루는 정치철학에서 용어의 정확성은 아무리 강조해도 모자람이 없다. 정치철학에서 정명법(正名法, rectification of names)은 사물의 본질과 이름이 정확하게 대응해야 한다는 원리로, 사유의 명료성과 사회 질서의 정당성 확보를 위한 핵심 규범이다. 공자는 『논어』 자로(子路)편 제13장에서 "이름이 바르지 않으면 말이 순조롭지 않고, 말이 순조롭지 않으면 일이 이루어지지 않는다(名不正則言不順, 言不順則事不成)"고 하였다. 플라톤도 이름은 사물의 본질을 나타내야 한다고 했고, 홉스는 이름을 명확히 정의하지 않으면 시민 사이의 갈등과 전쟁을 초래할 수도 있다고 했다. 오스트리아 언어철학자 비트겐슈타인(Ludwig Wittgenstein 1889~1951)은 이름짓기의 규칙과 문맥이 사물의 사용과 의미를 형성한다고 했다.

　어원을 분석한 바에 따르면, 프리덤은 국가나 상위 권력체가 존재하지 않는 상태에서 개인의 자유이고, 리버티는 국가가 보증해야 하는 자유이다. 리버티는 국가가 개인에게 줄 수 있지만, 프리덤은 주는 것이 아니라 인정할 수 있을 뿐이다. 링컨 대통령은 타인의 자유를 부정하는 이는 자신 또한 자유를 누릴 자격이 없다고 했다. 프리덤의 자유를 이야기한 것이다. 리버티는 궁극적으로 개인에게 부여되는 것이기에 1인칭인 나의 자유이고, 프리덤은 공동체에서 너와 내가 공존하는 2인칭 자유에 가깝다. 리버티를 '나자유', 프리덤을 '나너자유'로 번역하는 것이 지금까지 살펴본 개념에 부합하는 것으로 본다. '우리자유'는 적합하지 않다. '너희들자유'와 구별되기에 '나자유'와 '너자유'의 복수형에 불과하기 때문이다. '너자유'는 또 다른 '나자유'일 뿐이다. 프랑스 철학자 에마뉘엘 레비나스(Emmanuel Lévinas 1905~1995)는 어깨를 나란히 한(côte-à-côte) 집단성(우리)과는 달리 얼굴과 얼굴을 맞댄 "나-너(moi-toi)"의 집단성을 제시한다.* '나너자유'는 개체에 초점을 두는 것이 아니라 '관계'에 초점을 둔다. 독일의 철학자 칼 야스퍼스(Karl Jaspers 1883~1969)는 나와 너를 포괄하는 용어로 '아우름(das Umgreifende)'을 사용했다. 이것은 어떤 것이 다른 어떤 것을 자신 안에 포함하는 것을 의미한다.** 프리덤은 나와 너의 공감을 기초로 규범을 형성하는 자유로서 제7장에서 상술할 것이다.

자유민주주의가 태동하고 발전하여 온 자유의 역사를 지금부터는 '나자유'인 리버티와 '나너자유'인 프리덤의 시각에서 살펴보기로 한다. 17~18세기 계몽주의 시대에 인간의 이성을 잠 깨워, 성경에 의존하던 삶으로부터 개인이 이성에 의한 삶을 추구하는 과정은 리버티가 프리덤을 누르고 승리하여 온 시기였다. 하지만 리버티의 일방적인 승리에 그친 것이 아니라 프리덤이 꾸준히 반격할 수 있었던 시기이기도 하다. 그 과정에서 프리덤과 리버티가 어떻게 이론적, 현실적 지지와 동시에 배척을 받으며 성숙해왔는지를 분석한다면, 자유민주주의가 한 단계 더 발전할 수 있는 이론적 근거를 도출할 수 있을 것이다.

---

*에마뉘엘 레비나스, 시간과 타자, 강영한 옮김, 문예출판사, 2014, 116~117쪽.
**칼 야스퍼스, 철학적 생각을 배우는 작은 수업, 한충수 옮김, 이학사, 2020, 58쪽.

제 5 장  리버티의 승리

인류의 역사는 한 마디로 폭력과 약탈의 역사다. 그것은 골육상쟁
(fratricide)의 역사이기에 헤겔은 이 점을 간파하고 "역사란 거대한 살육의
집(immense slaughterhouse)"이라 했다. 추위와 굶주림, 영양 결핍, 수시
로 출몰하는 도적과 이교도의 침입과 약탈, 낮은 위생 상태와 무지로 인한
전염병, 경작지 부족과 낮은 농업 생산성, 봉건제와 귀족의 횡포, 마녀사냥
으로 상징되는 성서적 삶의 강요 등 고난의 역사를 살아가는 개인 입장에서
는 목숨과 안전이 최우선이 될 수밖에 없었다. 자신의 목숨과 재산을 언제
든 유린할 수 있는 폭력, 그것도 합법적으로 폭력을 행사할 수 있는 국가 권
력으로부터 방어기제가 필요했고, 그러한 필요가 자연권 사상으로 진전하
게 되었다. 자유의 역사는 의회제도를 도입함으로써 전제군주에 대항하여
생명과 재산을 보호할 장치를 마련했다. 기나긴 중세 시대에 기독교는 개인
의 양심의 자유를 개발했고, 종교개혁으로 인한 가톨릭과 신교의 갈등, 그
리고 영토분쟁이 뒤섞인 교황과 군주, 봉건영주의 싸움에서 양심의 자유를
보장받을 수 있는 기반도 마련하였다.

그러나 개인의 자유와 재산이 본격적으로 제도에 의해 인정되고 보호받
기 시작한 것은 불과 18세기 후반 미국혁명 때부터다. 존 로크의 자연권 이
론을 제도적으로 구현한 미국의 경험은 당시 미국과 프랑스의 우호적 관계
에 의해 프랑스혁명으로 전파될 수 있었다. 프랑스혁명은 자유의 사상을 유
럽 전역으로 퍼져나가게 하는 기폭제가 되었다.

당시 개인의 자유는 국가, 봉건영주, 귀족들의 권력으로부터 자유였기에
리버티 개념일 수밖에 없었다. 그 후 국가권력은 제국주의, 공산주의, 파시
즘 등의 형태로 나타났고, 인종차별, 성차별 등도 권력의 형태로 개인의 자
유를 유린하였다. 이러한 역사의 진전에 따라 자유란 당연히 리버티로 인식
되었고, 리버티 개념을 기반으로 한 정치이론이 개발되면서 각종 자유의 제
도화 장치가 구현되어져 온 것이다.

개인은 국가 폭력으로부터 비간섭, 비방해의 자유를 보장받는 것이 최
우선 과제였기에 자유는 프리덤보다 리버티 개념으로 보호되어야 했다.

　　　프리덤과 리버티

그리하여 플라톤 이래 전개된 다양한 서구 정치철학도 리버티를 옹호하는 쪽으로 발전되었다.

오랜 세월 동안 개인의 리버티를 목표로 발전된 다양한 정치철학과 도덕철학은 현재의 자유민주주의 체제로 귀결되었고, 세계 각국은 자유민주주의를 최상의 정치 체제로 인식하고 이를 운영하고 있는 것이다.

자유민주주의의 이론적, 실천적 토대를 분석해보면 정치철학적으로 리버티가 우세할 수 있도록 뒷받침한 요인은 다양하고 강력함을 확인할 수 있다. 이하에서는 주된 요인 별로 내용을 검토해 본다.

## 가. 자연상태라는 가정

근대 서구 정치철학의 시작은 홉스의 『리바이어던』이나 루소의 『인간불평등 기원론』에서 가상적으로 상정한 자연상태 혹은 야만상태가 정치 이론 도출의 시발점이었다. 개인으로 외롭고 고독하게 살아가야 하는 인간은 필요에 의해 국가를 만들게 된다는 이야기다.

홉스는 1651년에 출간한 『리바이어던』에서 구체적인 제안을 한다.* 인간은 날 때부터 평등하며, 남들도 자기 못지않게 현명하다는 사실은 좀처럼 믿으려 하지 않는 본성을 가졌다고 했다. 자연상태에서 인간은 모두가 남을 죽일 능력을 갖고 있다는 의미의 동등성에서 귀결되는 공포의 평등성을 지적한다. 그렇기에 우리는 도시 안에서도 한밤중에 문을 잠근다. 인간은 분쟁을 일으키는 세 가지 속성을 가지는데, 희소한 이득을 위해 침략을 하는 경쟁심, 안전을 위해 타인을 공격하는 불신, 공명심 때문에 명예수호를 위한 공격이 그것이다. 그래서 모두를 위압하는 공통 권력이 없이 살아갈 때는 "만인에 대한 만인의 전쟁 상태(bellum omnium contrary omnes, a

---

*토머스 홉스, 리바이어던, 최공웅, 최진원 역, 동서문화사, 2017.

war of all against all)"로 들어간다고 하며, 그러한 자연상태에서 인간의 삶은 "고독하고 빈곤하고 더럽고 야만적이며 짧다"고 했다. 인간은 생명을 유지하기 위해 자신의 판단과 이성에 따라 가장 적합한 수단으로 판단되는 모든 일을 할 수 있는 자유가 있는데, 제1의 자연법은 할 수 있는 모든 수단을 다하여 자신을 방어할 권리이고, 제2의 자연법은 평화와 자기방어를 위해 필요하다고 판단하는 한, 또한 다른 사람도 모두 그럴 경우에는 자신이 타인에게 허락한 만큼의 자유를 갖는 것으로 만족해야 한다고 했다. 외적의 침입이나 잠재적 살인자라는 인간의 평등으로부터 스스로를 방위하여 안전을 보장하고, 스스로의 노동과 대지의 산물로 일용할 양식을 마련하여 만족스런 삶을 살 수 있도록 하기 위해서이다. 공통의 권력을 세우는 유일한 길은 모두의 의지를 하나의 의지로 결집하는 것이며, 그들이 지닌 모든 권력과 힘을 하나의 국가에 부여하고 절대적으로 복종해야 한다고 했다. 결국 홉스는 군주제를 주장하였는데, "땅 위에는 그것 같은 것이 없나니 두려움 없게 지음 받았음이라 모든 높은 자를 내려다보며 모든 교만한 자에게 군림하는 왕이니라"*는 리바이어던으로 국가를 비유하였다. 그러면서 "순종이 제사보다 낫고, 듣는 것이 수양의 기름보다 나으니"**라 하여 왕에 대한 백성의 절대적 순종을 유도하였다. 전제군주의 통치를 정당화한 것이다. 그는 아리스토텔레스나 키케로가 "군주정 하에서 자유로운 사람은 없다"고 한 것을 "군주정이든 민주정이든 자유는 똑 같다"라며 비난하였다. 아리스토텔레스의 형이상학만큼 이치에 맞지 않는 것도 없고, 정치학만큼 통치에 모순되는 것도 없으며, 윤리학만큼 무지한 주장도 없는데, 이는 하나님의 의지에 종속되지 않은 인간의 의지가 있다는 주장을 지지하기 위해 만든 것들이라고 폄하하였다. 자유란 개인이 원하는 모든 일을 할 수 있는 상태로 보는 것이 홉스의 자연상태였기에 홉스의 자유는 '법의 침묵'이다. 금지의 부재가 "만인의 만인에 대한 투쟁"을 불러 오기에 개인은 국가를 만들어 자연상태에서 벗어나야 한다고 한 것이다.

그는 개인의 이익이 옳은지 여부를 자연법이나 사회계약법으로 결정하는

것이 아니라 개인의 이익 자체에 근거하기에, 사적 이익은 공적 이익과 같
다고 하여 사익과 공익 간의 모순을 제거한 효과도 갖게 된다.*** 개미와
벌이 본능적으로 사적인 이익을 위해 애를 쓰지만 결국 그렇게 함으로써 공
동의 이익을 산출하는 것과 같다는 것이다.

　루소는 『인간불평등기원론』에서 자연상태에서 인간의 욕망은 제한되어
있고 태생적으로 수줍어서 다른 사람과 관계를 맺거나 만나는 것을 피하게
되어 있으며, 인간은 남들에게 보이는 모습이나 허영보다는 자기애(amor
de soi)에 더욱 충실한 존재라 하였다. 야만상태에서 인간은 물가에 심어진
떡갈나무 한 그루만 있으면 거기에서 먹고 자고 마시고 비를 피하면서 살아
가는 존재라 하면서, 태생적으로 개인으로 존재한다고 보았다.**** 그는
고상한 야만 사회에서 살고 있는 "고귀한 야만인(noble savage)"을 상정하
였다. 말년에 공화적 열정이 배척당한 "나는 이 지상에서 외톨이다"라 하
며, "나는 사회적 열정과 그것이 수반하는 일련의 유감스러운 것들로부터
멀어진 후에야 자연의 매력을 다시 발견하게 되었다"고 했다.***** 그의
자유가 제도 이전에 인간 내면에서 시작되는 고독한 리버티의 철학임을 알
수 있다. 루소의 자연권은 자유의 신화적인 원시 상태와 로크로부터 주로
영향을 받은 심리학에 근거했다. 로크는 인간 본성이 감각을 이성으로 억제
한다고 보았다. 따라서 자연상태에서 개인은 이성, 즉 자연법에 따라 생활
하기에 전쟁 상태가 아니라 평화롭고 목가적인 상태가 되는 것이다.

　공리주의를 주장하는 벤담주의자들이 꿈꾸는 사회 조직에서 개인은, 외
롭고 친구도 없으며 이기적이고 희망도 없이 국가라는 괴물에 홀로 맞서게
된다. 죽음에 대한 공포에 의해, 동굴이 구성되고 희망이 정당화되는 범위

---


*욥 41:33~34
**사무엘상 15:22
***한나 아렌트, 전체주의의 기원, 이진우 박미애 옮김, 한길사, 2006, 290쪽.
****장자크 루소, 인간불평등기원론, 김중현 역, 펭귄클래식코리아, 2015. 1부.
*****장자크 루소, 고독한 산책자의 몽상, 문경자 옮김, 문학동네, 2016. 188쪽.

가 구축된다. 동굴에 살고 있는 공동체에 봉사하고, 자신의 생명을 보존해 주는 것을 위해 목숨을 내던지는 것은 명예로운 것으로 여겨진다. 세속적인 도덕은 이런 이기적인 집단체의 규약이고, 이 집단에서 한 걸음이라도 벗어나는 것은 그게 무엇이든 도덕적 분개의 대상이 된다.

서구 정치사상은 홉스와 루소가 설명한 자연상태에서의 인간을 자유주의 철학의 기초이자, 시장경제의 기초로 전제하였다. 자연상태 인간의 특징적 측면인 자유와 독립의 중요성을 부각시킬 수 있었던 것이다.

시민사회의 모든 사람이 자신에게만 복종하고 자연상태에 있는 것과 같다고 주장함에 따라 자연적 자유, 시민적 자유 그리고 도덕적 자유 사이의 구분을 희석시킬 수 있었다. 결국 '외톨이들의 세상' 이 정치철학의 시발점으로 된 것이다.

홉스는 1588년 스페인의 무적함대가 영국을 공격하기 위하여 도버해협으로 쳐들어왔다는 소식에 모친이 놀라 조산으로 태어났다고 한다. 그가 살던 시절은 종교개혁 이후로 경건한 생활이 강조되었고, 그가 비서로 모셨던 프랜시스 베이컨(Francis Bacon 1561~1626)은 '진리란 성서에 쓰여 있는 것이 아니라 인간이 스스로 관찰하여 경험과 실험을 통해 확인하는 것' 이라고 주장하여 과학지식의 중요성을 이야기했고, 영국 역사 상 최초로 찰스 1세 국왕의 목이 떨어졌으며, 갈릴레이가 지동설을 주장했고, 데카르트, 로크, 뉴턴과 같은 시대를 살았다. 그는 연옥을 부정하는 독실한 신자로서 사회계약설의 입장에서 절대주의를 이론화했다. 인간은 연대감에 대한 의식도 없고 동물처럼 오로지 자기 보존의 본능만을 지닌 종족이라는 자연주의적 이데올로기 사상은 곧 이은 데이비드 흄, 루소, 칸트에게도 큰 영향을 미쳤다. 하지만 인간이 원래 고독한 존재라면 이성의 조건인 언어가 인간에게는 자연스러운 것이 아니라는 인식이 따르게 되는 등 한계점도 내포하고 있다. 그럼에도 불구하고 홉스의 자연상태라는 가정은 서구 정치이론의 주춧돌이 될 만큼 의미나 비중이 높았다.

# 나. 사회계약론

　서구 정치이론은 자연상태에서 고독하고 외롭고 쓸쓸한 개인은 그런 상태를 벗어나기 위하여 계약을 맺는 단계로 이론을 전개한다. 루소는 "인간은 자유로운(liberal) 존재로 태어났으나 도처에서 사슬에 묶여 있다"고 했다. 자연상태의 인간은 근본적으로 독립적이기에 행복하나, 시민사회의 인간은 근본적으로 의존적이기에 불행하다고 본다. 그러나 인간은 단순한 본능적 존재를 넘어, 도덕적 판단과 자기 성찰을 통해 스스로를 개선하고 공동체를 형성할 수 있는 능력인 루소적 역량(Rousseauean capacity)을 가지고 있다. 모두는 평등하고 자유롭게 태어났기에 오직 자신에게 유용할 때에만 자신의 모든 권리와 함께 공동체 전체로 모두를 양도하게 된다. 각자는 모두에게 자신을 주기에 아무에게도 주지 않는 셈이다. 사회계약을 통해 잃는 것은 자연적 자유와 무제한적 권리이고, 얻는 것은 시민의 자유와 소유권이다.* 루소적 역량은 우리에게 자신을 속박한다는 점이다. 자유와 복종은 하나이자 같다. 사회 계약으로 법이 수립된다면 법에의 복종은 단순히 자유로운 선택의 반대편일 뿐이다. 그가 보는 민주주의는 자연상태의 평등에 더 가깝다.** 정부는 대체로 선하고 국민 다수가 공통적으로 지닌 일반의지를 구현하며, 일반의지는 국민 개개인의 의지라는 주장은 국가사회주의 이념으로 연결되게 된다.***

　로크는 2단계 시민사회계약론을 주장하여 성서적 계약이나 홉스적 계약과는 다르다. 로크의 자연상태는 방종의 상태(state of licence)이기에, 하나의 공동체에 함께 가입하여 하나의 정치체를 만들기로 합의하는 협약

*장자크 루소, 사회계약론, 김영욱 역, 후마니타스, 2018.
**레오 스트라우스, 자연권과 역사, 홍원표 역, 인간사랑, 2001, 5장 근대의 자연권.
***디드러 낸슨 매클로스키, 트루 리버럴리즘, 홍지수 역, 7분의언덕, 2020, 1부 인도적인 자유주의자가 되어야 한다.

"

만이 인간들 사이의 자연상태를 종료시킨다고 했다. 개인이 자연적 권력을 포기하고 공동체가 제정한 법에 따라 보호를 호소할 수 있는 공동체의 수중에 권력을 양도한 곳에서만 비로소 정치사회(political society) 또는 시민사회(civil society)가 존재하게 된다고 했다. 로크가 그리는 정치사회체는 절대군주제와는 양립할 수 없다.* 로크는 모든 구성원들 간의 동맹인 소시에타스(societas)로 결속을 이룬 후 정부와 계약하는 2단계 개념을 사용했다. 자연법이 적용되는 자연상태에 살고 있는 사람들은 시민사회로부터 정당하게 요구할 수 있는 것, 시민적 복종이 합리적일 수 있는 조건들을 성찰하게 된다. 사회는 독립적인 개인들이 모여 원초적 계약이라는 명료한 기반 위에 정부를 수립하는 것이기에 사회가 존재하는 한 권력이 개인에게 되돌아갈 수 없고, 정부가 해체되거나 독재체제가 되더라도 사회는 유지되기에** 구성원은 저항권을 행사할 수 있게 되는 것이다. 뚜렷하고, 자신 있고, 능률적이고, 쓸데없는 소리가 통하지 않는 경제학자는 로크학파이고, 신중하고, 우울하고 묵묵히 생각에 잠기는 정신 분석학자는 루소파라 할 수 있다.***

근대 사회계약론자는 인간의 근본적인 탈사회성, 탈정치성을 근본으로 삼아 개체성을 안전하게 유지하는 정치적 대안을 제시했다. 자연스러운 결과로 국가와 인간 사이의 긴장관계를 상정하고 있어 리버티의 개념이 중시될 수밖에 없게 되었다. 자본주의 정신의 고전적 이론이나 공공정책의 주요한 이론으로 여겨지는 로크의 재산권 이론은, 해방과 획득 능력의 보호를 통해서 행복이 가능하다고 했다. 부의 무제한적인 획득이 정당하고 도덕적으로 바르다고 주장하고, 이것이 받아들여지는 과정에서 리버티의 개념이 작용했다. 19세기로 접어들면서 영국 법제사가인 헨리 메인(Henry Maine 1822~1888)은 인도 힌두교와 영국 법체계 비교를 기초로**** 사회계약론의 영향을 "신분에서 계약으로(From status to contract)"라고 단적으로 표현했다. 사회계약론이 중요한 정치이론이 됨에 따라 개인은 자신이 명시적, 묵시적 동의와 합의를 하여 정치체제를 구축하는 것으로 이해하게 되었다. 사회와 계약을 하는 한쪽 당사자가 개인이라는 사실 때문에 리버티 개념을 뒷받침하게 된다.


## 다. 가치와 사실 이원론


가치는 우리가 바람직하다는 것이나, 어떠해야 한다는 것에 대한 규범적 기준이며, 인간의 선택과 행동을 이끄는 윤리적 이정표이다. 존재하고 발생한 것을 지칭하는 사실과 가치는 구분된다고 보는 것이 이원론이다.

소크라테스가 '어떻게 살아야 하는가(how should one live)' 라고 질문을 하였을 때, 그 대답은 특정 시점과 특정 상황에서의 실천적인 질문이 될 수도 있고, 무시간적(無時間的)인 반성적 질문이 될 수도 있으며, 특정인이 아닌 누구나의 질문이 될 수도 있고, 비개인적이거나 간개인적(間個人的 interpersonal)인 질문도 될 수 있다.

플라톤의 『국가』에 나오는 '동굴의 비유' 는 대답의 서막이다. 인간은 사슬에 묶여 그림자를 실재로 오인한다. 철학자는 동굴을 탈출해 태양을 보게 되니 그것은 선(善)이고 이데아의 세계다. 그리고 변화된 채로 돌아온다. 여기서 가장 오래된 가치와 사실의 구분이 발생한다. 존재하는 것과 존재해야 하는 것, 사실과 가치, 현상과 진리 사이의 간극이 발생하는 것이다.

아리스토텔레스는 이 초월적 비전을 세계 안으로 끌어온다. 그는 선이 다른 차원에 있는 것이 아니라, 사물의 목적(telos) 안에 있다고 본다. 자연은 본질을 실현하려는 경향을 가진다. 이성은 그 목적을 식별하는 도구다. 이


*존 로크, 통치론, 강정인, 문지영 역, 까치, 1996.
**한나 아렌트, 공화국의 위기, 김선욱 역, 한길사, 2011, 시민불복종.
***앨런 블룸, 미국 정신의 종말, 이원희 역, 범양사출판부, 1987.
****이매뉴얼 월러스틴, 우리가 아는 세계의 종언, 창비, 2009, 제11장 유럽중심주의와 그 화신들 245쪽.

때의 가치는 존재 속에 내재된 자연 질서다.

스토아 학파는 감정이란 비합리적이기에 합리적으로 숙고하기 위해서는 이를 철저하게 피해야 하며, 로고스, 법, 내면의 수양, 이성은 단지 사고의 도구가 아니라, 우주의 질서와 조화롭게 사는 삶의 방식이라 한다. 자유란 본능이 아니라, 자연의 질서에 자발적으로 복종하는 것이라고 보았다.

기독교가 로마의 국교로 공인된 후 아우구스티누스는 인간의 의지를 이성과 욕망 사이에 위치시켜 하나님의 은총과 구원을 자신의 의지로 도달하는 신학이론을 도입하였고, 이를 '평등한 자유'와 이성에 대한 의지의 우위를 교리로 하는 프란체스코파가 이어받았다. 또 다른 도미니쿠스파는 인간의 이성과 '평등한 복종'을 중시하였다. 이탈리아 신학자 토마스 아퀴나스(St. Thomas Aquinas 1225~1274)는 아리스토텔레스의 철학을 신학에 적용하고 기독교 사상 구조를 신의 언어로 기술한다. 가치와 사실은 아직 분리되지 않아서 신은 존재이며 동시에 선이다. 법은 질서화된 사랑이며, 의지는 이성을 따라야 하고, 이성은 신의 섭리를 따른다.

그러나 가치와 사실의 균열은 15세기 이탈리아 르네상스 시대에 시작되었다. 신의 질서보다는 인간의 존엄성과 자유 의지를 강조하고, 가치의 근거를 외적 초월에서 인간 내부로 이동시킴으로써 가치와 사실의 분리를 위한 문화적 기반을 형성하였다. 마키아벨리는 정치 영역에서 도덕철학을 외면하고 '있는 그대로의 현실'을 묘사하여, 도덕적 당위와 정치적 사실을 분리한 현실주의 정치철학의 선구자가 되었다.

스코틀랜드 철학자 데이비드 흄(David Hume 1711~1776)은 아퀴나스에 대한 반동으로 『인간이란 무엇인가(A Treatise of Human Nature)』에서 '있는 것'으로부터 '해야 하는 것', 즉 사실(sein)로부터 당위(sollen)는 도출할 수 없다는 논리적 단절(흄의 단절, Humean Guillotine)을 주장했다.[*] 사실과 존재, 그리고 가치와 당위의 영역을 구분하지 못한 것이 기존 도덕철학에서의 혼란과 오류의 주요 원천이다. 도덕은 가치의 영역에 관여하는 것이고, 사실들의 진술로부터 도출될 수 없는 것이다. 도덕은 이성보다 감

| 철학자 | 핵심 주장 | 시대 |
|---|---|---|
| 플라톤 | '이데아'를 통해 현상(사실)과 진리(가치)를 분리. 선은 감각이 아닌 이성으로 인식되는 것 | bc4c |
| 르네상스 | 신의 질서보다 인간의 존엄성과 자유 의지를 강조, 가치와 사실의 분리를 위한 문화적 기반 형성 | 15c |
| 마키아벨리 | 정치에서 '있는 그대로의 현실'을 묘사, 도덕적 당위와 정치적 사실 분리. 현실주의 정치철학의 선구 | 16c |
| 흄 | '있는 것'에서 '해야 하는 것'을 도출할 수 없다는 논리적 단절(흄의 단절) | 18c |
| 칸트 | 현상계(사실)와 선험적 도덕법(가치)을 이성 구조 속에서 구분. 도덕은 경험에서 도출되지 않음 | 18c |
| 벤담 | 공리주의(utilitarianism). 도덕을 쾌락과 고통의 계산으로 환원. 가치 판단은 결과 효용성에 의존 | 8c~19c |
| 니체 | 도덕은 보편적 진리가 아니라 권력의 표현, 가치는 창조되는 것. 가치의 상대화와 해체가 철학의 중심 | 19c후반 |
| 베버 | 사회과학에서 가치중립성(Wertfreiheit) 원칙 제시. 과학은 설명할 수 있으나, 규범을 제시할 수 없음 | 20c초 |
| 무어 | 직관주의(intuitionism). 도덕적 가치는 경험이나 이성에 근거하지 않고 직관적으로 자명하게 인식됨. 현대 윤리학에서 선의 객관성 회복 시도로 간주되나, 여전히 주관주의적 해석 가능성 내포 | 20c |

성의 영역에서 도출되는 것이고, 인간은 느낌과 욕망의 결과로 행동한다.

프로이센의 철학자 칸트(Immanuel Kant 1724~1804)는 가치와 사실의 분열을 명시하고, 더 깊이 갈라놓았다. 우리가 경험 가능한 세계는 현상계(자연계, phenomena), 도덕법은 오직 의지 속의 초월계(정신계,

*You cannot derive an 'ought' from an 'is'.

noumenal realm)에 존재한다. 가치는 세계에서 발견되지 않고, 의무의 형식으로 자율적으로 설정된다. 자유란 자기에게 스스로 법을 부여하는 능력이다. 칸트적 접근은 사실에서 가치를 도출하거나, 세계에 대한 단순한 기술에서 실천적 권고를 도출하거나, '이다' 에서 '해야 한다' 를 도출하는 것이 아니라, 윤리적 고려사항을 상정하는 합리적 행위자의 전제조건을 탐색하여 윤리적 결론을 연역하는 것이다.

영국의 철학자 벤담(Jeremy Bentham 1748~1832)의 공리주의(utilitarianism)는 도덕을 쾌락과 고통의 계산으로 환원하여 가치 판단이 결과의 효용성에 의존하게 되었다. 가장 비열한 악인이 저지른 범죄로부터 얻어낸 가장 혐오스런 쾌락도 금욕주의는 비난하겠지만 공리주의는 수용할 수 있다고 한다.* 행복의 극대화라는 포괄적인 목적에 헌신할 것을 요구하기에 자신의 정교한 계획에 어긋나는 것은 옛 질서나 가치평가는 물론이고 그 무엇도 인정하지 않겠다는 편협함에 빠져들었다.

가치와 사실의 이원론은 플라톤의 이데아론 이래 현실을 이끌어가는 가치의 중요성과 의미를 설명하기 위해서였다.

그러나 덴마크의 철학자 키에르케고르(Søren Kierkegaard 1813~1855)는 다른 방향에서 이 구분을 본다. 의당 가치를 따라야 하는 것이 아니라 가치와 사실을 선택할 수 있다는 것이다. 그는 신학적인 것, 법적인 것, 심미적인 것으로부터 도덕적인 것을 분리하였다. 심미적 존재와 윤리적 존재는 화해되지 않기에 진리는 논증이 아니라 '이것이냐 저것이냐' 라는 선택의 결단과 그로 인한 도약을 통해 얻는 것이라 하였다. 합리주의 철학은 인간의 현실적 요구나 동경에 무관심하기에,** 유한한 것에 대한 절망을 무한한 차원의 선택을 통해 불안을 극복하고자 했던 것이다.

영국의 철학자 헨리 시지윅(Henry Sidgwick 1838~1900)은 공리주의의 도덕적 명령이 심리학적 토대로부터 도출될 수 없고, 일반적 행복을 추구하라는 명령은 자신의 행복을 추구하라는 명령과 논리적으로 무관하다고 했다. 그러면서 개인의 직관은 도덕적 사유의 토대로 삼을 수 없음을 토로했다. 영국의 철학자 조지 무어(George Edward Moore 1873~1958)는 시지윅이 계약주의, 도덕주의, 공리주의, 직관주의를 종합적으로 검토한 후 어느 것도 선택할 수 없다고 포기한 그 지점을 계몽적이고 해방적인 발견으로 삼았다. 무어는 좋음(善 good)이란 단순하고 비자연적인 성질이기에 쾌락, 생존, 진화 등 자연적 속성으로 정의될 수 없다고 하며 이를 "자연주의적 오류(naturalistic fallacy)"라 한다.*** 직관주의(intuitionism)는 도덕적 가치는 경험이나 이성에 근거하지 않고 직관적으로 자명하게 인식된다고 주장하는 것이다. 이유는 없고 지각만 있다. 주관주의적 해석 가능성을 당연시하는 것이다. 무어는 만족이 아닌 다른 것, 예컨대 우정이나 미의식(awareness of beauty)을 좋게 보았다.****

프로이센의 철학자 니체(Friedrich Nietzsche 1844~1900)는 "신은 죽었다(Gott ist tot)"라 하여 이원론을 충격적으로 폭파한다. 니체와 아리스토텔레스는 길항 관계이기에, 니체가 옳다면 아리스토텔레스적 전통은 부정되어야 한다. 니체는 아리스토텔레스의 절대적 도덕 질서와 보편적 진리의 상실을 신의 죽음으로 표현하였고, "권력에의 의지(Wille zur Macht)"라는 개념으로 인간이 스스로의 존재와 가치를 창조하는 의지적 존재라고 주장했다. 가치란 명령이 아니라, 의지의 창조물이다. 도덕의 모든 합리적 정당화는 실패한다. 도덕은 권력의 가면이다. 그렇기에 도덕 교의에 대한 믿음은 근본적으로 의지의 비합리적 현상들을 은폐하는 합리화의 의미에서 설명된다. 자유란 부과된 질서를 넘어서는 초인의 자기 창조다. 신의 죽음은 상실이 아니라, 해방이다. '해야 한다'는 당위를 넘어서는 것이다.

니체와 교류하였던 오스트리아의 정신과 의사 프로이트(Sigmund

---

*제레미 벤담, 도덕과 입법의 원칙에 대한 서론, 강준호 역, 아카넷, 2015, 12. 해로운 행위의 결과에 대하여.

**H. 마르쿠제, 이성과 혁명, 김현일 역, 중원문화, 2017, 1장 변증법적 사회이론의 기초.

***조지 무어, 윤리학 원리, 김상득 역, 아카넷, 1장 윤리학의 주제와 대상.

****버나드 윌리엄스, 윤리학과 철학의 한계, 이민열 역, 필로소픽, 2022, 27쪽.

Freud 1856~1939)는 더 복잡하게 만든다. 정신분석학을 창시하여 도덕철학은 도외시하고 인간의 이드, 에고, 에로스, 슈퍼에고를 중심으로 분석하였다. 인간의 성(性)이 의식과 무의식을 억압하고 지배한다며, 구순기, 항문기, 남근기, 성기 등 원초적인 동물적 속성으로 인간을 분석하였다.

인간의 의지는 일정하지 않고, 자아는 무의식의 충돌 속에서 타협하는 전장이다. 이성은 억압된 충동의 변호인이 되며, 도덕은 선택이 아니라 강박과 내면화의 결과가 된다. 따라서 가치와 사실은 마음속에서 충돌하고 붕괴된다. 결국 니체와 프로이트는 마르크스, 다윈과 함께 '신을 살육한 자들'의 반열에 들게 되었다.*

독일의 정치가 막스 베버(Max Weber 1864~1920)는 사회과학에서 가치중립성(Wertfreiheit) 원칙을 제시한다. 사회과학은 설명할 수 있으나, 규범을 제시할 수 없다고 하여 도덕 철학이 기술적(descriptive)이 되는 것을 허용하였다. 독일 태생 미국의 철학자 카르납(Rudolf Carnap 1891~1970)과 영국의 철학자 버트란드 러셀(Bertrand Russell 1872~1970)이나 에이어(Alfred Ayer 1910~1989) 등 비엔나 학파는 '가치는 주관적 감정의 문제이며 가치 판단은 비과학적'이라는 전제 하에 논리실증주의(logical positivism)로 발전하였다.

프랑스의 사회학자 오귀스트 콩트(Auguste Comte 1798~1857)가 주장한 실증주의는 과학에서 가치를 배제하면서도 사회적 가치의 존재는 인정했지만, 논리실증주의는 가치 판단 자체를 무의미한 언어로 간주하며 과학의 언어에서 완전히 제거하고자 했다. 특히 철학을 과학적 언어 분석으로 환원함으로써, 사실만을 유의미한 존재로 승인했다.

한나 아렌트는 히틀러와 스탈린이 전체주의 이데올로기를 통해 엄청난 역사적 비극을 자행한 이유를 사실과 가치의 이원론으로 설명하였다. 역사의 과학 법칙으로 인종과 계급투쟁을 이데올로기로 내세우고 논증의 방법을 통해 경험에서 사유를 해방시킬 수 있었기 때문이다. 경험한 현실은 이데올로기 논증으로 만들어지는 것이기에, 이데올로기에 영향을 미칠 수 없고, 현실의 가르침을 받지도 않는다.** 접미어인 로기(logy)를 붙여 과학적 진술만을 의미한다는 함의를 담고 있지만, 결과적으로 사이비 과학이자 사이비 철학을 기초로 현실을 만들어가는 과정에서 수많은 인명이 희생되었다고 보는 것이다. 저 높은 이념을 기초로 한 히틀러의 '얼음같이 차가운 추리력'이나 스탈린의 '변증법의 무자비함'은 '부적절한 인종'과 '쇠퇴해 가는 계급'을 냉혹하고 잔인하게 처형시켰다는 것이다.

이것이 사고의 흐름이다. 가치와 사실의 이분법은 고대 철학에서 시작되어, 근대 계몽기의 인식론과 윤리학을 거쳐, 현대의 과학적 세계관과 사회학으로 이어진다. 플라톤의 태양에서 자기 그림자로, 질서 있는 자유에서 자기 기반의 자의성으로, 당위(Sollen)에서 존재(Sein)로, 그리고 어느 듯 당위는 사라진다. 현대인에게 자유는 더 이상 도덕적 책임이 아니라, 단순한 선택의 권리라는 지점에 도달한다. 이러한 흐름은 도덕이 더 이상 보편적 진리가 아닌 주관적 선호로 축소되는 과정을 가능하게 만들었다. 도덕적인 요구에 의해서가 아니라 단순히 내가 원해서라는 이유로 자신의 행동의 근거로 삼는 직관주의 사상은 영국의 경제학자 케인스(John Maynard Keynes 1883~1946)를 중심으로 하는 블룸즈버리 그룹에 의해 미국으로 널리 전파되게 되었다. 2차 세계대전 이후 미국의 실용주의 사조와 프로이트의 성욕구나 무의식 이론은 인간 각자의 개성을 존중하는 것에 우위를 둠으로써 보편적 가치를 중시하는 흐름의 빛은 퇴색될 수밖에 없었다. 미국은 공허하거나 되는대로 채워진 개인주의, 그리고 모든 창조적 중심에서 인간 부랑자와 하잘것없는 물건이 떼거리로 방황하는 나라가 되었다.*** 거기에서 더 나아갔다. '지금 여기'라는 주관과 개성을 강조하는 자유주의는 진리의 존재와 절대성을 부정하고 거부함으로써 역사적으로 상대주의로 귀결

---

* 에티엔 질송, 철학자들의 신, 김진혁 옮김, 도서출판 100, 2023.
** 한나 아렌트, 전체주의의 기원2, 이진우 박미애 옮김, 한길사, 2006, 272쪽.
*** 마이클 왈쩌, 관용에 대하여, 송재우 역, 미토, 2004, 187쪽.

되었다. 형이상학적 윤리를 거부하고, 감정, 현실, 사실을 중시하고, '작동하는 것'이 진실이고, 의무는 사라지고, 내가 좋은 것이 도덕을 대신하는 세상이 되었다.

데카르트의 코기토에서 시작된 사유하는 자아 중심주의는 결국 가치는 사적 영역으로 축소되고, 도덕은 취향이 되며, 자유는 더 이상 의미의 공간이 아니라, 구속 없는 상태가 된다.

개인의 단순한 선택은 해방이 아니라 고립의 리버티를 낳았다. 이성의 시험을 통과한 그 어떤 구속으로부터도 자유로워질 수 있게 되었다. 도덕적인 가치나 올바름보다 단순히 내가 바라고 원한다는 사고방식은 리버티의 팽배로 이어지게 되었다. 성자의 삶과 난봉꾼의 삶이 대등해진 것이다. 옳음은 사라지고 좋음만 서로 다투는 세상이 구현되고 있다.

## 라. 정의론의 진화

정의(正義)의 위상과 역할이 공동선의 최종 수호자에서 개인의 선택에 대한 방관자로 변화하였다. 정의론은 공동체의 선과 질서를 위한 핵심 기준이었다. 미국의 정치학자 데이비드 존스턴(David C. Johnston)이 『정의의 역사』에서 보여주듯이, 정의는 역사적으로 고대의 목적론적 질서에서 근대의 자율성과 권리 중심 논리로 전환되었고, 이 과정에서 자유와의 관계도 근본적으로 변화하였다. 고대의 정의는 공동선을 위한 자유를, 근대의 정의는 개인의 권리를 보장받을 자유를 전제로 한다.*

정의는 단지 분배의 기준이 아니라, 인간 존재의 이상적 구조를 담고 있었다. 플라톤이 트라시마코스, 글라우콘, 아데이만토스에게 가르친 '부정의한 대화'는 속류적 인습주의다. 인간은 본질적으로 자신의 선만을 추구하고 다른 사람의 선에 대해서는 어떠한 관심도 보이지 않는 것은 인습이기에 정의가 필요하다는 논리였다. 플라톤에게 정의는 각 계층이 제 역할을 하며 조화롭게 살아가는 이데아적 질서였고, 아리스토텔레스에게는 목적론적 자연 속에서 인간이 덕을 실현하는 삶의 조건이었다. 아리스토텔레스는 『니코마코스 윤리학』에서 정의를 "같은 것은 같게, 다른 것은 다르게 대우하되, 다른 것에는 정당한 근거가 있어야 한다"고 보았다. '정당한 근거' 란 단지 출신이나 지위가 아닌, 각자의 덕성과 행위, 노력과 성취를 의미한다. 아리스토텔레스의 목적인(目的因)은 자연적 불평등에 대한 믿음이 합리성과 계급제도를 결합시키는 데에 기여하였다. 평등한 사회보다 조화로운 사회를 존중했기에 노예제도도 용인될 수 있었던 것이다. 모든 것이 각자의 자리를 갖는 모델이고, 그에 따른 개인의 운명과 자만심과 수치심을 강조하였다.[**]

그러나 근대로 들어서면서 자연에서 인공으로 정의관이 바뀌게 된다. 모든 인간의 차이는 자연이 준 것이 아니라 사회질서의 산물로 보기 시작했다. 모든 인간은 똑같은 가치를 가진다는 것이다.[***] 정의는 점차 절차적이고 계약적인 형식으로 변화해간다. 샌델은 이 변화 속에서 '자유란 무엇인가' 를 묻는 일이 결국 '정의란 무엇인가' 라는 질문과 맞닿아 있다고 보며, 자유와 정의 두 개념의 긴장과 교차를 철학적으로 조명한다. 홉스와 로크, 루소를 거치며 정의는 개인의 권리를 보장하는 계약의 산물로 이해되기 시작했고, 이는 곧 권리 중심의 정의론으로 이어진다. 개인의 권리 중심의 자유란 리버티로 귀결된다는 의미이다.

흄은 정의를 인간의 이기심과 공감이 상호작용하는 가운데 생성된 사회적 관습이자 제도적 규칙으로 이해하였다. 그는 자연권을 부정하고, 정의는 반복된 경험과 공동체의 유익에 따라 형성된 심리적·사회적 습관이라 보았으며, 자유는 이러한 관습의 안정성 속에서 작동하는 조건이었다.


*데이비드 존스턴, 정의의 역사, 정명진 역, 부글북스, 2011.
**래리 시덴톱, 개인의 탄생, 정명진 역, 부글북스, 2016.
***데이비드 존스턴, 정의의 역사, 정명진 옮김, 부글북스, 2011, 4장 자연에서 인공으로: 아리**스토텔레스에서 홉스로.**

영국의 정치경제학자 아담 스미스(Adam Smith 1723~1790)는 『도덕감
정론』과 『국부론』을 통해 정의를 공감(sympathy)과 자유로운 시장 질서 안
에서 이해하였다. 그는 도덕 판단의 기초로서 '공정한 관찰자(impartial
spectator)' 개념을 제시하며, 정의는 공감에 의해 조절되고, 자유는 타인에
게 해를 끼치지 않는 선에서 자율적 행위로 보았다. 스미스에게 정의는 공
동체 내의 질서 유지 장치이며, 자유는 그 질서를 훼손하지 않는 한 최대한
보장되어야 할 가치였다. 이러한 관점은 영국적 자유주의와는 달리, 공감과
질서에 기반한 스코틀랜드적 자유주의의 전형이라 할 수 있다.

J.S. 밀은 『자유론』에서 자유를 개인의 정신적·도덕적 성장의 토대로 규
정하였으며, 정의는 전체의 효용을 증진시키는 규범적 수단이었다. 그의 공
리주의적 정의론은 총효용의 극대화를 추구하나 모든 사람의 효용을 동일
하게 취급하니 평등주의적이다. 평등한 개인의 자유 확장을 최대 다수의 최
대 행복과 도덕적 진보로 연결짓는 정의관이었다.

반면 칸트는 정의를 '외적 자유의 보편적 법칙'이라 규정하고, 자유를 정
언명령을 따를 수 있는 자율적 이성의 표현으로 보았다. 그의 정의론은 행
위의 결과가 아니라, 보편화 가능한 원칙 아래 타인을 수단이 아닌 목적으
로 대우할 수 있는 조건에 집중한다. 이러한 정의론의 밑바탕에는 고대로부
터 이어져온 윤리적 지침인 황금률(Golden Rule)이 흐르고 있다. 이 규범은
단지 철학적 명제가 아니라, 고대 종교 전통의 핵심 윤리이기도 하다. 기독
교에서는 "남에게 대접받고자 하는 대로 남을 대접하라"*는 말씀이 예수의
윤리 가르침의 중심에 있으며, 무함마드도 마지막 설교에서 "다른 사람을
상처 주지 않으면 당신도 상처를 받지 않을 것이다"라 하였고, 공자는 『논
어』에서 "내가 원하지 않는 바를 남에게 행하지 말라(己所不欲 勿施於人 기
소불욕물시어인)"고 말하며 유사한 규범을 제시했다. 모두 정의와 자유가
타인의 입장에서 자기를 성찰하고 절제하는 윤리적 행위임을 전제한 것이
다. 종교 윤리에서의 황금률은 자유를 방종이 아닌 책임으로 전환시키며,
정의는 상대방을 나와 같은 존재로 대우하는 최소한의 조건으로 작동한다.

"네가 대접받고 싶은 방식대로 남을 대접하라"는 규범은 자유가 타인을 해치지 않고, 상호성의 도덕 속에서 실현될 수 있게 하는 최소한의 정의 원칙이었다. 황금률은 자유가 단순한 자기 의지의 발현을 넘어서, 타자에 대한 고려와 내적 절제로 연결될 수 있도록 안내하는 윤리적 고리로 작용해왔다.

이후의 철학자들은 정의를 더 유연하고 개인화된 기준으로 전환시킨다. 나아가 개인의 선에 대한 적극적이고 능동적인 규범적 위상에서 중립성으로 전면 후퇴하게 되었다. 미국의 철학자 노직(Robert Nozick 1938~2002)은 자유주의 정의관을 주장하지만, 그것은 자유보다 소유권 보호에 중심을 두었고, 아마르티아 센과 미국의 철학자 누스바움(Martha Nussbaum 1947~)은 실제적으로 선택의 기회를 제공할 수 있는 역량(capability)의 형평성을 중시하여 개인의 자유 실현이라는 목적에 봉사하였다.

드워킨은 자유의 동등한 해석 가능성 자체를 정의로 보았기에, 본질적으로는 해석의 자유를 위한 구조로서의 정의만을 지지한다. 동등한 배려(equal concern)는 정치 공동체의 최고덕목이며 그것이 없는 정부는 오직 독재일 뿐이라고 했다.[**]

미국의 정치철학자 마이클 왈쩌(Michael Laben Walzer 1935~)는 『정의와 다원적 평등(Spheres of Justice)』에서 정의를 단일한 기준으로 설명할 수 없으며, 사회마다 고유한 재화의 논리에 따라 분배의 원칙이 달라져야 한다고 주장하였다.

그는 "한 영역의 우위가 다른 영역을 지배해서는 안 된다"고 말하며, 정의로운 사회란 권력이 집중되지 않고 각 영역의 자율성이 보장되는 구조임을 강조한다.[***] 왈쩌에게 자유는 특정한 보편적 권리라기보다는, 각 삶의 영역에서 자신의 삶을 규정할 수 있는 독립성과 정당성을 뜻하며, 이는 곧

---

*마태복음 7:12
**로널드 드워킨, 자유주의적 평등, 염수균 역, 한길사, 2005, 서문 : 왜 평등이 중요한가.
***마이클 왈쩌, 정의와 다원적 평등, 정원섭 외 역, 철학과현실사, 1999, 1장 다원적 평등.

| 철학자 | 정의의 기준 | 자유와 관계 | 권리와 관계 | 특징적 개념 |
|---|---|---|---|---|
| 흄 | 사회적 관습과 심리적 습관 | 관습 안정성 속에서의 자유 | 제도적 관례로 인정 | 공감과 유용성에 기반한 규범 |
| 아담 스미스 | 공감과 질서에 기반 | 타인 해를 피하는 범위 내 자유 | 질서 유지 수단 | 공정한 관찰자, 보이지 않는 손 |
| 프리드리히 하이에크 | 자생적 질서에서의 법과 관습의 정당성 | 강제의 부재, 정의는 결과의 수용 | 절차에 의한 자유의 틀 | 법치, 자생적 질서, 정의 없는 정의론 |
| 롤스 | 공정한 절차와 차등 분배 | 기본적 자유 보장 | 제도 안에서 우선됨 | 원초적 입장, 무지의 베일 |
| 노직 | 개인 소유권 보호 | 재분배 없는 자유시장 | 절대적 제약 | 정당한 소유의 역사 |
| 드워킨 | 해석 가능한 평등한 권리 | 자율적 해석을 통한 자유 실현 | 선택의 기반 | '권리를 갖고 있다는 것의 의미' |
| 마이클 왈쩌 | 재화의 고유한 사회적 의미와 분배 논리 | 각 영역의 정의로운 분산 | 영역별 자율성과 연계 | 다원적 평등, 분배 권력의 탈중심화 |
| 아마르티아 센 | 선택할 능력 (functioning) | 실질적 선택을 보장 | 기능의 수단 | 역량 접근 |
| 마사 누스바움 | 인간 존엄을 위한 역량 | 역량 실현의 자유 | 역량 접근 | 10가지 핵심 역량, '존엄 기반 정의 |

정의의 다원성과 자유의 다원성을 일치시키려는 시도였다.

이러한 정의론은 각자가 자기 자신만의 목적을 정할 수 있도록 개인들을 해방시켜 버렸다. 인간 삶의 목표, 인간에게 좋은 삶은 공공적 관점에서 체계적으로 해결될 수 없는 것으로 간주하는 자유주의 핵심 교의가 되었다. 현대 정치철학의 주류로 자리 잡으면서, 공동체적 도덕성과 연대의 프리덤은 쇠퇴하고, 개인의 자기 선택을 극대화하는 리버티만이 번창하게 되었다.

　이러한 정의론에 눈에 띄는 변화가 나타났다. 하이에크의 '정의 없는 정의론'에 존 롤스의 정의론이 가세한 것이다. 평등한 개인들이 자유를 누리기 위해 정의는 어떠한 역할을 하여야 하는지에 대한 자유와 정의의 관계가 무관심으로 단절되게 된 것이다. 하이에크는 『법, 입법 그리고 자유2』에서 자생적 질서로서의 시장과 법을 강조하며, 개인의 자유는 강제의 부재로서 실현된다고 주장한다. 하이에크는 '정의로운 분배'라는 개념 자체를 비판하면서, 자유로운 질서 속에서 나타나는 결과는 그 자체로 정의롭다고 보았다. 정의는 계획되거나 설계될 수 없으며, 자유로운 행위의 예측 불가능한 결과를 수용하는 자세가 오히려 정의롭다는 것이다. 하이에크에게 자유는 도덕적 기준이 아니라 질서의 전제 조건이며, 정의는 그 질서가 자생적으로 유지되는 상태로 해석한다.*

　존 롤스는 원초적 입장(original position)에서 공정한 절차와 최소 수혜자의 이익을 고려하는 정의의 두 원칙을 제도화한다.** 기본 자유는 모두에게 평등하게 제공하는 원칙과 사회적, 경제적 평등과 관련한 차등 원칙이다. 언론, 양심, 정치 참여 등의 자유가 제1원칙으로 보장되고, 최약자의 복지가 증진되면 정의롭다고 보았지만, 이는 공동선이나 도덕적 옳음의 기준을 회피한 정의였다. 모든 사람은 전체 사회의 복지라는 명목으로도 유린될 수 없는 정의에 입각한 불가침성(inviolability)을 갖는다고 했다. 롤스 정의론의 오류는 "옳음이 좋음에 우선한다(The right is prior to the good)"고 하며, 특정한 종교나 도덕에 대한 개인의 좋음 선택에 국가는 중립을 지켜야 한다는 것이다. 대신 국가는 공정한 제도, 법, 절차, 자유·평등 원칙을 다루는 '옳음'을 우선해야 한다.

　정의의 관점들은 규칙 및 제도들의 틀을 규정하는데 그 속에서 사람들은

---

*프리드리히 하이에크, 법 입법 그리고 자유2, 민경국 역, 자유기업센터, 1997, 8장 정의를 찾아서.
**존 롤스, 사회정의론, 황경식 역, 서광사, 1985.

다양하고 때로는 상충적인 관점들의 선 및 삶의 의미를 추구할 수 있게 된다.* 우리가 잘 산다는 것이 무엇인지에 대한 특정한 비전을 증진시키는 것이 아니라 자신들의 다양한 목적들을 추구할 수 있도록 공정한 규칙과 제도를 구축하는 정의관을 따르는 것이다. 적법절차(due process)를 따른다면 무엇이 올바른지에 대한 질문을 제기하지 않는다. 사고의 일정한 양식, 방법 또는 절차의 측면에서 실천적 추론이 정해지는 것이 무엇보다 중요하다. 대표적인 사례가 롤스의 정의관으로서 기본적 자유의 원칙과 공정한 기회의 평등을 주장하기에 결국 각자가 추구하는 선에 일정한 지침을 부여하지 않는다. 따라서 개인들 간의 선의 충돌은 불가피하고 그렇게 되기에 리버티가 득세하게 되는 것이다.

각자는 물려받은 역사적 요인이 다양하기에 그 차이를 용인할 수밖에 없게 된다. 개인의 차이를 용인하고 중립적인 입장을 취하는 정의론은 종교와 도덕도 단순한 선으로 간주하는 환원주의가 되어버렸다. 전수받은 문화적 전통의 다양성, 노동 분업이 발전함에 따른 복잡성 증대, 차이들의 표현을 환영함으로 인해 차이들을 더 심화시키는 것을 조장하는 현대적 관용의 관행 등이 리버티의 승리를 더욱 부채질하게 된 것이다.

정의가 자유에 대한 무관심에서 더 나아가 철저한 개인의 선택 사항으로 만들어버렸다. 니체가 보편적 도덕의 기반인 신이나 절대적 진리가 사라졌다는 것을 "신은 죽었다"라고 선언했기 때문이다.

리처드 3세(Richard Ⅲ 1452~1485)는 형인 에드워드 4세(Edward Ⅳ 1442~1483)의 두 아들 에드워드 5세와 요크공을 무고하게 살해하고 왕위를 찬탈하였기에, 셰익스피어는 리처드 3세를 경멸하였고 이를 『리처드 3세』라는 희극으로 남겼다. 1485.8 보스워스(Bosworth)전투 아침 리처드 3세가 "천국은 아닐지라도 손에 손을 맞잡고 지옥으로 가자꾸나"**라는 독백을 했다. 마틴 반 크레벨드(Martin Van Creveld)는 니체가 흔쾌히 동의할 대사라 하며, "후회의 여지를 남기는 것은 단순히 어리석음을 차곡차곡 쌓는 바보 같은 짓이고, 무엇은 해도 되고 무엇은 안 된다고 말하는 신이 없는 삶을 우리는 살아야 한다"고 양심의 소리를 묘사했다.*** 이제 인간은 스스로 도덕과 가치를 창조해야 하는 존재가 되었고, 양심은 더 이상 외부로부터 강요된 것이 아니라 개인 의지의 산물이 되었다는 의미다. 리처드 3세는 스스로 양심을 억누르고 권력을 향해 나아가는 인물이다. 후회를 거부하고, 초월적 기준을 부정하며, '신 없는 삶'을 살아야 한다고 자각하기에 양심은 해체되고, 정의는 '무엇이 옳은가'가 아니라 '무엇을 선택할 수 있는가'로 전환된다. 그것이 곧 리버티의 승리이자, 도덕의 해체다. 정의론 마저도 이제는 '무엇이 옳은가'보다는 '누가 선택할 수 있는가'를 묻는다. 그리고 이 흐름은 도덕이 권리에서 벗어나, 자율적 선호의 형식으로 진화하고 있다는 것을 뜻한다. 리버티의 승리를 철학적으로 정당화하는 요인이다.

## 마. 다수결주의

소크라테스는 사물의 본질을 추구하기 위해 개개인의 속견(doxa)에서 출발한다. 인간이 진정으로 추구하고 추구해야만 하는 것은, 스스로를 통치할 권리가 아니라 잘 통치 받을 권리다.**** 근대 민주주의는 다수결(majority rule)을 자유와 정의의 정당한 절차로 간주하며 발전해왔다. 다수결은 정치 권력의 정당성을 시민의 합의에서 찾고, 절차적 정의의 구현으로 여겨진다. 그러나 이러한 다수결 원리는 점차 공동체적 프리덤의 기반을 약화시키고, 개인 선택의 리버티를 절대화하는 방향으로 작동하게 되었다.

*찰스 라모아, 정치철학, 장동진 역, 명인문화사, 2023, 282쪽.
**윌리엄 셰익스피어, 리처드 3세, 셰익스피어전집2, 신상웅 역, 동서문화사, 2019, 5막 3장.
***마틴 반 크레벨드, 양심이란 무엇인가, 김희상 역, 니케북스, 2020, 198쪽.
****러셀 커크, 보수의 정신, 이재학 역, 지식노마드, 2018,

마키아벨리는 세계는 하층민으로 이루어져 있다고 말했다. 벤담식 최대 다수의 최대 행복의 정치는 그들 손에 제한되지 않는 정치권력을 넘겨주게 되었다. 지위에서 계약으로의 진보가 아니라 민주주의는 계약에서 원시적 지위로 침몰되고 있다. 천상천하 유아독존이라는 원시적 지위로 회귀하고 있기 때문이다.

19세기 유럽, 특히 영국에서도 선거법 개정(1832, 1867, 1884)을 통해 선거권이 점차 중산층과 노동자 계층으로 확대되면서, '다수의 이익'이 정치의 정의로 간주되는 흐름이 자리 잡았다. 이는 민주주의의 진전이자 해방의 과정이기도 했지만, 동시에 귀족제와 전통 공동체를 중심으로 한 질서 기반의 자유(freedom)가 해체되는 것이기도 했다.

군주와 부르주아 엘리트들은 '중우정치(mobcracy)'의 부상을 우려하며, 다수의 선택이 정의를 대신하는 상황에 민감하게 경계심을 드러냈다. 미국 건국의 아버지들은 다수결이 초래할 수 있는 전횡을 깊이 우려했다. 제임스 매디슨은 『페더럴리스트』에서 다수파의 폭정이 소수의 권리를 침해할 가능성을 경고했으며, 헌법은 견제와 균형의 원리에 따라 그러한 위험을 최소화하고자 했다. 자유의 보호가 단순히 다수의 뜻에 따르는 것만으로는 달성될 수 없음을 인식한 중요한 사례이다.

현대에 이르러 다수결은 절차적 정당성의 상징이 되었고 이것은 좋음이 옳음보다 우선하는 정의관이 우리의 정치의식을 지배하도록 허용하였다. 칸트에 의하면 개인의 자아는 자아의 목적에 우선하기 때문이다. 다수결은 기본적으로 한 명이라도 더 많은 지지를 받는 대안이 승리하는 구조이기 때문에, 각 개인의 선택과 투표가 결정적인 역할을 하게 된다. 가령 99 대 99의 상황에서 나의 한 표가 어느 쪽으로 기우느냐에 따라, 198명의 집단 운명이 좌우되는 것이다. 이처럼 개인의 선택이 결과 전체를 결정짓는 제도적 구조 속에서, 나의 판단과 나의 자유는 점점 더 중대한 것으로 간주된다. 나의 리버티에 대한 자긍심은 같은 생각을 가진 유권자 집단으로 결성되고, 이들은 한계 그룹(marginal group)으로서 결정의 주도권을 행사한다. 기본적으로 좌파와 우파 성향의 지지자는 고정된 투표 성향을 보이지만, 정체성 정치로 조직화된 유권자가 선택의 방향에 직접적인 영향을 미치면서 선출직의 입법과 예산심의권에 영향을 미치게 된다.

안정적인 다수로 지지 기반 역할을 해주는 사람들은 상대적으로 뒷전으로 밀려나고 한계 그룹이 주도권을 행사하게 된다. 그래서 정체성 정치의 발언권이 강화되고 있는 것이다.

그리하여 다수결은 단지 공동의 합의 절차가 아니라, 개인이 자기 선택을 행사할 권리(liberty)를 최우선 가치로 부각시키는 정치적 구조로 진화한다. 다수결은 자유의 이름으로 작동하지만, 그 실질은 개별 선택의 권위와 정당성을 절대화하는 과정으로 기능하고 있는 것이다.

하지만 그 정당성은 종종 '무엇이 옳은가' 보다는 '얼마나 많은 이가 원하는가' 에 의해 규정된다. 다수결로 결정할 경우 구성원이 틀릴 확률보다 옳을 확률이 크고, 큰 집단이 작은 집단보다, 그리고 집단이 개인보다 좋은 결과를 낸다는 콩도르세의 배심원 이론(Condorcet Jury Theorem)도 집단 편향성을 극복할 수는 없다.* 그 결과, 다수결은 공동체적 가치, 윤리적 전통, 또는 도덕적 판단을 우선하지 않고, 항상 개인의 선택권을 최우선 가치로 밀어 올리는 구조로 정착되었다.

다수결은 자유(freedom)의 이름으로 작동하지만, 실제로는 자기결정의 권리 개념인 리버티를 극대화하는 구조적 메커니즘으로 기능하며, 궁극적으로는 절차적 정의가 개인 선택의 자유, 즉 리버티가 지배하는 시대를 열었다.

---

*카스 선스타인, 왜 사회에는 이견이 필요한가, 박지우 송호창 역, 후마니타스, 2015, 6장 집단 편향성의 법칙.

# 바. 신교의 길

　기독교에서 개인은 그리스도 몸 안에서 하나이고 하나님 앞에서 모두는 평등하기에 가족과의 공동체는 해체된다. 개인적 차원의 구속만을 약속하기에 개인 하나 하나에 관심을 둔다. 인민(people), 군중(the masses), 핍박받는 자(the underprivileged) 등 집단은 관심사가 될 수 없다. 하나님의 은총은 개개인에게 똑같이 주어진다는 기본적인 '은총설'은 종교개혁으로 변화하게 된다. 종교개혁은 종교 체계의 분열을 넘어, 개인의 자유 개념에 구조적 전환을 야기한 역사적인 사건이었다. 중세 가톨릭은 성체 성사 등을 통해 신자의 구원과 하나님의 은총을 교회 제도를 통해 중개하였다. 죄의 용서도 고해 성사나 면죄부를 통해 이루어지며, 신자는 사제의 권위 아래에서 공동체적 신앙 질서에 참여했다. 이러한 구조는 자유를 신과 공동체 사이에서 조율되는 질서로서(freedom) 이해하게 만들었다.

　그러나 마르틴 루터를 중심으로 한 종교개혁은 "만인사제주의"를 내세우며, 신자는 교회를 통하지 않고도 직접 하나님과 교통할 수 있다고 주장하였다. 이는 사제의 중재 없는 양심(conscience)의 자율성을 강조한 것이며, 신앙을 공동체적 질서보다 개인적 내면의 선택과 실천의 문제로 돌려놓는 전환이었다. 그는 가톨릭의 독신 제도와 수도원 제도를 인간이 만든 구속이라 보았기에 수도원 수녀 출신과 결혼했다. 신앙의 자유와 제도에 대한 도전이라는 종교개혁의 정신을 행동으로 옮긴 상징적 실천이었다.

　막스 베버는 『프로테스탄트 윤리와 자본주의 정신』에서 이 전환을 '금욕주의적 직업 소명'으로 분석한다. 카톨릭이 고해 성사로 죄를 씻고 구원의 확신을 공동체로부터 받는 구조였다면, 신교도는 일상의 엄격한 도덕성과 근면성을 통해 자신이 선택받았음을 증명하고자 했다. 하나님의 은총은 사제가 아니라 양심에 따라 살고, 성경을 실천하는 개인의 삶 속에서 드러나야 했다. 나아가 일부만이 하나님의 구원을 받고 나머지는 영원한 죽음에 처해진다고 했다. "너희는 믿음 안에 있는가 너희 자신을 시험하고 너희 자신을 확증하라 예수 그리스도께서 너희 안에 계신 줄을 너희가 스스로 알지 못하느냐 그렇지 않으면 너희는 버림받은 자니라."*

이러한 새로운 기독교의 구조 속에서 구원은 더 이상 공동체를 통한 축복이 아니며, 각 개인이 자신의 선택과 실천을 통해 확인해야 하는 내면적 과제가 된다. 루터파는 일정 부분 기존 가톨릭의 제도와 의식을 유지하며 보다 느슨한 형태의 교회 질서로 자리 잡았지만, 칼뱅파와 재세례파는 보다 급진적인 신앙 실천을 강조하였다. 이들은 유럽에서의 박해를 피해 북아메리카로 이주하며, 세속적 삶의 모든 측면을 철저한 신앙의 실천 무대로 이해하였다. 가톨릭의 사제 없이 바로 하나님과 통하기에 성직자, 세례와 성찬 등 성례전, 교회, 고해성사, 성지순례, 성지 방문, 성보 숭배, 면죄부 등은 소용이 없게 되자, 운명론과 내면적 고독감과 극도의 불안감이 팽배해져 염세주의적 개인주의로 발전되었다. "사람을 믿으며 육신으로 그의 힘을 삼고 마음이 여호와에게서 떠난 그 사람은 저주를 받을 것이라"는** 것이다. 직업 노동은 구원의 확실성이 되고, 일생 동안 세속 안에서 수도사로 살아가야 한다는 현세적 금욕주의 자세로 절식, 채식, 냉수욕 등을 통해 늘 성찰하는 생활양식으로 변모하게 되었다. 청교도는 개인의 역량과 창의력을 토대로 합리적이고 합법적인 영리활동이라는 개인주의적 동력을 축으로 한 자본주의의 발전과 함께 활발하게 교세를 넓혀갔다.*** 청교도의 전통은 신앙을 리버티로 제도화하는 사회적 구조에 크게 기여를 한 것이다.

서구 사회는 이 과정을 통해, 신교 신앙이 단지 내면의 자유를 주장하는데 그치지 않고, 자본주의 사회의 윤리와 제도로 강력하게 규범화되는 자유

---

의 문명화를 경험하게 되었다. 결과적으로 신교적 세계관은 자유를 더 이상 질서나 전통에 근거한 프리덤이 아니라, 자기 양심과 신 앞의 개별적 결단으로 실현되는 리버티의 방식으로 전환시켰다.

즉 종교개혁은 신앙의 자유를 넘어서, 근대적 개인이 자신의 선택을 통해 삶의 의미를 구성하고자 하는 전형적인 리버티의 원형을 제공한 것이었다. 이는 이후 시민사회, 시장, 정치의 영역에서 나타날 자유 개념의 변화, 즉 공동체적 자유(freedom)에서 선택의 자유(liberty)로의 이행을 사상적으로 예고한 중요한 출발점이라 할 수 있다.

## 사. 이성의 간계

개인의 행동과 충동을 눌러온 오래된 억압을 모두 철폐하며 절대적 자유를 추구했던 프랑스혁명 때 의무가 없는 절대적 권리라는 추상적 이론이 나라를 휩쓸었다. 자유의 이름으로 전통 질서를 해체하고 새로운 정치 질서를 수립하려 한 대표적인 혁명이었다.

토머스 페인은 "우리에게는 세상을 다시 시작할 힘이 있다"고 선언하며, 인간의 이성만으로 새로운 사회를 구성할 수 있다는 급진적 낙관주의를 주장하였다. 이성과 권리는 전통을 대신할 수 있었고, 정의는 도덕보다 개인의 권리에 기반해야 한다는 자유주의적 이상이 강화되었다.

이에 반해 에드먼드 버크는 『프랑스 혁명에 대한 성찰』에서 "도덕, 습성, 관습"이야말로 인간 사회를 유지시키는 핵심 요소이며, 인간은 이성만으로 세상을 다시 시작할 수 없다고 비판하였다. 그는 자유는 파괴가 아니라 축적된 질서 속에서 점진적으로 실현되는 미덕적 가치라고 보았다.

버크는 세대는 누적된다고 보아 오랜 세월 살아남고 진화해온 관습을 존중해야 한다고 하나, 페인은 세대는 반복되기에 모든 세대는 앞선 세대들과 권리 상 동등하다고 했다. 버크에게 영속성을 갖는 것은 변화이나, 페인은 불변의 원칙이 영속성을 갖는다고 보았다.*

버크와 페인의 논쟁은 보수와 진보, 전통과 혁신, 공동체와 개인의 자유를 둘러싼 현대 정치 철학의 원형이 되었다.

역사는 결과적으로 버크보다는 페인의 방향을 따랐고, 프랑스혁명은 물론 미국혁명, 러시아혁명 등의 결과는 질서와 공동체(freedom)의 해체, 그리고 권리와 자기결정(liberty)의 제도화로 이어져 왔다. 그 외에도 흑인노예무역, 제국주의, 인종주의, 성차별 등은 그 누구도 혼자의 힘으로는 사건을 통제할 수 없고 통제할 권리도 없는 것처럼 보이고, 사건들은 초개인적인 힘에 의해 움직이는 것같이 보인다.

헤겔은 이러한 역사의 방향을 이성의 간계(奸計, das List der Vernunft, cunning/ruse of reason)로 설명한다. 개인이 불행을 맛보고 상실을 감내하게 하면서도 이성을 위하여 정열을 작동하게끔 하는 것을 의미한다. 간계란 "목적의 수단화를 통한 자기실현"이기에 개개인의 특수한 목적은 이성의 보편적 목적을 실현하는 도구이자 껍질에 불과하게 된다. 그러므로 인간의 열정과 파괴적 욕망은 겉보기에는 질서를 붕괴시키지만, 역사는 그 속에서 이성의 목적을 실현하는 통로를 만들어간다. 그럼에도 인간이 능동적으로 역사를 창조해 간다는 착각은 이성의 간계 때문인 것이다. 알렉산더, 시저, 나폴레옹 같은 인물들은 자신들의 야망, 명예욕, 정복욕을 위해 행동했지만, 결과적으로 인류 역사 속 자유와 이성의 진보에 기여했다. 그들은 자신의 목적을 위해 행동하지만, 이성은 그들을 도구로 삼아 더 높은 목적을 실현했다. 나폴레옹과 비스마르크도 스스로 역사의 꼭두각시놀음을 의식하고 있었다고 한다.**

개별 인간의 의지와 무관하게 역사를 통해 이성이 스스로를 실현하는 방식인 이성의 간계는 헤겔 역사철학의 핵심 구성요소이며, 이성과 역사의 통

---

*유벌 레빈, 에드먼드 버크와 토머스 페인의 위대한 논쟁, 조미현 역, 에코리브르, 2016.
**하인리히 리케르트, 문화과학과 자연과학, 이상엽 옮김, 책세상, 2007, 192쪽.

일성, 보편성의 실현, 자유의 발전을 설명하는 핵심 기제다.

이성의 간계는 개인을 넘어선 거대한 힘이 역사적 질서를 만들어가는 비유적 구조를 공유하는 쟈가노트(Juggernaut)의 행진*과 비교하면 의미를 더욱 분명하게 알 수 있다. 이성의 간계는 역사 속 개인을 단지 수단화하는 방식이지만, 궁극적 목적은 이성의 실현과 자유의 확장에 있다. 그래서 개인의 희생은 구조적 진보를 위한 통과의례로 기능한다. 그러나 인도 종교에서 유래한 쟈가노트는 거대한 수레가 사람을 짓밟고 나아가는 것으로, 자본주의, 전체주의, 기술문명 등 인간을 압도하는 비인간적 질서의 상징으로 쓰인다. 이성의 간계가 합리의 이름으로 인간을 도구화했다면, 쟈가노트는 목적조차 없이 인간을 짓밟는 체제의 무의미한 폭주를 상징한다. 개인을 압도한다는 점에서 같지만, 하나는 자유의 진보를 전제로 하고, 다른 하나는 소외의 심화를 상징한다는 점에서 완전히 다르다.

헤겔은 『법철학』(1820) 서문에서 "미네르바의 부엉이는 황혼이 저물어야 그 날개를 편다"라 하며, "합리적인 것은 현실적이고 현실적인 것은 합리적"이라 하였다. 철학은 미리 예측하는 것이 아니라 역사적 조건이 이루어진 후에야 그 뜻이 분명해진다는 의미로 사용한 것이다.** 합리적인 모든 것은 실제와 일치해야 하므로 그것은 참일 수밖에 없어 헤겔은 기득권을 옹호하는 모양이 되어 버린다. 역사적으로 이성은 자유를 향한 도구로 반복해서 동원되었고, 프랑스 혁명은 개인의 선택과 권리가 정당화된 자유의 질서, 즉 리버티의 승리를 이끈 상징적 사건으로 인용되었다. 이러한 사고는 마르쿠제에게로 이어지는데, 그는 이성적 해방이 체제의 기술적 지배로 전환되어 오히려 인간의 자유를 억압하는 방식으로 작동할 수 있음을 경고하였다. 아도르노는 이성의 책략은 인간을 점점 더 유능한 야수로 만드는 데 있는 것이지, '주객 동일성'을 수립하는 데 있는 것은 아니기에 이성의 간계 이론을 통해 개인을 보편의 대리자로 등급 매겼다고 했다.***

이러한 흐름은 이후 근대 헌정주의, 인권 담론, 정치적 대표성 논의에서 자율적인 개인의 권리로서의 리버티가 제도적으로 중심이 되는 시대로 이어졌으며, 자유는 공동체적 규범이 아닌 자기결정의 권리로서 정당화되는 방향으로 굳혀 나갔다. 자유주의는 인간 선에 대한 결정적 개념을 각자에 따르도록 하여 공공 담론에서 담당할 자리를 부정하였고, 정부는 인간 선에 대한 경쟁적 개념들 사이에서 중립적이어야 한다고 했다. 나아가 공동체를 구성하고 지속하기에는 오히려 적대적인 제도적 질서를 주장하게 되었다. 이성의 간계였던 것이다.

## 아. 도구적 이성

근대의 이성은 인간을 해방시키는 도구였을까, 아니면 인간을 조율하는 기계였을까?

자유는 이성의 힘으로 확장되었지만, 그 이성은 도덕적 판단이 아니라 효율성과 자기 이익을 계산하는 도구적 이성(instrumental reason)이었다. 이성이 추구한 것은 공동선이나 진리가 아니라, 수단의 정교화와 결과의 최적화였고, 바로 그 논리 위에서 리버티가 승리할 수 있었다.

막스 베버는 근대의 이성이 "목적합리성(Zweckrationalität)"으로 전락했다고 보았다. 인간은 도덕적 존재가 아니라 계산 가능한 존재로 변하고, 자유란 더 많은 선택지를 앞에 둔 '기술적 행위자'의 권리로 전환되었다. 이성은 이제 '무엇이 옳은가'가 아니라 '어떻게 할 것인가'를 묻는 존재가 되었고, 자유는 책임이 아니라 임의적인 선택이 되었다.

프랑크푸르트학파의 호르크하이머와 아도르노는 『계몽의 변증법』에서 "이성이 스스로를 억압의 도구로 전환시킨다"고 주장했다. 이성의 변증법

* 아놀드 토인비, 시련에 처한 문명, 강기철 역, 일지사, 1975, 2장 역사의 현시점.
** 알렉상드르 꼬제브, 역사와 현실변증법, 설헌영 역, 도서출판한벗, 1981, 3. 미네르바의 부엉이.
*** 허버트 마르쿠제, 이성과 혁명, 김현일 역, 중원문화, 2017, 7장 역사 철학.

으로 이성은 '목적 없는 합목적성'이 되며, 순전히 '계획'을 위해 고안된 계획이 된다. 호르크하이머는 칸트의 상호 존중의 의무를 이성의 법칙으로부터 도출하는 것의 근거는 전혀 없다고 비판한다.* 계몽의 목적이었던 해방은 기술, 체계 그리고 관료주의의 이름으로 인간을 분절시키고 표준화시키는 시스템이 되었다. 이성은 인간이 아니라, 권력과 자본, 기술 체계의 안정성과 재생산을 위한 수단이 된 것이다.

마르쿠제는 『일차원적 인간(One-Dimensional Man)』에서, 현대인은 스스로 자유롭다고 믿지만, 사실은 자본과 기술이 설정한 제한된 선택지 안에서만 자유롭게 행동할 수 있을 뿐이다. 선택된 상품과 정당 사이에서의 자유이며, 비판 없는 수용이 일상화된 사회적 순응의 자유이다. 리버티는 이런 체계에 길들여진 선택지들의 목록일 뿐이며, 인간은 반복된 수용과 체계내 조화의 미덕을 내면화한 일차원적 존재가 되었다. 이성은 "자유란 타인의 방해 없이 나를 실현하는 것"이라 하고, 법과 제도는 "당신의 자유가 침해받지 않도록 보장해주는 시스템"으로 정당화되었다.

영국의 배우 찰리 채플린(Charles Chaplin 1889~1977)의 영화 『모던 타임스』는 산업화의 시대에 개인이 기계적 분업 속에서 사적 생존만을 추구하는 고립된 리버티의 주체로 변모해가는 과정을 묘사한다. 기계의 리듬에 동화된 나머지 작업대를 벗어나서도 나사만 찾고, 사람의 단추까지 조이려 드는 자동 반응을 보인다. 산업 시스템이 인간의 몸과 행동, 사고마저 기계화시키는 것을 상징한다. 이런 삶 속에서 인간에게 허용되는 자유는 오직 간섭받지 않을 리버티이다. 출근 시간을 어기지 말고, 지시에 따라 움직이며, 필요한 만큼의 임금을 받아 생활을 유지한다. 하지만 리버티가 극대화되는 사회는 인간을 가장 비인간적인 상태로 만든다는 것을 상징적으로 묘사한 영화다.

결국 리버티는 계산 가능하고 규칙화될 수 있는 권리이며, 절차적 제도 안에서 "간섭받지 않을 권리" 또는 "자기결정의 권한"으로 정착되었다. 리버티는 기능적 자유가 되었기에, 공감이나 공동체, 의무와 책임이라는 것은 비효율적인 감정 요소로서 제거되었다. 인격적 종속관계를 경제법칙이나 시장 등 사물의 객관적 질서의 종속관계로 대치하고, 그것에 의해 지배의 토대를 바꾸게 되었다.** 이러한 자유는 겉으로는 무제한의 가능성을 열어준 것처럼 보이지만, 실상은 도구적 질서의 틀 안에 갇힌 행위의 자동화에 불과했다. 사람은 더 많이 선택하지만, 그 선택은 진정한 자율이 아닌 시스템이 허용한 범위 내의 유사 자율(pseudo-autonomy)이다. 결국 우리는 자유롭지만, 정해진 항목 안에서만 선택할 수 있는 존재가 되었고, 그 이성은 우리가 무엇을 원하는지조차 시스템이 대신 판단해주게 하였다.

프리덤은 이러한 도구적 구조 속에서 침묵했고, 리버티는 마치 그것이 유일한 자유인 양 제도화, 법률화, 규범화되었다. 이성은 계몽을 포기한 것이 아니라, 도덕 없이 계몽되었고 공동체 없이 체계화되었다. 그 결과 리버티는 권리만 남았고, 시민적 덕목은 사라졌다.

## 자. 실존이 본질에 앞선다

장 폴 사르트르(Jean-Paul Sartre 1905~1980)가 『실존주의는 휴머니즘이다』(1946)에서 선언한 이 한 문장은 20세기 자유 개념의 방향을 결정지은 철학적 전환점이었다. 단순한 존재론적 정의를 넘어, 개인의 삶이 객관적 보편 규범이나 정해진 본질보다 우선한다는 실존주의적 자유 선언이었다. 실존주의 철학은 근대 이후 지속되어 온 보편성 중심의 진리 체계와 본질주의적 인간관에 대한 반발로 등장했다. 아리스토텔레스 이래 학문과 철학은 인간을 일정한 목적(telos)과 본질을 지닌 존재로 이해했고, 진리는 '누구에게나 동일하게 적용되는 보편성'을 담보해야만 과학적이고 철학적이라고

---

*아도르노, 호르크하이머, 계몽의 변증법, 김유동 역, 문학과지성사, 2001, 줄리엣 또는 계몽과 도덕.
**허버트 마르쿠제, 일차원적 인간, 박병진 역, 한마음사, 2017, 5장 부정적 사유.

간주되었다. 이 구조 속에서 개인은 유형(type)에 흡수된 표본으로 환원되었으며, 삶의 특수성, 구체성과 일회성은 이차적인 문제로 밀려났다.

이에 대해 실존주의는 정면으로 반기를 들었다. 개인은 결코 보편적 유형으로 환원될 수 없으며, 인간은 먼저 존재하고 그 후에 자기 자신을 정의해 나간다는 것이다. 무신론적 실존주의자인 사르트르와 하이데거(Martin Heidegger 1889~1976)뿐 아니라 기독교적 실존주의자인 키에르케고르와 야스퍼스 등은 존재는 단 하나의 사건이고, 인간은 그 유일무이한 사건으로서 자기 삶을 선택하고 책임져야 하는 주체임을 강조했다. 결국 인간은 인간 스스로가 만들어가는 것과 다른 무엇이 아니라는 주체성이 바로 실존주의 제1원칙인 것이다.*

독일의 철학자 아도르노(Theodor Adorno 1903~1969)나 프랑스 철학자 데리다 등은 도덕적 이성이 불편부당한 초월적 관점에서 차이를 억압하기에 가치와 사실, 주체와 진리의 구분 조건과 경계의 불안정성을 드러냄으로써 이를 해체하며, 모든 의미는 권력과 담론에 의해 구성된다고 주장하여 보편적 도덕 대신 상황적 의미와 실천을 강조하였다. 프랑스 철학자 라캉(Jacques Lacan 1901~1981)은 주체는 무의식과 언어 구조 안에 갇혀 있을 뿐이라며, 티모스 이론을 프로이트의 에로티시즘과 연결하려 했으나 실패하고 에로티시즘으로 복귀하고 말았다. 그는 쾌락을 넘어선 과잉의 고통스러운 쾌감을 주이상스 (Jouissance)라 하면서 규범이나 금기를 의도적으로 위반하거나 어기면서 느끼는 기쁨을 인정하여 가치나 규범을 해체하였던 것이다. 또한 헤겔의 인정 욕구를 프로이트의 죽음의 욕망(타나토스, thanatos)과 합치려 했지만 역시 실패하고 프로이트로 귀환하였다. 가치가 아닌 인간 중심, 특히 에로스 중심으로 돌아가게 되었다는 것이다.**

이러한 철학적 전환은 20세기 중반 이후 자유 개념이 리버티 중심으로 전개되게 만든 철학적 자양분이 되었다. 실존철학에서 '실존'은 개인주의적이기에 타인의 간섭 없이 스스로를 규정할 권리, 스스로의 삶을 설계하고 표현할 수 있는 리버티의 공간이 따라와야 했다.

‘나’는 ‘인간’에 앞서기에 획일성보다는 개성, 제도적 보편성보다는 창의적 다양성을 우선시한다. 실존주의는 필연적으로 리버티의 토대에서 개인의 고유성과 불가침성을 철학적으로 옹호한 것이다.

이는 단지 추상적인 철학 이론이 아니라, 전체주의 시대에 실존이 받았던 억압과 말살을 반증하는 역사적 교훈이기도 하다. 나치 독일의 유대인 학살, 정신질환자 제거, 장애인 수용소 정책은 모두 인간을 개인으로 보지 않고, ‘정상성’이라는 집단적 본질 기준에 따라 평가하고 배제한 폭력적 본질주의의 산물이었다. 히틀러는 ‘건강한 민족’을 상정하고, 그 기준에 부합하지 않는 인간을 실존적 주체가 아닌 병리적 오차로 간주했다. 이는 “본질이 실존보다 앞선다”는 사고가 극단에 이를 때, 인간이 어떻게 물화되고 제거의 대상이 되는가를 보여주는 비극적 사례다. 그래서 칼 포퍼는 『열린 사회와 그 적들』에서 나치의 그런 만행을 플라톤과 아리스토텔레스의 본질주의에서 뿌리를 찾을 수 있는 부산물이라고 비난하게 된다.***

실존주의는 인간은 누구나 고유하고, 그의 삶은 어떤 이념도, 어떤 통계도 대신 평가할 수 없다고 선언한다. 인간은 단순히 태어난 존재가 아니라, 자기 삶을 선택하고, 선택의 무게를 감당하는 실존적 자유의 주체다. 이러한 인식은 자유를 보편적 제도나 이성의 규범으로 환원하지 않고, 개인의 내면에서 실존적으로 체험되는 살아 있는 자유로 다시 회복시켰다. 실존주의는 20세기 후반 리버티의 철학적 승리에 핵심적 기여를 한 사상이 되었다. 자유는 더 이상 ‘공통된 목적에 복속된 인간의 덕’이 아니라, 그 누구도 대신할 수 없는 ‘나의 삶’의 표현이 되었고, 사회는 점차 그 자유를 존중이 아니라 보장해야 할 권리로 받아들이게 된 것이었다.


*장 폴 사르트르, 실존주의는 휴머니즘이다, 박정태 역, 이학사, 2017.
**페터 슬로터다이크, 분노는 세상을 어떻게 지배했는가, 이덕임 역, 이야기가있는집, 2017, 서문 분노의 시작.
***칼 포퍼, 열린사회와 그 적들II, 이명현 역, 민음사, 2013, 1장 헤겔철학의 아리스토텔레스적 뿌리.

## 차. 시장경제의 확산

시장경제는 개인의 선택과 이익을 중심으로 움직이는 체제다. 아담 스미스 이후 근대 경제학은 각 개인이 자신의 이익을 추구하면 사회 전체의 부가 증진된다는 '보이지 않는 손(the invisible hand)' 이론에 근거하여, 개인의 자율성과 선택의 자유, 즉 리버티를 시장의 핵심 가치로 정착시켰다. 시장은 '우리가 무엇을 필요로 하느냐'가 아니라, '내가 무엇을 원하느냐'를 중심으로 설계되어 있으며, 이는 필연적으로 자유를 공동체적 가치나 도덕적 의무와 분리된 개인의 소비 행위로 환원시킨다. 개인은 단순히 자신이 원하는 것을 선택함으로써 집합적으로 보이지 않는 손에 의해 전체의 공동선이 달성된다는 것이다.

시장에서 인간은 더 이상 시민이 아니라 소비자이자 쇼핑객으로 개별화된다. 소비자로서의 인간은 관계나 윤리를 매개로 하지 않으며, 선택의 기준은 선함이 아니라 유용함과 만족감이다. 이렇게 자유는 공공성과 공동체성에서 벗어난 개인적 취향의 리버티로 강화된다. 시장의 계약 자유의 원칙은 인간들 사이의 모든 유기적 존재 형태를 소멸하고 원자적 개인주의의 사회 조직으로 들어서게 한다. 친족, 이웃, 직업 동료, 신념을 공유하는 모임 등 모든 계약 외적인 조직들은 개인들에게 충성을 강요하고 자유를 제한하는 것이기에 해체되어야 한다.* 넘쳐나는 쇼핑객의 자유에 시민의식은 쇠퇴하였다. 자연스럽게 공동의 정체성, 공공의 목적, 집단적 소속감의 해체로 이어진다. 시장은 개인에게 내구재와 찰라적 꿈을 제공해 주지만, 공동의 정체성이나 집단적 소속감은 주지 못한다. 프리덤은 공동체 내에서 도덕과 규범, 책임의 질서 속에서 이루어지는 자유이나 시장은 이러한 질서를 제공하지 않는다. 시장은 규범적이고 도덕적인 인간이 아닌 '계산적 인간'을 전제로 하며, 프리덤의 도덕적 전제를 무력화시킨다.

더 나아가 현대 시장은 인간의 욕망을 무한히 분절하고 세분화하여, 자율적 개인을 끝없이 선택하고 소비하는 존재로 만들며, 이로써 공동체적 덕성과 미덕을 실천하는 시민적 주체의 기반을 약화시킨다. 명품 세일이 있을 때 '오픈 런'을 위해 밤샘 줄서기를 하는 소비자에게 함께 줄을 선 타자는 경쟁 대상자로만 여길 뿐이고, 시장은 이런 성향을 암묵적으로 조장한다. 인터넷 쇼핑이 보편화되면서 개인이 무심코 누른 사이트라도 소비자 성향 분석에 반영되어 개인 별로 최적화된 광고가 배달된다. 소비자들은 '나'라는 분열적인 수사를 구사하지만, 시민은 '우리'라는 공동의 언어를 개발해낼 수 있다.** 앞서 살펴본 마르쿠제는 자본주의가 인간의 비판 능력을 제거하고 욕망을 제도 내에 흡수시킨다고 경고했고, 이러한 구조는 리버티가 프리덤을 압도하게 된 정신사적 배경과도 연결된다. 결국 시장경제는 자유를 개인의 자율적 선택이라는 좁은 틀로 가두었으며, 이 과정에서 프리덤이 필요로 하는 윤리, 연대, 공동체의 기반은 침식되었다. 리버티는 시장의 자유이지만, 프리덤은 삶의 자유다. 시장이 번성할수록, 인간은 자유롭지 않게 되는 역설이 바로 여기에 있는 것이다.

## 카. 도시의 역설

리버티가 프리덤을 앞선 결정적 계기 중 하나는 도시의 발전이었다. 전통적으로 프리덤은 공동체적 삶과 도덕적 질서, 명예의 덕목 속에서 실현되었으며, 이러한 삶의 기반은 오랫동안 시골 농촌과 생계 기반에서 나타났다. 그러나 도시의 등장과 팽창은 이러한 기반을 빠르게 해체하며, 개인의 권리와 사적 자유의 영역인 리버티를 확장시켰다.

도시는 중세부터 반란의 공간이었다. 봉건적 위계와 토지 소유를 기반으

---

*칼 폴라니, 거대한 전환, 홍기빈 역, 도서출판길, 2009.
**벤자민 바버, 강한 시민사회 강한 민주주의, 이선향 옮김, 일신사, 2006, 113쪽.

로 한 시골의 서열주의와 종속 구조는 도시로 도피한 이들에게는 강제력을 갖지 못했다. 중세 자유도시(free city)는 왕이나 황제로부터 특허장인 자유 헌장을 받아 봉건 영주로부터 독립된 자치권을 보장받았다. 길드(guild) 조직을 중심으로 한 시민 경제 구조를 형성하여 상공업이 활발하였으며, 시민들로 구성된 의회나 평의회를 도입하고, 일부는 선거를 통해 시장 (bürgermeister)을 선출하여 자치를 실시하였다. "도시는 자유롭게 한다 (Stadtluft macht frei)"는 표현이 생길 정도로 도시는 농노가 도시에 1년 1일 거주하면 자유민이 될 수 있는 신분적 해방구였다.

따라서 이단자, 이교도, 부랑자, 장인, 상인들이 도시로 모였고, 그곳에서는 전통과 권위 대신 계약과 교환, 분업과 교통이 삶의 원리가 되었다. 아담 스미스가 『국부론』에서 상업도시의 발전을 '집중의 이익(division of labor)'이라고 평가한 것이다. 도시에서는 사람 간의 접촉이 늘고, 전문화와 교환을 통해 효율성이 높아졌으며, 물질적 진보와 개인의 자율성 확대로 이어졌다. 1241년 독일 북부의 뤼베크와 함부르크의 동맹에서 시작된 한자동맹(Hanseatic League, die Hanse)은* 이러한 자치도시들의 상인들 간의 동맹체로서 14세기 전성기를 거쳐 16세기 근대 국가 부상과 대서양 중심 무역으로 전환되면서 쇠퇴할 때까지 유럽 지역에 자유의 정신을 전파하는데 크게 기여하였다.

그러나 도시의 발전은 공동체적 프리덤의 기반을 침식하였다. 미국 건국 초기 토머스 제퍼슨은 자작농 중심의 공화국을 이상으로 삼았으며, 루소는 파리와 제네바의 도시 삶에 적응하지 못하고 자연으로 돌아가라는 철학을 주장하였다. 『월든』의 저자 헨리 데이비드 소로(Henry David Thoreau 1817~1862)는 시골의 자급자족적 삶과 '도덕적 자기 수련'의 가치를 높이 샀다. 하지만 영국의 소설가 토머스 하디(Thomas Hardy 1840~1928)는 급속히 팽창하는 런던을 '머리가 400만 개, 눈은 800만 개 달린 괴물'이라며 혹평하는 상황으로 변모했다.

현대의 대도시는 본질적으로 상호의존적인 속성을 갖지만, 익명성과 복잡성 속에서 '대중 속의 고독'을 낳았다. 텍사스의 넓은 시골 마을에서는 누가 어디에 살고 어떤 소를 얼마에 팔았는지를 모두가 알고 있지만, 대도시에서는 옆집에 누가 사는지조차 모르는 상태가 일반적이다. 옷깃만 스쳐도 인연이라 했지만, 쫓기는 복잡한 출퇴근 시간에 어깨를 부닥치면 싸움이 일어난다. 명백한 이유 없는 타인의 호의는 사기, 추행, 스토커, 유괴로 오인받기도 한다. 도시생활에서 익명성은 규범의 일탈이 용이하기에 프리덤보다 나만의 자유, 리버티가 된다. 톱니바퀴 같은 기계화된 도시생활은 반복되는 일상이기에 간섭받기를 싫어하고 자신의 내면의 삶과 리버티로 침잠되기 쉽다. 도시 생활의 익명성과 반복성이 규범 일탈을 합당하게 하는 것은 아니지만, 소외받거나 스스로 소외되는 요인으로 작용하기도 한다. 기계화, 분업화, 익명성, 반복성 그리고 교환이 일상화된 도시에서는 공동체적 연대보다는 개인의 사적 영역이 우선시되고, 상호존중보다는 이해관계에 따른 개인 이익 극대화가 우선된다. 미국의 사회학자 리스먼(David Riesman, 1909-2002)은 『고독한 군중』(The Lonely Crowd)에서 현대인은 겉보기만의 사회성의 그늘에 불안과 고독감을 지니고 있다고 했다.**
도시는 필연적으로 리버티의 삶, 즉 외부 간섭 없는 고독한 개인의 자율성을 뿌리내리게 만든다. 김광균의 시 『와사등』에서,


"늘어선 高層 창백한 墓石같이 황혼에 젖어

…

낯설은 거리의 아우성 소리
까닭도 없이 눈물겹고나
空虛한 群衆의 행렬에 섞이어
내 어디서 그리 무거운 悲哀를 지니고 왔기에


* 독일어 Hanse는 집단, 동맹을 의미하며 역사적으로 무역 목적으로 결성된 상인연합체를 의미한다.
** 데이비드 리스먼, 고독한 군중, 류근일 역, 동서문화사, 2016.

길-게 늘인 그림자 이다지 어두워
내 어디로 어떻게 가라는 슬픈 信號기
차단-한 등불이 하나 비인 하늘에 걸리어 있다"

인류의 경제 발전과 더불어 도시는 자유의 상징으로서 리버티가 승리한 공간이 되었다. 도시의 확장은 인간 삶을 더 넓고 풍요롭게 만들었으나, 동시에 차이를 배제하지 않고 존중과 질서로 통합해내는 도시적 상상력, 도덕적 연대와 명예, 질서, 책임의 의식을 후퇴시키며, 공공성 없는 개인의 리버티만을 확대시켰다. 이로써 리버티는 도시에 뿌리를 내렸고, 프리덤은 사라져가는 농촌의 덕목이 되었다.

이상의 논의를 활용하여 리버티의 승리가 어떤 모습으로 나타나고 있는지를 간단하게 스케치 해보자. 인간은 태어나니 늑대의 소굴에 철저하게 고독한 존재로 버려졌다. 주위에는 나를 죽일 수 있는 잠재적 살인자만 있기에 나의 생명을 보존하기 위해 리바이어든이라는 국가를 만들었다. 나의 생명을 보장받기 위해 리바이어든과 계약을 한다. 나의 생존과 재산 보존이 지고의 목적이니, 인간이란 이렇게 살아야 한다는 윤리, 도덕의 가르침은 사실과 가치는 철저히 다른 것이라는 논리로 배척해 버린다. 옳은 것보다 내가 좋은 것을 잔소리 듣지 않고 하는 것이 정의다. '인간이란 어떠하다'라는 이야기보다 '지금 여기' 있는 나의 존재가 더 중요하다. 하나님도 나와 직거래가 가능하니 나만 신실하게 살면 된다. 시골보다 도시에서 내가 남보다 빨리 좋은 물건을 싸게 사는 것이 좋은 것이니, 그렇게 되도록 사회나 국가는 개혁되어야 하고, 내가 고르기만 할 수 있게 서비스를 제공하는 것이 이성의 명령이다. 서로 합의가 되지 않으면 투표로 결정하면 족하다. 이상의 논점들이 인류가 프리덤보다 리버티 개념의 자유를 중시하고 이를 도덕철학 및 정치철학의 기준점으로 삼게 된 사유들이다.

프랑스라는 소우주에서 벌어진 지적이고 정치적인 과정은 18세기부터 20세기에 이르는 동안 인류의 자유주의가 밟았던 전 여정의 압축을 단적으로 보여주었다. 격동의 여정은 자유로운 개인의 투표로 왕(대통령)을 선출하는 자유민주주의로 귀결되었다. 리버티의 승리는 원자화된 개인을 통합하기 위해, 민주적 다수결은 전능하고, 국가 권력은 집중화되어야 한다는 사상으로 발전되었다. 이러한 사상은 선거 때 정치 진영 별로 사생결단 식의 대결을 하고 이슈 별로 타협 없는 대립이라는 현상으로 드러난다. 자유롭고 독립적인 자아로 인식하는 개인은 자신이 선택하지 않은 도덕적, 시민적 연대에 대해 전혀 부담감을 느낄 필요가 없다. 도덕적 개인주의와 물질적 성공만이 최고라는 철학적 분위기가 득세하게 되었다.

리버티의 승리가 우리의 가치판단을 걷어찬 것이 과연 고독하고 빈곤하고 더럽고 야만적이며 짧은 우리의 삶을 해결해 주었는가? 우리는 여전히 무언가가 없음을 느낀다. 그러면서도 여전히 그것을 자유라고 부른다. 그래서 다시 고민하게 된다. 이런 세계 속에서 자유는 어떻게 다시 의미를 가질 수 있는가? 리버티가 승리하는 동안 우리가 놓치고 간과한 것은 없었던가? 다음 장에서는 프리덤의 반격 과정을 살펴본다.

제 6 장  프리덤의 반격

오랜 질곡의 세계사를 뚫고 근대에 들어서면서 인류의 자유는 승리했다. 자유는 법 앞의 평등, 인권, 투표권, 표현의 자유 등으로 제도화되었고, 리버티는 마침내 신분과 관습, 공동체 질서의 사슬로부터 스스로를 해방시켰다. 『권리장전』과 『인권선언』, 그리고 근대 헌법은 이 승리를 확정지은 문명적 선언이었다.

자유는 이제 개인의 것이며, 누구도 그것을 대신 할 수 없게 되었다.

그러나 개인의 자율과 자유만을 추구하는 리버티의 승리는 도덕과 공동체의 기반인 프리덤의 기초를 허무는 위험에 노출된다. 간섭하지 않고 간섭받지 않는다는 리버티의 강한 원칙이 오히려 모순을 낳는다. 좋음은 각자의 선택 사항이라고 내버려 두라면, 각자의 좋은 것들이 상호 충돌될 경우는 어떻게 해야 하나? 자기 자신이 누리려는 모든 기회와 권리를 다른 모든 이에게도 부여해야 한다는 리버티의 모순이 드러나는 것이다.

리버티의 제도화는 필연적으로 공동체적 유대와 도덕의 약화를 동반했고, 도덕적 책임과 전통의 붕괴는 무제한적 선택의 부담과 사회적 파편화의 위기로 이어졌다. 리버티의 세상에는 나쁜 조건을 타고 났거나 기회를 박탈당한 이들은 차치하고라도, 열등한 경쟁자들이 불신과 좌절을 느낄 수밖에 없는 요소들이 차고 넘친다. 과거에는 노예와 농노제에 불만을 품은 양심의 소유자들이 있었다면 요즘은 패배자들이 있다. 전통, 사회 제도, 종교적 믿음, 규범적 의무에서 벗어나겠다는 자유는 진정한 의미의 자유가 아니다. 자유는 더 이상 해방의 이상이 아니라, 관계의 상실 속에서 방황하는 개인의 무기력한 선택으로 전락할 수 있다는 의심이 제기되기 시작했다.

도덕적 질서의 보호는 정치적 질서의 보호와 일치해야 한다. 개인에게 강요된 걸맞지 않은 자유는 저주이며 무질서를 부른다. 그릇된 개인적 인식에서 오는 경솔한 양심의 명령으로 중대한 문제를 판단하는 건 언어도단이다. 당신의 특별한 견해를 위해 다른 사람의 진정한 미덕과 행복이 희생되지 않으려면, 당신은 우리의 이성이 모두에게 바람직하다고 선언하는 그 미덕을 남에게 베풀어야 한다. 자유는 사회 제도의 틀이나 공공의 미덕과 무관하게 독립적으로 존재하는 것이 아니다. 상상 가능한 최선의 법으로 보호받는다 하더라도 만약 미덕이 결여되어 있으면 자유는 여전히 침해된다. 미국의 2대 대통령 존 애덤스는 '자유를 남이 내게 해도 좋은 일을 내가 할 수 있는 힘'이라고 정의했다. 빅토르 위고는 "한 시민의 자유는 다른 시민의 자유가 시작되는 곳에서 끝난다. 이 두어 줄이 인간적 사회성 전부를 집약한다"고 하였다.*

리버티에 대한 프리덤의 반격은 느리고 조용했지만 철학적이었다. 아리스토텔레스의 덕 윤리로부터 마이클 샌델의 공동체주의에 이르기까지, 공동선과 도덕 질서, 책임의 미덕을 중심으로 하는 자유의 전통은 다시 목소리를 내기 시작했다. 더 이상 리버티의 전능을 당연시하지 않는 물음들, 더 이상 자기결정만으로는 충분하지 않다는 공동체의 반성들이 서서히 쌓여가기 시작한 것이다. 자유의 역사에서 리버티가 승리한 것은 프리덤이 힘에 의해 밀려났기 때문이 아니다. 프리덤에 대한 우리의 무관심 때문에 리버티가 독주하면서 상대적으로 인식이 소홀해졌기 때문이다.

*빅또르 위고, 93년, 이형식 역, 열린책들, 2011, 269쪽.

# 1. 반격의 논거들

이 장에서는 리버티가 승리하게 되었던 요인들에 프리덤의 철학적 반격을 살펴본다. 계몽주의 시대에 접어들면서 세워진 정치철학의 가정들이 정치제도로 갖추어지고, 시민들의 자유에 대한 의식이 제고되면서 리버티의 승리로 귀결되었다. 하지만 성부와 성자와 성령이라는 삼위일체 관념도 인간 공동체적 삶의 투사일 뿐이고 나와 너 그리고 서로의 정신적인 하나 됨이 반영되어 있듯이,* 그러한 정치철학의 가정들을 보다 현실에 맞고, 특히 21세기 정치 현실에 맞게 수정한다면 결코 리버티가 일방적으로 승리할 수 없을 것이다. 절차적 정의와 다수결, 이성, 시장, 개인주의로 상징되는 리버티의 체계 속에서, 왜 그리고 어떻게 공동체적 자유(freedom)가 철학적으로 재정당화되기 시작했는지를 탐구한다. 그리고 이 반격이 어떤 철학자들에 의해, 어떤 가치와 논리로 구성되었는지를 살펴보며, 자유의 또 다른 얼굴, 즉 책임의 자유, 연대의 자유, 도덕적 자유를 되살려보고자 한다.

<h1 style="text-align:center">가. 자연상태의 허구성</h1>

카타마란 요트를 타고 남태평양의 프랑스령 폴리네시아 환호초 섬인 랑기로아(Rangiroa)에 간다면 더 할 나위 없는 자유를 만끽할 수 있다. 요트에 구비된 완벽한 잠자리와 생활 공간, 그리고 풍부한 식료품, 게다가 스타링크의 와이파이를 통해 서울 한 복판에서 얻는 뉴스를 똑같이 보며 생활할 수 있다. 코코넛이 널부러진 야자수 그늘 밑 하얀 백사장에서 에머랄드 바다와 살랑살랑 불어오는 미풍, 그리고 따사로운 햇살, 게다가 밤하늘의 남십자성 등 쏟아질 듯 반짝이는 별밤을 즐기며 더할 나위 없는 자유를 즐길 수 있다. 시선을 의식해야 할 사람이라곤 흔적도 찾아볼 수 없는 곳이다. 이것이야말로 진짜 '고귀한 야만인(noble savage)'이다. 하지만 나는 철저하게 고립된 것이 아니라 수많은 사람들과 철저하게 연계되어 있기에 그런 여유가 가능한 것이다.

서구 근대 정치철학의 출발점은 '자연상태'라는 가설에서 시작했지만 이것은 철학의 가장 오래된 허상이자 인공의 산물이다. 아리스토텔레스는 인간의 가장 고귀한 품성이 계발됐을 때가 진정한 자연상태라고 규정했지만, 토머스 홉스는 자연상태를 "만인의 만인에 대한 투쟁"으로 묘사했고, 장 자크 루소는 평등하고 순수한 타락 이전의 인간 상태로 상정했다. 우리의 문명화된 삶은 반드시 협력적 행위를 필요로 하기에 공동체를 없애버린다고 야만사회가 고상해질 수 없다. 그럼에도 홉스와 루소는 이런 상태를 가정하고 정치철학을 도출했고, 이것이 근대 정치질서에 크게 영향을 미쳤다. 그러나 이들의 가정은 역사적 사실이 아닌, 사변적 상상에 기반한 구성물이었다. 그들의 자연상태란 태초에 우리가 실제로 살았던 상태가 아니고, 인간이 동료와 무관하게 살았던 '자연 상태'는 존재하지도 않았고 존재

*박찬국, 하이데거의 「"신은 죽었다"는 니체의 말」읽기, 세창미디어, 2016, 40쪽.

할 수도 없다. 로크는 인간들이 실제 자연상태에서 살았다고 말하지는 않았다. 인간 정신의 보편적 명민함과 인간 성정의 보편적 자비심을 전제로 한 것이지만, 문제는 그런 전제가 현실적이지 않다는 것이다. 루소는 지식은 타락이며, 예술이나 과학과 취향은 아름다움을 왜곡하고 인간 본성의 더없는 행복을 파괴하기에, 행복은 자연의 아이들이라는 야만적인 상태에서만 완벽하게 나타난다고 했다. 그는 인간의 최초상태로서의 자연상태와 인간의 법률적 위상으로서 자연상태를 분리시켰다. 고립된 인간 개인들이 하나로 뭉쳐서 완전한 시민사회를 이루기 위한 사회계약에 합의하는 모습을 상상하였다. 상상의 사건으로 보았기에 역사에서 실제로 일어나지 않았고, 그래서 오늘날의 규범적인 도덕철학자들은 사회의 구조는 마치 합의가 있었던 것과 '흡사하다'고 말한다.*

우리는 이론을 도출하기 위하여 적절한 가정을 한다. 하지만 가정의 현실타당성이 높을 때 가설이 이론으로 될 가능성이 높아지는 것이다. 자유무역과 금본위제의 근거가 되었던 통화수량설(quantity theory of money)도 허황한 가정을 근거로 시작되었다. 데이비드 흄은 단 하루 만에 전 영국의 시중에 유통되는 화폐의 양이 절반으로 줄어든다면 가격 수준의 명목 수치만 절반 수준으로 떨어질 뿐 영리 기업들은 아무런 해를 입지 않는다고 주장했다. 현실에서 일어날 수 없는 것을 상상한 것이다.

소크라테스와 플라톤은 인간을 개별적 존재가 아니라 도시국가인 폴리스의 일부로 상정했으며, 정의와 덕은 개인이 아니라 공동체적 조화 속에서 성립한다고 보았다. 에드먼드 버크는 자연상태라는 가정을 강하게 비판하며, "인간은 결코 홀로 존재하지 않았다"고 말한다. 자유롭고 행복하며 법이나 재산도 없는 자연 상태라는 주장은 환상이라고 했다. 그는 무신론적 전제는 인간을 여름날의 파리 수준으로 위축시킨다고 비판했다. 미국의 존 애덤스 또한 루소식의 자연상태를 부정하며, 인간은 항상 특정한 공동체, 문화, 제도 속에서 태어나고 자란다고 했다. '자연 상태'나 '자연적 평등' 혹은 보편적 자비 같은 이야기들은 그의 상식이나 뉴잉글랜드의 도덕적 특질로 볼 때 격분할 일이었다.** 미국 건국 초기 뉴잉글랜드 지방의 자치는 타운미팅이 가능한 읍(邑)의 자유에 근거하였던 것이다.

서구 정치철학의 가장 근본적인 오류는, 이러한 현실적 전제를 외면하고, 인간을 고립된 단위로 상정한 데서 비롯되었다. 소크라테스가 꿈꾸는 도시가 아닌, 고립된 개개인을 찾은 홉스를 따랐기에 우리는 덕을 기르는 데에 헌신하는 정부를 만들지 못했다. 오히려 인간을 다른 인간으로부터 보호하고, 가능한 한 자신들을 잘 보호할 수 있는 훌륭한 경찰력을 가진 정부 쪽으로 기울게 만들었던 것이다.***

인간은 결코 추상적 개인으로 존재한 적이 없으며, 언제나 관계 속 존재, 문화적 동물이었다. 인간은 자연상태에서 자유롭다거나 만인의 만인에 대한 투쟁이라는 가설은 허구다. 아무리 자연상태라도 자신이 존재한다면 부모도 존재해야 한다. 나를 무한정 사랑하는 부모, 형제자매, 친척들이 나의 안위와 행복을 염려해준다. 이들이 서로 투쟁의 대상이라는 것은 허무맹랑한 가정이다. 가정을 벗어나면 다정한 죽마고우들, 학교 동창생들, 직장 동료들 등 나를 둘러싼 수많은 사람들과 나는 만인의 만인에 대한 투쟁의 관계로 엮인 것이 아니라 보살피고 애정을 나누어주는 관계 속에서 살고 있는 것이다. 포유류 가운데서도 인간은 독립에 이르기까지 가장 오랜 시간이 걸리는 존재이며, 의존과 돌봄, 관계와 보호 속에서 성장한다.

자유의 역사를 살펴보면 인간은 탄생을 통해 자유롭지 않은 세상 속으로 던져졌지만, 본래적으로 인간은 자유로워질 수밖에 없는 존재라는 루소의 지적이 맞음을 알 수 있다. 부모 없이 태어난 인간은 없고, 태어난 인간은 로빈슨 크루소처럼 홀로는 살아갈 수 없기에 공동체의 구성원이라는 필연적 존재가 된다. 개인은 언제나 문화, 종교, 인종, 종족 단위의 집단으로 취

---

*마이클 토마셀로, 도덕의 기원, 유강은 역, 이데아, 2016, 4장 객관적 도덕.
**러셀 커크, 보수의 정신, 이재학 역, 지식노마드, 2018, 3 미국 보수주의의 창시자 : 존 애덤스.
***앨런 블룸, 미국 정신의 종말, 이원희 역, 범양사출판부, 1987.

급받고, 각 집단 내에서는 그 집단이 지시하는 규범을 따라야 한다.

반항자, 이교도, 문화적 방랑자, 타집단과 결혼 등의 이유로 소속된 집단을 떠나면 도시로 이주하게 되는데* 이들 역시 나름대로 도시공동체의 구성원이 된다. 결국 개인은 어떤 집단이나 공동체의 구성원이기에 주어지는 제약은 필연적이고, 다만 그 제약을 최소화하면 개인은 그만큼 더 자유로워진다고 할 수 있는 것이다.

그런데도 정치철학은 이 본질을 무시한 채, 개인의 독립성과 자기결정이라는 허상 위에 자유의 이론을 인공적으로 쌓아올렸다. 근대의 민주 정부는 '자연 상태'라는 거짓말을 입에 담고 태어난 구성물이었을 뿐이다. 가상의 원시인이 보유했다는 자연권을 현실에 적용하여 홉스의 절대정부, 로크의 제한정부론이라는 거짓의 구성물을 추종해온 것이다.

"사람은 사람에게 늑대다(Homo homini lupus, Man to Man is an arrant Wolfe)"라면서 21세기를 늑대의 세기라고 보는 것은 너무 순진하다. 홉스와 루소는 자연상태의 인간을 묘사한다고 하며 죽음을 두려워하는 자연인과 야만인을 동일시하였지만, 사실은 문명화된 인간을 묘사해야 한다. 아담 스미스는 개인이 늑대가 아니라 분업으로 노동의 생산력을 증가시키고, 기술의 진보와 기계의 발명을 유도한다고 주장하였다.** 푸줏간, 술집, 빵집 주인은 자신의 이익을 추구하지 서로 두려워하는 존재가 아니다. 에마뉘엘 레비나스는 이성적 사회가 사람은 사람에게 늑대라는 원리에 제한을 가한 결과인지, 아니면 사람은 사람을 위해 존재한다는 원리에 제한을 가한 결과인지를 아는 것은 극히 중요하다고 했다.*** 총알이 빗발치는 곳으로 올라가 자유의 깃발을 날리는 것이 죽음에 대한 두려움을 이겨내고 이루어지는 위대한 개인의 행위임을 역사적 사실에서 찾아내기란 아주 쉽다. 이런 사례는 홉스의 자연상태라는 자연권 주장이 포용할 수 없는 인간의 특성 중 하나인 것을 알 수 있다. 자연상태라는 가정으로 인해 자유민주주의는 자신들의 미덕과 무오류성에 관한 희미한 일반적 원칙들을 고집하게 된다. 일반의지란 자연에 존재하지도 않는 것임에도 이 논리를 근거로 정부를 직업적인 조종자들이나 수탈자 도당들의 손에 넘겨주기도 한다.

두 가지 뇌물이 있다. 하나는 매관매직이고 다른 하나는 법의 제 · 개정으로 한 계급의 재산을 빼앗아 다른 계급에게 넘겨주는 뇌물이다. 후자가 최근 더욱 번창하고 있는 것이 현실이다.

사회적 원시주의라는 몽환적 주장은 왕이나 군주에게 복종하게 만들기 위해 필요한 개념이었을 뿐이다. 21세기 정치사상과 체제까지 이러한 인공의 산물에 기초하여 구축해서는 안 된다. 프리덤은 이러한 구성주의적 지적 허구에 대한 반격이다. 자유란 고립된 자아의 권리가 아니라, 관계 속에서 실현되는 삶의 질서이다. 인간은 혼자가 아니며, 혼자일 수 없다. 그리하여 자유도 또한 혼자서는 완성되지 않는다.

## 나. 사회계약의 허상

사회계약론은 홉스, 로크, 루소를 통해 근대 자유주의 정치철학의 중심 원리로 자리 잡았다. 개인이 자연상태에서 스스로를 보호하기 위해 일정한 권리를 국가에 양도하고, 법과 권위에 복종하는 계약을 체결했다고 상정한다. 일견 질서를 위한 합리적 선택처럼 보이지만, 실상은 개인의 리버티를 정치적 계약의 중심에 놓는 추상적 이론이다. 물론 계약을 개인이 국가와 일대일로 한 것은 아니다. 루소는 국가가 설립되면 개인은 거주한다는 사실로 사회계약에 동의한 것을 의미한다고 했다.****

하지만 자유는 계약의 대상이 아니다. 인간은 결코 그러한 계약을 체결하

---

*마이클 왈쩌, 관용에 대하여, 송재우 역, 미토, 2004, 제1장 개인적 태도와 정치적 조정.
**아담 스미스, 국부론, 유인호 옮김, 동서문화사, 2008, 1편 노동생산력 개선과 노동 생산물이 국민 여러 계층에 자연적으로 분배되는 질서에 대하여.
***에마뉘엘 레비나스, 윤리와 무한, 김동규 옮김, 도서출판 100, 2020, 89쪽.
****장자크 루소, 사회계약론, 김영욱 역, 후마니타스, 2018, 4권 2장 투표에 대해.

지 않았다. 루소는 이론이나 사건을 개념과 혼동해서 사회계약이 역사적으로 일어난 사실이라고 믿어버리는 오류를 저질렀다. 그는 추상적인 개인의 집합에서 사회계약 논의를 시작했다. 그러나 인간은 계약이 아니라 탄생을 통해 사회에 진입한다. 사회계약은 가설일 뿐, 인간은 태어나는 순간부터 가족과 공동체, 문화와 제도의 한복판에 놓여 있으며, 수많은 규범과 기대, 책임의 네트워크 속에서 자라난다. 버크는 오히려 '끊임없이 생성되는 계약'이라는 개념으로 사회계약을 이해하고 이것을 정신적 실체로서 보았다. 고전적인 사회계약 서사에서 보면 고립된 개인들은 전혀 도덕적이지 않다. 그러나 현대 인류는 협동 파트너와의 대면적 상호 작용을 위해 필요로 한 '2인칭 도덕'을 갖고 있고, 따라서 무에서부터 '객관적' 도덕을 창조할 필요 없이 기존의 2인칭 도덕을 문화적 생활방식에 맞게 확대하기만 하면 되었다.* 개인이 태어나기 이전의 세대로부터 전해져 온 도덕, 관습 등 규범은 계약을 논하기 전에 이미 존재하고 있던 것이다.

당사자 간에 사익을 목적으로 계약을 체결했다가 당사자의 뜻에 따라 언제라도 파기할 수 있는 상업적 계약과 같은 견지로 자유를 계약의 대상으로 보게 된다. 개인의 동의라는 계약주의 관점은 극단적인 경우 사회나 국가와 실질적으로 계약한 것이 없다고 주장하는 무정부주의자로 이어지기도 한다. 국가나 사회와 계약을 체결한 사실이 없다고 주장하는 경우에 대해서는, 토크빌의 '암묵적 합의(tacit agreement)'를 원용하여 로크의 시민사회 계약론의 보편적 합의를 옹호하기도 한다. 토크빌은 『미국의 민주주의』에서 찬성이나 반대의 논거나 논쟁 없이 일종의 보편적 합의인 암묵적 합의에 의해 미국에는 공화정부가 존재한다**고 했다. 암묵적 합의란 탄생과 더불어 자신이 속하게 되는 특정 집단 내에서 이루어지는 거대한 게임법칙에 순응하고, 어른이 되어 이의를 제기할 수 있고, 이의를 제기하지 않을 때는 동의한 것으로 본다는 개념이다.

현대 미국의 철학자 T. M. 스캔런(Thomas Michael Scanlon 1940~)은 『우리가 서로에게 지는 의무(What We Owe to Each Other)』에서 "정당화

     프리덤과 리버티

될 수 있다면 그 행위는 도덕적으로 허용된다"는 입장을 제시하며,***** 정당화 가능성을 핵심 윤리 기준으로 삼았다. 물론 그의 주장은 자연상태에서의 사회계약론과는 다르지만 이 역시 정당화라는 '개인 중심'의 추상적 기준에 의존함으로써, 모든 '사회적 규범과 관계'를 일종의 '합의된 계약'으로 환원시킬 위험을 안고 있다. 결국, 자유는 계약이라는 언어 안에서 철저히 리버티 중심으로 재해석되고 마는 것이다.

그러나 인간은 계약의 주체가 되기 훨씬 이전부터, 관계와 의무의 세계에 포함된 존재이다. 한나 아렌트는 헌법에 대한 합의가 사실상 전적으로 허구적이라고 보았다.****** 대의제 정부 자체가 위기에 처해 있고, 시간이 흐르면서 시민들의 실질적 참여를 허용하는 모든 제도들을 잃어버렸고, 정당조직의 경향성과 관료화 폐단 때문이라고 한다. 자유는 계약 이전에 존재하며, 그것은 바로 공동체적 삶의 질서와 지속성 속에서 형성된 규범적 자유(freedom)이다. 이 자유는 제도와 관습, 도덕과 책임, 세대 간 연속성을 포함하며, 계약이 설명하지 못하는 도덕적 감수성과 역사적 기반을 담고 있다. 인간은 기존 제도와 규범 속에 자발적으로 편입되며, 성인이 된 후에야 투표로 그것을 반성하고 수용하거나 거부할 수 있는 여지를 갖는다. 이는 단절이 아닌 계승과 변형 속의 연속성이며, 바로 그 점에서 자유는 프리덤의 논리로 돌아가야 한다. 우리는 계약을 넘어, 삶의 유산과 연속성 속에서 실현되는 프리덤의 의미를 다시 물어야 한다.

*마이클 토마셀로, ibid., 3장 2인칭 도덕.
**Alexis de Tocqueville, Democracy in America I, Vintage Books Edition, 1990, p.419.
***T. 스캔런, 우리가 서로에게 지는 의무, 강명신 역, 한울, 2008, 4장 그름과 이유.
****한나 아렌트, 공화국의 위기, 김선욱 역, 한길사, 2011, 132쪽.

# 다. 가치와 사실 일원론

자동차 후면에 부착한 '어린이가 타고 있어요' 라는 스티커는 사실을 전달하는 것이지만 동시에 가치가 내포되어 있다. 어린이의 안전을 우선하라는 가치의 표현이다. 윌리엄 힐(William Ely Hill 1887-1962)의 '아내와 장모' 그림, '네커(Necker)의 정육면체' 그리고 '반잔(半盞)의 물'을 어떻게 보는가는 보는 사람의 시각에 따라 다르다. 반잔의 물이라는 객관적인 사실을 두고 '아직 물이 반이나 남았다' 라고 보는 사람과 '벌써 물이 반밖에 남지 않았다' 라고 보는 사람의 그 물에 대한 가치 판단은 달라질 것이다. 살인, 강간, 협박이라는 용어 자체에 이미 평가가 포함되어 있기에 가치와 사실의 구분은 불가능하다. 객관적 사실로 강간이라 하면, 그것은 불행하고 나쁜 경우라는 가치판단이 당연히 수반된다. '가치중립의 과학' 이란 아무 것도 생산할 수 없다, 때로는 부정직하기조차 하다. '가치 판단은 비과학적' 이라는 전제는 논리실증주의로 발전하였고, 데이비드 흄의 존재와 당위(is/ought)의 구분은 현대 철학에 크게 영향을 미쳤다. 경제학에서 당연시된 '사실과 가치의 구분' 의 가치중립성 신화는 허구이다. 시장논리는 스스로 가치중립적이라 하지만 사실상 특정 도덕적 판단이 스며들어간다. 선물은 주고받는 사람끼리 서로 교감하고 상대방의 마음을 잡는 것이기에 현금 선물은 저속한 것이라는 낙인이 찍히게 되는 것이다.* 그러므로 리버티 중심의 제도에는 한계가 나타나기 마련이다. 지성과 의지는 완전히 구분되는 기능이 아니라 동반자들이다. 인간 행위자는 하나의 통일체이다. 행동은 자기 혹은 영혼의 전체에서 나온다.** 철학은 이해를 바탕으로 몸(physics)과 정신(logos)의 상호작용을 논하는 것이지 한 쪽만 논할 수가 없다. 존재와 당위가 근본적으로 다르다는 이유로 사회과학이 가치평가를 할 수 없다고 보는 것은 논리의 비약이다. 따라서 가치와 사실의 이원론은 타기되어야 하고 그렇게 된다면 도덕적 질서의 존재도 다시 확인해야 한다.

프랑스의 평론가 드니 디드로(Denis Diderot 1713~1784)가 가치 사실 이원론을 부정하며 인간 내면의 갈등을 "동굴 속의 내전(la guerre civile dans la caverne)"이라는 비유로 묘사했다.*** 이성과 충동, 문명과 본능 사이에서 분열된 존재로서의 인간을 드러내기 위한 철학적 장치였다. 그는 사실과 가치의 이분법, 곧 존재(Sein)와 당위(Sollen)의 분리를 거부했다. 인간은 결코 순수하게 사실적이거나 도덕적이지 않으며, 언제나 가치가 스며든 인식과 사실에 얽힌 욕망 속에서 살기 때문이다.

동굴 속의 내전은 바로 이러한 존재의 이중성, 도덕적 감각과 육체적 욕망이 충돌하는 내면의 전쟁을 가리킨다. 디드로는 계몽주의적 이성의 이상에도 불구하고, 인간은 본질적으로 내면의 통일된 주체가 아니라 갈등적이고 분열된 존재임을 강조했다. 그리하여 인간의 자유란 단순한 선택의 문제가 아니라, 내면의 충돌을 조율하고 공동체적 맥락 속에서 균형을 잡아야 하는 윤리적 과제로 설정된다. 자유란 분열된 자아를 공동체적 질서 안에서 통합해가는 실천적 과정이며, 가치와 사실, 본능과 이성, 개인과 사회를 가로지르는 긴장 속에서만 성립한다. 리버티 중심의 자기결정 개념과는 달리 프리덤의 내적 구조를 예시한 셈이다.

독일 철학자 요한 헤르더(Johann Gottfried von Herder 1744~1803)는 데카르트적 정신 대 육체의 이원론과 계몽주의적 이성 대 감성의 이성 중심주의에 강하게 반대했다. 인간을 전일적 존재(Ganzheit)로 이해하며, 이성과 감성, 신체와 정신이 서로 분리되지 않고 상호작용하는 유기체적 구조라고 보아, 인간의 인식과 도덕, 언어, 감정 모두가 역사적·문화적 맥락 안에

---

*마이클 샌델, 돈으로 살 수 없는 것들, 안기순 역, 와이즈베리, 2012, 3 시장은 어떻게 도덕을 밀어내는가.
**래리 시덴톱, 개인의 탄생, 정명진 역, 부글북스, 2016, 23장 신의 자유와 인간의 자유가 결합하다 : 오컴.
***러셀 커크, 보수의 정신, 이재학 역, 지식노마드, 2018, 12 비판적 보수주의: 배빗, 모어, 산타야나.

서 형성되는 가치구조라고 봤다. 즉, 인식(사실)과 의미(가치)가 언제나 문화적이고 상호 구성적인 관계에 있기에, 사실을 중립적 진술로 분리할 수 없고, 모든 인식은 가치적 해석을 동반한다는 입장이다.

헤겔은 사실과 가치를 나눈 칸트적 이원론을 넘어, 정신의 자기발전이라는 변증법적 일원론을 구축하였다. 사실(Sein)과 가치(Sollen)를 분리된 것으로 보지 않고, 변증법적으로 통일·발전하는 과정으로 파악한다. 가치는 이성적 필연성으로서 역사 속 현실을 통해 구현되어야 했고, 현실은 단지 사실이 아니라 이성의 자기실현의 과정이다. 그의 일원론은 완성된 통일이 아니라, 긴장 속에서 실현되는 역사적 통합이라는 점에서 항상 모순과 매개의 운동 안에 있다. 그는 이성의 보편성을 믿어 이성적인 것은 현실적이며, 현실적인 것은 이성적이라고 선언한다. 이는 이성(가치)이 추상적 이상에 머무르지 않고 역사 속 현실의 전개 과정을 통해 실현된다는 의미이다. 자유는 단지 내면의 자율성이 아니라, 윤리적 삶(Sittlichkeit) 속에서 실현된다. 가족, 시민사회, 국가라는 제도적 질서 안에서 자아가 자신을 인식할 때 비로소 진정한 자유가 생긴다. 리버티가 아닌 프리덤의 개념에 가깝다.

영국의 역사가 E. H. 카(Edward Hallett Ted Carr 1892~1982)는 사실과 가치의 일원론을 분명히 견지하였다. 『역사란 무엇인가』에서 "역사적 사실이란 기록되고 선택된 사실이며, 그것은 역사가의 가치 판단 없이는 존재할 수 없다"고 주장한다. 역사가가 어떤 사실을 선택하고 기술하는 그 자체가 이미 가치 개입의 산물이라는 것이다. 이런 점에서 그는 "사실을 있는 그대로 말하겠다"는 실증주의적 중립성은 허구에 가깝다고 비판했다. 단순한 사건의 기록인 히스토리에(Historie)이 아니라, 주체적 해석이 반영된 역사, 경험된 시간, 인간 존재의 자기 이해 과정인 게시히테(Geschichte)로 본 것이다.* 그는 "역사란 과거와의 대화"라 했다. '대화'에는 주제가 있고 주제는 가치가 있는 것이다. 우리가 매일 일어나서, 무슨 음식을 먹고, 어떤 옷을 입고, 출근하고, 누구를 만나고, 하는 등의 이야기는 왜 역사가 되지 못할까? 가족사에서조차 다루지 않는다. 역사란 가치 실현의 과정이기 때문

| 주요 철학자의 가치와 사실 일원론 | | |
| --- | --- | --- |
| 철학자 | 이원론 비판 | 일원론 주장 |
| 요한 헤르더 | 인간은 이성과 감정, 정신과 신체가 통합된 존재 | 가치는 언어 · 문화 · 감정의 유기체적 질서에서 실현 |
| 매킨타이어 | 덕 윤리의 붕괴는 이원론 탓 | 가치는 공동체적 전통에 뿌리를 둔 서사적 실천 |
| 버나드 윌리엄스 | 도덕은 객관적 원칙이 아니라 실존적 삶의 맥락에서 형성됨 | 도덕은 삶의 조건, 감정, 책임감이 통합된 구조 |
| 러리 퍼트넘 | 과학적 명제조차도 가치 함축적, 사실–가치 구분은 인위적 | 사실 명제에도 가치가 스며들며, 인식은 가치적 |
| 찰스 테일러 | 가치는 인간의 자기 해석 과정에서 형성, 역사와 문화에 의존 | 가치는 행위 해석의 일부, 사실과 분리 안 됨 |
| 스캔런 | 도덕은 타인에게 사회적 사실로 정당화 가능한지로 결정 | 정당화 가능성은 가치와 사실을 연결하는 틀 |
| 마사 누스바움 | 역량은 삶의 실질적 조건과 연결되어, 가치는 삶의 구조에 내재함 | 삶의 조건에 기반한 역량은 도덕 기준을 형성 |

이다. 개개인은 다양한 가치를 가지고 이를 달성하기 위해 열심히 인생을 산다. 돈을 위해, 시를 쓰기 위해, 사랑을 위해, 정치 이상을 위해 등등의 가치를 목표로 개인들은 노력하고 활동한다. 6.25전쟁 때 전사한 19세 미군병의 호주머니에는 예쁜 애인의 사진이 피에 젖어 있고, 15세 북조선 소년병의 호주머니에는 어머니, 누이와 함께 찍은 사진이 피로 얼룩져 있다. 모든 사람의 죽음이 역사가 되지 않는다. 미군과 북조선 소년병의 죽음은 자유민주주의와 공산주의라는 가치의 대결 때문에 '대화'가 되는 것이다. '피해자 중심 역사관'은 '가치 실현 과정의 역사'와 대척점에 있다. 북조선 소년병의 피에 물든 사진을 보고 '단란한 한 가정을 비극으로 몰아넣은 미군은 잔

* 이매뉴얼 월러스틴, ibid., 제14장 사회과학과 정의로운 사회의 추구, 286쪽.

인하고 나쁘다' 라는 시각이 '피해자 중심 역사관' 이다. 세상 어느 죽음인들 슬프지 않은 죽음이 있겠나. 공산주의 가치관을 가진 사람은 그렇게 주장할 것이다. 하지만 자유민주주의를 주장하는 사람은 이역만리 한국에서 꽃다운 청춘을 다한 미군병사에 애도할 것이다. 역사는 상대적이다. 인류는 오랫동안 노예제를 인정하다 폐지했다. '두 임금을 섬기지 않는다' 는 불사이군(不事二君)은 충절의 가치로 군주제 시절에 대접받았으나, 지금은 대통령은 당연히 바뀌는 것이 민주주의의 가치다. 다양한 기록을 가치 중심으로 분류하여 경험과 교훈을 얻는 것이 역사다. 다만 어떻게 주제를 잡고 '대화' 를 하는가가 남을 뿐이다.

서구 근대철학은 오랫동안 사실과 가치 이원론이 주류의 흐름을 형성해왔다. 그러나 20세기 들어 절망적인 세계대전과 수많은 내전과 냉전의 비극 그리고 가치관의 붕괴 과정을 목도하면서, 맥킨타이어, 윌리엄스, 스캔런과 같은 사상가들은 이원론이 윤리를 무력화시키고, 실천을 공허하게 만든다고 지적하며 일원론을 주장하기 시작했다. 영국의 철학자 알래스데어 매킨타이어(Alasdair McIntyre 1929~2025)는 근대 도덕 철학은 사실과 가치를 분리함으로써, 윤리의 정당성을 잃고 "서로 비교 불가능한 주장들의 경쟁"만 남았다고 '강단적 이원론' 을 비판했다.

그는 가치란 공동체의 내적 전통과 삶의 방식에 내재된 덕적(德的) 맥락 안에서만 의미가 있다고 주장했다. 사실과 가치는 삶의 서사 안에서 통합되어야 하며, 개인의 행위도 그 맥락 안에서만 평가 가능하기에 가치는 독립된 판단이 아니라, 전통과 공동체 내에서 실천되는 사실적 삶의 일부라고 했다. 도덕적, 규범적 진술은 모든 다른 사실 진술들이 참, 거짓으로 판명될 수 있는 방법과 똑같이 판단될 수 있는 것이다.*

영국의 철학자 버나드 윌리엄스(Bernard Williams 1929~2003)는 사실과 가치가 융합된 단어들, 예컨대 반역, 약속, 야만, 용기, 잔인함, 불공정 등을 두꺼운 윤리 개념(thick ethical concepts)이 포함된 말이라고 했다. 겁쟁이라는 말은 그 자체로 누군가에게 행위의 이유를 제공한다. 이런

개념은 설명적(사실) 의미와 평가적(가치) 의미를 동시에 갖는다. '이 행위
는 이러한 성격을 갖고 있으며 그런 성격을 가진 행위는 해서는 안 된다'
로 분석**되기에, 개인이나 사회의 가치를 표현하는 규정이 내포된 기술
적 복합체를 포함하는 것이다.

　두꺼운 윤리 개념은 공감·공정·덕성에 기반한 자유가 된다. 그러므로
도덕적 판단은 단순한 규범이 아니라, 삶의 실질적 맥락, 감정, 책임감에
기반한다고 하면서, "중립적이고 객관적인 도덕 원칙"이란 신화라고 비판
하며, 도덕은 인간의 조건에서 나오는 일관된 태도라고 보았다. 따라서 가
치는 사실과 분리된 절대적 규칙이 아니라, 사실적 맥락과 얽혀 있는 실존
적 응답이기에 도덕은 삶의 구조 안에 통합되어 있으며, 실제로 우리가 무
엇을 경험하고 감당하는가에 의해 형성된다고 했다.

　캐나다 철학자 찰스 테일러(Charles Taylor 1931~)는 '서술적' 의미가
'평가적' 의미에서 분리될 수 없기에 가치는 사실과 분리될 수 없다고 직설
적으로 주장하고, 자연 자체가 자연을 지은 창조자 없이도 최상의 도덕 원
천들이 될 수 있는 또 다른 독립적 윤리를 위한 무대가 된다고 한다. 그는
"두터운 서술(thick description)"이라는 용어를 사용하는데, 행위나 감정이
일정한 문화 안에서 가진 의미나 의의를 명시화하기 때문에 훨씬 더 풍부하
고 더 문화와 결부된 언어라고 했다.*** 미국의 철학자 힐러리 퍼트넘
(Hilary Putnam 1926~2016)은 사실과 가치의 구분은 인위적이라며 일원
론을 강하게 주장한다. 플라톤의 형상이론 상 한 주장이 객관적으로 참이라
면 그 주장에 대응하는 대상들(object)이 있어야 하는데, 자연적인 대상들이
없다면 논리적으로 비자연적인 대상들이 있어야 한다. 그러므로 가치와 사
실은 얽혀 있기에 '대상들 없는 객관성'이 있음을 인정해야 한다는 것이

---

*알래스데어 매킨타이어, 덕의 상실, 이진우 역, 문예출판사, 2021, 5장 도덕을 정당화하려는
　계몽주의의 기획은 왜 실패할 수밖에 없었는가.
**버나드 윌리엄스, ibid., 243쪽.
***찰스 테일러, 자아의 원천들, 권기돈 하주영 역, 새물결, 2015, 172쪽.

다.* 미국의 철학자 아이리스 영(Iris Marion Young 1949~2006)은 감정, 기질, 필요, 욕구가 도덕적 이성의 보편성으로부터 추방되었다 하더라도 그것들은 여전히 존재하며 선택과 행동의 동기 역할을 수행한다고 한다고 하여** 일원론 입장을 보인다.

스캔런은 도덕은 '사실과 분리된 명령'이 아니라, 정당화 가능성에 기반한 합리적 상호 인식 구조라 한다. 도덕적 좋음과 나쁨의 체계에 도달하게 되는 과정은 '사실'과 '가치' 요소의 혼합을 포함한다.***

행위가 도덕적으로 허용되는지는 타인이 이의를 제기할 수 있는가 여부로 판단되며, 이 또한 사회적 사실과의 관계 속에서 판단되는 것이다. 도덕은 사실 세계와 단절되지 않고, 사회적 정당화 가능성에 실재적으로 기대고 있기에 도덕은 인간 사이의 사실적 관계에 내재하며, 정당화 가능성이라는 조건을 통해 가치를 구성하는 것이다.

마사 누스바움은 삶의 실질적 조건이 도덕적 기준을 형성하며, 사랑하는 사람들, 국가, 그리고 자아 밖에 있는 여타 독립적인 항목들과 관계 맺지 않고는 진정한 가치란 있을 수 없다고 한다. 감정들에 포함된 가치 평가적 판단을 유지하면서 실천적인 추론에 있어 그러한 판단에 의지할 수 있기를 희망한다. 믿음, 특히 가치나 의미와 관련 있는 것은 한 개인의 심리에 깊이 뿌리박고 있기에 이를 제거하는 것은 가능하지 않다. 이런 믿음 없이는 어떠한 감정도 뿌리를 내릴 수 없는 것은 분명하다.**** 감정은 옳은 가치 인식을 담을 수 있는 것이다.

브뤼노 라투르는 근대적 공동체는 사실과 가치간의 절대적인 이분법의 포로들이라 하며, 자연과 사회, 인간과 비인간을 모두 연결된 네트워크 속 존재로 파악한다. 그는 양자 어느 쪽으로 간단하게 환원되지 않는 중간적인 존재로서 하이브리드 개념을 제시하며, 사실과 가치들은 명확하게 구분되기보다 연속된 상태의 동일한 산물이기에 이들은 분리불가하다는 것이다. 사실 역시 사회적이고 가치지향적이라는 것이다. 테세우스가 미노타우르스를 죽이기 위해 크레타 섬 미로에 들어갈 때 사용한 '아리아드네의 실'을 예시하면서, 사실과 당위로 나누거나 여러 학제로 분할하지 않으면서도 설명할 수 있는 방법을 주장했다.*****

하지만 이 사실과 가치의 통합은 또 다른 위험을 안고 있다. 가치가 역사에 융합되면, 가치의 고유한 목소리는 오히려 침묵하게 된다. 우리는 '무엇이 옳은가'가 아니라 '역사는 어디로 가는가'를 묻게 되고, 윤리는 현실 속에 흡수되어 비판의 자리를 잃게 된다.

하이데거는 존재론을 통해 도덕과 진리의 전제 조건을 해체하고 사실과 가치를 분리하지 않아, 진리의 사건으로서의 존재(aletheia)를 제시하여 이후 포스트모던 철학에 큰 영향을 미쳤다. 가치와 사실, 주체와 진리의 경계를 해체하며, 모든 의미는 권력과 담론에 의해 구성된다고 주장한 것이다. 보편적 도덕 대신 상황적 의미와 실천을 강조하게 되어 오히려 리버티를 강화시키게 된 것은 제5장에서 살펴본 바와 같다.

우주에 대한 기계론적(비목적론적) 개념과 아리스토텔레스의 목적론적 개념 간의 쟁점은 자연과학의 발전에 기인하여 비목적론적으로 결정되었다. 신의 섭리가 아니라 만유인력의 법칙으로 우주의 행성들이 움직이고, 번개는 신의 노여움이 아니라 전기의 방전임을 알게 되었기 때문이다. 그러나 비목적론적 해결은 인간의 목적이 단지 욕망이나 충동에 의해 정립되게 되어 인간의 목적에 대한 적절한 설명이 불가능하게 된다. 홉스와 로크에 기초한 서구정치철학은 자기 보존을 최우선으로 삼을 뿐, 시민의 올바른 삶을 위해 적극적인 목표를 정하려 하지 않고, 보다 나은 생활양식이나 보다

---

*힐러리 퍼트넘, 존재론 없는 윤리학, 홍경남 역, 철학과현실사, 2006, 1부 존재론 없는 윤리학.
**아이리스 매리언 영, 차이의 정치와 정의, 김도균, 조국 옮김, 모티브북, 2017, 232쪽.
***토머스 스캔론, 관용의 어려움, 이민열 옮김, 서울대학교출판문화원, 2021, 305쪽.
****마사 누스바움, 시적 정의, 박용준 역, 궁리, 2013, 132~138쪽.
*****브뤼노 라투르, 우리는 결코 근대인이었던 적이 없다, 홍철기 옮김, 갈무리, 2009, 5장 재분배.

나은 삶의 방식을 제정하고  제시하지 않는다. 직관주의와 합리주의의 이원론을 수용해야 한다는 흐름이 강화될수록 인간은 개인주의와 리버티의 세상으로 고립되어 갔다. 고독한 고립 속에 사는 개인은 이원론의 논리가 주는 자기 강요적인 힘에 의존하여 현실과의 관계를 상실하고 결과적으로 경험과 사유의 능력을 모두 잃게 되었다. 참과 거짓의 차이를 더 이상 보지 못하게 된 것이다. 특히 직관주의 철학이 헨리 무어의 윤리학에 의해 채택되고 이것이 블룸즈버리 클럽을 중심으로 퍼져 나가면서 미국과 영국의 대세적인 흐름이 되어버린 것이다. 2차 세계대전 이후의 승전국으로서, 특히 냉전 시대 자유민주주의를 내세우는 미국의 그러한 사상의 흐름은 전 세계에 크게 영향을 미치게 되었다.

하지만 가치는 삶 속에 내재하며, 도덕은 삶의 사실적 구조 안에서 실현되는 판단이다. 좋은 사회는 모두, 좋은 것과 나쁜 것에 대한 명확한 생각을 가져야 한다. 동료 시민은 사회의 평등한 구성원으로서 함께 살아나가는 일을 결정하는 것에 동등한 자격이 있는 존재로 인정하는 대가가 자유임을 인식해야 한다. 이러한 사유는 형이상학적 윤리 도덕을 거부하고, 감정, 현실, 사실을 중시하여, 내가 좋은 것이 도덕이 되는 리버티의 자유보다, 삶의 맥락과 전통 속에서 실현되는 프리덤의 자유에 대한 정당성을 철학적으로 뒷받침해 준다. 프리덤은 단순한 사실적 조건이 아니라, 반드시 도덕적·공동체적 맥락 속에서 규정되는 윤리적 가치 판단을 동반한 실천 개념인 것이다. 우리가 공동체의 삶을 영위하는 한 우리의 프리덤에는 강요가 따를 수밖에 없다. 신법은 신이 그것을 적용하기 때문에 적용된다. 칸트의 도덕법은 우리가 합리적 존재로서 스스로에게 그것을 적용할 이유가 있기 때문에 적용된다.* 공동체(community)라는 단어의 어근은 서로에게 주는 것이라는 의미가 들어 있는 것이다. 국법이 적용되는 이유는 강제력을 실행할 수 있는 국가에 우리가 소속되어 있기 때문이다.

# 라. 이성의 사실

자유의 개념이 단지 선택의 다양성이나 외부 간섭의 부재로만 정의될 수 없다는 것은 이 책의 일관된 문제의식이다. 프리덤의 반격은 자유를 단순한 상태나 권리가 아닌, 공존 가능한 질서이자 실천의 규범으로 새롭게 이해하려는 시도다. 이 맥락에서 앞에서 논의한 가치와 사실 이원론을 넘어, 양자를 통합하려는 철학적 기반이 필요하다. 그 핵심에 칸트의 '이성의 사실(Faktum der Vernunft, fact of reason)' 개념을 검토할 수 있다.

칸트는 『실천이성 비판』에서, 도덕법칙은 경험으로부터 오는 것도, 감정의 결과도 아니며, 이성 그 자체가 자명하게 우리 안에서 인식하는 하나의 '사실'이라고 보았다. '사실'이라는 것이 감각적 경험의 집합이 아니라, 이성 안에서 이미 전제되어 있는 규범적 구조의 존재성을 의미한다는 것이다. 경험 이전적(a priori)이지만 마치 사실처럼 의식 속에 드러나는 것으로 간주했기에 '이성의 사실'이라 부른 것이다.

칸트에게 도덕법칙은 '있어야 한다'는 당위의 주장이 아니라, 그럴 수밖에 없는 구조적 전제이기에 '사실'도 같은 논리적 강제력을 가진다. 이성이 설정한 규범적 질서는 인식적으로도 실재론적으로도 '사실'로 간주될 수 있기에, 사실이 가치처럼 기능할 수 있으며 가장 근원적인 사실은 가치의 형태로 주어진다는 역설적 진술이 된다.

이러한 통찰은 사실과 가치가 서로 완전히 이질적인 영역이라는 이원론을 강력하게 뒤흔든다. 근대철학의 전통에서 데이비드 흄은 사실에서 바로 당위를 도출하는 논리적 도약은 없다는 '흄의 길로틴'으로 양자를 구분분리했고, 조지 무어는 선(good)이라는 개념은 어떤 사실로도 환원될 수 없다고 하며 자연주의적 오류론(naturalistic fallacy)을 주장했다. 그러나 칸트

*버나드 윌리엄스, ibid., 349쪽.

의 '이성의 사실' 주장은 이러한 이원론의 틀을 거부하며, 도덕적 가치가 이성의 구조 속에서 불가피하게 주어지는 가장 본질적인 사실임을 선언한 것이다.

이 개념은 칸트 이후에도 다양한 방식으로 계승되었다. 독일의 신칸트학파 철학자 하인리히 리케르트(Heinrich Rickert 1863~1936)는 우리가 인식하는 사실은 언제나 가치지향적이며, 가치 없이 인식은 성립하지 않는다고 보았다. 만약 객체(사실)가 중요하지 않거나 관심을 끌지 않는다면, 즉 가치와 아무 관계가 없다면 이러한 사실은 문제도 되지 않는 것은 자명한 이치라고 했다.* 이성이 스스로 설정한 가치는 규범적 사실처럼 작용한다는 관점이다. 비판이론학파의 독일 철학자 하버마스(Jürgen Habermas 1929~)는 의사소통 행위 속에서 사실과 가치가 통합되는 구조를 설명했다. 그에게는 진술조차도 정당화의 규범적 구조 속에서만 의미를 갖는다.**

롤스는 '이성의 사실' 개념을 받아들여 도덕적 직관 혹은 공정함의 감각을 합리적 조건에서의 '사실 같은 규범'으로 간주하였다. 정의의 원칙을 합의된 이성의 산물로 받아들인 것이다. 결과적으로 이성이 규범을 구성하고, 그 규범이 곧 사실처럼 작동한다는 구조는 현대 철학의 중요한 흐름을 형성하게 되었다.

이 개념을 수용할 때 프리덤이라는 자유 개념은 단순한 주관의 선택지나 행위로서의 사실이 아니라 이성적으로 구성된 규범의 사실로 이해할 수 있다. 프리덤은 개인이 원하면 선택할 수 있는 권리가 아니라, 공존 가능한 공동체가 성립하기 위해 반드시 전제되어야 하는 가치 질서이자 구조이며, 사실로부터 이성의 자기규율이 도출해 내는 하나의 규범이 될 수 있다는 의미이다. 따라서 우리는 자유를 단순히 정치적 권리로서가 아니라, 가치를 담은 사실, 다시 말해 이성에 의해 정당화된 규범적 현실로 볼 수 있다. '이성의 사실'은 프리덤이라는 자유 개념에 대해 또 하나의 존재론적 정초가 될 수 있으며, 프리덤의 도덕적 실재성을 입증하는 논거이자, 자유가 진정한 의미에서 규범적 '현실'이 될 수 있는 강력한 논거가 되는 것이다. 그렇기

     프리덤과 리버티

에 프리덤에서 가치 질서를 도출해내는 것은 정당한 정치적 과업이 되어야
한다.

## 마. 정의의 무력함

개인의 자유가 리버티로 귀결된 것은 자유가 한계나 제한 없이 거침없이
뻗어나가게 된다는 의미다. 개인주의적 윤리에 호소하고 자유의지로 선택
을 하는 것은 특권적 지위가 되어 도덕적 맹목성(moral blindness)으로 연
결되기 쉽다. 당신이 무엇이든지, 누구든지 상관없이 당신 자신이 바로 선
이다. 자기 잇속만 차리는 일이 사심 없는 원칙인 양 표현되고, 생활양식과
권리라는 우스꽝스러운 현상으로 변형되어 도덕적 우월성의 기본이 되었
다. 편안하고 제약받지 않는 생활이 곧 도덕이 된 것이다. 쉽게 결함으로 연
결될 수 있는 자신의 동기가 도덕적 독선의 근본이 되고 있다. 가치는 개인
들의 경제적 및 성적 욕구에 의해 결정되는 것이고 상대적인 것이라고 주장
한다. 상대주의를 용인하는 우리의 독단주의와 그것이 우리 생활에 가져다
주는 악영향을 전혀 상관하지 않고 있다. 오히려 그것을 예의로 알고 있다.

샌델은 『정의의 한계』에서 롤스의 정의론은 비현실적인 전제 위에서 도
덕적 연관성을 단절시켰다고 하며, 자유주의 성공과 동시에 몰락을 재촉하
는 이론이라고 지적했다. 롤스의 정의론은 최소극대화(Maxmin) 규칙 때문
에 최악을 선택한다는 선택의 특이한 성격에 기댄다. 만약 나는 노예나 농
노가 될 확률이 없고, 노예제나 농노제를 유지하는 것이 부정의의 해소에
이득이 된다면, "무지의 베일"에서 합리적인 선택은 노예제나 농노제를 채
택하는 것이 될 것이다. 롤스는 전쟁 포로는 언제나 죽여 오다가 노예로 삼

는 것이 덜 부정의하기에 옹호될 수도 있다고 본다.* 그러나 노예제는 어떠한 이유에서도 받아들일 수 없는 것임에도 롤스의 정의론에서는 가능해지기에 롤스 모델의 의사결정 이론 요소 혹은 합리적 선택의 요소는 많은 비판을 받아 왔던 것이다.**

리버티의 시각에서 사회 전체의 정의 구조는 세속적 편의의 토대 위에 세워져야 한다. 전통과 관례는 민족마다 문화마다 지역마다 다르다. 자동차의 우측 주행이나 식당에서 결재를 주문 때 하든지 식후에 하든지 하는 것은 지역마다 나라마다 다른 사회적 관습이다. 우측 주행에서 내가 편하다고 좌측 주행을 할 자유가 용인될 수 있을 것인가? 심지어 재산권도 협약의 집합이다. 재산 점유 기간을 얼마로 하여 소유권 이전으로 볼 것인지는 지역마다 나라마다 다르다. 그러므로 '각자에게 합당한 그의 몫을'이라는 고전적 정의의 규정이 새롭게 다가와야 한다. 정의에 대한 논의는 누구의 정의인지, 어떤 합리성인지가 핵심 논의사항이다. 옳음은 개인의 선과 무관하게, 모든 사람이 따라야 할 보편적 규칙이나 원칙, 즉 도덕적, 정치적 정의의 기준이다. 정의란 공존의 전제 조건이기에 선보다 우선적으로 다루어야 하는 윤리적 구조이다. 그래서 옳음이 좋음보다 우선한다는 의미는 개인적 권리가 공동선을 능가하는 것이고, 옳음을 상술하는 정의 원칙은 특정한 좋음에 기대지 않는다는 것이다.*** 롤스의 정의론은 어떤 공동체에도 속박되지 않은 자율적 자아가 '옳음'을 우선적으로 선택한다고 하지만, 샌델은 인간은 이미 공동체적 가치에서 형성된 존재이므로 '옳음'은 결코 '좋음'보다 먼저 정의될 수 없다고 한다. '옳음 우선'이라는 롤스의 주장은 비현실적인 비실체적 자아(the unencumbered self)에 기반한 것이라고 비판한다.

정의는 자유가 단순한 자율성이나 선택 가능성에 그치지 않고, 타인과의 관계 속에서 책임 있게 실현되기 위한 도덕적 조건이다. 자유는 방임과 무책임으로 흐를 수 있기 때문에, 정의는 경계를 규범적으로 제시하고, 자유가 공동체 속에서 지속 가능하도록 도와주는 윤리적 구조물이어야 한다. 자유는 규범 없는 해방이 아니라, 올바른 틀 안에서의 자기결정이다. 따라서 정의는 자유의 확장을 제한하는 것이 아니라, 자유를 보호하고 의미 있게 만드는 도덕적 장치로 기능해야 한다. 정의는 특히 자유와 결합될 때, 단순한 선호의 분배가 아니라 도덕적 기준의 수호자가 되어야 한다.

마이클 샌델, 찰스 테일러, 알래스데어 매킨타이어 등 공동체주의 철학자들은 자유주의 정의론이 고립된 자율적 개인만을 상정하며, 사실상 옳음보다 좋음을 우선하기 때문에 인간의 도덕적 정체성과 공동체적 맥락을 무시한다고 비판한다.

찰스 테일러는 초월적 가치보다 내재적 가치를 긍정하는 실존주의를 비판하면서 자유는 공동체적 정체성 속에서만 실현될 수 있다고 강조했다. 자아는 오직 다른 자아들 가운데서만 존재하기에, 자아가 된다는 것은 공간 내에서 나의 관점을 찾고, 자리를 차지하고, 하나의 시각이 된다는 것을 의미한다.**** 도덕적으로 얽힌 자아(morally embedded self)는 공동체·문화·전통 속에서 정체성을 형성하기에, 정의란 개인이 공동체 안에서 정당하게 인정받을 수 있는 조건을 마련하는 것이다.

그러므로 정의는 롤스처럼 ‘옳음(the right)이 좋음(the good)에 우선한다’는 식의 절차적 중립주의가 아니라, 공동체의 좋은 삶의 형태, 즉 ‘좋음’의 내용이 정의의 판단에 필수적인 인정(recognition)의 정의관을 주장한다.

매킨타이어는 『덕의 상실』에서 현대 도덕 담론이 덕과 전통을 잃고 파편화되었다고 진단하며, 정의를 복원하려면 공동체적 맥락에서 도덕을 재정립해야 한다고 본다. 옳음은 보편적으로 설정하는 것이 아니라, 특정한 ‘좋음의 맥락’ 안에서만 옳음이 정당화될 수 있다. 역사적·서사적 맥락 속에서 형성된 ‘좋음’의 기초를 이용할 수 있는 것이다. 그래서 정의는 우리가 다른 사람들을 공적(Desert) 또는 가치에 따라 한결같은 비인격적 기준에

*존 롤스, 사회정의론, 황경식 옮김, 서광사, 1985, 264쪽.
**버나드 윌리엄스, ibid., 157쪽.
***마이클 샌델, 정의의 한계, 멜론, 2012, 374쪽.
****찰스 테일러, 자아의 원천들, 권기돈 하주영 역, 새물결, 2015, 5 도덕의 지형학.

| 철학자 | 비판 방향 | 정의관 |
| --- | --- | --- |
| 마이클 샌델 | 롤스의 자유주의 정의는 공동체적 인간을 무시 | 도덕은 공동체적 소속감 안에서 발생 |
| 찰스 테일러 | 자율성보다 정체성과 문화의 맥락 중요 | 정의는 자유가 공동체 속에서 실현되는 조건 |
| 매킨타이어 | 도덕은 전통 속에서만 의미 있음 | 덕 기반의 윤리와 정의 |
| 아이리스 영 | 형식적 정의는 억압을 유지함 | 정의는 억압 구조의 해체 |

따라 판단할 것을 요구한다.*

또한 아이리스 영과 같은 급진적 정의 이론가들은 롤스나 드워킨의 이론이 형식적 평등에 갇혀 구조적 억압과 차별을 보지 못한다고 지적한다. 영은 정의를 억압과 지배 구조를 드러내고 해체하는 정치적 실천의 개념으로 확장시켰으며, 이는 자유주의 정의론이 다루지 못한 차이, 권력, 정체성의 문제를 포착하려는 시도였다. 그녀에게 정의란 사회 구성원 모두에게 지배 없는 상태(nondomination)와 억압 없는 상태(nonoppression)가 모두 실현되는데 필요한 사회적 및 제도적 조건이기 때문이다.**

마사 누스바움은 『시적 정의(Poetic Justice)』에서 정의란 단지 추상적 원칙이나 차가운 이성의 적용이 아니라, '다른 이들과 함께 살아가는 상상력'과 '공감적 이해' 속에서 구현되어야 한다고 주장했다. 그녀는 자유주의 사회를 모든 개인의 평등한 존엄과 공통의 인간성에 내재된 취약성을 인정하는 기반 위에 있는 사회로 보았기*** 때문이다. 『정치적 감정(Political Emotions)』에서 모차르트의 오페라 『피가로의 결혼』을 인용하며, 신분이 다른 백작부인 로지나와 시녀 수잔나가 부르는 『편지의 이중창』을 공동체적 정의의 상징으로 해석한다. 이 장면은 사회적 위계를 넘어선 공감과 협력의 아름다움을 보여주며, 정의란 나만의 권리를 주장하는 것이 아니라, 너와 내가 함께 조화롭게 살아갈 수 있도록 상호 이해를 실현하는 윤리적 구성이라는 점을 강조한다. 누스바움의 정의론은 공동체의 프리덤을 위해 차가운 이성의 정의가 아니라, 따뜻한 감정의 정의 또한 필요함을 보여준다. 공감의 프리덤은 단지 감정의 교류가 아니라, 정치적 판단과 규범적 실천의 중요한 기반이며, 공동체를 결속시키는 윤리적 접착제이다.

모래알로 흩어진 개인들은 정치적 미덕을 포기한 결과, 공동의 이익과 정의의 부재를 불러와 도덕의 기초를 건강과 부에 내주는 현실을 초래했다. 좀 더 실질적이고 보다 쉽게 얻을 수 있는 미덕이 전래적으로 제시되던 미덕을 대신하게 했다. 리버티의 정의로는 한계에 이르렀음을 느끼고 있다. 정의는 개인의 선의 선택에 방관자적인 자세를 가져서는 안 된다. 개인의 선이 도덕적인 것과는 무관하게 즉각적인 자신의 소망과 욕망의 산물이라면 우연성의 지배를 받게 된다. 개인의 정체성을 유지할 수 있는 일관성도 결여될 뿐더러, 이러한 개인들이 선택한 선들이 상충되는 것은 필연이기에 정의는 적극적인 역할을 해야 한다. 프리덤의 정의는 원자화된 개인의 정의가 아닌 공동체의 정의가 되어야 하고, 그것은 타당한 합리성의 바탕 위에 설정되어져야 한다.


## 바. 다수결의 전제


토크빌은 다수도 집단적으로 보면 한 개인에 지나지 않는다고 했다. 다수결이라는 규칙은 평등만큼이나 자연적인 권리가 아니다. 신중함과 편의 때문에 채택된 것으로 오랫동안 훈련을 받아야 승복할 수 있는 민주주의적인 결정 방식이다. 상황에 따라 적은 수의 사람들이 더 합리적이기도 하고, 한

*알래스데어 매킨타이어, 덕의 상실, 이진우 역, 문예출판사, 2021, 14장 덕의 본질
**아이리스 영, 차이의 정치와 정의, 김도균, 조국 역, 모티브북, 2017, 서론.
***누스바움, 혐오와 수치심, 조계원 역, 민음사, 2015, 43쪽.

쪽에 명백한 명분이 있지만 다른 쪽에는 격렬한 욕구밖에 없는 경우를 포함해 매우 특수한 경우에도 적용하자는 사회적 합의의 결과다. 일반적 의지를 강제로 집행할 능력이 있고, 항구적 권력이 부여된 강력한 권한에 의해, 오랜 복종의 습관으로, 사회적 훈련의 하나로 점차 확립된 제도다.

정부가 다수결에 의해 살인을 합법화한다면 따라야 할까? 정부가 다수결로 노예를 둘 수 있다고 허용하면 따라야 할까? 도덕적으로 살인과 노예제는 잘못된 것이기에 따라서는 안 된다. 근대 자연권 이론의 확고한 뒷받침을 받은 개인들의 리버티가 상호 충돌한다면 다수결로 해결하는 것이 합당할까? 개인의 동등한 대우라는 정의론에 배치되고, 소수를 다수로 묵살하는 것이 어떻게 개인의 리버티 존중과 양립할 있을 것인가? 소수 지도자가 좌지우지하는 정당정치에서 적법절차(due process)라는 형식적 민주주의를 거친 결정이 도덕적 공분을 일으키는 사례는 비일비재하다. 다수결이 만능은 아닌 것이다. 루소는 모두의 의지(will of all)와 일반의지(general will)는 종종 충돌한다고 했다.* 모두의 의지는 각 개인의 사적 이익을 반영한 개별적 의지들의 합일뿐이며, 이것이 항상 공동체의 정의나 공익을 반영하지는 않는다. 민주주의 사회에서 대중의 여론이나 투표 결과가 반드시 공동선을 실현하는 것은 아니라는 루소의 통찰과 정확히 일치한다.

다수결의 전제(專制 the tyranny of the majority)는 절제 없는 리버티의 그림자이다. 선의 선택은 개인의 자유이기에 오로지 자신만이 결정 주체라고 보는 것이 리버티의 개념이다. 드워킨의 "동등한 배려"나 롤스의 "무지의 베일"은 모두가 동등하고 간섭과 개입이 없는 상태에서 스스로의 인생을 개척해 나갈 수 있게 하자는 것이다. 나의 자유인 것이다. 그러나 당신도 그렇게 선을 선택할 자유가 있고 나로부터의 간섭과 개입을 거부할 자유가 있다. 만약 나와 당신의 선의 선택이 서로 충돌하고 길항관계(trade-off) 상태가 된다면 누구의 선을 선택해야 할 것인가? 여기서 다수결의 원칙이 나온다. 민주주의의 차선의 타협책이다. 그렇다고 다수결이 전지전능한가? 역사주의 시각으로 본다면 '그 때 그 곳'의 의사결정은 영속적인 진리의 법칙과는 무관해도 좋다는 것인가? 다수라는 이름으로 노예제를 시행했고, 타인종간 결혼 금지를 시행했고, 여성 차별을 시행했고, 반상(班常)의 차별을 시행했고…. 시대에 따라 달라지는 다수결에 우리 인류의 경험과 지혜가 한도를 설정할 수 있어야 한다. 자유롭다고 느끼기 위해서 과반수에 합류해야 한다면 그것은 자유가 아니다. 더욱이 강압에 의해 이루어진 의견 단일화는 고작 묘지의 만장일치에 이르게 될 뿐이다. 다수결이라도 지금 여기(now here)의 다수가 아니라 수많은 다수와 소수의 지혜가 축적된 공화주의의 덕목을 위배할 수는 없다. 다수결은 자유주의 정치의 핵심 절차로 간주되어 왔지만, 그것이 항상 정의롭고 도덕적인 결과를 보장하지는 않는다. 다수가 아니라 공동체 전체에 봉사해야 한다는 점을 망각하기도 한다. 다수가 합의하는 것이 정의라면 마침내는 무엇이 정의인가를 묻는 일마저 없어지고 선동정치만 남게 될 것이다. 절제되지 않은 리버티가 제도화된 결과로서의 다수결은, 공동체의 윤리와 소수자의 권리를 억압하는 수단이 될 수 있다. 토머스 홉스는 다수로 자신들이 무슨 일이든 다 해낼 수 있다고 생각했던 아테네인들은 사악하고 비위만 잘 맞추는 사람들 때문에 결국 파멸로 이르는 길에 내던져지고 말았다고 지적했다.[**] 존 스튜어트 밀은 『자유론』에서 이를 "다수에 의한 사회적 압제"라 불렀으며, 다수의 집단이 민주주의의 이름으로 소수의 자유를 침해할 수 있는 위험을 경고했다. 다수결은 인위적 결합의 원리 위에 만들어진 실정법의 가장 폭력적인 허구 중의 하나이다. 시민사회를 벗어나면 우리의 본성은 다수결을 모른다.[***]

　이러한 잠재적인 문제의식은 미국 건국 초기부터 제기되었다. 『페더럴리스트』 51번에서 제임스 매디슨은 다수파의 전제를 우려하며, 권력의 분립과

---

[*] 노르베르토 보비오, 자유주의와 민주주의, 황주홍 역, 문학과지성사, 1992, 현대 민주주의와 보비오의 정치사상.

[**] 사이먼 블랙번, 국가론 이펙트, 윤희기 역, 세종서적, 2014, 14. 무질서한 도시들, 무모한 사람들.

[***] 에드먼드 버크, 에드먼드 버크 보수의 품격, 정홍섭 역, 좁쌀한알, 2018, 172쪽.

견제, 상호 균형이라는 제도적 장치를 통해 이를 방지하고자 했다.* 매디슨에게 진정한 자유란, 다수가 언제나 옳다는 믿음에 기댄 체제가 아니라, 인민의 의사와 다수 의사를 동일시하는 오류에서 벗어나 다수조차도 제약받는 제도적 구조 속에서만 실현될 수 있는 것이었다. 다수결이 권위를 갖는 것은 일시적인 다수 의지의 행사가 아니라 공동의 원칙에 대한 폭넓은 합의로부터 이루어진다. 1858년 미국 스티븐 더글러스(Stephen Douglas 1813~1861) 상원의원이 서부 개척지들에서 노예제 허용과 관련한 논쟁을 링컨과 치룰 때, 더글러스는 노예제 채택 여부를 각 주의 다수결로 결정하자고 하였다. 하지만 링컨은 다수가 옳다거나 그르다고 판단하는 것보다 옳음과 그름에 대한 더 수준 높은 판단 기준이 있기에 다수결이 도덕성을 결정할 수는 없다고 했다. 그는 노예해방선언을 준비하던 1862년 내각회의에서 장관들의 만류를 받았다. 대부분이 시기상조라 반대하자, 링컨은 잠시 침묵하다가 이렇게 말했다고 전해진다.

"찬성 1표, 반대 6표 – 가결되었습니다."

그는 다수의 반대에도 불구하고, 전쟁의 목적을 자유의 완성으로 이끌어야 한다는 도덕적 확신을 결단으로 옮겼다. 다수결은 의견을 조정하는 절차일 뿐, 선(善)을 확정하는 기준이 될 수 없다. 도덕의 근거는 숫자가 아니라, 양심과 이성에 있다.

다수란 극단적으로 유동적인 집합체여서 매번 새로운 다수가 형성될 가능성이 상존한다. 어느 특정 시점에 다수가 생각하는 내용이 곧 신의 생각이라고 가정하는 것은 치명적인 실수다. 토크빌은 『미국의 민주주의』에서 다수란 하나의 집단일 뿐이며, 하나의 개인에 불과하다고 지적하면서, 여론의 독재(tyranny of opinion)가 될 수 있는 다수의 결정을 무조건적인 진리나 도덕으로 간주해서는 안 된다고 강조했다.

통제되지 않는 숫자 상의 다수가 이끄는 정부는 대중적 정부라도 절대 권력과 전제적 형태에 지나지 않는다. 히틀러의 나치정권도 합법적 다수로 성립되었다. 다수의 시민 배심원이 소크라테스를 사형에 처했지만, 그 판결은 진리나 정의를 입증하지 못했고, 예수도 십자가에 못 박으라고 외친 군중 다수의 열광으로 처형되었다.

이는 민주주의가 다수의 수가 아닌, 공공의 이성과 규범의 체계 속에서 작동해야 함을 강력하게 반증한다. 따라서 민주국가들이 성공적으로 기능하려면 다수결원칙을 억제할 필요가 있다. 미국의 경제학자 케네스 애로우(Kenneth J. Arrow 1921~2017)는 세 명 이상의 유권자와 세 가지 이상의 선택지가 있을 때, 모두의 합리적 선호를 반영하면서 동시에 공정한 집단 의사결정을 하는 투표 방식은 존재하지 않는다는 "불가능성 정리(Impossibility Theorem)"를 주장했다. 이러한 맥락에서 미국의 경제학자 제임스 뷰캐넌(James Buchanan, Jr. 1919~2013)과 고든 털럭(Gordon Tullock 1922~2014)은 다수결 원칙을 억제할 수 있는 헌정적 장치의 필요성을 주장했다. 헌법재판소나 대법원이 입법부 법률을 위헌이라 선언하여 무효화하는 반다수제(countermajoritarian), 중대한 결정에는 단순 과반수 아닌 일정 비율 이상의 찬성이나 만장일치를 요구하는 초다수제(supermajority), 그리고 규칙 제정의 이원적 절차(Bicameral Procedure) 등을 통해 다수의 권한을 제한할 수 있다고 본다. 미국의 7대 부통령 존 칼훈(John C. Calhoun 1782~1850)은 진정한 다수결은 단일 다수(popular majority)가 아니라, 모든 주요 집단의 동시적 동의로 성립되어야 한다는 동시적 다수제(Concurrent majority)를 주장하였다.** 또한 명시적 반대가 없을 때까지 토론을 하여 합의를 이끌어 내거나, 당신이 제안하고 선택은 내가 한다는 방식의 제안–선택 메커니즘, 고대 그리스와 중세 베네치아에서 활용하였던 무작위 선출 방식으로 다수결의 전제를 보완해야 한다. 헌법적 원칙으로 다수가 결정 내리는 범위를 적정 수준으로 제한하며 이를 헌

*알렉산더 해밀턴, 제임스 매디슨, 존 제이, 페더럴리스트, 박찬표 옮김, 후마니타스, 2019, 397쪽.
**미국 남부주의 노예제 폐지 반대 때 주장하여 빛이 바랬다.

| 방 안 | 핵심원리 | 목 적 | 사 례 |
|---|---|---|---|
| 반다수제<br>(Counter-<br>majoritarian) | 다수결로 침해될 수 있는 소수자 권리를 헌법 · 사법부가 보호 | 소수 보호,<br>헌법 수호 | 헌법재판소,<br>대법원의 위헌<br>심사 |
| 초다수제<br>(Supermajority) | 단순 과반수 이상(2/3, 3/5 등) 찬성 요구 | 정치적 안정성과<br>정당성 확보 | 헌법 개정, 미국<br>상원의<br>필리버스터 종료 |
| 동시적 다수제<br>(Concurrent<br>Majority) | 전체 다수 외에 집단별 주요 다수의 동시적 동의를 요구 | 지역 · 계층 간<br>권력 분산과<br>균형 | 존 칼훈의 남부<br>주 방어 논리 |
| 이원적 절차<br>(Bicameral<br>Procedure) | 상 · 하 양원 통과를 요구해 견제와 숙고 유도 | 숙의와 협치,<br>절차적 정당성<br>확보 | 미국 상 · 하원,<br>독일 연방참사원 |
| 합의 다수제<br>(Consensus<br>Majority) | 합의 중심 의사결정, 명시적 반대 없을 때까지 토론 | 광범위한 합의<br>형성, 분열 방지 | 유엔, 유럽연합,<br>북유럽 국가 |
| 입헌적 다수제<br>(Constitutional<br>Majority) | 헌법적 원칙이 다수결보다 우위 | 헌법 우위 질서<br>확보, 남용 방지 | 미국 헌법 개정<br>요건 등 |
| 제안–선택 메커니즘<br>(Proposal–Choice<br>Mechanism) | 제안자와 결정권자를 분리 | 권력 균형,<br>공정성 | UN사무총장<br>선출(안보리 추천,<br>총회 수용) |
| 무작위 선출<br>(Sortition) | 대표자를 무작위로 선정 | 특정 계층의<br>독점 방지.<br>시민배심 | 고대 아테네,<br>베네치아 활용 |
| 선례구속의 원칙<br>(Stare Decisis) | 사법부가 과거 판례를 존중해 법적 안정성과 예측 가능성 유지 | 입법의 급변<br>방지, 법 질서<br>연속성 | 미국 · 영국<br>대법원의 판례<br>존중 관행 |

법과 '선례구속의 원칙(stare decisis)'으로 제약하고, 특히 자유주의적 이념과 윤리로 제약해야 한다.

다수는 소수의 권리를 표결로 빼앗을 권리를 갖는 것이 아니다. 소수를 다수의 억압으로부터 보호하기 위하여 권리라는 개념이 필요한 것이다. 이는 다수결 그 자체가 아니라, 그것을 통제하는 메타규범과 제도가 필요함을 시사한다. 공동체의 공감을 기반으로 하는 제약이 필요하다. 그러나 공감이 어떤 경우에나 작동하는 것은 아니다. 집단들이 서로를 동일시할 만큼 충분한 공통성을 지닐 때에만 공감이 작동한다. 다수에 대한 정교한 통제와 경이로운 도덕적 합의가 요청된다. 그래서 공화주의가 필요한 것이다.

우리의 질서는 도덕적 질서이고, 우리의 법은 영원히 계속되는 도덕률에서 나왔다. 이 도덕적 질서는 사람의 숫자를 세는 과정을 통해 변형되지 않는다. 다수가 표결로 소수를 무시하지 않고, 표결에서 이긴 쪽은 상대에게 마지막 결정에 동참할 기회를 허락하는 관례가 필요하다. 표결이란 것은 정말 최후의 수단이지만 소수의 의견을 반영한 합의로 처리하는 관행이 더 낫다. 한나 아렌트는 합의는 사회계약의 수평적 형태에 의존하는 것이지 다수결에 의존하는 것이 아니라고 했다.* 인간이 역사적으로 세워온 정의로운 행동 규칙, 즉 노모스(nomos)는 인간이 만들어내지 아니한 자연적 질서라는 상태에서 유래한 것이기에, 다수결에 의해 정해지는 입법부에 의한 법인 데시스(thesis)와는 구분되는 것이다.**

결국 다수결은 민주주의의 핵심이지만, 그것이 곧 정의의 보증은 아니다. 사람의 복종을 끌어내는 권리로서 다수결의 권위는 본질적으로 법에서 파생되었고, 법이란 공동체 생활방식 이외의 다른 것이 아니다. 법은 공동선을 보호해야 하기에 공동선은 정의이다. 그러나 부정의한 법이 있기 때문에

---

*한나 아렌트, 공화국의 위기, 김선욱 역, 한길사, 2011, 136쪽.
**프리드리히 하이에크, 신자유주의와 법, 양승두, 정승훈 옮김, 연세대학교출판부, 1991, 5장, 6장.

정의가 법률적인 것과 동일하다는 것은 부정된다. 법과 공동선에 기여해야 정의가 되는 것이다.* 공동체가 오랜 시간에 걸쳐 형성해온 도덕, 전통, 헌법, 선례 구속의 원칙들은 다수결보다 상위의 규범적 질서로서 기능해야 하며, 이는 프리덤이 작동할 수 있는 안정적 토대가 된다. 프리덤은 단순히 수적 우위에 복속되지 않으며, 오히려 다수를 넘어서 공동체 전체의 윤리적 정당성과 지속성을 지켜내는 원리로 작동해야 한다.

## 사. 자유는 권리인가

자유는 곧 권리인가? 리버티는 자유를 권리의 차원으로 정의한다. 그것은 자신이 원하는 대로 선택할 수 있는 자율성, 타인의 간섭 없이 자신의 이익을 추구할 수 있는 권리로서의 자유다. 사회는 생명, 자유 그리고 재산의 추구를 사회의 유일한 목적으로 삼고 사람들의 그러한 욕망을 만족시켜 주기에, 개인은 사회의 권위에 복종할 것에 동의한 것이다. 정부는 미덕 대신 열정에, 임무보다 권리에 기초를 두게 되기에 더욱더 견고해지고 목적에 확신을 갖게 되는 것이다. 미국의 프랭클린 루스벨트 32대 대통령은 자유라는 언어를 대담하게 사용했다. 1941.1.6. 연두교서에서 밝힌 네 가지 자유, 즉 언론의 자유, 종교의 자유, 결핍으로부터의 자유, 두려움으로부터의 자유다. 권리라는 개념을 처음으로 주장한 사람들이 자유주의를 창시한 사람들이고, 이론과 실제 양면에서 권리의 유일한 고향은 자유주의 사상뿐이다. 권리란 개인이 자신의 판단을 바탕으로 자신의 목적을 위해서 강요받지 않는 자발적 선택을 통해 행동할 자유를 도덕적으로 허락 받았다는 의미다.** 그러나 프리덤은 이와 다른 원리를 제시한다. 프리덤은 자유를 의무와 책임의 도덕적 실천 속에서 구현되는 윤리적 질서로 본다. 자유는 누리는 것이기 이전에, 감당하고 수행해야 할 책임과 조건이 먼저라는 것이다.

이러한 관점은 자유주의의 고전적 한계를 비판하는 데서 출발한다. 벤담과 밀은 자유를 권리의 문제로 보되, 효용이라는 '결과 중심적'인 판단을 통해 정당화했다. 그러나 권리의 불가침성, 즉 '타인이 침해할 수 없는 자유의 절대성'에 대한 철학적 기반이 부족했다.

권리의 불가침성 때문에 최대 다수의 최대 행복이라는 공리주의가 공격당하게 되는 것이다. 효용의 총합이 높아진다면, 소수의 권리를 박탈할 수도 있다는 논리적 모순을 드러냈다. 상이한 욕망 질서 간 질적 가치 구분을 의미 있게 받아들이지 못 하는 것이다.

미국 철학자 앨런 거위스(Alan Gewirth 1912~2004)는 행위자는 성공적 행위의 일반적 특징을 구성하는 자유와 복지를 필수적 선으로 간주하기에, 이러한 특징들에 대한 권리를 가지고 있다고 생각했다. 권리는 사회적으로 인정된 규칙의 존립을 전제로 한다.*** 평등한 자유가 개인에게 똑같이 공유되기에 합리적인 능력은 모든 인간에게 타고난 권리가 된다. 자유를 이해하는 가장 쉬운 방법은 부정적으로 접근해 보는 것이다. 가난이 부자유(unfreedom)라는 것은 궤변이다. 하늘을 나는 능력이 없는데 하늘을 날 자유가 있나? 해외여행을 갈 자유는 해외여행을 갈 시간적, 경제적 능력이 있음에도 해외여행 가는 것을 방해할 때 자유가 침해되는 것이지, 능력이 되지 않음에도 모든 사람이 해외여행을 갈 자유를 주도록 한다는 것은 기본적인 개념에 부합되지 않는다. 권리에 바탕을 둔 자유주의는 문제이며, 특히 자유주의가 보편적 권리의 옹호로 확장될 때 그러하다. 직원이 화장실에 가는 횟수를 제한하는 기업주가 나타날 수 있는 것이다. 자유주의의 성장은 음식과 성에 대한 문화적 제약으로부터 해방이 증가함을 의미한다. 이를 추진하는 것이 국가이기에 국가주의는 팽창 성향을 갖는다. 그래서 자유를 정당하게 제한할 수 있는 주체는 문화가 아닌 국가다. 정체성 정치가 발전하

*레오 스트라우스, 자연권과 역사, 홍원표 역, 인간사랑, 2001.
**아인 랜드, 이기심의 미덕, 정명진 역, 부글북스, 2017, 12장 인간의 권리.
***알래스데어 매킨타이어, 덕의 상실, 이진우 역, 문예출판사, 2021, 6장 계몽주의 기획 실패의 몇 가지 필연적 결과들.

게 된다. 이런 식이라면 자유는 권력으로 미끄러져 들어갈 수밖에 없어지고, 자애로운 전제 군주를 세우는 방향으로 나가게 된다.

자연권은 행복을 보장하는 것이 아니라 단지 행복을 추구할 수 있는 자유를 보장하는 것이다. 그러므로 인간의 '상상적인 권리'가 아닌 '우리의 의무'에 우선적으로 순종해야 한다. 자유는 문명의 산물이고 미덕의 보상이지 추상적 개념의 권리가 아니다. 정의의 명령뿐만 아니라 일반적인 도덕의 명령도 인간을 서로 의지하도록 구속한다. 자유는 자기에 대한 무한한 요구 속에서 정당화된다. 자기에 대한 이 무한한 요구는 내가 홀로 있지 않은 상황 속에, 내가 심판받는 상황 속에 나를 두고 유지시킨다. 이것이 최초의 사회성이다.* 따라서 아무런 도덕적 제약 없이, 어디서나 자신이 원하는 대로 행동할 수 있는 권리는 존재하지 않는다. 어떤 사람에게 어떤 경우엔 자연적 권리였지만 다른 때 다른 사람에겐 부당하고 어리석은 행위가 된다. 도덕적 평등과 조건의 평등은 치열하게 구분되어야 하는 사안이다.

프리덤은 자유를 단지 '침해받지 않을 권리'가 아니라, 공동체 질서 안에서 규범을 지키고 책임을 다할 때 주어지는 실천의 상태로 간주한다. 자유는 의무 다음에 비로소 주어지는 것이며, 이 의무는 단지 법적 강제가 아니라, 도덕적 자기절제와 공동체적 연대 속에서 형성된 질서의 내면화다. 도덕과 법은 내가 복종해야 하는 것이다. 영국의 평론가 사무엘 존슨(Samuel Johnson 1709~1784)은 "자유는 의무로부터의 도피가 아니라 의무에 복종하라는 소명"이라 했다. 에리히 프롬은 『자유로부터의 도피』에서 자유가 인간에게 두려움과 고립을 안겨주고, 인간은 자유의 무거운 의무와 책임감을 견디지 못해 오히려 권위에 복종하거나 전체주의의 온상이 된다고 한다. 도스토예프스키는 『카라마조프 가의 형제들』의 '대심문관' 장면에서 16세기 스페인의 세비야에 재림한 예수는 인간에게 자유의 선물을 다시 건네고자 하나, 대심문관은 자유는 인간에게 불안, 혼돈, 불행을 주는 너무 고통스럽고 무거운 선물이라며 거부한다.** 이때 자유는 스스로 선을 선택하고 고통을 감내할 줄 아는 의무와 도덕적 자율성을 전제로 한 프리덤이다. 리버티가 자기 결정권, 사적 이익, 자율적 욕망의 정당화로 축소된 데 비해, 도스토예프스키의 자유는 고통을 견디며 타자와 신 앞에서 자신을 책임지는 존재로서의 프리덤을 전제로 한다.

이러한 구조는 자유를 윤리적 시스템으로 되돌려 놓는다. 내가 법을 지킬 때, 공동체의 질서를 존중할 때, 그리고 타인의 권리를 방해하지 않을 때, 비로소 자유로운 삶의 토대가 형성된다. 따라서 프리덤은 단순한 자기 결정이 아니라, 도덕적 판단과 책임 수행을 기반으로 한 실천적 자유다.

결국 자유는 권리만이 아니다. 자유는 스스로 감당할 수 있는 규범이며, 자기 억제와 도덕적 실천을 통해 비로소 완성되는 의무로서의 자유이다. 리버티는 오래 지속된 타협을 희생시켜서라도 개인의 권리인 자유는 지켜야 한다고 하나, 프리덤은 사람들이 따르고 받아들인 관습 위에 수립된 질서를 지키는 의무가 더 중요하다고 본다.

리버티는 권리이나 프리덤은 의무인 것이다. 이것이 리버티가 놓친 자유의 핵심을 되찾는, 프리덤의 윤리적 반격이다.

## 아. 자연권의 한계

프랑스혁명이 일어났을 때 버크와 페인은 유명한 논쟁을 벌였다. 페인은 미국혁명과 프랑스혁명의 근본 사상인 천부인권을 주장했고 버크는 천부인권이란 머릿속의 가공의 권리일 뿐 현실적으로 인정되는 국민으로서 권리가 더욱 중요하다고 했다. 버크는 자유란 조상으로부터 상속받았고 또 후손에게 물려주어야 할 유산으로서, 작위나 토지와 함께 상속된 특권이라는 개념으로 이해하였다. 사실 그는 영국 국민을 일종의 귀족계급으로 설정하였

*에마뉘엘 레비나스, 전체성과 무한, 김도형, 문성원, 손영창 옮김, 그린비, 2019, 458쪽.
**표도르 도스토예프스키, 카라마조프 가의 형제들 1, 김연경 옮김, 민음사, 2014.

고, 시민권을 인간의 권리로 주장하는 페인을 경멸하였다. 반면에 페인은 사회의 원칙과 인간의 자연법에 통치의 기원이 있기에 세상을 다시 시작할 수 있는 힘이 우리 안에 있다고 믿었다. 세대는 누적된다기보다 반복되는 것이기에 모든 세대는 모든 개인이 권리 상 동시대인과 동등하게 태어나는 것과 똑같은 원칙에 의거해 그보다 앞선 세대들과 권리 상 동등하다는 자연권을 주장한 것이다.*

개인이 공동체로부터 배척되어 나홀로가 된다면 자유란 없어진다. 문제는 햄릿처럼 사느냐 죽느냐가 아니라 속하느냐 속하지 않느냐이다. 프랑스의 조르주 클레망소(Georges Clemenceau 1841~1929) 총리는 한 사람의 인권 침해는 만인의 인권 침해라고 주장했다. 공동체의 삶에 대한 공화주의 관점에서는** 공동체로부터의 추방된 외톨이의 자유는 자유가 아니라는 의미이다. 클레망소의 이러한 주장은 정의, 자유, 시민의 미덕 같은 추상적인 이념에 근거한 것이었다.

인권은 신의 명령이나 역사적인 관습이 아니라 인간이 만드는 법의 근원이 된다는 것뿐이다. 국민의 해방된 주권만이 인권을 보장할 수 있다. 하늘이 부여한 개인의 인권을 시민권이나 국적과는 무관한 인류 보편적인 것으로 보지만, 정상적인 시민이 아닌 상태에서는 논리적 형태로 당연하게 보장되는 것이 아닌 것이 현실이다. 트럼프 대통령이 통치하는 미국에서 무국적자나 밀입국자는 그들이 법 앞에서 평등하지 않아서가 아니라 그들을 위한 어떤 법도 존재하지 않고, 그들에 대한 탄압이 있을 경우 그들을 보호해줄 국가가 없을 때는 더 이상 천부인권이 아님은 분명하다. 히틀러의 유대인 학살의 첫 조치가 무국적자화였다. 국적을 유지한다면 소속 국가의 간섭을 배제할 수 없고, 교전상대국의 전쟁포로로 민간인 수용소에서 살려두어야 하기 때문이었다. 칸트는 『도덕형이상학 법론』에서 전쟁국가라 하더라도 국민이 될 자격을 박탈하는 수단의 사용을 허용하지 않았는데, 한 사람의 인격체로서 간주되는 것을 불가능하게 만들기 때문이었다.*** 그것은 단순한 특권의 상실이 아니라 생명과 인권을 보장해주고 보장받을 수 있는 공동체의 상실이 더 큰 재난이 된다는 것을 보여준 역사적 교훈이다.

제레미 벤담은 실질적인 권리는 법의 자식이기에, 가상의 법인 자연법에서는 오로지 '가상의 권리'가 나온다고 했다. 토마스 페인과 제퍼슨이 주장하였던 '양도할 수 없는' '출생과 더불어 주어진' '자명한 진리들'인 인권보다 버크가 주장한 '인간의 권리보다 영국인의 권리를 선호한다'는 것이 보다 현실적인 상태이다. 세상은 인간이라는 추상적이고 적나라한 사실에서 신의 형상이나 자연법의 신성한 것을 전혀 발견하지 못하였다.**** '양도할 수 없는' 자연권이 단지 '벌거벗은 야만인의 권리'임을 확인해줄 뿐이다. 공동체 밖에서 살도록 강요당한 사람은 문명의 한가운데에서 자연의 상태, 즉 자연으로부터 받은 것으로 되던져지기에 국가의 국민으로서 차이의 제거 및 균등화 현상이 사라지게 되는 것이다.

따라서 나만의 자유, 나만의 비간섭, 비방해는 공동체로부터 유리될 때 가장 확실하게 누릴 수 있는 리버티이지만 그 길의 끝은 죽음으로 이어질 위험이 있다. 어떤 공동체 안에서, 즉 국가 내에서 자기의 정치적 지위를 잃거나 타인과 서로 연관시키는 법적 인격을 잃은 외톨이의 리버티가 목적이 되어서는 안 된다. 유명한 유대인 로스차일드 가의 창업주인 마이어 암셀(Mayer Amschel Rothschild 1744~1812)의 최대 목적은 자신이 태어난 나라의 국민이 되는 것이었다.***** 루소는 인간은 평등하게 태어났으나 사회의 질곡에 의해 불평등하게 된다고 했고, 니체는 인간은 불평등하게 태어났으나 사회와 종교에 의해 평등하게 된다고 했다. 우리는 상호 간에 동등한 권리를 보장하겠다는 우리의 결정에 따라 공동체의 구성원으로서 평등

---

*유벌 레빈, 에드먼드 버크와 토머스 페인의 위대한 논쟁, 조미현 역, 에코리브르, 2016.
**한나 아렌트, 전체주의의 기원, 이진우 박미애 옮김, 한길사, 2006, 241쪽.
***임마누엘 칸트, 별이 총총한 하늘 아래 약동하는 자유, 빌헬름 바이셰델 엮음, 손동현 김수배 옮김, 이학사, 2002, 79쪽.
****한나 아렌트, 전체주의의 기원, 이진우 박미애 옮김, 한길사, 2006, 537쪽.
*****니얼 퍼거슨, 전설의 금융 가문 로스차일드, 윤영애 옮김, 21세기북스, 2013, 121쪽.

하게 되는 것이다. 우리에게 필요한 것은 고향을 가진 사람으로서 프리덤이라는 자유임을 다시 한 번 인식하게 된다.

## 자. 도덕적 해이

도덕적 해이(moral hazard)는 건전한 공동체 질서를 파괴하는 대표적인 병리현상이다. 사회적 책임을 회피하면서도 그로부터 발생하는 이익은 자신이 독점하려는 행위, 즉 '책임 없는 권한의 행사'가 도덕적 해이의 핵심이다. 일반적으로 비난받아 마땅한 것으로 여겨지지만, 놀랍게도 오늘날 도덕적 해이는 자유라는 언어 속에 은폐되고 심지어 정당화되고 있다. 공직자나 기업인, 전문직 종사자들이 진실을 왜곡하거나 공동체에 피해를 주는 결정에도 불구하고, '그것은 나의 권리이며 자유다'라는 언술을 내세우는 현상은 바로 이러한 왜곡된 자유 개념에서 비롯된다.

현대 자유 개념은 주로 간섭으로부터의 자유인 리버티를 중심으로 발전해왔다. 외부의 개입 없이 스스로 선택하고 행동할 수 있는 상태를 자유로 간주하는 개념이다. 내 돈을 어떻게 쓰든, 내 발언이 어떤 논란을 일으키든, '당신이 참견할 일이 아니야, 신경 꺼(Non of your business, never mind)'라는 사고는 리버티의 전형적인 표현이다. 그러나 리버티 개념의 자유는 때때로 공공의 책임, 타인에 대한 배려, 공동체 전체의 지속 가능성을 고려하지 않는 방향으로 작동하며, 결과적으로 도덕적 해이를 '나만의 자유'라는 명분으로 정당화하는 기제를 형성한다.

대표적인 예가 공직자의 권한 남용이다. 고위공직자가 내부 정보를 활용해 부동산을 취득하거나, 사적 이익을 위해 정책을 왜곡하는 경우, 법적으로 문제없다는 점을 강조하며 합법적 자유의 테두리 안에 있음을 주장한다. 그러나 이는 법을 위반하지 않았다는 의미일 뿐, 도덕적 책임이나 공공 신뢰라는 자유의 내적 조건은 도외시한 단견이다.

금융인의 고위험 투자 결정이 실패하여 사회 전체에 손해를 끼쳐도, 투자는 자유로운 결정이며 손해는 시장의 결과라는 언술로 책임을 회피한다. 이 역시 개인의 경제적 자유를 과도하게 절대화함으로써 도덕적 해이를 제도적으로 가능하게 만드는 구조다.

이러한 문제는 일부 개인의 일탈에서 비롯된 것이 아니라, 자유 개념 자체의 철학적 구조적 결함에서 기인한 중요한 문제임을 인식하여야 한다. 리버티는 본래 국가나 공동체로부터의 간섭 없는 상태를 이상으로 삼지만, 이 개념이 책임·공존·공공성이라는 자유의 내재적 조건과 단절될 때, 자유는 공동체적 삶의 기반을 해치는 도구로 전락하게 된다. 자유는 사유화되고 도덕은 사적 선택으로 밀려나고 만 것이다.

여기에서 우리는 프리덤이라는 새로운 자유 개념에 주목하게 된다. 자유는 단순한 선택 가능성이나 외부의 부재가 아니라, 공존 가능한 질서와 책임 있는 자기결정의 체계를 의미한다. 나의 자유는 타인의 자유와 공존할 수 있어야 하기에 공동체적 신뢰를 전제로 삼는다. 따라서 도덕적 해이는 결코 프리덤의 이름으로는 정당화될 수 없다. 도덕적 해이는 타인의 신뢰를 파괴하고 공동체의 규범을 침식하며, 결국 자유의 조건 자체를 해체하는 행위이기 때문이다. 도덕적 해이가 반복되면 사람들은 자유라는 가치 자체를 의심하게 된다. 자유는 곧 무책임, 특권, 위선으로 여겨지며, 그 결과 시민들은 자유의 축소를 요구하게 되고, 자유를 위축시키는 권위주의적 질서가 정당화되는 역설이 발생하게 된다. 자유민주주의의 그림자가 우리를 스멀스멀 뒤덮어오게 되는 것이다.

자유가 진정으로 유지되기 위해서는, 오히려 그 자유가 도덕적 책임과 공동체적 덕목 위에 세워져야 한다. 우리는 이제 자유롭게 살기 위해 도덕적이어야 한다는 프리덤의 사실을 되새겨야 한다.

# 차. 본질이 실존에 앞선다

20세기 실존주의는 "실존이 본질에 앞선다"는 명제로 철학사의 판을 뒤흔들었다. 사르트르, 카뮈, 하이데거 등은 인간은 미리 정해진 본질을 지니고 태어나는 것이 아니라, 스스로의 선택과 행위를 통해 자신의 존재를 만들어간다고 선언했다.

이 사상은 개인의 자율성, 독립성, 창의성, 고유한 경험을 강조하며, 스스로 정한 삶을 살아갈 리버티의 승리를 이끌어낸 철학적 기저가 되었다.

그러나 실존이 본질을 앞선다는 말이 도덕적 구속, 공동체의 윤리, 인간됨의 도리를 무력화시키는 해방 선언으로 작용할 때, 인간은 오히려 '무제한적 자율'을 향한 독단과 자기중심성의 함정에 빠지게 된다. 리버티의 극단화이며, 프리덤의 윤리적 기반이 붕괴되는 지점이다.

실존이 본질을 앞서는 상황을 가장 정확하게 구현하는 곳이 아프리카 세렝게티 초원이다. 누 떼, 얼룩말, 하이에나, 사자 등은 철저하게 실존이 본질을 앞서는 삶을 살고 있다. 배고프면 먹고, 아무데나 배설하고, 눈이 맞으면 아무나 짝짓고, 아무데나 새끼를 출산하고, 못 먹고 약해지면 강한 실존에게 밀려나고 만다. 사자가 사자란 무엇이며, 어떻게 사는 것이 옳음인지, 사자의 실존은 무엇인지를 전혀 고민하지 않은 채 실존에 충실하게 산다. 인간이 이런 삶을 살아야 한다는 말인가?

인간은 단지 존재하는 것만으로 존엄한 것이 아니라, 존엄에 상응하는 방식으로 살아야 존중받을 자격을 갖는다. 우리가 인간에게 기대하는 용기, 절제, 정직, 배려 같은 덕목은 단지 선택의 문제나 개인적 취향이 아니다. 그것은 인간이라는 본질을 구성하는 윤리적 명세이며, 공동체의 프리덤적 질서를 유지하기 위한 도덕적 약속이다.

영화 『레옹』의 주인공은 고독한 킬러로 살아가며, 12세 소녀 마틸다를 통해 인간적 감정을 회복한다. 그러나 사람을 죽이는 대가로 생계를 이어가는 삶 자체를 '실존'으로 정당화할 수 없다. 살인청부를 수행하면서 느끼는 감정이나 삶의 진정성이 그 삶의 도덕적 정당성을 보장하지 않는다. 아무리 여자와 어린아이는 살해하지 않는다는 자신의 원칙을 내세우더라도, 그는 인간이 인간답게 살아야 할 도리인 본질을 거스르며 실존한 셈이다. 실존은 있으되 본질의 윤리적 질서를 무시한 실존은 공존의 자격을 훼손한다.

본질이 실존에 앞선다고 하여 실존의 자유를 부정하지는 않는다. 다만 실존이 공동체 안에서 인간의 본질과 도리에 부합해야 할 책임을 요구한다. 인간이면 인간으로서의 마땅한 행동이 있고, 그것을 따르지 않는 자유는 스스로를 파괴하는 자유일 뿐이다. 자유는 본질 없는 해방이 아니라, 본질을 존중하며 자신을 실현해 나가는 윤리적 힘이어야 한다.

프리덤의 재인식은 실존의 자유를 본질의 윤리로 품어 안는 일이며, 인간이 인간답게 살기 위한 자유의 재구성이다. 본질 없는 실존은 방향 없는 낙하와 같다. 인간은 존재 그 자체로 존엄하지만, 그 존엄을 마땅하게 살아갈 때 비로소 인정받는다. 이 마땅함이 바로 프리덤의 핵심이다.

지금까지 프리덤의 반격 논거들을 종합하여 보면, 인간은 가족의 사랑 속에 탄생으로 우리의 세상으로 진입하며, 조상들의 지혜로 전승되어온 관습과 문화 속에 키워지고, 사실과 가치의 분리라는 인공 편의물 뒤에서 도덕규범은 도외시하고 원하는 것만 한다는 직관주의는 무리이며, 더불어 함께 사는 공동체에서 정의란 개인에게 적극적으로 옳음을 제시해야 하고, 다수결에는 분명한 한계가 있다.

또한 자유는 의무를 먼저 다 할 때 가능하지 권리가 우선하는 것은 아니고, 자유는 공허한 자연권이 아니라 국가가 보장해야 하는 것이며, 책임이 반드시 따르는 것이기에 인간의 도리를 우선되어야 한다고 요약할 수 있다.

제5장에서 리버티의 승리를 논의하면서 왜 자유민주주의가 태동하게 되었고 오늘날과 같은 성공한 정치제도가 되었는지를 알 수 있었다. 반면 이번 장에서 프리덤의 반격을 살펴보면서 왜 자유민주주의가 그러한 다양한 문제점을 노정하고 있는지도 알 수 있게 되었다. 미국의 사회학자 로버트

니스벳(Robert Nisbet 1913~1996)은 『공동체 추구(The Quest for Community)』에서 자유민주주의란 사회를 구성하는 개인들이 정신과 영혼, 전통이 없는 군중으로 바뀔 때까지 가족과 모든 다른 형태의 집단들을 원자화하는 것이라고 했다. 자유가 전통·가치·의미와의 연결을 잃으면 개인을 고립시키고, 오히려 국가에 대한 의존과 통제는 강화되어 자유는 공허해지게 된다.*

현대 자유민주주의 체제 안에서 나타난 개인주의적 자유, 즉 개인이 공동체와 분리된 채 독립된 자유만을 누리게 되는 리버티에 탐닉한다는 것은 정신적, 문화적으로 텅 빈 사회를 귀결된다는 것을 경고한 것이다. 홉스는 개인의 자기 보존은 권리이며 모든 의무에 앞서는 자연권이라 했다. 논리의 자연적 결과로 정부에 의해 정당하고 합법적으로 사형선고를 받아도, ‘자신을 공격한 사람들’에 저항하여 자신의 생명을 보존할 권리가 상실되지 않는다고 하였다. 로크는 모든 사람의 행복 추구는 권리이며 방해받을 수 없기에 의무에 선행하는 권리라 하였다. 고독하고 가난하고 불쾌하고 잔인하고 짧은 인생을 살지 않기 위해 나의 자유와 권리가 최우선이라는 것이다.

인간을 백지 같은 아기로 취급하면서, 그 아기가 필요로 하는 것을 가르치는 대신 원하는 대로 행동하도록 내버려두는 것을 자유로 안다. 리버티는 원하는 대로 하도록 부모에게서 버림받은 아이의 자유다. 그런 자유는 공포와 다름없다. 정신적 영역을 경멸하면서 기괴한 자연주의로 타락해 모든 것을 하나의 감각적 수준으로 축소했다. 가치의 위계가 없는 공리주의적 발상과 평등한 사회를 만들겠다는 사회주의 사상은 인간의 정신적 본질을 박멸한 것이다. 고전적 자연권 사상은 가치의 계서를 인정하나 근대 자연권 사상은 기계론적 견해에 따라 가치의 균질화를 주장한다. 근대인은 자기보존 본능의 동질성을 전제함으로써 자연권 발현의 동일성을 상정하는 것이다. 그러므로 형이상학적 중립성은 고대성과 근대성을 구분 짓는 중요한 요소다.** 근대 자연권 사상에서는 주체중심적 정치만 중요한 위치를 차지하지, ‘타자의 정치’는 한계적 주변적인 지위를 유지할 뿐이다. 고전적 자연권은 미덕이 선과 동일시되었으나 근대 자연권은 쾌락이 미덕이 된다.

리버티가 기술적·제도적 자유로 좁혀지는 이유는 실증주의 영향이 컸기 때문이며, 반면에 프리덤은 실증적 가치 판단을 필요로 하지 않는 윤리적 자유이다. 가치 없는 사실은 존재하지 않기 때문이다. 프리덤은 단순한 제도나 사실이 아니라, 도덕과 공정의 판단과 얽혀 있다. 따라서 윤리를 실체적 존재론 없이도 실천적 규범체계로 정당화할 수 있고, 도덕은 '있는 그대로의 세계'로부터 독립한 실천의 논리로 설명 가능하다. 프리덤은 리버티처럼 권리 구조로 객체화될 수 없고, 행위 주체의 윤리적 자기정립의 문제로 이해해야 한다. 심지어 객관적이라는 경제 분석도 가치 판단 없이 성립할 수 없으며, 삶의 질과 도덕이 결합된 평가가 필요하다는 것이다.

나의 좋음과 당신의 좋음이 충돌될 때 우리의 좋음이 우선해야 한다. 버크는 자유란 자연법에 기반하지만 결코 자의에 따라 행동하는 자유가 아니라 했다. 자유는 사회적 자유로서 절제가 따라야만 하는 것이면서, 어느 개인이나 집단도 타인의 자유를 침해할 수 없다. 나아가 나만이 아니라 나와 너, 그리고 우리가 사는 공동체 구성원으로서 의무와 책무를 해야 자유를 누릴 수 있는 자격을 갖는 것이다. 한나 아렌트는 뿌리가 없는 자들은 언제나 폭력적이라 했다. 프랑스의 예술가 장 콕토(Jean Cocteau 1889~1963)는 아방가르드를 버리고 고전적인 전통으로 돌아가라고 했다. 진정한 가족, 과거와의 연결, 미래를 향한 기대, 권리와 함께 의무를 발견해야 한다. 그러기에 리버티보다 프리덤의 자유여야 하는 것이다. 결국 프리덤은 리버티가 놓친 부분을 보완해줄 수 있으며, 또 보완해야 하기에 프리덤은 분명하게 구분되는 정체성을 가지는 것임을 알 수 있다. 지금부터는 프리덤의 정체성을 좀 더 살펴보기로 한다.

<hr>

*Robert A. Nisbet, Community and Power, A Galaxy Book, 1962. 책 제목이 The Quest for community에서 이렇게 바뀌었다.
**레오 스트라우스, 자연권과 역사, 홍원표 역, 인간사랑, 2001.

# 2. 프리덤의 정체성

인간은 출생 이래 외톨이로 존재할 수 없는 숙명이다. 태어나는 순간 인간은 어느 종교, 민족, 인종, 문화 집단에 속하게 된다. 작게 본다면 가족, 이웃, 학교, 교회, 직장, 사회단체 등에 속한다. 자신의 정체성에 집착하고 자신과 닮은 사람들과 닮기를 바란다. 그러므로 인간은 어느 집단이든 공동체의 일원이고, 그에 따른 한계, 즉 권리와 의무가 수반된다. 우리가 자유, 정의, 도덕, 공동체에 대해 고민하는 철학적 노력은 단지 현세대만의 것이 아니다. 그것은 인류 모든 세대의 사유와 경험, 제도와 관습의 유산 위에서 가능해진 것이다. 인간은 태어나 자라면서 언어를 배우고 관습에 따라 사는 것이 자연스럽다는 것을 배우게 된다. 부모가 역할을 분담하고 협조하면서 가정생활을 영위하는 모습을 배운다. 자유란 당대의 산물이 아니라, 인류 역사 전체에 걸친 인간 공동체의 누적된 인식과 규범적 상상력의 총합임을 뜻한다. 프리덤은 그런 축적 위에서만 실현될 수 있는 도덕적이고 사회적인 자유의 구조다. 인간에게 한계가 있다 없다는 논의 가치가 없는 것이고, 다만 한계가 어느 범위까지 인지가 문제가 될 뿐이다. 마이클 왈쩌는 한계의 범위를 추정하는 가장 좋은 방법은 선택 범위를 기술하고, 역사적 맥락 안에서 각 사례의 설득력과 한계를 보여주는 것*이라 하였다.

이는 프리덤의 개념과 부합하는 것으로, 프리덤의 구성원으로서 개인이 어떤 한계를 가지는 것인지를 규범화하면 된다고 할 것이다. 외톨이로서의 개인이 누리는 '나자유'가 아니라 공동체의 구성원으로서 누리는 '나녀자유'로 접근해야 한다는 의미이다.

로크는 "영국의 품팔이 노동자가 미대륙에 있는 왕보다 더 낮게 입고, 더 나은 집에서 살며, 더 잘 먹고 있다"라고 하여, 북아메리카의 자연상태에 있는 인디언 왕보다 문명사회에 있는 영국 품팔이가 낫다고 했다.

하지만 토크빌은 미대륙 왕의 당당함, 독립성, 죽음을 향한 의연함, 미래에 대한 불안으로부터의 해방, 그리고 그 밖의 요소들을 고려해 본다면 인디언의 삶이 더 바람직한 것이 많을 수도 있다고 보았다. 프리덤의 가치를 더 높게 본 것이다.

자유는 도덕적 질서의 형식이다. 리버티가 개인의 권리와 선택, 자기결정권에 초점을 맞췄다면, 프리덤은 공동체 속에서의 역할, 책임, 도덕적 질서의 일환으로서의 자유를 의미한다. 프리덤은 단순히 권리로서 주어지는 것이 아니라, 규범적 구조 안에서 형성되고 실천되는 행위의 지향성이다.

아리스토텔레스는 『니코마코스 윤리학』에서 자유로운 인간은 자신의 욕망에 휘둘리는 자가 아니라, 이성과 덕을 통해 자기 자신을 조율할 줄 아는 시민적 존재라고 보았다. 모르고 하는 실수, 격분 등 정념에 의한 부정의는 부정한 사람까지는 안 가지만, 일정한 기준이나 원칙 없이 '하고 싶은 대로 하는' 선택에 의한 부정의는 나쁜 인간이라고 비난하였다.** 이러한 관점에서 자유는 욕망의 해방이 아니라 도덕적 통제와 자율성의 균형이며, 프리덤의 규범적 성격을 가장 오래된 철학적 전통 속에서 보여준 것이다.


*마이클 왈쩌, 관용에 대하여, 송재우 역, 미토, 2004, 19쪽.
**아리스토텔레스, 니코마코스 윤리학, 전영우 역, 대원사, 2018, 5권 정의.

프리덤의 규범성은 칸트로 이어진다. 칸트에게 자유란 도덕 법칙에 스스로 복종하는 이성의 자율성이다. 그는 타율적 규범이 아닌 이성적 존재로서 인간이 스스로 입법할 수 있는 능력 안에서 자유를 정의했다. 자율과 규범, 실천 이성의 결합이라는 점에서 프리덤의 근대적 근거를 제공한다.

또한 공동체주의 철학자들은 프리덤이 단지 개인의 도덕 선택이 아니라, 전통과 공동체의 서사 속에서 살아있는 규범적 실천임을 강조한다. 대표적으로 맥킨타이어는 『덕의 상실』에서 "우리는 이야기 속에서 태어나며, 그 이야기 안에서 우리 자신의 정체성과 도덕을 구성한다"고 말한다. 서사적 규범성은 자유를 맥락화된 윤리적 질서로 정립하도록 이끈다.

결국 프리덤은 규범에 복속된 자유가 아니라, 규범을 통해 비로소 의미를 획득하고 정당화되는 자유이다. 자유는 단지 권리의 논리가 아니라, '자기를 통제할 수 있는 능력'과 '타인과의 관계 안에서 책임질 수 있는 태도'로 정의되어야 한다. 이는 도덕적 자율성과 실천적 맥락을 결합하는 자유 개념으로, 공동체가 축적해온 윤리의 흐름과 분리되지 않는다. 버크는 지극한 개인주의를 두려워했다. 습관과 선입견은 사람들이 규칙이나 관습 등에 순응하도록 함으로써 사회 질서의 유지를 가능하게 한다. 새롭다는 이유만으로 도덕적 방종을 장려하는 일은 인간이 수행할 수 있는 가장 위험한 실험이다.[*]

이런 점에서 프리덤은 단순히 외부의 강제가 없는 상태가 아니라, 규범을 내면화하여 자율적으로 선택하고 행동하는 도덕적 역량으로 이해된다. 그것은 나 자신이 스스로 정한 기준을 실천하려는 자기 제어(self-governance)의 형식이며, 공동체 속에서 길러진 시민적 미덕(citizenship)의 표현이다. 개인들이 정체성을 확립하고 고귀한 목적을 추구하며 살아갈 수 있는 국가 공동체의 정치 구조를 단순히 도구로, 특히 목적 없이 세워질 수 있는 수단으로 여겨질 수는 없다. 도덕과 사회질서에서 도덕적 실천이 연관되지 않는다면 그 자체로 모순들을 낳는다. 경제적 필요로서의 노예제도와 도덕적 악으로서의 노예제도 사이의 모순은 역사적으로 지양되고 폐지되었다. 프리덤은 개인의 내면적 성숙과 공동체적 연대의 조건 위에서만 가능하다. 프리덤은 도덕을 제약으로 받아들이는 것이 아니라, 도덕과 공동체 속에서 스스로를 실현해가는 자유의 긍정적 형식이다. 이는 리버티가 제공하지 못하는 자유의 내용과 방향을 제시하며, 자유를 위한 규범의 필요성과 공동체적 삶의 정당성을 함께 요청한다.

## 가. 아담 스미스와 루소

아담 스미스의 상업사회와 루소의 일반의지를 대비해 봄으로써 우리는 리버티와 프리덤이 어떻게 공존하고, 경쟁하거나 붕괴될 수 있는지에 대한 좀 더 깊은 이해를 함으로써 프리덤의 정체성을 더 정확하게 이해할 수 있다. 이들은 서로 다른 인간관과 사회관을 바탕으로 근대 시민사회의 방향을 제시했기 때문에 비교의 유용성이 있다. 스미스는 개인의 자유와 교환 관계를, 루소는 공공성과 정치적 결속을 강조한 것이다.

스미스는 개인주의적 시장 자유주의의 시조로 간주되지만, 그는 스코틀랜드 계몽주의 사상의 영향으로 단순한 리버티의 옹호와는 분명한 거리를 둔다. 『국부론』(1776)에서 그는 각 개인이 자신의 사익을 추구할 때, "보이지 않는 손"에 의해 사회 전체의 부가 증진된다고 설명했다. 하지만 이 메커니즘은 무제한적 자기결정권의 승인이 아니라, 질서 있는 조건 속에서의 자율적 활동에 기반해야 한다. 스미스의 자유 개념은 '하고 싶은 것을 다 할 수 있는 자유'가 아니다. 『도덕감정론』(1759)에서 공정한 관찰자의 시선을 통해 인간의 행동이 도덕적 조율을 받는다고 보았고, 『국부론』에서는 시장 실패나 독점적 횡포와 같은 문제에 대해 국가의 개입과 제도적 조정이 필요함을 명시하였다. 시장체제의 작동이란 결국 공동의 이해가 걸린 결정적인 요소들을 지킬 과업을 위태롭게 할 수밖에 없고, 자연스럽게 시장 밖에 있

*러셀 커크, 보수의 정신, 이재학 역, 지식노마드, 2018, 2 보수주의의 시조 : 에드먼드 버크.

| 주 제 | 상업사회(스미스) | 일반의지(루소) |
| --- | --- | --- |
| 사회의 기초 | 교환과 교역을 통한 상호의존 | 의지와 이해의 공유를 통한 도덕 통일체 |
| 인간성 | 이기적, 도덕적 공감 | 순진<br>재산과 불평등으로 타락 |
| 사회적 응집력 | 사적 행동과 도덕 습관 | 집단적 숙고와 참여 |
| 프리덤 | 규범과 제도의 한계 | 일반의지에 복종으로 달성 |
| 리버티 | 네가티브. 비간섭 | 포지티브, 집단적 자치 |
| 불평등 | 노동과 자질의 차이에 의한 것으로 수용 | 시민 덕성에 해로운 인위적인 것 |
| 공화체 전망 | 교역, 법, 절제 기반의 | 평등과 의지 공유의 도덕체 |
| 위험 | 유물론과 소외에 의한 도덕적 타락 | 집단적 선의 전제(專制) |

는 무언가의 공동 이해를 보장할 능력에 의지할 수밖에 없게 된다. 이러한 점에서 스미스는 하지 말아야 할 것만 하지 않는 조건에서 이루어지는 절제된 자유, 즉 질서 있는 프리덤의 자유 개념을 제시한 것이다.

이탈리아 경제학자 조반니 아리기(Giovanni Arrighi 1937~2009)는 『베이징의 아담 스미스(Adam Smith in Beijing)』에서 이를 "완전한 자유(complete freedom)"라 표현했으며, 그 자유는 시장의 자생적 질서와 제도적 보호, 그리고 도덕 감수성 속에서만 실현 가능한 것이라고 해석했다. 이는 자유를 단순한 선택의 권리로 환원하지 않고, 공동체적 질서와 도덕성의 틀 안에서 이루어지는 실천의 자유로 이해한 것이다. 인간이 자유롭게 사적 이익을 추구하면서도 시장과 제도의 질서 속에서 도덕적으로 조율된 공감의 자유를 누릴 수 있다고 주장했다.

루소는 자유의 본질을 다르게 정의했다. 루소는 인간의 자유는 오직 정치적 공동체에 참여함으로써 실현된다고 보았다. "사회계약으로 잃는 것은 자연적 자유와 그를 유혹하고 그가 도달할 수 있는 모든 것에 대한 무제한적 권리다. 얻는 것은 시민 자유와 그가 소유하는 모든 재산이다".* 이기심은 사회적 타락의 결과로서 개인이 안락함을 위한 교환 과정에서 자유를 상실하기에 사익이 아닌 공동선을 지향해야 한다는 것이다. 시민 모두가 공동체에 참여하는 공화국의 구성원으로서 공공선을 위한 의지의 통일인 일반의지를 이루어내야 한다. 일반의지는 개인이 사익이 아니라 공동체 전체의 이익을 고려하여 내리는 판단이 모일 때 형성되는 것이기에, 단순한 다수결의 결과가 아니라 윤리적, 철학적 개념을 가지는 것이다. 그래서 자유란 일반의지에 복종하는 것이며, 일반의지는 개인의 사적 이익을 넘어서는 공공의 의지를 실천하는 것이다. 즉 루소에게 자유는 개인의 자율성이 아니라, 정치 공동체 속에서 일반의지와 자기 동일화와 헌신이다.

자유는 스미스가 보는 상업사회와 루소가 보는 시민의 덕이 교차하는 곳에 위치한다고 보겠다.** 스미스는 질서 있는 경제적·도덕적 구조 속에서 자율이 실현되는 자유를 옹호했다. 그의 자유는 자율성과 공감, 제도와 도덕이 균형을 이루는 프리덤의 원형이다. 즉 개인의 절제, 신중함 그리고 신뢰에 기반을 둔 자유를 주장하기에 프리덤으로 본다. 루소는 정치 공동체의 일반의지 형성 과정에 참여를 통해 개인의 자유를 실현하고자 했다. 따라서 개인이 도덕적인 전체 공동체의 구성원임을 알 수 있도록 프리덤이 주어져야 한다. 루소의 일반의지가 다수결과는 다른 것은 투표에 참여하는 개인이 이기심에 좌우된다는 것은 사회적 타락이기에, 공화국의 시민으로서 공공선을 위한 시민적 미덕에 의한 한계가 주어지기 때문이다.

두 철학자는 자유의 실현 조건을 달리 본다. 루소는 자유를 정치적 참여

---

*벤자민 바버, 뜨는 도시 지는 국가, 조은경 최은정 옮김, 21세기북스, 2014, 233쪽.
**Maria Pia Paganelli (ed.), Dennis C. Rasmussen (ed.), Craig Smith (ed.),
  Adam Smith and Rousseau: Ethics, Politics, Economics, Edinburgh
  University Press, 2018.

와 규범적 동일성으로, 스미스는 질서 있는 시장과 감정적 공감의 조화로 본다. 루소는 동일성과 공동선을 통해 자유를 정의했지만, 스미스는 다양성과 질서 속에서 공감 가능한 자유를 강조했다. 헝가리 출생 영국의 정치사상가 이스트반 혼트(István Hont 1947~2013)는 두 철학자가 '자본주의의 범죄'와 '인민 민주주의 공포'로 비난받지만 효용과 자부심(utility and pride)에 관심을 갖고 연민의 원리(principle of pity)로 미덕을 창출하는 점에 착안해야 한다고 보았다.* 두 철학자의 자유 개념은 공동체적 자유의 두 경로인 정치적 일체성과 상업적 공감 질서를 비교하는 철학적 쟁점으로, 프리덤의 정체성을 정립하는 데 중요한 이론적 논거가 되고 있다.

현대 철학자 케네스 미노그는 프리덤에 대한 현대적 논의를 제시하여 스미스와 루소를 되살려 내고 있다. 그는 『자유의 정신(The Liberal Mind)』에서 현대 자유주의가 양심과 정치의 자율성을 해체함으로써, 리버티는 강화되었으나 프리덤은 철저히 침묵하게 되었음을 지적한다. 개인의 권리가 중심이 된 사회는 공동체적 책임, 도덕적 판단, 시민적 미덕의 기반을 잃게 되고, 자유는 정치적 참여가 아니라 기술적 분배의 문제로 축소된다. 이로써 우리는 리버티가 만든 허약한 민주주의에서 벗어나, 양심과 책임, 정치적 덕성을 회복하는 프리덤의 회귀를 모색할 필요가 있다.** 미노그는 현대 자유주의가 양심(conscience)의 역할을 정치에서 배제하고, 객관적 도덕보다는 주관적 신념을 우선시함으로써, 공적 판단의 근거를 약화시킨다고 본다. 양심의 정치적 기능이 사라지면, 시민의 윤리적 자기통제가 약화되고, 공적 책임이 아니라 개인적 권리 즉 리버티에만 집중하게 된다. 양심은 본래 공동체적 가치 속에서 형성된 내면적 기준이지만, 자유주의는 이를 자율성의 표현으로 오해하고, 결과적으로 정치적 프리덤의 기반을 허문다. 자유란 무엇이든 할 수 있는 권리가 아니라, 공동체에 대한 책임과 도덕적 성찰 속에서 실현되는 미덕의 구조임을 강조하는 미노그의 입장은, 리버티가 가진 자기 결정 중심의 논리를 넘어 프리덤의 회복이 필요함을 강하게 지지한다. 또한 자유주의는 정치의 자율성과 도덕성, 권위의 질서를 해체하며, 정치 자체를 관리와 기술의 문제로 전락시킨다. 그 결과 정치는 시민의 미덕이나 공적 책임이 아닌, 권리를 누가 얼마나 효율적으로 확보하는가의 기술적 장이 되어버린다. 그는 리버티 중심 사회가 공동체적 책임과 시민적 참여라는 정치적 프리덤을 잃어버리고, 권리의 청구만 남는 빈껍데기 민주주의로 전락하는 과정을 날카롭게 비판한다. "프리덤의 반격"이 왜 철학적으로도 정치적으로도 불가피한 과제인지를 분명히 설명해준다.

## 나. 공화문명체

프리덤이 단지 리버티와 대비되는 또 하나의 자유 개념에 그치지 않고, 문명적 공동체의 윤리와 제도 속에서 작동하는 질서의 자유임을 밝히기 위해서는, 우리는 프리덤의 문명적 정체성, 즉 공화문명체(commonwealth of civilization)라는 관점을 도입할 필요가 있다. 프리덤은 원자화된 개인의 권리를 기반으로 하지 않으며, 윤리적 상호작용과 제도적 질서 속에서만 실현되는 자유라는 점에서, 그것은 하나의 공화문명체의 결과이자 목표다. 인간의 본성을 바꾼다는 것은 잔인하고 역겹고 독재적인 일이어야 한다.

그러나 인간은 공상의 자연상태에 있는 자연인이 아니라 문화적 존재이다. 우리가 태어나서 문화로부터 받은 것은 자연에서 받은 것은 아무것도 아니라고 할 수 있을 정도다. 인간이 고립된 자유의 주체가 아니라, 사회적 상호작용, 감정의 교류, 도덕적 기준, 제도적 틀 속에서만 의미 있는 존재라는 점을 중요하게 인식해야 한다. 진보적인 공동체주의에서 문화적 보수주

*Istvan Hont, Béla Kapossy, Michael Sonenscher, Politics in Commercial Society: Jean-Jacques Rousseau and Adam Smith, Harvard University Press, 2015.
**Kenneth Minogue, The Liberal Mind, Liberty Fund Indianapolis, 1963, ch 6 & 7.

의를 함께 구성하는 시도가 필요하다.

영국 정치사에서 commonwealth는 '공동의 선(good)'을 위해 구성된 정치 공동체를 의미했고, 홉스와 로크 모두 이를 계약을 통해 구성되는 질서 있는 정치 공동체로 이해했다. 이 용어는 이후 공화주의적 전통에서 자유와 질서가 결합된 정치·사회적 구조를 가리키는 데 사용되었다. 또한 몽테스키외, 루소, 칸트 등 계몽주의 사상가들은 문명(civilization)을 단순한 기술 발전이 아니라 도덕적·법적 질서의 발전으로 간주하였다.

특히 칸트의 『영구평화론』에서는 문명화가 국제 질서와 인간 존엄을 확장하는 조건이 된다. E. H. 카는 문명 간 질서를 추구하는 국제정치의 필요성을 언급하였고, 사뮤엘 헌팅턴은 『문명의 충돌』에서 문명을 정체성과 질서의 단위로 보았다. 그리하여 공화문명체란 조반니 아리기가 중국적 전통과 시장 중심적 질서를 하나의 공화문명체로 보고 서구 근대 국가 중심 모델을 넘어서는 자유의 가능성과 공존의 기반으로 설정하듯이, 국가공동체 내 문명을 공유하는 개인의 전체, 그리고 국가공동체 간의 문명의 교류와 공존을 가능케 하는 개념이 될 수 있다.

아리스토텔레스는 인간을 '폴리스적인 존재', 즉 공동체 속에서만 삶의 목적과 덕을 실현할 수 있는 존재로 정의했다.

그에게 자유는 자연 상태의 자기결정이 아니라, 덕의 실현을 통해 공동체적 목적을 이루는 삶이었다. 이 전통은 이후 공화주의적 사유의 원류로 작용하며 공화문명체의 철학적 기초가 된다.

공화주의 주장자인 키케로는 『의무론』에서 "영혼의 위대함이 공동체 의식 및 인간의 결속과 동떨어진다면 그것은 잔혹하고 야만적일 것이라 하며, 결과적으로 인간의 결속과 공동체 의식이 인식의 추구를 능가한다"고 했다.* 개인의 이익보다 공익을 훌륭함(honestas)과 같은 반열에 둔 것이다.

데이비드 흄은 인간이 타인의 고통과 이익을 고려하는 감정의 반복을 통해 정의라는 규범을 내면화한다고 보았고, 이것은 사회적 질서를 가능하게 하는 감정적 구조라 했다.

흄의 자유론은 계약이나 합리성의 산물이 아니라, 공감과 공동체적 습관이 축적된 문명 구조 안에서만 성립 가능하다는 점을 시사한다.

아담 스미스에게 자유는 선택의 문제가 아니라, 윤리적 조율을 거친 행동 능력이다. 자유 시장의 원리가 작동하기 위해서는 사적 이익을 공적 질서로 전환시킬 수 있는 자생적 구조, 즉 법, 제도, 도덕이 필수적이라 보았다. 그는 "문명화된 사회에서는 각 개인이 항상 다수의 협조와 지원을 필요로 한다"고 하며, 타인의 협력과 공감, 제도적 규칙이 없는 자유는 존재할 수 없다는 점을 분명히 한다. 스미스에게 자유란 자율성과 질서가 동시에 실현되는 상태, 즉 단지 '간섭받지 않을 권리'가 아니라, 공동체적 질서 속에서 신중하게 조율된 감정적 실천이다. 이러한 점에서 스미스는 자유를 문명적 공동체 속에서 구성되는 공화문명체적 프리덤으로 이해한 선구자다.

하이에크는 자유란 중앙 통제 없이도 작동하는 질서 있는 복잡성 속의 선택 가능성이라고 보았다. 인간은 제한된 정보를 갖고 판단하며, 분산된 지식 속에서 자연스럽게 자생적 질서(spontaneous order)가 형성된다고 했다. 그는 자유를 도덕과 문화, 제도의 집합적 산물로 보았고, 이러한 입장은 개인주의적 리버티와는 전혀 다른 공화문명체적 프리덤의 철학적 토대로 기능한다.

마사 누스바움은 인간의 자유는 공감, 서사, 상상력 없이 유지될 수 없다고 강조하였다. 그녀에게 자유는 제도적 보장을 넘어서, 공감과 도덕 감정의 훈련이 이루어지는 문명적 장에서만 의미 있는 실천으로 성립한다. 정치 공동체를 단지 법과 권력의 조합이 아니라, 감정적으로 연결된 상징 공동체로 보는 시각이며, 결국 프리덤은 문명화된 공감 공동체의 산물이라는 점에서 공화문명체 개념과 긴밀히 연결된다.

또한 국가에 의존하지 않고 글로벌 차원의 새로운 자유의 질서가 구성되고 있어 공화문명체의 개념은 더욱 긴요해진다. 독일의 법학자 군터 토이브너(Gunther Teubner 1944~)가 말하는 '국가 없는 헌법화

---

*키케로, 의무론, 임성진 옮김, 아카넷, 2024, 106쪽.

(constitutionalization without the state)’는* 자유의 실현이 더 이상 국가의 전유물이 아님을 보여준다. 다국적기업, 세계 금융시장, 인터넷 플랫폼, 국제연합, 세계무역기구(WTO)들은 고유한 ‘헌법적 질서’를 구축하고 있어, 리버티 개념은 제도의 역할이 국적 중심을 넘어 국제적으로 확대되고, 프리덤은 글로벌 차원의 규범망과 제도적 조각들(fragmented institutions) 속에서 작동해야 한다.

그러나 문제는 인간 본성에 대한 논의에서 문화가 철저히 분리되었다는 점이다. 이런 분리를 통해 간단하고 덜 까다로운 전략만으로도 논의를 진행해나갈 수 있었기 때문이다. 하지만 역사가 말해주듯이 사람들의 확장된 공감 능력은 그들이 사는 문화에 따라 극명하게 달라진다. 집집마다 예법이나 관례도 달라진다는 입가수속(入家隨俗)이라는 말이 있을 정도이니** 공화 문명체는 당연히 그런 문화적 차이가 존재함을 받아들여야 한다. 그러므로 미국의 통합된 문화 속에서 감정이 취하는 형식을 세상의 보편적이고 항구적인 진실로 간주하는 일은 피해야 한다. 예를 들어, 대화 때 눈을 마주침(eye contact)은 문화권마다 다름을 인지해야 한다. 서양에서는 대화 당사자가 눈을 마주치지 않는 것은 뭔가 정직하지 않거나 대화 내용에 수긍하지 않는 것으로 받아들여진다. 하지만 아시아 문화권에서는 눈을 빤히 마주보는 것은 무례하거나 도발적인 것으로 여겨진다. 특히 스승과 제자 등 상하의 관계로 이루어지는 대화 때 하위자는 상위자와 눈을 마주치지 않고 내리까는 것이 예의이고, 빤히 쳐다 보는 것은 반항으로 간주된다. 식사 후 트림을 하는 것이 동양에서는 식사를 잘 했다는 표현이나 서양에서는 결례로 여겨진다.

계몽주의 시대 이래 문명은 예술과 학문의 발달로 진화하는 것으로 알았다. 이후 상업의 발전도 문명화에 기여를 하게 되고 나아가 과학기술의 발전 또한 문명화에 이바지한다는 것을 알게 되었다. 문명화라는 것은 도덕의 부드러워짐과 예의를 세련시키는 것이다. 교역, 법, 그리고 도덕적 공감에 의해 힘이 아닌 의존으로, 평등이 아닌 균형으로 개인의 자유가 담보될 수 있다고 보았다. 문명은 고통에 대한 새로운 도덕적 감수성의 증대와 복지에 대한 관심을 수용하게 되었다. 문명이라는 것은 다중적인 의미를 공유하게 되어, 공화문명체는 안정적이고, 생산적이며, 미덕에 의해 견제받는 프리덤의 공동체가 되는 것이다. 프리덤은 '권리의 집합'이 아니라, 도덕적 감정, 제도적 규범, 문명적 상호작용의 총체로서 존재한다. 즉 인간의 자유란 '문명된 삶의 질서 속에서만' 실현될 수 있는 가치임을 뜻하며, 프리덤은 개인의 내면에서 출발하되 공동체적 윤리와 제도의 틀 속에서만 완성된다. 공화문명체는 바로 이러한 프리덤의 공간이다. 공화문명체는 공화국의 개인들 사이에 연결되는 공간에서 공통의 언어, 역사, 관습과 법에 기초한 모든 종류의 관계에 의해 서로 연결되면서 동시에 분리되고 보호되는 국가공동체이다. '너'와 '나', 그리고 '우리'에 대한 자유로운 표현이 허락되는 곳이며, 정서를 공유하는 '우리'가 '너와 나'를 연결해주는 과거의 흔적을 함께 공유하는 공간이다. 지리적인 장소이기 이전에 역사적인 결정체로서 국가공동체는 상상의 공동체인 것이다. 그리하여 프리덤은 인간의 감정과 인식, 윤리적 실천과 제도적 장치가 상호 구성적으로 엮인 복합 질서인 공화문명체 속에서 번영한다. 도덕과 문화의 쇠퇴는 공화문명체의 해체와 소멸로 귀결된다. 인류의 역사적 경험을 존중하는 사람은 인류가 모르는 악마보다는 잘 아는 악마를 선호하기 마련이다.

이 장에서는 리버티에 대응하는 프리덤의 독자적인 정체성을 확인할 수 있었다. 비록 리버티의 승리로 자유민주주의가 오늘날 주도적인 정치사상이 되었지만, 격동의 근대사를 지나오면서 로버트 니스벳 등 20세기 정치철학자와 사상가들은 프리덤의 반격에 관심을 갖게 되었다. 리버티와 프리덤은 상호 길항적이거나 적대적인 관계가 아니다. 리버티가 인류의 자유 신

*Teubner, Gunther, Constitutional Fragments: Societal Constitutionalism and Globalization, Oxford University Press, 2012, Ch 1: The New Constitutional Question.
**When in Rome, do as the Romans do.

장에 크게 기여한 것은 명백한 사실이지만, 21세기의 다양하게 변모된 정치, 경제, 사회, 문화, 과학 등의 진보를 수용하는 차원에서 프리덤의 역할이 필요하게 되었다는 것을 서서히 인식하게 된 것이다. 이 장에서는 프리덤의 정체성까지 확인하였고, 다음 장에서는 이를 바탕으로 프리덤의 규범성과 프리덤을 보장하기 위한 정의의 개념을 살펴보기로 한다.

제 7 장  프리덤의 규범

　제임스 웹 우주망원경이 관측한 우주의 나이는 138억 광년이다. 태초 우주의 빅뱅(Big Bang)이 그 때 일어났다는 것이다. 우주는 물질의 거대한 운동에 불과하고, 생명체 없는 사막에 불과하다. 우주의 수많은 별 중 지구가 생긴 것은 46억 년 전이고 인류가 지구에 등장한 것은 신생대 4기 홍적세인 160만 년 전이며, 충적세에 들어선 이후 7만 년을 유발 하라리는 "인류세"라 한다. 인류의 직접적인 조상은 후기 플라이스토세의 수렵 채집자 사회(late pleistocene appropriate)로 45,000년 전이다. 지구 상 가장 오래된 인간의 흔적은 터키 남동부 괴베클리 테페(gobekli tepe) 지역에서 발굴된 폭이 최대 30미터 이상인 열 개 이상의 기념비 구조물이다. 영국의 스톤헨지는 BC2500년이나 이것은 BC9500년으로 추정한다.<sup>*</sup>

　인류가 지구에 남긴 가장 오래된 역사는 4대 문명이다. 이집트는 나일강 하류 지역에 BC3400년 메네스가 멤피스 왕조를 열어 쿠푸 피라미드 등을 남겼고, 중왕국을 거쳐 BC1580년 신왕국이 시작되었다. 모세의 이집트 탈출이 BC1260년 람세스 2세 때이고 구약의 여호수아와 예레미아 등의 이야기는 BC600년 전후 신왕국 말기 때다. 티그리스와 유프라테스 강 사이 메소포타미아의 수메르 문명은 BC3750년에 시작되었고, 길가메시 왕의 이야기는 BC3000년대 이야기다. 함무라비 왕은 BC1700년대이며 구약에 등장하는 바빌로니아왕 네부카드네자르 2세(Nebuchadnezzar II BC642~BC562)<sup>**</sup>와 페르시아 키루스 2세는 BC600년 전후 이야기이다. 모헨조다로와 하라파에 남아있는 인더스 문명은 BC2600년 이야기이며, 중국은 BC2000년부터 황하강 유역의 하은주 시대를 거쳐 진나라로 통일된 것이 BC221년이다. 4대 문명 외 트로이가 BC1250년 함락되어 유민이 지중해를 흘러 이탈리아 반도에 정착하고 로마를 건국한 것이 BC753.4.21인데 이탈리아 사람들은 이 날을 인류 최초의 건국일이라 한다.

　오늘날 지구상에 살아 있는 인구는 약 80억 명이다. 인류 전체를 놓고 보면, 기원전 19만년부터 2022년까지 지구상에 태어나 살다 간 사람들의 누적 수는 약 1,170억 명이다.<sup>***</sup> 이 모든 사람들 중 어느 누구도 타인과 동일한 사람은 없었다. 심지어 일란성 쌍둥이조차 각자는 다르다. 공상영화에서 보듯이 나를 복제(clone)한 인간도 복제된 순간부터 나와는 달라진다. 인간은 모두가 제 각각이지만 DNA를 분석해보면 기본 유전자는 모두 동일하다. 인간을 생물 5계(Five Kingdom system)로 분류하면 동물계 → 척삭동물문 → 포유강 → 영장목 → 사람과 → 사람속이다. 인간은 이러한 분류에 맞는 DNA구조를 갖고 있다. 인간의 체세포에는 46개 염색체가 있어 부모로부터 각각 받은 상동 염색체 22쌍에 성염색체(XY) 한 개가 더해진다. 이러한 보존의 메커니즘이야말로 생명체만이 특권적으로 유일하게 가진 독특한 본성이다.**** 진화란 보존 메커니즘의 불완전성으로 인해 일어나는 것이고, 개체가 획득한 형질은 유전되지 않고 유전자는 그대로 존재한다.***** 자연은 비약하지 않는다(natura non facit saltus). 따라서 인간의 유전자는 자기 복제자이기에 수많은 인간이 존재했더라도 포유류 중 사람에 해당하는 보편적인 특징을 갖추게 한다. 어느 시대, 어느 나라에서나 같은 종의 새는 모두 비슷한 둥지를 짓는다는 사실에서 우리는 본능의 힘을 알게 된다. 인간의 DNA는 무한하나 개인이라는 인간 개체는 유한하다. 모든 시대, 모든 장소의 인간이 생각하는 '나'와 '나의 것'에 대해서는 비슷하게 생각한다고 확신할 수 있다. 집단 구성원이 바뀌더라도 이미 확립되어 있는 관점과 행동을 고수하려는 일종의 집단적 경향인 집단 보수주의(collective conservatism)는****** 보편적이다. 명절이 되면 가족끼리

---

* 유발 하라리, 사피엔스, 조현욱 역, 김영사, 2016, 농업혁명.

** 성경에는 느부갓네살 2세로 표기되며, 베르디의 오페라 『나부코』가 네부카드네자르의 이탈리아어 줄인 말이다.

*** Carl Haub, Population Reference Bureau, "How Many People Have Ever Lived on Earth?

**** 자크 모노, 우연과 필연, 조현수 옮김, 궁리, 2010, 6.불변성과 요란.

***** 리처드 도킨스, 이기적 유전자, 홍영남, 이상임 역, 을유문화사, 2018, 3장 불멸의 코일.

****** 카스 선스타인, 왜 사회에는 이견이 필요한가, 박지우 송호창 옮김, 후마니타스, 2015, 49쪽.

만나고, 조상의 기일(忌日)을 기리고, 생일을 함께 축하하는 것이 인간 삶의 모습이다. 미국의 프로레슬링(WWE) 산업은 외양은 단순하게 싸우는 모양이지만 다양한 스토리라인으로 이끌어가는 인기 엔터테인먼트 산업이다. 스토리 중에 아들 레슬러가 아버지 레슬러를 모욕하고 반칙으로 공격하는 패륜을 줄거리로 하는 것도 있었다. 그 아들 레슬러가 등장하면 관중들은 높은 야유 소리로 아예 말을 못하게 한다. TV에서 관객들이 야유하는 모습을 보면, 부모와 자식 간의 인간관계가 인종, 성별, 국적을 불문하고 동일하게 공감 수용되고 있음을 강하게 느낄 수 있다.

개인은 단지 DNA가 그들의 천문학적인 수명 중 얼마간의 시간 동안만 짧게 거처하는 일시적인 용기에 불과하다.* 개체 발생은 계통 발생을 반복한다. 인간의 DNA구조가 동일하게 세대를 이어가기 때문에 인간은 자유를 누릴 수 있는 생물학적, 사회적 조건을 갖춘 특별한 포유류의 특징을 유지한다. 기본적으로 인간은 먹어야 산다. 물, 탄수화물, 단백질 등을 먹고 마시지 않으면 죽는 존재다. 먹더라도 무엇을 어떻게 먹느냐가 중요한 일이다. 그래서 독일의 철학자 포이어바흐(Ludwig Feuerbach 1804~1872)는 "인간은 그가 먹는 것이다(Der Mensch ist was er isst)"라고 했다. 인간은 반드시 잠을 자야 하고, 일정한 체온을 유지해야 한다. 따라서 추위와 더위를 피할 수 있는 안전한 거주공간과 옷이 있어야 한다. 인간은 죽는 존재다. 부활하지 못하는 필멸의 존재다. 죽음은 인간에게 가장 확실한 것임에도 죽음이 절대로 찾아오지 않을 것처럼 살아간다. 케인스는 경제의 장기 균형 논의 때 "장기적으로 우리는 모두 죽는다(in the long run, we are all dead)"라는 말을 했다. 플루타르크는 그리스 영웅 23명과 로마 영웅 23명, 그리고 독립적 영웅 4명 등 50명의 이야기를 썼다. 제 아무리 역사에 이름을 남기는 훌륭한 영웅이라도 모두 이 세상을 뜨는 존재였다. 의료, 위생, 영양 수준이 향상되어 수명이 늘어나 '100세 시대(Homo hundred)'라 하지만 생로병사의 사이클을 밟아가는 것은 동일하다. 인간의 성(性)은 삶의 근원이다. 남자와 여자로 구분된 인간은 서로를 찾아 짝을 맺고 작은 수의 자식을 생산한다. 이 본능적인 힘이 인류 역사를 이어온 것이다.

무엇보다 인간은 모든 포유류 중 독립까지 가장 긴 시간의 양육부담과 보호를 필요로 하는 존재이며, 이로 인해 인간관계와 공동체의 필수성을 본능적으로 내면화한다. 인간은 태어나는 즉시 가족의 품에 안기고, 타인과의 정서적 연결을 통해 성장한다. 인간은 고립된 개인이 아니라, 타자의 보살핌과 상호작용을 통해 인격과 인식을 형성하는 관계적 존재다.

또한 인간은 타인의 감정을 상상하고 동일시할 수 있는 고등 공감 능력을 갖춘 유일한 존재다. 이는 윤리적 판단과 도덕 형성의 근본이 되며, 아담 스미스가 말한 "공정한 관찰자"라는 내면의 기준 역시 이러한 공감 능력의 철학적 구조화라 할 수 있다.

인간은 감정과 이성, 기억과 상상을 복합적으로 결합하여 규범을 내면화하고 책임을 수행할 수 있는 윤리적 역량을 지니고 있다. 아울러 거짓말을 하는 존재이면서도 무엇이 옳은지에 대한 정의감도 가진다.

조르조 아감벤은 모든 생명체에 공통된 것으로 살아 있음이라는 단순한 사실을 '조에(zoe)', 어떤 개인이나 집단에 특유한 삶의 형태나 방식을 '비오스(bios)' 로 구분한다.** 그는 어떤 목적이나 기능 없이 존재 그 자체로 인정되는 것을 '쿼드리벳(quodlibet)' 이라고 표현하며 『도래하는 공동체』가 바로 쿼드리벳적인 존재들의 공동체라 한다.*** 그러나 인간은 이 세상에 진입하는 순간 '비오스' 의 존재를 벗어날 수 없으며, 개인이 태어나고 자란 사회적·문화적 구조 속에서 형성된 몸과 인식의 구조화된 성향인 '하비투스(Habitus)' 를 지니게 된다. 그래서 인간 공동체란 단순히 돌멩이들의 모임과는 본질적으로 다르게 상호 관계 속에 위치할 수밖에 없다.

결국 인간의 자유는 독립적인 리버티의 내적 선택의 문제가 아니라, 인식

---

*리처드 도킨스, ibid., 215쪽.
**조르조 아감벤, 호모 사케르, 박진우 옮김, 새물결, 2008.
***조르조 아감벤, 도래하는 공동체, 이경진 옮김, 꾸리에북스, 2014, 개체화의 원리.

과 공감, 관계의 조건 위에 실현되는 프리덤의 실천 구조다. 인간은 스스로를 자율적으로 통제할 수 있을 뿐만 아니라, 타인의 삶과 감정을 고려하며 공정한 질서를 형성하려는 도덕적 존재다. 이로 인해 프리덤은 생물학적 존재로서의 인간, 그리고 공동체적 동물로서의 인간이라는 이중적 특성을 바탕으로, 도덕적이고 사회적인 규범으로 형성될 수밖에 없다. 수많은 인간은 태어나고 살다 가지만 유일하게 남는 것은 인간의 도덕적 질서인 규범이다.

# 1. 규범의 원천들

규범(norm)은 행위나 판단에 있어서 어떤 기준이 되는 일반적 원칙 또는 사회적으로 승인된 행위 기준을 의미한다. 즉, '해야 한다' 또는 '하지 말아야 한다' 는 가치 판단을 내리게 하는 기준으로서 윤리, 도덕, 철학, 법, 종교, 예절 등이 포함된다. 윤리는 보다 보편적이고 반성적인 기준을 모색하는 철학적 규범이고, 도덕은 사회·문화적 관행과 집단의 전통에 따라 형성된 규범이다. 윤리는 자유의지로 규범을 실현하거나 실현하지 않을 수 있지만 선택에 책임이 따르며, 도덕은 복종이 요구되고 예절은 준수가 요구되기에 이를 어기면 비난이 수반된다. 법은 규범을 강제적으로 시행하기에 어기면 처벌을 받게 된다.

정치적 삶에서 가치평가는 포기될 수 없는 것이다. 인간은 어떻게 삶을 영위하는가? 인간은 어떻게 삶을 영위해야 하는가? 전자는 '동굴세계' 의 중요성을 강조하나 후자는 '빛의 세계' 즉 초정치적 세계를 강조한다. 마키아벨리는 철학의 정치화(政治化)를 시도하여 철학의 이념을 포기하였다. 인간의 완성이란 이념을 도외시하고 현실적인 정치질서를 발견하고자 했다.

그 결과 근대인은 철학의 대중화를 지향하기에 실천적 입장에서 무절제의 정당성을 인정하게 되었다. "무엇이 옳은가?" "무엇이 좋은 삶인가?" "어떤 삶의 질서가 정당한가?"라는 근원적 물음을 외면한다면, 정치는 단순한 권력 기술이나 절차론으로 전락하고 만다. 그러나 형식적 민주주의가 유지되더라도 자연의 본질적 의미, 계서적 질서는 사회 발전의 원동력으로 적용된다. 진리의 인식, 아름다움의 관조, 자유로운 혹은 유덕한 행동이 궁극적 좋음이다. 어느 정도 철저히 연구하면 경제 문제는 정치 문제와 마주치고, 정치 문제는 철학의 문제에 직면하게 된다. 철학의 문제는 마지막에 종교 문제와 거의 분리할 수 없을 정도로 묶여 있다.

자유민주주의의 한계를 지적하고 대안을 모색하기에 그 대안은 정치철학적 뒷받침을 가져야 한다. 정치철학을 도덕철학의 하부 구조로 보듯이 정치철학은 도덕철학 없이는 성립할 수 없다. 정치는 언제나 가치 판단을 포함하기 때문이다. 칸트는 『영구평화론』에서 도덕을 존중하게 되어야만 비로소 참된 정치가 첫걸음을 내디딜 수 있다고 했다.* 타인에 대한 배려, 소수의 권리 보호, 공동체의 전통과 규범을 지킬 것인지 여부 등 이 모든 판단에는 '무엇이 옳은가, 무엇이 좋은가'에 대한 도덕적 판단이 전제된다. 정치철학은 "우리는 어떻게 함께 살아야 하는가"에 대한 대답을 제도와 법, 권리와 통치의 언어로 풀어내는 학문이지만, 그 질문 자체는 근본적으로 도덕적인 것이다. 도덕철학은 개인이 타인에 대해 지는 책임, 공동체에 대한 의무, 자신의 삶의 방향성을 성찰하는 철학이다. 정치적 문제라는 것은 도덕적이고 종교적인 문제다. 그래서 정치가는 도덕률을 알아야 하고 그에 따라 자신의 행동을 통제해야 한다. 미국의 정치비평가 어빙 배빗(Irving Babbitt 1865~1933)은 인간의 본질은 올바른 모범에 쉽게 영향을 받기 때문에 윤리적 국가는 가능하다고 했다. 윤리적 중심은 현재의 '서비스'에 아첨하는 그 이상이어야 한다. 진정한 지도자의 리더십은 의지와 양심에서 온다.** 인간의 권리(rights of man)는 올바른 인간(right man)이라는 교리로 바뀌어야 한다. 소크라테스를 따라온 철학자들은 도덕률의 존재를 믿고 그것을 규명하려고 했었다. 그래서 칸트와 루소는 자유와 도덕을 본질적으로 서로 의존하는 것으로 보았던 것이다.

도덕철학은 인간을 고립된 주체가 아닌 관계적 존재로 이해하며, 프리덤의 논의는 이 전제 위에서 가능하다. 로크나 홉스처럼 자유를 타인의 간섭이 없는 상태로 보는 리버티의 개념은 도덕철학과 거리를 두고서 정치철학을 전개할 수 있다. 하지만 프리덤은 다르다. 프리덤은 언제나 윤리적 구조 속의 자유, 즉 공동체의 질서, 공감, 책임, 정당성 속에서 자유를 의미하며, 도덕의 기반 없이는 성립될 수 없다.

아리스토텔레스는 인간을 '폴리스적 존재'라고 보았고, 그 자유는 공동체 속에서 덕을 실천하는 데 있었다.

칸트는 인간의 자유를 도덕법칙에 자율적으로 복종하는 능력에서 찾았다. 이처럼 고전적 정치철학의 자유 개념은 도덕철학 없이는 이해될 수 없으며, 오늘날의 자유 논의도 그 연장선상에 놓여 있다.

우리가 자유를 논한다는 것은 권리와 제도의 수준에서 머물 수 없다. 자유는 정당화되어야 하고, 도덕적으로 책임져야 하며, 공동체 안에서 윤리적으로 설명 가능한 방식으로 행사되어야 한다. 그리하여 정치철학은 도덕철학의 언어로 정당화되고, 도덕철학은 정치철학을 통해 사회 질서로 구체화된다. 자유는 윤리 없는 제도로 완성되지 않으며, 제도 없는 윤리는 사회를 조직하지 못한다. 프리덤은 이 두 철학이 맞물리는 지점, 개인의 내면과 공동체의 질서가 조화를 이루는 곳에서 비로소 성립되는 자유의 이름이다.

프리덤은 '감정 기반'의 도덕철학 위에 서 있는 자유 개념이다. 자유는 자기결정 이전에, 타인의 시선을 내면화하고 감정의 균형을 조율할 수 있는 윤리적 감수성을 통해서만 가능하다. 윤리적이라는 것은 타자 중심적이거

---

*칸트, 별이 총총한 하늘 아래 약동하는 자유, 빌헬름 바이셀델 엮음, 손동현 김수배 옮김, 이학사, 2002, 72쪽.
**러셀 커크, 보수의 정신, 이재학 역, 지식노마드, 2018, 12 비판적 보수주의.

나 타자 정향적인 것이다. 그러므로 공감 없는 이성은 공동체를 조직하지 못하며, 규범 없는 감정은 방향성을 잃는다.

자유는 이성과 감정의 균형이지만, 그 출발은 언제나 공감이다. 리버티가 권리와 이성을 중심으로 구축된 체계라면, 프리덤은 감정과 관계, 공감의 윤리 위에 서 있는 자유의 철학이다.

프리덤은 제도적 권리 이전에 도덕적 정당성을 요구한다. 단순한 자기결정이나 권리 주장만으로는 공동체 속에서 지속 가능한 자유를 구성할 수 없다. 그렇다면 프리덤 규범의 원천은 무엇인가? 신인가? 자연인가? 아니면 인간의 이성인가, 감정인가? 이 질문은 단순히 윤리론의 선택이 아니라, 자유 개념의 철학적 기반을 어디에 둘 것인지에 대한 근본적 물음이다. '아르키메데스의 점'을 찾는 것이다. 프리덤이 단지 주관적 감정이나 제도적 산물이 아니라, 철학적으로 정당화된 윤리 질서임을 입증하려면, 도덕 규범의 정당화 근거가 무엇인지부터 탐색해야 한다.

물론 플라톤이 '인간이 아니라 신이 만물의 척도가 되어야 한다'고 한 것에 따라 종교적 규범을 따를 수 있다. 하지만 본서는 비종교적 차원에서 프리덤 규범의 원천이 무엇이며 어떻게 도출될 수 있는지를 분석한다. 본서는 자연, 결과, 이성, 감정의 네 축으로 도덕 규범이 어떻게 정당화되는지 살펴보고자 한다. 각각은 도덕이 어디에서 비롯되는지에 대한 철학적 답변을 제공하며, 프리덤을 정당화할 수 있는 윤리 기반을 제시한다.

역사적으로 인류는 도덕의 기원을 '자연 질서'에서 찾으려 했다. 자연 자체가 자연을 지은 창조자 없이도 최상의 도덕 원천들이 될 수 있는, 또 다른 독립적 윤리를 위한 무대가 되는 것이다. 스토아 학파와 토마스 아퀴나스, 로크 등은 자연 안에 이성적 질서가 내재되어 있으며, 이 질서를 인간의 이성으로 파악 가능한 자연법(natural law)이라고 보았다. 아리스토텔레스는 『니코마코스 윤리학』에서 인간은 고유한 목적(텔로스)을 가진 존재이며, 덕을 실천하고 공동선을 추구할 때 자연적 완성에 이른다고 보았다. 사물이 본래 지닌 텔로스를 향해 자신을 실현해가는 능력과 가능의 능동적 실현을 엔텔레케이아($\varepsilon\nu\tau\varepsilon\lambda\varepsilon\chi\varepsilon\iota\alpha$, entelecheia)라 했다.* 그에게 자유란 방종이 아니라, 목적에 따라 조율된 실천적 이성의 행위였다. 자연은 인간의 내적 본성을 표현주의로 담아내는 원천이 될 수 있는 것이다. 이러한 자연 중심 도덕론은 자유가 단지 권리의 문제가 아니라, 질서와 덕, 그리고 생명에 대한 존중 속에서 실현되어야 함을 시사한다. 이는 개인적 비전과 분리 불가능한 공동체 질서 속에서 책임과 도덕을 함께 실천하는 프리덤의 윤리적 기반으로 해석될 수 있다. 하지만 자연법은 인간 사회의 불평등과 서열주의와 동의어로 사용되어 변화에 대한 반감으로 환원되기도 하였다.

자연법이란 존재한다 하더라도, 그것은 인간의 감각과 이성, 그리고 공감의 구조를 통해서만 의미를 갖는다. 결국 인간의 인식 과정에서 공감 가능한 규범만이 실제로 도덕이 되어 공동체에 작동한다. 이집트는 남매가 공동 파라오로 통치하였다. 남매 간에 결혼을 하여 왕국의 정통성을 이어갔다. 유럽 군주국가들도 각국의 왕가들끼리만 혼인을 하였다. 유럽의 나라라 해봐야 숫자가 얼마 되지 않으니 결국 돌고 돌아 제자리 혼맥을 구축하는 셈이었다. 멀리 고대로 거슬러 올라가면 족내혼이 기본이었고, 나중에 족외혼으로 발전하였다. 관심의 원 내에서 대를 이어가기를 바랐기 때문이다. 하지만 과학지식이 발전하면서 우생학적으로 근친 간 결혼은 열성인자의 발호로 정신이상, 신체장애 등이 발생함을 인지하여 이종교배로 혼인제도가 발전하게 되었다. 형제 사촌끼리 결혼하는 것이 자연법인 줄 알았지만, 인간의 인지 능력이 발전함에 따라 사촌 간의 결혼은 근친상간으로 금지된 것이다. 낮은 밝고 밤은 어두운 것이 자연법이고, 하늘을 나는 것은 날개가 있어야 한다는 것이 자연법이었다. 인류는 그런 자연에 맞추어 살았고, 그런 자연법에 따라 도덕과 규범을 세우고 살아왔다. 사람이 하늘을 난다는 사실을 기초로 법과 규범이 만들어질 수 없었다. 하지만 인간이 비행기를 만듦에 따라 자연법이 바뀌게 되었다. 비행기가 없을 때 제주도에서 서울까지 2

*허버트 마르쿠제, 이성과 혁명, 김현일 역, 중원문화, 2017, 5장 대논리학.

시간 안에 도착하지 않으면 3족을 멸하겠다는 생각은 꿈조차 꿀 수 없었다. 하지만 지금은 2시간 안에 도착하지 않으면 기업이 부도나는 사례는 얼마든지 실현 가능한 이야기다. 앞으로 양자이론의 불확정성 원리가 발전함에 따라 공간적으로 얼마나 떨어져 있던 순간적으로 연결되는 것이 받아들여지게 된다면 공간 거리에 기초한 자연법도 수정될 수 있을 것이다.

요컨대, 자연법이란 시대에 따라 바뀐다는 점이다. 인간의 과학지식이 발전함에 따라 우주는 텔로스가 없는 비목적적인 것임을 알게 되었다. 그러나 우주가 비어 있다고 해서 아무런 규제 기준마저 없다는 것이 아니라 자아를 인식하는 주체로서 인간은 스스로 도덕적 질서를 가진 우주를 생각해야 한다. 따라서 인간은 인간 자신이 도덕의 원천이 될 수 있고 되어야 한다는 인식이 발전하면서 자연법은 더 이상 외부적 실체가 아니라, 내면화된 인식 질서의 규범으로 전환되게 되었다. 자연에서 규범의 원천을 찾는 시도는 결국 인간으로 되돌아 온 것이다. 천부인권이란 것도 공동체 생활을 하는 인간이 인간으로서 의당 느끼는 공감을 표현한 것으로 이해하게 된 것이다.

'결과 중심'의 윤리 이론은 도덕의 기준을 행위의 결과에서 찾는다. 가장 대표적인 전통은 공리주의(utilitarianism)로서, 제레미 벤담과 존 스튜어트 밀은 "최대 다수의 최대 행복"이라는 기준 아래 쾌락과 고통의 계산이라는 관점에서 도덕을 정량화했다. 공리주의는 근대 시민사회와 자유주의의 정치적 정당화를 뒷받침했지만, 결과 중심이라는 특성상 소수의 권리 침해도 정당화될 수 있는 위험을 안고 있다. 현대에 와서는 아마르티아 센이나 마사 누스바움이 삶의 실질적 기회(capabilities)를 기준으로 한 역량 평등 이론을 통해, 개인의 삶의 조건을 결과로 평가하려는 흐름으로 확장하였다. 그러나 이러한 결과주의는 도덕적 정당성의 기준이 외재적이며, 정서와 책임의 문제를 충분히 반영하지 못한다는 한계를 가진다. 우리의 욕구와 필요를 위해 세상을 도구적 합리주의로 통제하는 것은 우리를 더 낮은 본성의 요구에 굴복하도록 전락할 수 있다. 프리덤은 단순한 효용이 아니라, 공동체적 연대와 도덕적 덕목에 뿌리내려야 하기에, 결과 중심 윤리는 일정한

| 원천 | 이론 | 근거 | 철학자 |
|---|---|---|---|
| 자연 중심 | 자연법, 목적론적 덕 윤리 | 본성에 내재된 도덕 질서 | 아리스토텔레스, 아퀴나스, 로크 |
| 결과 중심 | 공리주의 | 행위의 결과, 최대 다수의 행복 | 벤담, 밀 |
| | 능력/기회 평등 | 삶의 실질적 기회 형평 위해 삶의 조건 강조 | 누스바움, 센 |
| 이성 중심 | 칸트주의 | 보편적 도덕 법칙에 대한 이성적 자율성 | 칸트 |
| | 계약주의 | 합리적 계약과 정당화 가능성 | 롤스, 스캔런 |
| | 직관주의 | 자명한 도덕 진리의 이성적 직관 | 시지윅, G.E. 무어, W.D. 로스 |
| 감정 중심 | 도덕감정론 | 공감과 정념, 타인의 고통에 대한 감수성 | 샤프츠베리, 흄, 아담 스미스, 루소 |

거리를 두고 비판적으로 참조할 수 있다.

'이성 중심' 이론은 도덕을 인간 이성의 자율성에 의해 합리적 규칙, 자율적 입법, 보편성에서 도출하려 한다. 칸트는 『실천이성비판』에서 "정언명령"을 통해 도덕 판단이 보편화 가능한 이성적 규칙에 기초해야 한다고 보았다. 자연도 경험도 옳은 것의 인식을 제공할 수 없기 때문이다. 도덕 판단은 이성적으로 정당화되어야 하기에 도덕성과 연계된 이성적 자유만을 정당화된 자유로 간주한다. 자유는 자기 입법을 실천할 수 있는 이성적 자율성이며, 도덕은 모든 이성적인 존재자에게 예외 없이 보편적인 논리적 정합성과 규범의 일관성 속에서 정당화되어야 한다. 이성적 본성이 자체 속에 목적으로 존재하기에 이성은 인간의 도덕 판단을 평가하는 최종 기준이자 자유의 기초이다. 계약주의(Contractualism)는 모두가 동의할 수 있는 규칙을 통하거나 사회 구성원 간의 합리적 계약과 정당화 가능성을 도덕의 기준으로 삼는다. 롤스는 『사회정의론』에서 정의감의 근원을 권위, 공동체,

원리로 구분하여 설명하였다. 롤스의 "무지의 베일"에 의한 "공정으로서의 정의"나 스캔런의 "정당화 가능성"이 그러한 시도였다. 롤스의 원초적 입장은 이론적으로 정의된 개인을 당사자로 하는 순수 이성적 차원에서 제시된 것이나, 무지의 베일에서 개인들이 선택하는 것은 경험 이론의 영역 안이고 초월적 관점보다 합리적인 인격이 세계 내에서 채택할 수 있는 사유와 느낌을 선호하기에, 칸트처럼 철저하게 이성 중심이라고 할 수는 없지만 핵심 개념들은 이성 중심으로 분류할 수 있다. 직관주의(Intuitionism)는 G.E. 무어와 영국 스코틀랜드의 철학자 로스(W. D. Ross 1877~1971)처럼, 도덕적 진리는 논증 없이도 직관적으로 이성에 의해 자명하게 인식될 수 있다고 하며 도덕 판단의 논리적 보편성을 강조한다. 인간은 직관적으로 "이것이 옳다"고 느낄 수 있는 능력을 가진 존재라는 것이다. 이러한 이성 중심 윤리는 프리덤이 윤리적 자율성과 내적 규율에 바탕을 둘 수 있는 기반을 제공하지만, 이성 중심 도덕은 감정과 관계, 사회적 맥락을 배제한 추상적 이상에 머물기 쉽다.

루터는 이성을 선의 보증인으로 만드는 것은 우상숭배로 빠지는 길이라 하며 이성을 '저 창녀'라고 불렀다.* 우리가 도덕적 동기를 생생하게 인식함으로써 도덕적 삶을 영위할 수 있는 힘을 얻게 된다는 점을 놓칠 수 있는 것이다. 또한 이성 중심 윤리는 반이성적인 경우는 수용할 수 없기에 현실적으로는 근본주의, 원칙주의로 나타나 타협이 어려운 강경론으로 흐르게 된다는 단점이 있다. 교조주의가 강경하게 되는 원인인 것이다.

'감정 중심' 이론은 도덕 규범이란 인간 본성 연구로부터 시작되고, 선행과 공감(benevolence and sympathy)이 정치질서를 창조하는 주요 감정이며 정의도 여기서 나온다고 본다. 인간에게 공통적인 속성들을 도덕 이론의 본질적 요소라고 보는 것이다. 감정 대 이성이라는 대조는 아주 잘못된 접근법이다. 모든 감정에는 복잡한 평가적 인지요소가 포함되어 있음에도 전체를 묶어 비합리적인 것으로 단정해서는 안 된다. 헤겔은 공허한 이상과 싸우면서 절대적 이념을 통해 이념 자체에서 사상과 현실을 조화시키려고

"현실적인 것이 이성적인 것이다"라고 주장했다. 도덕 감정론은 도덕의 근원을 이성보다 감정, 특히 '공감(sympathy)'에서 찾는다. 공감이란 18세기 스코틀랜드 계몽주의 철학자들의 위대한 사상의 주제 중 하나였다. 3대 샤프츠베리 백작 앤서니 애슐리 쿠퍼(Anthony Ashley Cooper, 3rd Earl of Shaftesbury, 1671~1713)는 도덕은 이성이 아니라 인간의 자연적 감각과 조화 감정에서 비롯된다고 한 도덕 감정(moral sense) 철학의 선구자다. 옳고 그름을 판단하는 능력은 사회적·정서적 감각에서 비롯된다고 했다. 글래스고大 허치슨(Francis Hutcheson 1694~1746) 교수는 도덕 감정이 별도로 외부감각과 유사하게 존재한다고 하며 이를 체계화하였고, 데이비드 흄(1711~1776)은 허치슨의 사상을 계승·비판하며, 도덕 판단은 '공감'에 뿌리를 둔다고 보았다. 아담 스미스(1723~1790)는 흄과 허치슨의 사상을 융합하여 '공감'과 '공정한 관찰자' 개념을 정립하였다. 이들은 도덕이 이성에서 비롯되는 것이 아니라, 타인에 대한 감정적 반응과 공감에서 출발한다고 본다. 도덕은 인간 관습의 산물이고 인류가 사회를 이루고 유지하는 데 꼭 필요한 습관이라는 점에서 존재 의미를 찾는다. 인간은 타인의 감정에 공감하고, 그것을 반복적으로 내면화함으로써 도덕적 판단 능력을 갖추게 된다는 것이다. 루소는 자연상태의 인간에게는 동물적 공감이 존재하여 연민(pitié)이라는 감정을 통해 타인을 배려한다고 보았다. 망탈리테(mentalites)는 대중의 공감을 통해 형성되는 심성이자 집단의식이다.** 소수 지배층의 이념인 이데올로기와는 전혀 다른 개념이다. 윤리적 관점에서 세계에는 무엇이 존재해야만 하는가에 대한 대답은 오직 '사람들의 성향들'이다. 이것은 어떤 의미에서는 윤리적 가치의 궁극적인 버팀목이다. 그 버팀목은 형이상학적 의의뿐만 아니라 실천적 의의도 갖고 있다. 윤리적 가

---

*찰스 테일러, 자아의 원천들, 권기돈 하주영 역, 새물결, 2015, 6 플라톤의 자기 지배.
**mantalite. 대중의 집단의식을 지칭하며 상대적으로 이데올로기는 소수 지배층의 이념을 지칭한다.

치의 보존은 윤리적 성향들의 재생산에 놓여 있다.* 도덕은 보편적 추론의
산물이 아니라, 사회적 관계와 감정과 친밀성의 공명 속에서 형성되는 규범
이다. 왜곡되지 않은 정상적 감정이 선과 악을 결정하는 기준에 이르게 한
다. 색맹을 고치기 위해 눈의 상태를 이성적으로 고려한다 해도 시각을 통
해서 색깔을 파악할 수 있다는 사실이 변화되지 않는다. 이러한 관점에서
자유란, 이성적으로 정당화되는 규칙에 따를 수 있는 능력이 아니라, 타인
의 감정을 공감하고, 공동체의 질서를 감정적으로 수용하며 책임 있게 살아
갈 수 있는 감정적 구조의 성숙이다. 공감은 인간이라는 종 전체에 이르기
까지 과거, 현재, 미래에 걸쳐 외부로 확장되기에, 공감은 인간에게 도덕적
근본을 형성한다는 사실을 인정해야만 한다. 공감은 범위가 좁고, 비교적
엄격하며, 이방인들에게 통상 적대적이고, 상상력을 통해 멀리 있는 것과
연결될 수 없다는 단점이 있다. J.S.밀은 도덕적 원칙 이면에 있는 정서가
궁극적인 도덕의 힘이며, 도덕적 저어는 타고난 게 아니라 획득되는 것이라
고 믿었다. 감정은 자발적으로 표출되지 않는 이상 가치가 없다는 낭만주의
적 사유가 거부되는 것은 올바르게 느끼는 법 또한 배울 수 있기 때문이다.
감정 중심 윤리는 인간을 공동체적 존재로, 그리고 도덕은 관계 속에서 형
성되는 정서적 규범으로 파악함으로써 공감과 윤리를 바탕으로 하는 프리
덤과 깊은 연관을 맺는다. 영국의 철학자 존 스코럽스키(John Skorupski
1946~)는 자유주의를 지탱하는 두 홍예(虹霓) 받침대가 법 앞의 평등과 공
통의 인간적 감정이라고 말했다.** 이는 자유주의가 단순히 권리와 제도적
장치의 집합이 아니라, 인간 서로에 대한 감정적 연대와 도덕적 상상력에
뿌리를 두고 있음을 보여준다. 이와 같이 감정은 자유가 이성과 규칙이 아
니라 관계성과 공감 능력 속에서 형성된다는 점에서 프리덤의 시민적 윤리
를 구성하는 핵심적 기반이 된다.

　이성과 감정 사이를 매개하며, 인간의 윤리적 상상력을 가장 강력하게 자
극하는 원천은 문학과 예술이다. 문학과 예술은 윤리적 추론 이전의 감정적
이해를 가능케 하며, 공감과 정체성, 공동체 의식을 심화시키는 정서적 감

화력의 보고이자, 정서적 공감과 윤리의 상상적 원천으로서 별도의 독특한 기능을 분명히 수행한다. 이성은 '0'과 '1'의 디지털 사고방식이다. 이성적이다, 비이성적이다 또는 합리적이다, 비합리적이다라고 구분하기만 한다. 하지만 감정은 이성적이라 하더라도 '대단히 이성적이다', '겨우 이성적이다'라는 식으로 다양한 감정의 변이(variation)를 표현할 수 있고, 그것이 또한 현실 생활에 크게 역할을 수행한다. 문학과 예술은 다양한 감정적 변이를 적절하게 표현함으로써 인간의 공감 역량을 크게 강화시킬 수 있다.

이탈리아 르네상스 시대는 인류의 역사에서 중세의 신 중심 규범에서 인간 중심의 감성과 이성으로 전환되는 계기를 마련했다. 이탈리아 화가 미켈란젤로(Michelangelo Buonarroti 1475~1564)와 레오나르도 다 빈치(Leonardo da Vinci 1452~1519) 등의 작품은 인간의 육체와 감정을 회복시키며 '인간다움' 자체를 윤리적 탐구의 중심으로 삼게 했다. 종교적인 삶에 맞추어 살아가던 삶을 인간에 초점을 둠으로써 획기적인 의식의 변화를 상징하게 되었다. 종교 성화가 아닌 인간이 그림의 대상이 되고 조각으로 작품화되었다. 이는 규범의 원천을 신의 계시에서 인간의 경험으로 옮겨오는 서사의 출발점이었다.

그 후 예술은 수많은 역사적 전환기에 윤리적 반성과 규범적 감각을 촉발시켰다. 예컨대, 프랑스 화가 들라크루아(Eugene Delacroix 1798~1863)의 『민중을 이끄는 자유의 여신』은 프랑스 혁명 정신을 시각적으로 형상화하여, 정의와 자유를 향한 공동체적 감정의 상징으로 자리잡았다.

그림은 단지 미적 대상을 넘어, 공동의 정치적 감정과 규범을 심화시키는 기억의 매개체가 되었다. 프랑스 사실주의 화가 쿠르베(Jean-Désiré Gustave Courbet, 1819~1877)가 1850년 발표한 『오르낭의 매장』은 역사적이거나 신성한 명사들의 자리에 두는 유화의 수준을 평범한 사람들의 장

---

*버나드 윌리엄스, ibid., 106쪽.
**에드먼드 포셋, 자유주의, 신재성 옮김, 글항아리, 2022, 4부 21세기 자유주의의 꿈과 악몽.

레 그림에도 자리를 할 수 있다는 것을 보임으로써 평등화 의식을 확산하는 데 크게 영향을 미쳤다.

19세기 미국의 허드슨 강 화파(Hudson River School)는 웅대한 자연 풍경을 통해 인간의 겸허함과 생태적 질서를 강조하여 자연을 윤리적 공동체의 일부로 포함시키는 감정적 기반을 마련했다. 이들의 풍경은 경관을 넘어서 존재에 대한 경외라는 감정을 불러일으키며, 생태윤리와 프리덤의 자연적 기반을 강화했다.

문학도 강력한 윤리 감각의 전달자다. 시는 칸트가 『판단력 비판』에서 시, 음악, 그림 순으로 예술에서 가장 우수한 지위를 차지한다고 했다.

미국의 시인 월트 휘트먼(Walt Whitman 1819~1892)의 시는 다원성과 평등, 인간의 존엄을 예찬하면서 각 개인이 고유한 프리덤의 주체임을 선언한다. 그의 시는 미국 민주주의의 윤리적 감정을 이끌어낸 문학적 선언문이라 할 수 있다. 그는 노예해방을 추진하다 암살된 링컨 대통령을 『앞뜰에 마지막 라일락이 피었을 때(When Lilacs last in the Dooryard Bloom'd)』라는 시로 기렸다.


'해마다 돌아오는 봄이여, 너는 분명 내게 세 가지를 가져다준다.
해마다 피는 라일락 꽃과 서쪽 하늘로 떨어지는 별과
그리고 내가 사랑하는 사람의 기억을.
Ever-returning spring, trinity sure to me you bring,
Lilac blooming perennial and drooping star in the west,
And thought of him I love.'


노예제도가 폐지되어야 함을 논리적, 이성적으로 열심히 설득하는 것 이상으로 인간의 도덕감정에 호소할 수 있었다.

영화도 프리덤의 감정 윤리를 고양했다. 찰리 채플린은 『모던 타임스』, 『위대한 독재자』를 통해 기계문명이 가져올 비인간화나 권력의 폭력을 희화화하면서 인간 존엄과 자유에 대한 윤리적 호소를 담았다. 독일의 나치 정치인 괴벨스(Joseph Goebbels 1897~1945)는 나치즘 찬양용으로, 스탈린은 공산주의 선전용으로 영화를 이용하여 예술이 정치윤리의 심성을 전달하는데 큰 영향력을 행사함을 보여주었다.

소설도 중요한 규범 형성의 도구다. 미국의 소설가 헤밍웨이(Ernest Hemingway 1899~1961)의 『누구를 위하여 종은 울리나』는 스페인 내전을 배경으로 개인의 선택과 공동체적 윤리에 대해 사유하게 한다. 죽음을 앞둔 개인의 내면은 규범이란 단지 제도가 아닌, 관계 속에서 실천되는 감정의 윤리임을 각인시킨다. 미국의 작가 해리엇 스토(Harriet Beecher Stowe 1811~1896)가 쓴 『엉클 톰스 캐빈(Uncle Tom's Cabin)』이 노예제도의 비참한 현실을 생동감 있게 묘사함으로써 노예제 폐지론에 끼친 강력한 영향력은 문학의 힘을 상징적으로 보여준 작품이다.

독일의 음악가 베토벤(Ludwig van Beethoven 1770~1827)은 프랑스 혁명의 자유·평등·박애 정신에 깊이 공감했고, 나폴레옹이 공화정의 수호자이자 반전제(反專制) 군주제의 상징으로 보였기에 그를 존경했다. 그래서 교향곡 3번 헌사 제목을 "보나파르트(Bonaparte)"로 했으나 1804년 나폴레옹이 황제로 즉위하자, 격분하여 "한 위대한 인물의 추억에 바침"이라고 바꾸었고 지금은 『에로이카(Eroica)』로 알려져 있다.

인간의 공감을 통해 객관적 도덕을 형성함에 있어 문학과 예술의 긍정적인 역할을 주목해야 한다. 물론 공산주의나 전체주의 체제에 오도되고 악용되는 사례도 있었지만 순기능을 외면할 일은 아니다. 문학과 예술은 프리덤을 제도나 권리 이전에, 삶의 감정 구조와 윤리적 공감의 구조 속에서 구현하게 만든다. 철학자가 원리를 제시할 때, 예술가는 그것을 살아 있는 인간의 형상과 목소리로 전한다. 문학과 예술은 추상적인 '옳음'이 아니라 살아 숨 쉬는 '마땅함'을 각인시킨다.

따라서 프리덤의 규범은 문학과 예술을 통해 감정적으로 체화되고, 미적으로 상상되며, 윤리적으로 확장된다. 국가 공동체가 단순한 제도나 법률에 머물지 않고 공감과 상호이해, 미덕의 감수성을 갖춘 공동체로 진화하기 위해서는, 인문학 교육과 문화 속에 예술적 경험이 통합되어야 한다. 문학과 예술은 단지 꾸밈이 아니라 감정적 시민성을 형성하는 핵심 원천이다.

# 2. 공감의 프리덤

모든 인간은 사물 대상을 인식하는 과정이 동일하다. 인간의 오감(五感)에 따른 인식방식에 따라 능동적으로 사물을 구성한다. 우리가 사물과 그 원리를 따르는 것이 아니라, 우리의 의식이 사물을 정리하고 그것에 질서를 부여함으로써 새로운 세계를 창출해내는 것이다. 인간은 감각을 통해 세계를 받아들이고, 오성을 통해 개념화하며, 이성을 통해 전체적 체계로 통합한다. 인간이 시각 정보를 이용하는 것과 박쥐가 청각 정보를 이용하는 목적은 동일하다. 빛과 소리의 물리적인 차이가 직접 원인이 아니다. 인간이 감각을 통해 얻은 대상의 직관 정보에 대해 오성은 개념을 부여함으로써 질서를 만드는 능동적 구조화 작용을 한다. 오성은 이성과 감성 사이에서 실질적인 인식의 핵심 기둥을 형성한다. 인간의 본질에 대한 합의가 없이는 권리를 정의하는 것도 새로운 권리의 탄생을 저지하는 것도 불가능하다. 인간의 도덕 판단은 물리적 상황의 다양성, 문명의 불평등한 상태, 그리고 지식이나 역량의 불평등한 정도에 의해 달라진다. 공동체 구성원의 평균적 공감 역량의 확장이 중요하다. 어떤 공동체의 양심의 변화는 공동체의 평균적 구성원이 다른 사람의 감정을 느낄 수 있는 감수성의 범위와 정도의 변화와 일치한다.* 자기 자신을 진정으로 존경하려면 어떤 기준에 준하여 살지 못했을 경우에 수치심과 자기혐오의 감정을 느낀다는 힘을 빼놓을 수 없다.** 이러한 정념의 소통은 모든 사회적 미덕의 근원이 된다. 인류 역사상 종교적 관행의 기본은 공동체 숭배였다. 사람들은 조화롭게 함께 사는 것을 배움으로써 깨달음과 구원을 얻어 왔다. 내어줌과 이타심과 동정심을 요구한 것이다. 양심(Gewissen)을 뜻하는 독일어는 "공통된"이라는 접두사 ge와 "앎"을 뜻하는 Wissen으로 이루어져 있다. 양심이란 모든 인간에게 공통된 앎을 가리키며, 자신의 주관을 초월하여 상호주관이 된다는 의미가 된다.*** 종교의 절대적이고 초월적인 잣대나 자연법의 권위, 그리고 칸트의 황금률이 권위를 상실하게 되면, 옳은 것과 무엇을 위해 좋은 것이 동일하다고 생각하게 된다. 개인의 욕구가 도덕적 기준을 초월하는 직관주의 철학이 팽배하게 된 연유다. 하지만 하버드대 제임스 홀의 비문에 쓰여 있듯이 "공동체는 개인의 충동이 없으면 활기를 잃고, 이 충동은 공동체의 공감이 없으면 시들어 버린다"****를 되새겨야 한다. 개인의 공감 능력이 도덕적 기준의 토대가 될 수 있어야 하기 때문이다.

자유의 인식론적 구조와 도덕적 기반을 다룬 중요 철학자들을 나란히 분석하여, 그 사유의 차이와 공통성을 통해 프리덤의 윤리적 형식을 구성하고자 한다. 이는 인간의 인식 · 감정 · 공동체적 상상력을 통해 프리덤의 실천적 도덕 구조를 밝히는 의미 있는 시도다.

데이비드 흄은 감정과 습관의 철학자이다. 흄은 근대 철학에서 인간 인식과 도덕의 문제를 정면으로 다룬 인물로, 자유의 문제 역시 이성과 감정, 공감의 관계 속에서 새롭게 정의했다. 흄은 인간의 인식이 이성보다 감각과 경험에서 비롯되고 도덕 판단이 감정, 특히 공감(sympathy)에 의해 형성된다고 보았다. 인간 정신은 외부 세계로부터 받은 '인상(impression)'과 그로부터 유도된 '관념(idea)'의 연속으로 구성되며, 오성을 '사실 판단의 능력'으로, 이성을 '규칙의 적용 능력'으로 이해한다. 그러면서 도덕 판단에

    프리덤과 리버티

있어 이성이 감정을 초월하지 못한다고 주장하여 "이성은 감정의 노예다 (reason is, and ought only to be, the slave of the passions)"라 하였다. 『인간이란 무엇인가(A Treatise of Human Nature)』에서 흄은 정의, 약속, 동정심 같은 도덕 개념들은 자연 이성의 산물이라기보다 사회적 경험과 감정의 습관화를 통해 형성된다고 한다. 인간은 타인의 고통과 기쁨을 상상하고 그에 동조하는 정서적 공감 능력을 바탕으로 도덕 감각을 형성하며, 이러한 공감은 사회적 습관과 반복적 경험을 통해 내면화된다. 공감은 단순한 정서 반응이 아니라, 규범의 형성과 유지에 있어 중심적 역할을 하는 도덕의 기초 감각인 것이다. 자유도 역시 내면적 이성과 결단의 결과가 아니라, 습관화된 감정과 사회적 규범 속에서 형성된 실천적 태도다. 이러한 감정 기반의 도덕론은 공감을 중심으로 한 프리덤 개념의 철학적 기초를 마련한다. 그에게 정의는 자연 상태에서 즉각적으로 생기는 감정이 아니라, 사회적 협동과 이익의 조정이라는 맥락 속에서 형성된 규범적 감정이다. 흄은 재산, 약속, 계약 같은 정의 개념들조차 공공의 이익에 대한 습관적 공감과 정서적 수용 속에서 지속된다고 보았다.

　이로써 그는 자유를 도덕 감정의 연장선에서, 공감과 습관화된 정의 감각 안에서 실현되는 것으로 이해했다. 따라서 흄의 자유론은 선택의 자율성이나 법적 권리보다, 타인과의 정서적 공감과 공동체적 규범적 일관성 속에서 자연스럽게 질서를 이루는 실천의 자유(freedom as practical coherence)가 된다. 인간은 단지 독립적인 판단을 하는 존재가 아니라, 공감 가능한 질서 속에서 정당하게 살아가려는 존재이며, 바로 이러한 맥락에서 프리덤이

---

*헨리 시지윅, 윤리학의 방법, 강준호 역, 아카넷, 2018.
**프랜시스 후쿠야마, 역사의 종말, 이상훈 역, 한마음사, 1992.
***칼 야스퍼스, 철학적 생각을 배우는 작은 수업, 한충수 옮김, 이학사, 2020, 187쪽.
****The community stagnates without the impulse of the individual, the impulse dies away without the sympathy of the community. William James

리버티보다 앞선 철학적 위치를 가질 수 있게 된다.

아담 스미스는 공정한 관찰자의 도덕 구조를 주장했다. 스미스는 흄의 감정 중심 도덕론을 계승하여 더욱 정교하게 발전시켰다. 『도덕감정론』에서 그는 인간이 타인의 감정을 상상하고 그 입장을 내면화할 수 있는 공감 능력을 도덕 판단과 질서 형성의 핵심 원리로 제시한다. 이 공감은 단순한 감정적 반응이 아니라 타인의 입장에서 스스로를 상상하고 조정하는 내면의 능동적 활동이다. 인간의 행복이나 불행에 대한 동정(fellow-feeling)을 느끼는 감정이다. 이것은 내면의 "공정한 관찰자(impartial spectator)"를 통해 균형과 질서를 추구하는 감정적 이성이다. 자신의 사적이고 특수한 상황에서 벗어나고 자신과 다른 사람들이 공유하는 관점을 취해야 동조할 수 있다. 사람은 천성적으로 사랑받기를 바라면서 동시에 사랑스럽기를 바란다.* 이러한 공감 능력은 인간 사회의 도덕과 질서를 가능하게 하는 감정적 기반이며, 스미스는 이것이 없으면 시장도, 자유도 작동할 수 없다고 보았다. 공정한 관찰자는 우리의 감정과 행동을 조정하고, 과도한 이기심이나 자기중심성을 절제하게 한다. 이는 공감이 도덕적 조율의 기능을 하도록 하는 내적 장치이며, 자유란 이 조율을 자율적으로 실천할 수 있는 능력임을 뜻한다. 스미스에게 인간은 사회적 존재이며, 도덕과 자유는 타자의 시선을 고려하고 스스로를 조율하는 능력에서 비롯된다. 자유는 자기 이익의 극대화가 아니라, 공정성과 질서의 감정적 내면화를 통해 실현되는 자율성이다. 이는 단순한 리버티를 넘어, 공감과 조율이라는 프리덤의 윤리적 성격을 보여주는 중요한 철학적 틀이다. 스미스는 옳고 그름에 대한 최초의 지각은 공감에 따른 적정성 판단과 공과에 기초한 도덕감정이지 이성이 아니라고 하여, 공감과 신중함의 도덕 질서를 주장하였다. 그는 공감을 단순한 정념이 아니라, 신중함(prudence)이라는 덕성과 연결시킨다. 신중함은 감정에 휘둘리지 않고, 장기적 관점에서 타인과의 조화를 고려하는 행동 양식이다. 도덕적 인간이란 감정과 이성을 적절히 조화시키며, 내면의 관찰자를 통해 자신을 단련하는 존재다. 이러한 감정의 질서화와 이성적 숙고는 바로 프리덤의 윤리적 기반이며, 책임감 있는 자율성을 가능하게 한다. 스미스는 정의를 사회 질서를 유지하는 최소한의 규범이라고 보았다. 『도덕감정론』에서 정의는 "해야 할 의무"이며, 이를 위반하면 강제력이 정당화될 수 있다고 한다. 하지만 자선, 친절, 용서는 '해야 하는 것'이 아니라 '하면 좋은 것'에 해당하는 도덕적 미덕으로 간주된다. 이런 구분은 자유를 단지 권리의 행사로 보지 않고, 의무와 미덕이 함께 작동하는 질서의 총체로 이해하게 만든다.

결국 아담 스미스에게 프리덤은 공감과 신중함, 내면의 도덕 질서가 뒷받침되는 자기조율의 상태이다. 그것은 공감, 자율, 절제의 삼위일체 위에 서 있다. 그는 감정과 이성이 대립하는 존재가 아니라, 도덕적 맥락 속에서 서로를 보완하는 체계로 인간을 이해했다. 이러한 인간관은 단지 시장의 주체로서가 아니라, 공정과 공감, 질서와 덕성의 윤리적 자유를 실현할 수 있는 존재로서의 인간을 전제하며, 이는 오늘날 우리가 다시 사유해야 할 프리덤의 중요한 윤리적 기초가 된다.

임마누엘 칸트는 실천 이성과 자율의 자유를 주장했다. 칸트는 인간을 이성적 존재로 규정하면서도, 자유는 단순한 감정이나 경험의 산물로 보지 않고 도덕법칙에 스스로 복종하는 자율성(autonomy)이라고 정의했다. 『순수이성비판』에서 인간의 인식이 감성과 범주화 능력인 오성을 거쳐 형성되며, 이성은 실천적 영역에서 도덕 원칙을 수립한다고 설명한다. 『실천이성비판』과 『도덕형이상학 정초』에서 인간 인식과 도덕의 근거를 철저히 초월철학적(transcendental) 방식으로 탐구했으며, 자유는 경험을 넘어선 이성의 자율성이라는 새로운 개념으로 제시된다.** 그는 인간의 자유를 자연적 충동이 아닌, 이성이 부여한 보편적 법칙에 따라 행동하는 능력으로 본다. 자유는 단순한 선택이 아니라, 내면에서 자율적으로 입법하고 실천하는 도덕

---

*Adam Smith, The Theory of Moral Sentiments, Alex. Murray & Son, 1869, part III, ch II, p.102.
**임마누엘 칸트, 도덕형이상학 정초, 실천이성비판, 김석수 김종국 옮김, 한길사, 2019.

적 행위자의 자격이다. 칸트에게 자유는 법적 권리보다 도덕적 자기 제어의 문제이기에 "자유는 곧 의무다"라는 표현으로 귀결된다.

그는 인간 인식이 단순히 외부 세계를 수동적으로 받아들이는 것이 아니라, 우리의 의식이 대상을 구성한다고 했다. 세계는 우리 인식 밖에 '그 자체로 존재하는 것(Sache an sich)'이지만, 우리가 인식하는 세계는 시간과 공간, 범주라는 선험적 구조에 의해 형성된다. 이러한 초월철학적 탐구 과정에서 칸트는 선험적 감성론과 선험적 논리학의 요소를 분석하며, 인간 인식의 보편성과 객관성을 정당화했다. 그는 진술의 성격을 선험적, 후험적 명제와 분석적, 종합적 명제로 구분했다. 선험적 명제는 '7+5=12'처럼 항상 참이고, 후험적 명제는 우연히 참이 되는 경우다. 분석적 명제는 '모든 총각은 미혼이다'처럼 개념 내부에서 이미 포함된 것을 드러내는 판단이다. 지식이 아니고 설명하는 것뿐이다. 종합적 명제는 '이 탁자는 갈색이다'처럼 개념을 넘어 새로운 정보를 덧붙이는 판단이다. 선험적 종합 명제는 '7+5=12'처럼 경험에 앞서 보편적이고 필연적인 종합 판단이고, 과학과 수학이 가능한 이유는 선험적 종합 판단 덕분 때문이다.

이러한 인식 구조는 도덕 영역에서도 그대로 적용된다. 『실천이성비판』에서 인간은 외부의 조건이나 감정에 휘둘리지 않고, 자신 안의 도덕법칙에 따라 자율적으로 행동할 수 있는 존재라고 보았다. "네 행위가 언제나 보편적 법칙이 될 수 있도록 행위하라"는 정언명령(categorical imperative)으로 제시되며, 이는 인간이 스스로 입법하는 이성적 존재임을 뜻한다.

여기서 자유는 자기 입법에 복종하는 자율성이다. 이는 홉스나 루소처럼 사회적 계약을 통한 외재적 자유 개념과는 구분되며, 감정적 쾌락이나 외적 보상에 의해 동기화되는 공리적인 행동도 자유로 보지 않는다. 오직 이성이 명령하는 도덕 법칙에 순응할 때, 인간은 비로소 진정한 의미의 자유로운 존재가 된다고 본 것이다.

『판단력 비판』에서는 이러한 자유가 미학과 목적론의 영역으로 확장된다. 미를 보는 판단을 쾌-불쾌의 감정이 아닌 보편적 정당성을 갖는 판단이라 보며, 미의 감상은 보편성을 요구하는 '무관심한 즐거움' 이라고 정의했다. 이 판단은 자유로운 이성의 조화를 보여주며, 주관적 목적성과 도덕 감수성이 연결되는 구조를 나타낸다.

칸트는 순수이성의 한계 또한 인정했다. 형이상학의 오래된 질문들, 즉 신(God), 영혼(Soul), 사후 세계(Afterlife)에 대해 초월철학적(transcendental) 방식으로 탐구하여 설명한다. 『순수이성비판』에서는 이 세 개념을 이성의 이념(Ideen der Vernunft)으로 분류하며, 인간 이성이 필연적으로 추구하지만 결코 경험적으로 인식할 수 없는 초재적(transcendent) 개념들이라 했다. 하지만 『실천이성비판』에서는 이러한 이념들이 도덕적 실천을 위한 필수 조건으로 요청된다고 한다. 인간이 도덕적 법칙에 따라 행동하려면, 자유로운 의지, 영혼의 지속성, 그리고 최고선(Summum Bonum)의 조화를 보장하는 신의 존재가 가정되어야 한다. 칸트는 이를 "도덕적 신존재론(Moralischer Gottesbeweis)"이라 부르며, "신은 알 수는 없지만, 도덕을 위해 마땅히 존재해야 한다"고 주장한다. 신은 선험적 종합 판단의 한계 너머에 있는 이념(Idee)이며, 영혼도 이념이면서 순수이성으로는 인식이 되지 않는 '나는 누구인가?' 에 대한 존재론적 전제라고 했다. 사후 세계는 형이상학적 이념으로서 인식은 불가능하나 도덕적 삶의 가정으로 요구된다. 우주의 기원(origin of the universe)은 이성의 안티노미(Antinomie)로서 우주의 시작과 무한성은 둘 다 이성의 모순에 빠진다 했다. 이러한 구조에서 신, 영혼, 사후세계는 존재를 증명할 수 없는 대상이지만, 도덕법칙의 실천을 가능하게 하는 형이상학적 전제로서 프리덤의 윤리적 구조에 깊이 뿌리내린다. 이는 자유를 단지 현세의 선택이 아니라, 도덕적 책임과 궁극적 질서의 연계 속에서 사유하는 철학적 확장으로 이어지게 한다.

결국 칸트는 인간을 단순히 경험의 수용자가 아니라, 도덕과 미를 판단하고 구성할 수 있는 능동적 존재로 설정했다. 자유는 이러한 능동성과 자기 입법성의 총체이며, 이는 도덕적 프리덤의 핵심 철학적 근거가 된다. 프리덤이 감정과 관계, 공동체적 규범에서 출발할 수 있지만, 그 질서와 방향을 구성하는 이성의 형식이 없다면, 도덕은 제도로 전환될 수 없다. 칸트는 도덕 질서의 구조와 정당성을 이성적 자유의 이름으로 제시하여 흄이나 스미스와는 질적인 차이를 보였다.

　프리드리히 하이에크는 감각 질서와 질서 있는 자유를 주장했다. 그는 『감각적 질서(The Sensory Order)』에서 인간 인식과 질서의 문제를 심층적으로 다루며, 자유가 성립하기 위해서는 무엇보다도 인간 인식의 구조와 한계를 이해해야 한다고 했다. 그는 인간이 세계를 인식하고 행동하는 데 작동하는 세 가지 질서를 제시한다.* 물리적 질서(physical order)는 외부 세계에 존재하는 사물과 사건들의 구조이다. 그것은 독립적이고 객관적인 질서이지만, 인간은 그것을 직접 인식하지 못한다. 신경 질서(neural order)는 뇌 속에서 감각 자극이 처리되는 생물학적 메커니즘으로, 인간의 경험과 인식은 이 질서를 통해 중개된다. 현상적 질서(phenomenal order)는 인간이 주관적으로 경험하고 의식 속에서 질서를 부여하는 세계이다. 우리가 실제로 인식하고 판단하는 세계는 현상적 질서를 기반으로 형성된다. 인간은 외부 세계를 있는 그대로 인식하지 않으며, 뇌의 구조화된 정보처리 체계를 통해서만 상징적으로 구성된 세계를 경험한다. 즉, 인간의 자유란 도덕이나 법 이전에 인식의 구조적 전제조건(freedom as distributed cognition)에 기반한 행위의 선택 가능성이며, 이러한 질서 없이는 자유로운 판단과 행동도 불가능하다. 하이에크는 여기서 자유를 정보와 지식의 분산성에 따라 작동하는 질서적 과정으로 보았다. 그는 인간이 완전한 정보를 가질 수 없으며, 지식은 분산되어 있고, 감각은 개별적으로 조직된다고 보았다. 우리는 타인의 모든 계획과 판단, 행동을 알 수 없으며, 각 개인은 자신만의 제한된 정보와 신경 질서를 바탕으로 판단하고 선택한다. 이로 인해 그는 중앙집중적 계획보다, 분산된 지식에 의한 자생적 질서(spontaneous order)가 자유 사회의 핵심이라고 주장했다. 자유는 복잡한 사회적 질서와 제도 안에서 자율적으로 행동하는 조건이며, 그러한 조건 위에서 질서 있는 규칙과 관습이 자유를 보장한다고 믿었다. 자유란 정보의 균등이 아니라,

규칙 기반 질서 안에서 분산된 판단과 행동이 가능한 구조다. 이 논리는 정치철학적으로도 심대한 함의를 갖는다.

자유는 명령이나 규율에 의해 실현되는 것이 아니라, 개인이 자신의 인식적 질서 속에서 조정된 선택을 할 수 있도록 허용될 때에만 실현될 수 있다. 자유는 단지 법적 권리의 보장이 아니라, 인식의 자율성과 질서의 자생성이라는 인지적 조건에 근거한 사회적 질서다. 따라서 프리덤은 단순한 정치적 자유가 아니라, 인간 인식의 구조를 고려한 질서 있는 복잡성 속의 선택 가능성으로 이해된다. 이는 자유를 감정이나 권리로 환원하지 않고 인식론적 기반 위에서 재정립한 시도라 할 수 있다.

지금까지 흄, 스미스, 칸트, 하이에크의 인간 인식 구조와 도덕 감정, 이성의 자율성과 감각적 질서 등을 통해 프리덤의 기초를 규명했다. 이와 연결되는 현대철학의 중요한 흐름은 의식이 어떻게 세계를 구성하고 의미를 부여하는가를 탐구한 현상학과 언어철학이다. 후설, 헤겔, 비트겐슈타인의 사상을 통해 자유가 단지 권리나 의무의 문제가 아닌, 의미를 구성하는 의식과 규범 형성의 활동임을 알 수 있다.

독일의 철학자 에드문트 후설(Edmund Husserl 1859~1938)은 인간 의식을 '지향성(intentionality)'이라는 개념으로 설명한다. 의식은 결코 고립된 상태로 존재하지 않으며, 항상 어떤 대상에 향해 있는 구조를 가진다.[**] 모든 철학은 '지금 여기에' 주어지는 경험에서 "현상 그 자체로 돌아가라(zurück zu den Sachen selbst)"는 현상학의 구호를 통해, 우리가 세계를 인식한다는 것은 인간이 단순히 인식하는 존재가 아니라 의식이 세계에 의미를 부여하는 활동 주체라 한다. 자유도 이와 마찬가지로, 단지 주어진 조건에서 선택하는 것이 아니라, 자신의 삶과 행위에 의미를 구성하는 실존적

---

*프리드리히 하이에크, 감각적 질서 – 이론심리학의 기초, 민경국 옮김, 자유기업센터, 2000,
  2. 세가지 질서.
**박승억, 후설 & 하이데거, 김영사, 2007.

행위로 이해된다. 후설에게 자유는 단순히 외재적 조건이 아니라, 어떤 의미를 부여하며 살아가는 행위자의 의식에 대한 자기반성과 구성적 활동의 구조 속에서 성립하는 가치다.

헤겔은 자유를 역사적·사회적 과정 속에서 실현되는 의식의 자기 변증으로 이해했다. 그는 의식은 세계를 인식하는 것이 아니라, 세계와 상호 작용하며 자기 자신을 구성하고 변화시킨다고 보았다.

자유는 주어진 상태가 아니라, 주체가 타자와의 '인정투쟁', 즉 상호인정을 통해 사회적 제도와 윤리적 삶 속에서 성취해 나가는 자기실현의 과정이다. 자유는 단지 규칙을 따르는 개인의 행위가 아니라, 사회적 관계 속에서 성립하는 규범의 자기 발전이며, 이는 프리덤이 공동체적 윤리 속에서 정당화될 수 있는 철학적 기반을 뒷받침한다.

비트겐슈타인은 전기에는 세계의 본질을 언어의 논리적 구조로 설명했지만, 후기에는 언어의 의미는 그 단어의 정의가 아니라 사용되는 삶의 맥락(language game) 속에서 형성된다고 했다. 그의 통찰은 자유 또한 고정된 개념이 아니라, 언어와 규범, 행위의 관습이 어우러진 생활양식 속에서 구성되는 의미 체계임을 시사한다.

자유는 우리가 쓰는 언어, 공유된 규칙, 그리고 사회적 실천 속에서만 의미를 가진다. 그의 화용론(話用論 pragmatics)은 언어를 행위로 보는 것이다.* 따라서 자유란 개인의 내적 의지만이 아니라 공동체 안에서 규칙을 따르고 그것을 이해할 수 있는 능력이라 할 수 있다.

이 세 사상가는 자유를 단지 선택의 문제나 규범의 수용이 아니라, 의식이 어떻게 의미를 구성하며, 그 구성 속에서 주체가 어떻게 윤리적 정체성을 획득하는가의 문제로 확장한다. 후설은 의미 구성의 구조로서, 헤겔은 역사적 변증법으로서, 비트겐슈타인은 언어적 실천으로서 자유를 바라본다. 이들의 사상은 자유가 단지 제도적 보장이나 감정적 공감에 머무르지 않고, 의미를 구성하는 주체의 실천과 공동체적 언어 게임 속에서 형성되는 다층적 프리덤의 구조임을 보여준다.

20세기 중후반에 들어서면서 자유를 리버티보다 프리덤 시각으로 바라보는 현대 철학자들이 등장하였다. 찰스 테일러는 공감의 문화적 기초에 입각하여 프리덤을 설명하였다. 인간은 '자기 해석적 존재(self-interpreting beings)'이며, 도덕은 객관적 실체가 아니라 문화와 역사적 맥락 속에서 의미를 부여받는 구조라고 했다. 자연법이나 보편 윤리가 있다 하더라도, 인간이 그것을 어떻게 인식하고 해석하느냐에 따라 다르게 수용된다는 것이다. 그는 자유를 단순한 권리나 개인의 자율성으로 환원하는 근대적 이해에 의문을 제기하고, 제도와 공동체적 윤리 속에서 실현되는 도덕적 조건으로 본다.** 헤겔이 "윤리적 삶(Sittlichkeit)"이라 불렀던 것은 가족, 시민사회, 국가 등 사회적 틀이 인간의 자유를 억제하는 것이 아니라, 오히려 자유의 실현을 위한 조건이라는 주장이다.

테일러는 리버티가 절차적 권리로 승화되면서 도덕성과 공동체의 요구를 외면한 현대 자유주의의 구조적 한계를 지적하며, 리버티는 권리와 자율성에 초점을 맞추지만, 프리덤은 공동체의 윤리와 책임 속에서 실현되어야 한다고 했다. 그는 자유의 철학이 공동체와 도덕을 제거해서는 안 된다는 점을 분명히 하며, 프리덤이 단순히 리버티에 대항하는 개념이 아니라, 더 깊이 있고 지속 가능한 자유의 형식임을 설득력 있게 보여준다.

퍼트넘은 도덕은 감각과 이성의 교차점이라는 논지를 강화했다. 20세기 과학철학은, 논리실증주의의 영향 이후로 사실과 가치 이분법의 문제를 의도적으로 회피하거나 이미 해결된 것으로 간주해왔다.

그는 이것을 철학적 정직성의 결여이며, 실제로는 해결되지 않은 문제를 방치한 것이라고 했다. 오늘날까지도 과학철학이 가치 판단의 문제를 진지하게 다루지 않으며, 오히려 '과학적'이라는 이름 아래 그 논의를 배

---

*박병철, 비트겐슈타인 철학으로의 초대, 필로소픽, 2014.
**찰스 테일러, 헤겔과 현대 사회, 박찬국 옮김, 세창출판사, 2024, 제3장 자유의 문제.

제하는 경향을 유지한다고 했다.* 사실과 가치는 분리될 수 없고, 가치 판단 역시 인식과정에 내재되어 있다고 한다. 그는 자연법이든 도덕 원칙이든 인식에서 분리된 추상체로 존재할 수 없으며, 실천과 판단의 구조 속에서 작동함을 강조했다.

영국의 보수주의 정치철학자 로저 스크러턴(Roger Scruton 1944~2020)은 자유는 제도와 질서, 책임이라는 도덕적 전통 위에서만 지속 가능한 것으로 보았다. 자유는 관계를 맺고 약속을 지키는 존재로서의 인간에게 주어지는 미덕이며, 공동체, 전통, 법은 자유를 억압하는 것이 아니라 자유를 가능하게 하는 조건이다. 또한 그는 정의를 사회적 신뢰와 덕성의 질서 속에서 형성되는 가치 판단으로 이해하며, 진정한 정의는 각자가 책임을 지고, 각자가 마땅히 받아야 할 것을 누릴 수 있도록 사회가 구조화되는 것이라고 본다. 따라서 "자유는 자기를 부인할 수 있는 능력이며, 질서에 복속할 수 있는 차율"이기에 스크러턴은 '해방으로서의 리버티'가 오히려 인간을 고립시키고 파편화시킨다고 경고했다. 그의 자유는 리버티의 권리 주장이 아니라, 프리덤의 도덕적 자격 구조에 가깝다.

미국의 철학자 레오 스트라우스(Leo Strauss 1899~1973)는 현대 자유주의가 고전적 덕과 목적(telos)의 개념을 잃고 상대주의와 가치 허무주의에 빠졌다고 비판하며, 플라톤과 아리스토텔레스의 고전적 자유, 즉 이성과 덕을 통한 자기 완성의 자유를 복원할 것을 주장했다. 자유는 덕 있는 삶의 조건이지 단순한 선택의 권리가 아니며, "가치중립적 자유"를 주장한 리버럴리즘은 오히려 정치적 공동체를 약화시킨다고 했다. 스트라우스는 자유를 단순한 좋음으로 사유하는 시도는 결국 자유의 붕괴로 이어진다고 하며, 자유는 의무이고 도덕적 질서의 형식이라 한다.

마사 누스바움은 감성, 공감, 윤리의 통합을 보여주었다. 규칙이 만들어낸 도덕성과 사랑이 만들어낸 도덕성에는 차이가 있다. 불안이 신뢰와 사랑에 의해 구제되지 않은 세계에서 도덕성은 살아남지 못한다. 그녀는 개인이 정신적 고독에서 벗어나는 '이웃 사랑'이란 개념을 주장했다. 인간의 '역량

(capability)'은 단지 제도나 법률로 주어지는 것이 아니라, 공감과 감정적 소통에 기반해 실현된다. 인간의 도덕 판단과 자유는 정서적 이해와 사회적 관계 안에서 실현된다는 점을 통해 자연법의 적용 또한 감정적 수용성과 연결된다고 했다. 자유를 단지 권리와 자율성의 문제로 보지 않고, 공감과 상상력, 감정의 도덕적 역할 속에서 재정의한다. 그녀는 정치와 도덕이 지닌 감정적 기반을 회복하여, 프리덤의 공동체적 기초를 다지는 철학적 기반이 되어야 한다고 했다. 프리덤은 단순히 제도적 선택이 아니라, 공감과 서사, 미적 상상력 속에서 실현되는 공동체적 자유다. 프리덤을 삶의 감정적 구조와 도덕적 정서의 교차점에서 재정의하며, 인간이 왜 도덕적으로 연결되고 싶은 존재인지를 설명한다. 그녀는 '왜 자유가 공동체와 감정, 상호 이해를 필요로 하는가?' 라는 질문에 철학적 해답을 제시하여, 감정 없는 이성이나 상상력 없는 규범을 경계하는 프리덤의 철학으로 확장하게 된다. 모차르트의 오페라 『피가로의 결혼』 3막에서 백작 부인과 그녀의 시종인 수잔나가 부르는 『편지의 이중창』을 듣고 그 아주 짧은 순간, 영화 『쇼생크 탈출』의 모든 사람은 자유를 느낀다. 고되고 힘든 죄수 생활에서 잠시 누리는 리버티의 자유였다. 그러나 누스바움은 일종의 내적 자유 같은 것, 즉 다른 사람의 통제로부터 벗어나고자 애쓰거나, 혹은 서로를 통제 안에 두려는 노력과는 완전히 다른 방식으로 위계질서에 대해 전혀 신경 쓰지 않는 영혼의 자유를 느꼈을 것이라 한다. 프리덤의 자유를 설명한 것이다. 스스로 평등을 가짐으로써 행복해지는 자유이며, 누가 자신보다 위에 있거나 아래에 있는지에 대해 신경 쓰지 않아도 되는 자유다. 백작 부인과 수잔나 간의 민주적 호혜성을 묘사했고 이를 위해서는 사랑이 필요하다는 것이다.** 일꾼들이 하루의 고된 농사일을 마치고 저녁 무렵 편안한 마음으로 귀가하는 그런 프리덤의 자유를 느낀 것이라고 할 수 있겠다.

*힐러리 퍼트남, 사실과 가치의 이분법을 넘어서, 노양진 번역, 서광사, 2010, 제8장 과학철학자들의 가치 회피.
**마사 누스바움, 정치적 감정, 박용준 역, 글항아리, 2019.

　사랑은 언제나 공감의 가장 본질적인 형식이지만, 그 사랑이 가족이나 인종, 민족, 종교와 같은 정체성에 기반할 때는 폐쇄성과 배제를 낳으며 쉽게 부패할 수 있다. 네그리와 하트는 『공통체』에서 "사랑이 가족이나 민족, 인종의 이름으로 호명될 때, 그것은 이미 파괴되기 시작한다"고 주장한다. 예컨대, 자식의 이익이 공동체의 이익과 대립되는 경우, 자식의 이름으로 반사회적 주장을 덕스러운 것인 양 하는 나르시시즘을 거침없이 보여주는 것이다. 공감의 사랑은 타자(alterity), 즉 나와 같지 않은 것, 나로 환원되지 않는 존재를 향한 열림이며, 월트 휘트먼이 노래한 낯선 사람에 대한 사랑, 니체의 차라투스트라가 말한 가장 먼 것에 대한 사랑, 성경이 명령한 이웃 사랑에 다름 아니다.* 따라서 공감의 프리덤이란, 타자에 대한 열림, 공통의 인간성을 향한 열망을 통해 이루어지는 자유이며, 정체성에 갇힌 사랑이 아니라, 낯선 이의 고통에 귀 기울이고, 그 고통을 나의 것처럼 느끼는 윤리적 자유이다.

　다양한 철학자들은 감정과 이성, 공감과 규범, 자율성과 질서라는 키워드를 통해 서로 다른 자유론의 풍경을 제시하지만, 공통적으로는 인간 인식의 한계와 가능성을 도덕의 출발점으로 본다는 점에서 만난다. 미국의 시어도어 루스벨트(Theodore Roosevelt 1858~1919) 26대 대통령은 1910.4 파리 소르본대학에서 "우리 같은 민주주의에서 시냇물이 발원지보다 더 높이 흘러가기를 기대해서는 안 된다. 보통의 남녀가 옳은 유형이 아니라면 여러분의 공인들도 옳은 유형이 아닐 것이다"라 했다. 이들의 자유론은 오늘날 우리가 자유를 단순한 해방이나 권리로 보지 않고, 공감과 공정이라는 도덕적 질서 안에서 실현되는 규범적 삶의 형식으로 새롭게 사유할 수 있게 한다. 감정과 이성, 질서와 자율이라는 긴장 속에서 프리덤은 도덕적 통합의 형식이며, 공동체 안에서 실현되는 선택의 가능성이다. 이처럼 프리덤은 단순한 권리가 아니라, 철학적으로 정당화 가능한 규범적 기반 위에서만 실현될 수 있는 도덕적 구조인 것이다.

*안토니오 네그리. 마이클 하트, 공통체, 정남영. 윤영광 옮김, 사월의책, 2014, 264~265쪽.

# 3. 마땅함으로서의 정의(正義)

정의라는 개념은 이 세상을 여러 사람들과 함께 살기 때문에 반드시 필요한 것이다. 정의는 인간 관습에서 나오는 것이다. 데이비드 흄은 자연이 인간 소망에 대해 불충분하게 대비할 때만 정의의 기원이 도출되며, 이 때 정의가 사회에 유용하다는 점을 증명하는 것은 불필요한 일이라 했다. 미신은 하찮고 쓸모없고 부담이 되지만 정의는 인간의 복리와 사회의 존재에 절대적으로 필요하다. 만약 이 세상에 나 혼자만 살고 있다면 정의라는 개념은 필요 없다. 그러나 만약 내가 결혼을 하고 자식들을 낳아서 가족들만 살아도 정의라는 개념이 필요할까? 필요하다. 인간 본성은 개인들의 연합 없이는 절대 존속할 수 없기 때문이다. 그렇기에 개인들이 연합하여 공동체를 구성하자면 정의와 형평의 규범은 반드시 존재해야 한다. 아이들 간에도 서로 크면서 분쟁이 발생한다. 짚신이 한 켤레 뿐인데 산 너머에 계시는 아버지에게 심부름을 가는 형이 신는다고, 집에 있는 동생이 나도 짚신을 달라고 조를 때 설득할 수 있는 명분이 올바름이다. 형은 돌멩이와 나무 가지 등을 헤치고 길을 다녀와야 하기에 짚신이 필요하니 형이 신는 것이 맞다고 납득될 수 있기 때문이다. 형이 가지는 것이 정의에 부합하는 것이다. 내가 밤낮을 제대로 자지도 못하고 고생하여 만든 알고리즘을 남이 슬쩍 훔쳐서 사용하면 안 된다. 고생해서 알고리즘을 만든 내가 사용하고 이익을 얻는 것이 마땅하다고 우리는 공감하기 때문이다.

모든 개인이 자유를 누리기 위해서는 그 한계를 정해주는 공동체의 정의가 있어야 한다. 자유가 추상적인 개념이 아니라 법, 제도, 권력관계에서 주어지거나 제한되고, 자유가 충돌할 경우 어떤 자유를 우선해야 할지에 대한 우선순위와 정당성의 기준이 필요하기 때문이다. 정의는 공동체와 인간 유대를 목적으로 하는 것이다. 지금부터는 단순히 자유와 정의의 일반론을 논하는 것이 아니라, 공감의 프리덤을 개인이 누릴 수 있는 기준을 제공하는 정의는 어떤 것이어야 하는지를 살펴보기로 한다.

## 가. 정의는 자격

정의의 기원 문제는 사회의 기원 문제로 변형되고 이 문제는 인류의 기원 문제로 이어진다. 인류 역사는 돌고 돌아 18세기 계몽주의 시대에 이르러서야 개인이 평등하다는 정치적인 주장이 나왔지만, 이미 오래 전에 존재했던 '사냥꾼-채집자 사회(LPA, Late Pleistocene Appropriate)'는 어느 한 사람이 좌지우지하지 못하는 대단히 평등주의적인 사회였다. 45,000년 전 4~7개의 가족으로 구성된 서로 협력하는 무리로 사회가 구성되었을 때, 이들은 욕구와 필요에 의해서만 추동되는 자연 상태였다.* 무리 사회는 각자 맡은 바 소임을 수행해야 생존할 수 있었기에, 각자는 공통의 지반에 입각하여 사회적으로 공유된 규범적 기준으로 생각되는 "역할 이상(role ideal)"에 따라야 했다. 마이클 토마셀로는 『도덕의 기원』에서 파트너들 사이에 역할 이상에 따른 상호 존중이라는 자타 등가성(self-other equivalence)에 기초한 '상호 의존 가설'을 주장했다. 무리 사회 속에 있는 나는 인식이 있지만 자아를 지각하지는 못한다. 나 또한 다른 이들에게 타자이고, 다른 이역시 나처럼 1인칭이라는 것을 내가 인식하여야 했다. 사실 지구에서 오직인간만이 타인에 대해 2인칭인 '당신'이 될 수 있다. '나'를 '우리'에 종속시킴으로써 자연적인 "2인칭 도덕(natural second-personal morality)"이대두된다. 역할 이상에 충실하면 좋은 평판을 가지게 되고 그러한 개인은무리에서 선호된 반면, 약빠르게 활동하는 무임승차자(free rider)들은 처벌받았을 것이다. 나와 너가 상호 존중과 인정을 통해 합당한 자격을 갖게 되고, 이것이 협력적 정체성과 개인적 정체성의 필수적인 일부가 되어 객관적도덕을 구성하게 된다. 도덕적 규범의 힘은 궁극적으로 '나-너' 2인칭 관계아래에서 나오는 것이다. 무리 사회에서 그러한 행동들이 모이고 쌓여 자연스럽게 관습이 되고 객관적인 도덕이 되었다. 주어진 역할 이상을 수행함으로써 우리 집단에 속한 사람은 모두 존중과 자원을 동등하게 받을 자격이있게 된다.** 키케로는 인간에게 부여된 역할을 네 가지로 구분하였는데,모든 인간에게 공통된 역할, 둘째, 각자에게 고유하게 부여된 역할, 셋째,우연이나 상황이 부과한 역할, 넷째, 자신의 판단에 따라 자신에게 부여한역할이다.*** 이들은 모두 역할 이상으로 설명될 수 있는 것이다. 인간의유전자는 이기적이라고 하지만 단순한 협력 이상의 이타적 감정도 형성된다. 인간은 전략적 계산 없이 타인 복지에 진정으로 관심을 가지고, 남이 목표에 도달하도록 돕고, 공정하게 자원을 나눠 가지며, 공동 헌신을 하면서때로는 그것을 어기겠다는 허락을 구하고, 우리 또는 집단의 이익을 위해행동하며, 집단 중심적 동기에 근거하여 제3자에게 사회규범을 강제하고,이기적인 계산에서 나오지 않는 진정으로 도덕적인 감정을 갖는다.****

*크리스토퍼 보엠, 도덕의 탄생, 김아림 역, 리얼부커스, 2019, 4장 우리들의 직접적인 조상에
  대해 알기.
**마이클 토마셀로, ibid., 4장 객관적 도덕.
***키케로, 의무론, 임성진 옮김, 아카넷, 2024, 80~85쪽.
****마이클 토마셀로, ibid., 결론.

러시아 출생 미국의 작가 아인 랜드(Ayn Rand 1905~1982)는 모든 인간에게 자신이 곧 목표이며 이기주의는 선이기에 사람은 합리적인 자기 이익을 추구해야 한다고 "윤리적 이기주의(ethical egoism)"를 주장한다. 자신이 옳다고 느끼는 욕망이면 무엇이든 충족시킬 자격을 누리고, 모든 욕망은 도덕적으로 똑같이 타당성을 지니며, 사람들이 함께 어울려 지낼 수 있는 유일한 길은 모든 것에 굴복하면서 모든 사람과 타협하는 것이라 했다.*

아인 랜드의 주장은 제5장 리버티 승리의 파생물일 뿐이다. 마땅함이라는 자격을 가지기 위해서는 단지 출생만으로, 단지 욕망만으로는 충분치 않다. 합당한 자격은 공동의 가치를 존중하고 개인의 노력이 있을 때 획득할 수 있는 것이다.

정의는 선하고 부정의는 악하다는 것은 전적으로 인간의 행위와 결정에 기인한다. 정의는 보은의 개념과 유사하다. 인간에게 은혜를 갚으려는 자연적 충동이 있고, 은혜에 대한 보답은 하나의 의무이고 보답하지 않는 것은 비난받을 만한 일이다. 사람은 자신의 노력에 비례하여 응분의 보상을 받아야 한다는 명제를 수용한다. 자발적 행동에 의하여 의도적으로 행한 봉사의 가치에 비례하여 보상받는 것에 만족한다.** 마이클 왈쩌는 상이한 가치들은 상이한 분배 원칙에 따라 상이한 주체에 의해 분배되어야 한다는 다원적 평등(complex equality)을 주장하면서, 자유 교환, 응분의 몫 그리고 필요라는 세 가지 분배 원칙을 제시했다.*** 자유 교환은 시장에 의한 배분이고, 필요는 공산주의 사회 최고단계인 '각자는 능력에 따라 일하고 필요에 따라 배분한다' 는 의미이나, 마땅함으로서의 정의는 '각자에게 응분의 몫을' 배분한다는 개념과 유사하다.

공정이나 형평 개념은 정의 개념과 구별된다. 형평은 엄밀한 정의와 대조를 이루고 흔히 충돌한다. 정의는 개인들에게 좋음이나 해악을 할당하는 일반적 규칙의 준수나 집행의 불편부당이다. 응분에 대한 보답은 제공된 이익에 비례해야 하는지, 아니면 기울인 노력에 비례해야 하는지를 물어야 한다. 역할 이상을 따른다면 후자가 되어야 할 것이다.

정의의 최종 판단자는 공동체가 아니라 개인의 양심이다. 공동체는 정의를 법과 제도로 규정하려 하지만, 궁극적으로 그 정의가 진실한 것이었는가를 판단하는 주체는 각 개인의 양심이다. 양심이란 사람의 행동과 동기의 도덕적 특성을 파악해 그것이 도덕률에 일치하도록 명령하는 능력이다.**** 도덕은 일원적으로 이해된 불가침적 개인의 양심이 준거가 된다. 개인적이고 사적인 사안으로서 개인들 간의 공감에 의해 객관적 도덕이 형성되는 것이다. 그러므로 사회적 양심이란 없다. 양심은 식량, 권력, 성을 비롯해 자기에게 필요한 모든 것에 대해 이기적인 욕심의 균형을 잡는 정교한 결정을 하도록 한다. 양심은 쓸모 있는 사회적 결정을 하고 부정적인 사회적 결과를 피하도록 직접 촉진한다.*****

정의의 여신은 안대를 하고 저울을 들고 있다. 안대를 한다는 것은 정의의 판단을 내려야 할 대상이 누구인지를 따로 고려하지 않는다는 의지의 표현이다. 정의의 원칙은 사회 어느 구성원도 합당하게 거부할 수 없는 원칙들이어야 한다. 인간은 상호 연줄로 연계되기에 정의의 판단을 내리는 자와 받는 자의 관계가 정의의 판단에 영향을 줄 수 있다. 따라서 법원도 기피 신청을 할 수 있게 되어 있고, 부모와 자식 간의 관계에서는 형사처벌을 면하는 경우도 있다. 저울을 들고 있다는 것은 무게를 재어 비교한다는 의미다. 단순히 숫자가 많은 쪽이 무거울 것이라고 보는 것이 자연의 법칙이지만, 숫자가 작더라도 실질적인 비중이 높은 경우도 있다. 돌덩어리 하나에 벼이삭을 10개 놓아본들 결과는 뻔한 것 아닌가. 결국 사안의 비중도 따지겠다는 의미이다. 이것은 민주주의의 다수결 원칙에 큰 교훈을 주게 된다.


*아인 랜드, 이기심의 미덕, 정명진 역, 부글북스, 2017, 1장 객관주의 윤리.
**헨리 시지윅, 윤리학의 방법, 강준호 역, 아카넷, 2018.
***마이클 왈쩌, 정의와 다원적 평등, 정원섭 외 역, 철학과현실사, 1999, 1장 다원적 평등
****러셀 커크, 지적인 사람들을 위한 보수주의 안내서, 이재학 역, 지식노마드, 2019, 3장
    양심.
*****크리스토퍼 보엠, 양심의 탄생, 김아림 역, 리얼부커스, 2019.

규범적인 정의론이 있어야 현실에서 불거져 나오는 각종 편견, 억지, 사리사익에 대한 주장을 합리적으로 구별해낼 수 있다. 자연권과 정의는 진실로 존재해야 하며 '모든 곳에서 같은 위력을 지녀야' 한다. 정의는 모든 사람이 잘 행할 수 있는 것을 행하게 할 수 있으며, 잘 사용할 수 있는 것을 소유하게 할 수 있는 사회에서만 존재한다. 정의는 그러한 사회의 구성원 자격과 사회에 대한 헌신과 동일하다. 정의로 이어지는 편의, 더 정확히 말해서 필요에 대한 고려들은 매우 보편적이고 어디서나 동일한 규칙들을 지시하므로, 부정의를 비난하는 습관은 모든 사회에서 생긴다. 비례성의 원칙은 공정함과 적합함이란 무엇인가를 판단하는 역할을 한다. 정의로움은 분노에서 비롯될 수 없다는 것은 분명하다. 분노는 기껏해야 우리들이 충분히 의도하고 있는 것을 확인시킬 뿐이지, 우리들이 옳다는 것을 증명하지는 않는다. 욕구의 강도나 확신의 강도도 정의 문제가 생기는 경우에는 관련이 없다. 흄은 유용성이 신의, 정의, 정직, 진실성 그리고 여타 존경할 만하고 쓸모 있는 성질과 원리에 대한 도덕적 승인의 유일한 원천이라 했다.* 공익과 효용은 관련 당사자들 사이에 옳고 그름의 기준을 낳는다. 아케메네스 제국을 창건한 키루스 2세(Cyrus the Great)는 몸집이 큰 소년이 몸집이 작은 소년이 입고 있는 긴 코트를 빼앗아 자신이 입고, 자신의 짧은 코트를 몸집이 작은 소년에게 준 것을 재판하면서 모두에게 좋다고 판결했다. 그러나 그의 스승은 몸집이 큰 아이가 강제로 몸집이 작은 아이의 의사에 반해서 옷을 빼앗은 것 자체가 잘못된 것이라고 했다. 제한된 적합성이나 편의만 볼 것이 아니라 사회 전반의 평화와 질서 유지에 필요한 일반적이고 불변하는 규칙이 더 중요하다는 것이다. 이 이야기는 공리주의와 소유권, 정의와 효용 사이의 긴장을 상징적으로 보여주는 고사이다. 키루스 2세는 벤담이나 밀과 유사하고, 그의 스승은 플라톤이나 칸트에 가깝다. 아마르티아 센은 피리를 누가 가질 것인가를 피리 연주가 가능한 사람이라는 공리주의, 제일 가난한 사람이라는 경제평등주의, 피리를 만든 사람이라는 자유의지론자 간의 배분 사례를 들었다.** 롤스는 보편적인 정의, 영원의 상에서 바라본 정의는 없다며, 정의는 다양하게 나타나고 적용 시점에 따라 상이한 평가가 가능하기에 정의는 한계를 가진다고 했다.*****

정의는 자유를 실현하기 위한 전제이자 조건이다. 그러나 정의가 리버티, 즉 권리 중심의 개인주의적 자유를 정당화하는 방식으로 작동한다면 프리덤은 오히려 위협받게 된다. 따라서 우리는 프리덤을 위한 정의를 다시 고민해야 한다. 프리덤의 정의는 분배적 정의가 아니라, '마땅함으로서의 정의(justice as deserveness)' 즉 프리덤을 실현하기 위해 인간이 따라야 할 질서의 규범적 이름이다. 마땅함으로서의 의(宜)가 정(正)을 보정해주어야 한다.****** 프리덤은 외적 간섭이 없는 상태나 혼자의 자유가 아니라, 관계 속에서 실현되는 '나너자유'다. 도덕적 질서에 따른 실천의 자유, 즉 공동체 속에서 책임 있게 살아갈 자유다. 공감 없는 정의는 존재하지 않는다. 그렇다면 이 자유가 유지되기 위해선 모두가 따라야 할 규범적 기준이 존재해야 하며, 그 기준을 형성하고 유지하는 것이 바로 정의다. 정의에 대해 자연은 무관심하고, 인간의 욕심은 죄의 대가로 초래된 것이 아니라 자연의 인색함 때문임을 알게 된다. 범죄에는 치루어야 할 대가가 따르기 마련이고 사악한 자는 당연히 고통 받을 것이라는 희망이 없기에, 인간은 스스로를 돌보아야 한다는 것을 깨닫는 것이다.

따라서 정의는 분배의 기준이 아니라, 덕목의 기준이어야 한다. 분배론적 정의론은 원자론적이고 정태적인 사회존재론을 전제로 한다. 복지 자본주의 사회의 정의론은 국가와 개인의 관계를 소비자 지향적인 수동적 관계로 바꾸는 데 성공하고 안주한다. 재화, 서비스, 소득 분배에 관한 정의론을 주장하면서, 개인이 어떻게 살아야 하는지에 대한 선에 관한 것을 의도적으로

---

* 데이비드 흄, 도덕 원리에 관한 탐구, 강준호 역, 아카넷, 2022, 9절 결론.
** 아마르티아 센, 정의의 아이디어, 이규원 역, 지식의날개, 2019, 서장 정의에의 접근.
*** 마이클 샌델, 정의의 한계, 이양수 역, 멜론, 2012.
**** 아리스토텔레스, 니코마코스 윤리학, 전영우 역, 대원사, 2018, 5권 정의.

논의에서 배제하는 정의론은 자유민주주의의 발전을 저해한다. 동등한 정의는 진정으로 자연적 권리이지만, 동등한 배당금은 전혀 권리가 아니다. 자연의 법칙, 다시 말해 인간이 문명에서 획득하는 자연에는 개인적인 힘이나 장점을 고려하지 않은 재화의 나눔이라는 조항은 없다.* 앞에서 살펴본 바와 같이 근대 서구 정치사상은 정의의 영역을 개인이 자기 자신만을 생각하고 행동하도록 좁혀 버렸다. 개인을 타자와 독립된 주체로서 해방시켜 최소한으로만 간섭받도록 하고, 정의는 재화, 서비스, 소득 등 분배의 문제들만 논의해야 할 개념으로 규정지었기 때문이다.

노직의 『자유주의의 정의론』은 과정의 정의론이다. 정당하게 권리 자격을 가지는 소유물에서 시작하여 매매, 증여, 상속, 결혼 등을 통해 자유롭고 정당하게 이전되는 것은 그 결과가 정의롭다는 것이다.** 권원 정의론(entitlement theory of justice)은 소유적 개인주의 사회존재론(possessively individualist social ontology)과 공유한다.*** 그의 정의론은 프루동(Pierre-Joseph Proudhon 1809~1865)이 "소유란 도둑질이다"라고 주장한 것과 상충된다. 매매와 증여를 역추적하다 보면 최초 점유자의 권리는 사물에 대한 현실적, 물리적, 효과적인 점유에서 나오는 권리라는 것이고,**** 그러한 권리의 인류 역사는 폭력과 약탈에 의해 이루어졌기 때문이다. 영국과 프랑스 간의 백년전쟁 등 군주제가 정상적으로 자리 잡히기까지의 역사를 보면, 전쟁이란 토지 등 재산 획득이라는 돈벌이 수단으로 이루어졌음을 알 수 있다. 뺏고 뺏기다 상황이 평화적으로 안정되면 점유 토지는 자신의 것이 되었고, 그 때부터 매매, 상속, 증여, 결혼 등으로 소유권이 이전되어 온 것이다. 따라서 노직의 정의론은 기득권을 옹호하는 것이다. 하지만 개인의 정당한 노력과 선택을 인정하는 점, 소유와 성취에 대한 외부 강제 개입을 부정하는 점은 자유주의 사회의 중요한 정의의 근거를 제시한다. 또한 그의 '최소국가(minimal state)'에서는 어느 누구의 권리도 침해되지 않기에 합법적이고 정당하다고 한다.

롤스의 정의론은 삶의 계획을 각 개인이 스스로 규정할 수 있게 하자는 것이다. 칸트와 마찬가지로 도덕적 판단은 구성되는 것이지 발견되는 것은 아니라고 본다. 그의 정의론은 정치적 감정을 본질적인 것으로 강력하게 시사한다. 참이라서 선택된 것이 아니라 널리 공유되기 때문에 선택된다는 의미이다. 각 개인은 사회 전체의 행복이라는 명목으로도 무시할 수 없는 정의에 입각한 불가침성을 갖기에 그의 정의는 중립적이다. 자유는 오직 자유를 위해서만 제한되어야 한다. 정의는 일반적으로 효율성보다 우선성을 가진다. 개인이 자신의 여건, 예컨대 사회적 지위, 피부색, 성(性), 부와 운, 지능, 체력, 가치관, 삶의 목적 등에 대해 "무지의 베일"을 쓴 "원초적 입장"이라는 가상의 상태에서 선택을 하게 된다면 공정한 규칙을 만들 것이라고 한다. 정의의 제1원칙은 "기본적 자유의 원칙(basic liberties principle)"으로 언론, 종교 등 기본적 자유를 평등하게 누리고, 제2원칙은 모든 직책과 지위에 대한 "기회균등의 원칙(equal opportunity principle)"과 사회 경제적 불평등은 사회에서 가장 불리한 사람이 최대 이익이 되는 "차등의 원칙(difference principle)"으로 구성된다.***** 그 후 롤스는 『정치적 자유주의』에서 합당한 다원주의로부터 "중첩적 합의(overlapping consensus)"의 가능성을 제시하여 민주사회의 안정성을 해결하는 보다 현실적인 정치적 정의관을 제시하였다.******실제 다양한 가치관과 신념을 가진 사람들이 자신의 철학적·종교적 신념에 기반해 공정성의 원칙을 서로 다르게 정당화하면서도, 결과적으로는 같은 정의 원칙을 지지하는 사회적 안정성의 조

<br><br>

* 러셀 커크, 지적인 사람들을 위한 보수주의 안내서, 이재학 역, 지식노마드, 2019,
** 로버트 노직, 자유주의의 정의론, 강성학 역, 대광문화사, 1991, 4. 자격이론.
*** 아이리스 영, 차이의 정치와 정의, 김도균, 조국 역, 모티브북, 2017, 78쪽.
**** 피에르 조제프 프루동, 소유란 무엇인가, 이용재 옮김, 아카넷, 2013, 제2장 자연권으로
　　 간주되는 소유에 대하여.
***** 존 롤스, 사회정의론, 황경식 역, 서광사, 1985, 제2장 정의의 원칙.
****** 존 롤스, 정치적 자유주의, 장동진 역, 동명사, 1998, 제2부 정치적 자유주의 : 세 가지
　　 주요 개념들.

건을 제시한 것이다. 그의 정의론은 정태적이다. 사회의 최소 수혜자가 그러한 처지에 이르게 된 것이 개인의 나태, 불법 등 자기 귀책사유에 해당할 때도 구제해 주어야 하는지, 설혹 구제해주었다 하더라도 시간이 흐름에 따라 다시 최악의 상태로 갈 때 또 다시 구제해야 하는 맹점이 있다. 최소 수혜자 이익을 우선시 하는 것은 모든 사람의 효용의 합계를 극대화하는 공리주의방식과 경쟁해야 할 수도 있다.

제6장 프리덤의 반격에서 살펴보았듯이 무지의 베일에서 선택은 도덕적으로 용납되지 않는 노예제를 옹호하게 된다는 점도 약점이다. 무엇보다 그는 좋은 삶은 다양하지만 옳은 삶은 동의가 있어야 하는 것이기에 옳음을 좋음에 양보하도록 하였다. 결과적으로 그의 판단중지(non-judgementalism) 정의관은 현대사회의 리버티 승리에 혁혁한 공을 세웠던 것이다.

노직은 취득과 이전이라는 권리의 우선성, 즉 과거를 중시하나 롤스는 과거는 불문하고 욕구 평등에 우선성을 두었다. 둘 다 개인주의적 자유주의에 기반했기에 인간 공동체에 대한 어떤 설명도 배제하고 있어, 그들의 정의에는 공히 덕이 존재하지 않는다.

롤스는 개인의 타고난 재능을 공동 소유로 간주하고 인격의 가치를 제도의 결과로 본다는 점에서 사회주의를 옹호하였고, 노직은 롤스의 정의론은 언제든지 개인의 자유를 침해할 수 있음을 지적했다.

드워킨은 모든 개인에 대한 "동등한 배려(equal concern)"를 정치공동체의 최고 덕목이라며 정의로 내세웠다. 단순한 결과 평등(result equality)을 목표로 하지 않고 각 개인에게 공정하게 자원을 분배하고, 이후 개인의 선택과 책임은 개인 스스로 부담하게 한다. 출발운은 평등하게 만들어 주되, 그 이후 삶의 결과는 각자의 선택운(option luck)과 노력에 맡긴다는 것이다.* 자신이 선택할 수 없는 천부적 운이라는 출발점을 동일하게 한다는 점에서 좌파적 분배 정의관이다.

아마르티아 센은 자유는 삶의 수단이 아닌 삶의 실제적 기회에 집중하는 역량접근(capability approach)을 제안하며 이는 자원접근보다 우월하다고 평가한다.** 그는 롤스처럼 완벽한 정의에만 주의하는 선험적 제도주의보다 실현 중심적인 비교론적 접근법을 주장했다. 각자의 조건과 필요에 따라 실제로 자유롭게 선택하고 달성할 수 있는 상태를 비교 평가하는 방식의 정의관이기에 분배적 정의관에 가깝다.

캐나다 정치학자 맥퍼슨(Crawford Brough Macpherson 1911~1987)은 개인의 생명, 자유의 기본적인 면책을 재산 소유권 모델에 따라 보고 이를 "소유적 개인주의(possessive individualism)"라 했다.***

"소유가 없는 곳에는 정의도 없다"는 주장이 자본주의적 사회관계의 탐욕적 가치를 인간 사회의 영원한 본질인 것처럼 만들어버렸다고 지적한다. 그의 지적은 분배론적 정의관에 유효하다. 대신 그는 타인의 자유를 해치지 않는 범위에서 개인의 자아실현이 가능한 공동체 질서를 주장하였는바, 이는 프리덤의 정의로 연결될 수 있다.

누스바움은 『시적 정의(Poetic Justice)』에서 문학 작품 속 인물들을 통해 타인의 입장을 상상하는 능력이 정의로운 판단의 출발점이 된다고 본다. 그녀는 경제학자들이 인간을 자기 이익만을 추구하는 합리적 존재로 전제하는 것에 반대하며, 타인의 고통을 느끼고 이해할 수 있는 감정적 능력, 즉 공감(sympathy, compassion)의 회복이 필요하다고 주장한다. 자유란 자기 이익의 추구가 아니라, 타인의 존재를 인식하고 그와의 관계를 윤리적으로 조직할 수 있는 능력에서 비롯된다는 것이다. 『정치적 감정(Political Emotions)』에서는 국가와 공동체가 제도나 법률이 아니라, 시민들의 감정적 유대를 통해 유지되는 상징 공동체임을 강조한다. 정의란 감정적으로 연결된 사람들이 함께 살아가기 위한 상상력의 실천이며, 단순히 이성에 의한 판단이 아니라, 감정과 이성이 결합된 도덕적 상상력의 산물이라 했다.

* 로널드 드워킨, 자유주의적 평등, 염수균 역, 한길사, 2005, 2장 자원의 평등.
** 아마르티아 센, 정의의 아이디어, 이규원 옮김, 지식의날개, 2019, 3부 정의의 재료.
*** 찰스 테일러, 자아의 원천들, 권기돈 하주영 역, 새물결, 2015, 11 내적 본성.

프리덤의 공동체 구성원으로서 함께 살아가는 사람들 간에 신, 자연, 이성, 초월적 기준에 의한 '온기 없는 정의'보다 구성원끼리 공감하는 정서를 기준으로 '따뜻한 정의'를 추구하려 한다면 누스바움의 시적 정의는 유용한 지침이 될 수 있다.

프리덤의 정의는 재화의 분배가 아니라 삶의 방식, 태도, 품격, 자격의 문제다. 정의란 자유의 경계가 아니라, 자유의 자격이며 그것은 공동체가 명령하는 규칙이 아니라, 내가 스스로 따르기로 결심한 덕목의 윤리적 구조다. 자유는 정의를 따를 때 비로소 실현되는 것이다. 버크의 자유는 정의와 항상 함께 한다. 법 아래의 자유, 한계가 뚜렷한 자유, 법률로 그 한계가 정해지는 자유다. 자유는 이성의 시대에 발견된 혁신적 내용이라서가 아니라 태고의 관례가 보장한, 아주 오래된 특권이라서 보호받아야 한다고 보았다.* 질서, 정의, 자유는 인간이 고안해낸 가장 인위적이고 섬세한 도구이며, 수많은 세대의 경험을 통해 인류가 천천히 고통스럽게 발전시켜 왔다. 그러므로 프리덤은 권리로 주어지는 것이 아니라, 내가 마땅히 따라야 할 덕목을 스스로 받아들이는 자기책임의 구조다. 따라서 정의는 외재적 명령이 아니라, 각 개인이 '이것이 옳다'고 느끼는 공감적·도덕적 자각에서 출발해야 한다. 공동체적 규율과 내면적 윤리가 일치될 때 비로소 진정한 정의가 되며, 자유도 그 속에서 의미를 갖는다. 정의란 과정과 관계를 중시해야 하며 그것은 고정된 것이 아니라 항상 변화하고, 그 변화에서 개인은 물론 인류 발전의 동인이 발생함을 인식해야 한다. 프리덤은 도덕적 실천이 가능한 존재만이 누릴 수 있는 자유이기에 정의는 덕목 없는 자유가 아니라, 덕목을 실현하기 위한 윤리적 질서다. 정의는 선과 관련된 것이지 선으로부터 독립되어 있지 않다. 따라서 구성원들이 공감, 책임, 진실, 명예, 상호존중 등의 덕목을 따르지 않으면, 그 자유는 공동체의 해체로 이어질 수 있다. 이때 정의는 단지 법과 권리에 의한 규율이 아니라, 프리덤의 덕목을 각자가 내면화하고 실천하도록 요구하는 윤리적 틀이 된다. 법적 정의는 제도와 규칙에 따른 권리·의무로서 최소한의 질서 유지를 수행하고, 도덕적 정의는 선함과 책임, 공감의 실천 의무이며, 윤리·관행적 정의는 습관화된 질서, 전통, 명예의 의무로서 공동체적 프리덤의 문화적 기반이 된다. 진정한 정의는 프리덤의 덕목을 존중하고 준수하는 방향으로 각 영역의 규율이 정렬될 때 성립한다. 전능하고 유일무이한 절대 정의는 없다. 그런 면에서 왈쩌의 다원적 정의가 작동할 수 있도록 제도적 구조를 구성해야 한다. 한 영역에서 우위를 차지한 개인이 다른 영역도 역시 지배할 수 있는 구조가 되어서는 안 된다. 지배적 재화(dominant goods)란 어떤 재화를 보유하면 자동적으로 다른 재화들도 보유하게 될 가능성 높은 것으로, 대표적인 것이 돈이며, 봉건제 때는 신분, 공산주의는 권력이라 할 수 있다. "마땅함으로서의 정의"는 각 영역에서 이를 구현할 수 있도록 제도적 설계를 하여야 한다.

## 나. 중립화 정의론
### (Justice for Neutralizing Not-chosen Factors)

하이데거의 "내던져진 상태(thrownness, Geworfenheit)"란 인간이 스스로 선택할 수 없는 조건 속에서 태어난 존재임을 설명한다. 예수도 '내가 하늘에서 내려온 것은 내 뜻을 행하려 함이 아니요 나를 보내신 이의 뜻을 행하려 함이니라'**라고 하여 타의에 의해 태어났음을 밝힌다. 인간은 특정 가족, 종족, 민족, 문화, 역사적 상황 등 자신이 선택하지 않은 배경 속에 내던져진 존재로 살아간다. 내던져짐은 인간이 자신을 초월하거나 완전히 통제할 수 없는 근본적 조건을 뜻한다. 샌델이 표현한 "연고 있는 자아(encumbered self)"로서, 초월계에 던져진 것이 아니라 이 땅 어딘가에 던져

---

*러셀 커크, 보수의 정신, 이재학 역, 지식노마드, 2018, 2 보수주의의 시조 : 에드먼드 버크.
**요한복음 6:38

졌다는 의미이다. 한편, 기투(projection, Entwurf)는 내던져진 상태 속에서도 인간이 미래를 향해 자신을 투사하고, 자신의 삶의 가능성을 창조해 나가는 능동적인 행위를 가리킨다. 즉, 인간은 주어진 조건 속에서도 스스로의 의지와 노력으로 방향을 설정하고, 존재의 의미를 창조해 나갈 수 있는 것이다. 자기 자신의 삶을 스스로 주도하는 것(self-direction)이 진정한 자유다. 따라서 정의란 주어진 환경에서 스스로의 의지와 선택으로 선을 달성해갈 수 있도록 뒷받침되어야 한다. 버나드 윌리엄스는 사실에 관한 판단은 비개인적이나, 실천적 판단은 언제나 나의 판단이기에 나의 행동은 나의 판단의 결과라 한다. 따라서 내 행동이 세상의 변화를 일으키는 원인이라 했다.[*] 그러나 나의 행동은 나의 능력과 욕망의 차이에서 비롯되는 한계가 있다. 이것들은 결코 평등할 수 없기에 우리는 사회적 불평등을 인정하고 받아들여야 한다. 신화적인 기독교의 평등과 철학적인 계몽주의 평등, 그리고 과학적인 마르크스주의 평등은 이미 불평등 해소에 한계를 보였다. 우리의 삶에서 경쟁은 필연적이다. 기원전 8세기 그리스의 시인 헤시오드(Hesiod)는 『일과 날들』(Works and Days)에서 삶의 경쟁(에리스ἔρις, '경쟁' 혹은 '불화의 여신')을 두 가지 종류로 소개했다. 피를 흘리는 전쟁으로 가는 파괴적인 경쟁과 진취적인 정신과 높은 성취를 낳는 건설적인 경쟁이다.[**] 후자의 경쟁은 필연적인 것으로, 개인은 물론 공동체의 발전과 진보에 유익한 경쟁으로 보아야 한다. 중립화정의론은 개인의 경쟁력을 자신이 선택한 요인(선택인, chosen factors)과 선택하지 않은 요인(비선택인, not-chosen factors)으로 구분한다. 전자는 개인이 던져진 시간과 공간 속에서 자신의 의지와 선택, 노력, 희생, 지능, 체력, 건강, 성실, 형성된 인적 네트워크 자원 등이며, 후자는 성(性), 피부색, 나이, 부모의 부, 핏줄, 선천성 장애, 고향 등이다. 비선택인(非選擇因)이 정의롭거나 부정의로운 것은 아니다.

중립화정의란 개인의 비선택인의 영향력을 중립화한 상태에서 선택인에 의해 취득한 정의의 자격이다. 고향이나 성별 등이 아니라 개인이 노력하고 희생하여 획득하고 갖춘 공적(功積, desert)과 능력(merit)에 근거해서 자격을 평가하는 정의론이다. 타고난 조건이나 사회적 편견에 의한 부당한 제한이나 차별을 금지하고, 실질적으로 노력하거나 준비한 자의 능력에 따른 정당한 기회를 보장하는 것이다. 정당하게 대우받고 마땅한 존중을 받는다면 결과에 만족할 것이다. 정의는 각자가 맡은 바 일을 하는 것, 즉 모든 문명화된 사회가 요구하는 위계질서에서 인간의 위치는 그의 비선택인이 아닌 그가 이룬 일의 특질로 결정되어야 한다. 핏줄 문제는 중립화정의론의 주된 대상이다. 사실 인류 역사의 대부분의 기간이 핏줄에 의한 '위치 지어짐'이었다. 1198년 고려시대 '만적의 난' 때 "왕과 귀족과 장군과 재상의 씨앗이 따로 있더냐(王侯將相寧有種乎 왕후장상영유종호) 때가 되면 누구든지 할 수 있다"라고 명분을 내세웠다. 1381년 영국에서 '와트 타일러의 난'이 일어났을 때 "아담이 밭을 갈고 이브가 길쌈할 때 누가 신사였나!"***를 외치며 신분제 폐지를 외쳤다. 20세기 들어서서도 나치와 공산당은 출생운인 핏줄에 의한 특권을 이어갔다. 나치의 고위직에 오르려면 조상 가계도를 따져 유대인의 피가 섞이지 않은 순수한 아리안 계통이어야 했고, 공산당 간부도 역시 가계도에 따라 순수한 프롤레타리아의 혈통이어야 고위직이 가능했다. 하지만 요즘은 귀족 세습이 엘리트 세습으로 변화되고 있다. 머리 좋고, 집안 좋고, 운 좋은 사람이 새로운 귀족층이 되고 있는 것이다. 능력주의에 따른 불평등은 능력주의 그 자체의 폐해라 한다.****

아도르노는 인간의 문제는 역사적으로 해결 불가능하다고 보았다. "무릇 있는 자는 받아 풍족하게 되고 없는 자는 그 있는 것까지 빼앗기리라"*****라는 "마태효과"는 사실이다. 중립화정의론은 결과를 인위적으로 조작하는 것이 아니다. 다만, 우리는 과정의 정의가 확보되었을 때 결과를

---

* 버나드 윌리엄스, ibid., 제1장 소크라테스의 질문
** 러셀 커크, 지적인 사람들을 위한 보수주의 안내서, 이재학 옮김, 지식노마드, 2019.
*** When Adam delved and Eve span, Who was then the gentleman?
**** 대니얼 마코비츠, 엘리트 세습, 서정아 역, 세종, 2020, 3부 새로운 귀족과 나머지의 사회.
***** 마태복음 25:29

겸허하게 수용할 수 있어야 한다. 개인이 국가공동체의 구성원으로서 프리덤을 누리려면 자격을 가져야 하는데 태어난 사실 자체로 무조건 가지는 것이 아니다. 국가공동체의 공통 가치를 존중하고 따를 때 비로소 정당한 자격을 가질 수 있다. 정의란 각자 정당한 몫에 부합하는 권리를 가지는 것이고 마땅히 받아야 할 것을 받게 하는 것이다.

그 마땅함은 오직 자신의 선택과 노력, 그리고 그에 따른 실적에서 확보된다. 자신의 땀과 희생, 노력, 헌신, 사교적 활동으로 얻은 결과와 게으름, 무관심, 둔함으로 얻은 결과의 차이를 인정하고 존중하는 것이다. 분배 결과를 인위적으로 평등하게 맞추는 것이 아니라, 각 개인이 스스로의 삶을 구성하고 노력한 결과에 따라 정당한 몫을 인정받는 사회질서를 받아들인다는 뜻이다. 따라서 마땅함으로서의 정의는 개인 별로 다르게 나타나는 비선택인에 따른 운을 중립화한다. 자신의 본성에 적합한 선택인, 즉 능력과 성실성에 따른 보상과 차별은 존중한다.

중립화정의론은 개인이 공적과 성과를 획득하는 데 비선택인이 영향을 미치지 않도록 제도를 구현하고자 한다. 현대 좌파 평등주의 철학자들과 이런 점에서는 일치하나, 그들은 개인의 선택 가능성과 책임보다 선택 이전의 구조적 불평등의 해소를 정의의 출발점으로 본다는 점에서 결정적인 차이가 존재한다. 비선택인에 대해 중립화정의론은 개인의 성취에 중립적인 영향을 미치도록 제도를 설계하고 운영하는 것이나, 현대 좌파 철학자들은 비자발적 운(brute luck)의 불평등을 국가가 적극 교정해야 한다는 주장이다.

현대 좌파 철학자들은 비자발적 운을 개인이 선택할 수 없고 통제할 수 없는, 우연한 외부 조건, 예컨대 출생, 유전자, 가정환경, 사고 등을 포함하는 개념으로 보나, 중립화정의론은 출생 시점에서의 부모의 조건 즉, 부모의 부, 계급, 인종 등이 미치는 운 등 비선택인으로 한정한다. 샌델은 좌파 철학자 중 상대적으로 약한 입장이지만, 그의 '공정한 실력주의'는 기회 평등을 넘어 사회적·문화적 불평등을 교정함으로써 자연적 자유에 깔려 있

| 구분 | 항목 | 내용 | 철학자 | 중립화정의론 | |
|---|---|---|---|---|---|
| | | | | 대상 | 구분 |
| 비자발적 운 (brute luck) | 출생 (Birth) | 부모의 사회경제적 지위, 국적, 인종, 성별, 나이 | 드워킨, 롤스 | ○ | 비선택인 (not-chosen factors) |
| | 유전자 (Genetics) | 지능, 외모, 체력, 유전력 등 생물학적 조건 | 롤스 (자연적 우연) | × | |
| | 가정환경 (Family background) | 양육방식, 교육 수준, 부모의 건강·심리 | 드워킨, 코헨 | ○ | |
| | 사고 및 질병 (Accidents and illness) | 불의의 사고, 조기 장애, 선천적 질병 | 일반적 | ○ | |
| | 사회·문화적 조건 (Cultural context) | 시대·문화· 정치체제 | 센 | × | |
| | 성정체성/성적지향 (Gender/sexual identity) | 차별받는 성 | 일반적 | ○ | |
| | 기회 접근성 (Access to opportunity) | 사회적 인맥, 지역, 정보 접근에서 차별 | 닐슨, 영 | × | |
| | 사회적 낙인 (Stigma and discrimination) | 피부색, 장애, 외모 편견과 구조적 차별 | 테일러 | ○ | |
| 자발적 운 | 선택운 (option luck) | 선택, 책임, 노력, 역할, 성실, 신중 | 일반적 | ○ | 선택인 (chosen factors) |

는 불의를 치유할 수 있는 자유주의 평등을 주장한다.* 그는 인격이 아닌 인격의 속성, 즉 유전자(genetics) 속성만이 타인의 복지 수단으로 간주된다고 한다. "나라기보다 내 것이고 내가 있기보다 내가 가진 것이다"라 하며, 유전자 속성의 소유 주체와 소유된 특성을 구분하는 것이다.** 영국만큼 편견이 고착화되고 순진한 곳도 없어서, 영국에서는 출생과 재산이 남성에게 직책을 부여하면 두뇌도 부여한다고 생각했다.*** 그러나 지능이나 유전적 역량은 자아의 구성요소가 아니라 인격의 속성이기에 인위적으로 부여되는 것이 아니다. 사회 문화적 걸림돌은 국가가 교정할 수 있지만 유전적 걸림돌은 개인의 일신전속적인 운이다. 나의 뛰어난 유전자 속성 때문에 내가 유능하고 유명해진 것임에도, 유전자 속성을 공적 소유로 중립화되어 버린다면 이미 나는 나가 아니게 된다. 따라서 유전자 속성은 개인의 자아와 분리될 수 있는 것이 아니다. 미국의 정치학자 존 로머(John Roemer 1945~)는 기회의 평등을 선천적 요인과 선택 요인으로 구분하여 접근하였고,**** 미국의 철학자 리처드 아네슨(Richard Arneson 1945~)은 개인의 선택 기반 결과는 존중하지만 기회의 평등 보장을 위한 보정은 반드시 필요하다는 입장이며,***** 캐나다의 정치철학자 제럴드 코헨(G. A. Cohen 1941~2009)은 선택 대 행운의 구분이 진정한 정의의 출발점이라고 주장하면서 '운 평등주의(luck egalitarianism)'를 내세운다.****** 아이리스 영은 어떤 삶의 방식을 택해야 하는지, 그리고 제도적 조건들만을 대상으로 정의를 논해야 한다고 했다. 불편부당성이 전부가 아니라 공적 공정성(public fairness)을 추구해야 한다는 것이다. 그녀는 인류 보편적인 가치를 두 가지로 표현했으니 자신의 역량을 계발, 행사하며 자신의 체험을 표현하는 것과, 자신이 어떤 행동을 할지와 자신이 행동하게 될 조건들을 결정하는 데 참여하는 것이라고 했다.******* 미국의 철학자 카이 닐슨(Kai Nielsen 1926~2021)은 능력주의(meritocracy)가 가능하려면 노력과 성취가 정의의 기준이 되되, 배경 불평등은 보정되어야 함을 주장했다.******** 공적과 능력 개념이 사회적 보상과 자원의 분배를 정당화하는 데 사용되는 것에 대해 회의적이며, 이러한 개념들이 사회적 불평등을 정당화하는 수단으로 사용될 수 있기에 급진적 평등주의(radical egalitarianism)의 목표와 상충한다고 한다.********** 그래서 모든 개인의 기본적인 필요를 충족시키고, 평등한 삶의 조건을 보장하는 사회 구조를 지향한다. 이는 자유와 평등이 상호 보완적이며, 진정한 자유는 실질적인 평등을 통해서만 실현될 수 있다는 그의 핵심 주장을 뒷받침한다.

개인이 선택하지 않은 요인을 국가가 보정해야 한다는 주장이나, 아이리스 영이 차이를 무시하지 말고 차이를 배려해주자는 정의관은, 정체성 대상별로 우대정책을 시행하자는 것이기에 중립화정의론과는 결을 달리한다. 튀르키예 출생 미국인 철학자 세일라 벤하비브(Seyla Benhabib, 1950~)는 '일반화된 타자'(generalized other)의 관점이 정의를 전제하는 반면, 행복과 연대성 같은 순간의 계기는 '구체적 타자'(concrete other)와의 관계에서만 발전하기에 연대성 없는 정의는 맹목적이라 했다.**********

그녀는 중립화정의론이 추구하는 '마땅함으로서의 정의'가 내세우는 '권리와 자격의 공동체' 보다 '욕구와 연대의 공동체' 를 우선한다는 점에서 아

---


*마이클 샌델, 정의의 한계, 이양수 역, 멜론, 2012, 179쪽.
**마이클 샌델, ibid., 206쪽.
***테리 핀카드, 역사는 의미가 있는가, 서정혁 역, 그린비, 2024.
****John Roemer, Equality of Opportunity, Harvard University Press, 1998.
*****Richard Arneson, "Equality and Equal Opportunity for Welfare",
    Philosophical Studies 56, no. 1, 1989.
******G. A. Cohen, Rescuing Justice and Equality, Harvard University Press,
    2008.
*******아이리스 영, ibid., 98쪽.
********Kai Nielsen, Liberty and Equality: A Liberal Socialist Perspective,
    Monthly Review Press, 1986.
*********Kai Nielsen, ibid.,
**********세일라 벤하비브, 비판 규범 유토피아, 정대성 역, 울력, 2008, 8장 의사소통적
    윤리학과 자율성.

이리스 영과 비슷하다.

중립화정의론은 개인이 좋은 삶의 가치들을 실현하기 위해 자신의 능력을 발휘하는 데 비선택운의 영향력을 중립화함에 필요한 제도적 조건들을 사회가 어느 정도 담아내며 지원하는가가 초점이다. 역사 속에서 정의는 단지 추상적 이상이 아니라, 인간이 제도와 실천을 통해 구현하려는 무한한 목적이기 때문이다. 중국 진(秦)나라 목공(穆公)의 신분, 국적, 민족, 연령에 대한 4불문(四不問)이 가장 분명한 비선택운이라 하겠다.*

로저 스크루턴은 『하룻밤에 읽는 보수의 역사』에서 사회적 정의는 정의의 형태가 전혀 아니고 도덕적 부패의 한 형태이며, '사회적'이란 교활한 단어가 '정의'의 의미를 빨아 없앤다고 했다.** 오히려 사회적 정의란 무책임한 행동을 하거나 자신과 가족의 안녕을 게을리 하고, 협정을 깨거나 고용주들을 기만한 사람들에게 상을 주는 행위라고 본 것이다. 마땅함으로서의 정의와 맥을 같이 하는 주장이다.

제5장에서 '리버티의 승리'를 분석하면서 자유민주주의가 왜 공산주의를 이기고 주도적인 정치사상이 되었는지를 파악할 수 있었다. 자유민주주의는 인류의 자유와 평등, 인권의 실현, 그리고 경제발전을 통한 생활수준의 향상으로 인류 역사에서 괄목할 만한 성과를 보여주었던 것이다. 하지만 제6장 '프리덤의 반격'을 분석하면서 자유민주주의가 어찌하여 한계와 어두운 그림자를 남기게 되었는지도 알 수 있었다. '만인의 만인에 대한 투쟁'이라는 자연상태는 서구정치철학의 최대 허구이며, 우리는 부모와 형제, 가족들의 사랑 속에 이 세상에 진입한다는 명백한 사실에서 출발해야 함을 재인식하게 되었다.

제7장에서는 프리덤의 규범성을 분석하였고 또한 프리덤이 충분하게 독자적인 정체성을 갖고 있음을 분명하게 확인할 수 있었다. 이제는 프리덤의 정체성을 바탕으로 자유민주주의의 한계를 극복할 새로운 정치사상을 탐구해야 한다. 다음 장에서는 자유민주주의의 대안으로서 프리덤을 기반으로 하는 공화자유주의 사상에 대한 논의를 살펴보기로 한다.

*장궈강, 자치통감 천년의 이치를 담아낸 제왕의 책, 오수현 역, 추수밭, 2016, 3강 종횡패합 (縱橫捭佩).

**로저 스크루턴, 하룻밤에 읽는 보수의 역사, 이재학 역, 돌밭, 2022, 5장 사회주의에 맞서 싸우다.

제 8 장
공화자유주의

근대 자유주의는 개인(individual)을 자유의 주체로 설정했다. 이는 봉건적 신분과 관습의 굴레에서 벗어나, 각자의 이성과 선택으로 권리를 행사할수 있도록 한 역사적 진보였다. "신분에서 계약으로"의 획기적 전환이었다.그러나 이 과정에서 자유는, 제5장에서 살펴본 것처럼, 다양한 원인들에 의해 타자와의 관계 윤리로부터 분리되었고, 결국 공동체의 구성원이 아니라원자화된 개인의 집합으로 리버티의 자유를 실현하게 되었다.

또한 자유란 '개인'만으로 성립할 수 없음을 살펴보았다. 제6장에서 우리는 자유가 가능하려면, 타인의 존재를 인식하고 존중하며, 서로를 책임지는 관계적 구조가 필요하다는 사실을 알 수 있었다. 또한 프리덤이 독자적으로 정체성을 가지고 있어서 리버티와는 별도로 자유주의 사상을 구축할충분한 토대가 될 수 있음을 파악할 수 있었다.

오늘날 자유민주주의는 다원성과 권리의 이름으로, 각자의 선(善)을 무제한적으로 주장하는 정치 체제로 변화하였다. 하지만 리버티의 제도화는 결국 공동체의 윤리적 기반을 침식시키고, 자유를 정체성의 전쟁터로 만들었다. '금지하는 것이 금지된다'는 것은 인간을 세렝게티 초원의 누 떼나 얼룩말 떼 등과 하등 다름없이 만들어버릴 것이다. 프리덤은 이런 무질서 속에서는 결코 작동할 수 없다. 인간이 근본적으로 공동체를 이루고 살아가야한다는 것은 이미 고대 시대부터 확인된 사상이다. 세네카는 우리가 개개의사람들을 모두 아껴주어야 하는 것은, 우리 인간은 공동체를 형성하기 위해태어났으며 각 부분을 모두 사랑하지 않고서는 사회가 건강하게 유지될 수없기 때문이라고 하였다.* 타인을 사랑한다는 것은 그 사람의 인격에 대한가치를 긍정해 주는 것을 의미한다. 이 장에서 제시하는 공화자유주의(Republic Freedomism)는 단순한 공화주의(republicanism)나 자유주의(libertarianism)의 결합이 아니다. 그것은 자유를 리버티와 프리덤으로 구분하여 전자를 '나자유', 후자를 '나너자유'로 별도 개념화하면서, 프리덤을 기반으로 국가공동체의 질서와 윤리, 감정과 책임, 제도와 참여 속에서실현하려는 자유 철학의 재정의이자, 프리덤의 역사적 복권이다. 질서에는 국가공동체의 외면적 질서와 영혼의 내면적 질서가 있다. 이것은 개인의 조화와 공화국의 조화라는 과제로 나타난다. 공화자유주의는 '관계적 자유의 기반'을 윤리적 덕목으로 정립하고, 이를 통해 리버티를 넘는 책임 있는 프리덤의 질서를 정당화한다. 프리덤이 단순한 선택이 아닌 관계적 책임과 정치적 참여가 수반된 윤리적 구조임을 분명히 드러내며, 공화자유주의의 핵심 사상적 기반을 이룬다.

따라서 프리덤의 정치철학 구성을 위해 리버티의 개인주의에 대한 대립 개념으로 바로 공동체주의를 검토할 것이 아니라, 개인과 공동체주의 사이의 윤리적 기반을 '비개인(non-individual)'적 접근으로 정치철학적 토대를 다양하게 모색하고자 한다.

*루키우스 안나이우스 세네카, ibid., 140쪽.

# 1. 비개인주의 정치철학

　　시민사회 단체를 비정부기구(NGO Non-Governmental Organization)라 한다. 정부와 공공기관 및 시민사회 단체에 대한 시민의 견제를 유도하기 위하여 비영리단체(NPO Non-Profit Organization)라는 개념으로 접근하였다. 비영리단체 개념을 사용하면 시민사회 단체도 사기업처럼 자체 수입으로 운영되지 않고 회원의 회비나 각종 보조금과 기부로 운영되기에, 세금으로 운영되는 정부와 동일하게 감시의 잣대를 적용할 수 있다. 시민사회 단체도 견제를 받는 조직이 되는 것이다.

　　하지만 비정부기구(NGO)라는 개념을 사용하면 정부가 아닌 조직으로 분류되기에, 민간의 영리조직과 어깨를 나란히 하며 정부를 견제하고 감시하는 입장에 서게 된다. 어떤 용어를 사용하는가에 따라 시민사회 단체의 입장이 정반대로 바뀌게 되는 것이다.

　　우리는 개인의 자유와 권리를 우선하는 개인주의의 대립항으로 공동체주의(communitarianism)를 바로 떠올린다. 공동체의 가치와 전통이 개인의 선에 우선하는 개념으로 다가온다. 모든 사람을 한 사람으로 결합하여 단일

대오의 선을 강요할 수 있다. 작은 단위의 공동체에서 연상되는 엄격한 위계질서와 규율, 그리고 지나친 친밀성으로 엮이게 되는 인습과 소문에 의한 경직된 문화는 개인주의와는 상극이다. 사회는 자체적으로 선(善)을 가진 유기체로 간주되지 않는다. 개인은 공동체에 관심을 가지기는 하지만 집단의지(lodge doctor)에 복종은 거부한다. 따라서 원자적 개인이 아니면 동질화된 국가공동체에 융합되는 개인이라는 상호 배제적인 이분법 접근은, 공동체를 전체주의화할 우려와 개인에 대한 간섭과 규제가 있을 것으로 예상할 수 있기에 거부감을 갖게 된다. 하지만 '비개인주의(Non-individualism)' 라는 개념으로 접근해보면 개인주의와 공동체주의 사이에서 다양한 개념들과 접촉할 수 있다. 전부와 전무 사이에 매개의 지점은 없다는 루소는 양극단을 오갈 뿐이다. 하지만 다양한 사람들의 삶이 그렇게 획일적일 수는 없다. 연대, 관계적 자아, 서사적 정체성, 제도적 공존, 그리고 공화적 시민성을 통해, 타자와 관계하면서도 자유롭고 자율적인 존재로 살아가는 윤리적 프레임 구축이 가능하게 된다. 프리덤은 바로 이러한 '자유로운 관계성' 의 형식으로서의 자유이며, 전체주의적 공동체도, 고립된 개인주의도 아닌, 도덕적 연대 속에서 실현되는 책임의 자유 토대를 구축할 수 있다. '하나의 우리(a we)' 가 아니라 '우리들 모두(all of us)' 의 프리덤이 되어야 한다. 1인칭 '나' 가 있으면 2인칭 '너' 가 대등한 개체로 존재하는 것을 단순히 복수화한 '우리' 와 '너희들' 로 구분하지 않는다. '너' 를 고려하지 않는 '나자유' 와 동일한 논리로 '너희들' 과 구분되는 '우리의 자유 '만 보기 때문이다. '나' 와 '너' 의 관계에 존재하는 자유, 즉 프리덤을 우리가 받아들이듯이 단순히 '우리' 공동체의 자유가 아니라 '우리' 와 '너희들 '의 관계에 존재하는 프리덤을 기반으로 하여야 한다. 순수하게 개인들만 존재하지도 않고 또 정체 모를 통일성(amorphous unity)을 가지는 공동체 사이에 존재하는 자유를 프리덤이 담아낼 수 있어야 하는 것이다.

'관계적 자아(Relational self)' 는 인간을 독립된 실체가 아니라, 타인과의 관계 속에서 자신을 구성해나가는 존재로 본다. 찰스 테일러는 자아를

| 주요한 비개인주의 철학 사상들 | | | |
| --- | --- | --- | --- |
| 구 분 | 설 명 | 프리덤 관련 | 철학자 |
| 관계적 자아 | 자아는 독립된 실체 아닌 타자와 관계 속에 구성됨 | 공감, 책임, 실천과 연결 | 테일러, 매킨타이어, 샌델 |
| 연대 | 감정적/윤리적 공감에 기반한 타자와 협력적 결속 | 감정적 공감과 윤리적 책무 | 아이리스 영, 누스바움, 하버마스 |
| 제도적 공존 | 개인은 법, 관습, 제도라는 질서 속에서 형성 | 질서 있는 자유 정당화 | 하이에크, 토크빌 |
| 서사적 정체성 | 삶의 이야기와 역사 속에 의미를 갖고 정체성 형성 | 도덕적 성장 서사로 프리덤 정당화 | 매킨타이어, 리쾨르 |
| 도덕 공동체 | 가치와 규범을 공유하는 윤리적 실천의 장으로서 사회 | 문화 · 윤리 기반 제공 | 칸트, 아리스토텔레스 |
| 공화적 시민 | 권리 주체, 의무와 참여 주체로서 자유로운 시민 | 자유와 참여와 책임 연결 | 스키너, 페팃, 샌델 |
| 타자와의 관계 | 타자에 대한 윤리적 책임 | 책임으로서의 자유 | 레비나스 |

인정의 투쟁 속에서 구성되는 존재이기에 개인의 정체성과 도덕적 자아는 공동체와의 상호작용 속에서 형성된다고 하며, 매킨타이어는 "우리는 이야기 속에서 태어나며, 그 이야기 안에서 도덕을 이해한다"고 하였고, 샌델은 개인은 사회적 · 도덕적 맥락 속에서 형성된다는 '얽매인 자아(encumbered self)'라고 하였다. 이러한 관점은 자유를 타자와의 상호 관계 안에서 실현되는 윤리적 주체성으로 재정의하는 사고이다. 도덕법칙을 맥락적으로 접근함으로써 규범성을 확보하기에 탈맥락적인 수준에서의 규범에 머물지 않고, 이를 넘어 국가공동체 구성원들의 관계적인 삶에 기여하는 형태를 지향하는 것이다.

'연대(Solidarity)' 접근법을 택한 아이리스 영은 공동체가 개별특수성 부정, 다종다양성 제거, 그리고 하나의 주체성으로 환원시켜 배타성과 억압의 위험을 내포한다고 보았고, 대안으로 자발적 공감, 다름의 인정, 상호 책임에 기반한 연대를 제시했다. 연대는 동일성의 강제가 아니라, 공감과 실천을 통한 윤리적 협력이며, 프리덤은 바로 이 연대 속에서 실현 가능한 자유다. 마사 누스바움은 특히 가족 내에서의 돌봄과 정서적 유대를 사회 전체의 정의감 형성의 출발점으로 본다.

그녀는 가족이 감정 훈련의 장이라는 점에서, 공공 감정(public emotions)을 형성할 수 있는 윤리적 토대라고 한다. 감정 없는 이성보다 정서화된 도덕 질서로서의 프리덤과 잘 맞닿아 있다. 하버마스는 도덕은 행위 능력 있는 주체들 사이의 상호작용적 관계에 초점이 있는 것이며, 도덕은 행위 갈등의 강제적 해결에 대한 평화적 대안이라 하였다.[*]

하이에크나 토크빌의 '제도적 공존(Institutional Embeddedness)' 접근법은 개인은 제도, 관습, 규칙 속에서만 질서 있는 자유를 누릴 수 있다고 본다. 인간은 법과 전통, 관행 안에 내재된 존재이며, 자유는 제도적 환경의 질서 없이 작동할 수 없다. 하이에크의 자생적 질서(spontaneous order)는 프리덤의 사회적 조건을 구성하는 중요한 개념이다.

프랑스 철학자 폴 리쾨르(Paul Ricœur 1913~2005)는 자아는 고정된 실체가 아니라 시간 속 이야기로 구성된 것이라 주장하며 '서사적 정체성(Narrative identity)'을 주장했다. 그는 인간은 자신의 삶을 '이야기(narrative)'로 해석하고 구성하며, 그 속에서 도덕적 기준과 정체성을 형성한다고 보았다. 자유는 단절된 순간의 결정보다, 삶의 이야기 전체를 정당화할 수 있는 실천이어야 한다는 것이다.

아리스토텔레스는 인간은 폴리스 속에서만 도덕적 존재가 될 수 있다고 한 이래 '도덕 공동체(Moral community)' 접근법은 역사가 오래된 것이고, 칸트는 자신에게 도덕법을 부여할 수 있는 이성적 존재로서 공동체의 일원이 인간이라고 보았다. 도덕 공동체는 법이 아니라 습속과 미덕, 규범

---

[*] 위르겐 하버마스, 담론윤리의 해명, 이진우 역, 문예출판사, 1997.

과 책무 속에서 형성된 공통의 윤리 질서다.

'공화적 시민(Republican citizen)' 접근법은 퀜틴 스키너와 필립 페팃이 자유를 단순하게 간섭 없는 상태가 아니라, 누구에게도 지배받지 않는 조건(non-domination) 속에서만 가능하다고 보는 방식이다.

라틴어 도미니움(dominium)은 배타적인 사적인 소유 또는 지배 권력을 의미하고, 임페리움(imperium)은 개인에 대한 정치적 통제 혹은 관리의 정당성 유무와 관련된 것이다. 도미니움은 어떤 사람은 명령할 권리를 타고나고, 또 어떤 사람은 복종할 의무를 타고나는 고대의 개념이기에 현대에는 맞지 않는 용어이다. 지배받지 않는 자유를 위해 시민은 단지 권리의 수혜자가 아니라, 정치 공동체의 능동적 참여자여야 하며, 자유는 곧 참여와 책임의 실천으로 구성된다.

마이클 샌델은 현대 정치철학에서 관계적 자아와 공화적 시민이라는 두 개념을 연결하는 특징적인 사상가이다. 그는 『정의의 한계』에서 존 롤스의 '탈맥락적 자아' 개념을 비판하며, 인간은 단지 선택하는 자율적 주체가 아니라, 가족, 공동체, 전통, 도덕 이야기 속에서 형성되는 '얽매인 자아(the encumbered self)'라고 주장한다. 자유를 개인의 독립성이 아니라, 관계와 맥락 속에서 실현되는 윤리적 자기형성으로 바라본다. 그는 자유주의가 개인의 권리를 지나치게 강조하여 도덕적 소속감과 공동체적 윤리의 기반을 무너뜨렸다고 비판한다. 자아의 외부에 별도로 존재하는 가치와 목표는 개인이 갖고 오는 것이 아니라 개별 자아의 형성 과정에 이미 내재하여 작동하고 있는 것이라고 한다. 개인의 정체성은 가족, 지역, 전통과 같은 서사적 정체성 속에서 형성된다고 주장하며, 자유란 연결된 존재로서의 인간이 사회 속에서 책임을 수행할 수 있는 조건이라 보았다. 동시에 『민주주의의 불만』에서 현대 자유주의가 공공의 삶과 시민의 책임을 방기한 결과, 시민적 덕목과 공동체적 유대가 붕괴되었다고 진단한다.* 그는 고전 공화주의 전통에서 나아가, 진정한 자유란 단지 간섭받지 않을 권리가 아니라, 공동체에 참여하고 공공선을 위해 책임지는 시민의 실천임을 강조한다. 이는 그가

    프리덤과 리버티

정의하는 공화적 시민의 자유로서, 권리보다는 참여와 덕성의 윤리에 가깝다. 샌델에게 자유는 이처럼 관계적 자아가 공공의 장에 능동적으로 참여함으로써 실현되는 상태다. 그는 인간을 도덕적 이야기 속에서 살아가는 존재로 이해하고, 그 정체성을 정치적 실천과 연결시킴으로써 자아와 시민성, 도덕과 정치의 통합된 자유 개념을 제시한다.

프리덤은 단지 제도적 권리의 문제가 아니라 삶의 윤리적 배경을 구성하는 관계적 질서로부터 시작된다는 논점을 제공한다.

에마뉘엘 레비나스는 전통 서양철학이 존재론을 철학의 기초로 삼아 타자를 동일화하고 대상화해왔다고 비판하며, 철학은 타자와의 마주침에서 생기는 윤리적 책임감에서 출발해야 한다고 주장한다. 타자(the Other, l'Autre)란 나의 지식과 통제를 벗어난 외재적 존재이며, 나의 자아가 시작되기 이전에 이미 나에게 윤리적 책임을 요구하는 근원적 존재이다.** 그는 타자의 얼굴 속에서 '죽이지 말라'는 침묵의 명령을 보고, 여기에서 인간의 윤리성이 출발한다고 본다. "윤리학은 존재론에 선행한다(Ethics as First Philosophy)"는 이 명제는 인간을 인식의 주체로 보는 것이 아니라, 타자에 의해 부름 받고 응답해야 하는 책임적 주체로 자리매김하며, 철학의 근거를 존재에서 관계로, 동일성에서 타자성으로 전환시키는 시도이다.

레비나스는 인간의 존재를 이끌어가는 근원적 동인이 "나는 자유롭다"라는 자기 확인이 아니라, "나는 타인에게 책임이 있다"는 도덕적 응답성에 있다고 보았다. 나라는 것(le moi)에는 언제나 다른 모든 이보다 책임이 하나 더 있다는 것이다.*** 타자에 대한 무한한 책임이 눈앞의 타인(autrui)을 통해 구체화되고 실천된다. 존재하는 것보다, 존재하기 이전에 책임질 수 있어야 한다는 윤리의 선차성(先次性)은 '프리덤'의 핵심과 일치한다. 나

* 마이클 샌델, 민주주의의 불만, 안규남 역, 동녘, 2012.
** 에마뉘엘 레비나스, 전체성과 무한, 김도형, 문성원, 손영창 옮김, 그린비, 2019, 43쪽.
*** 에마뉘엘 레비나스, 윤리와 무한, 김동규 옮김, 도서출판100, 2020, 113쪽.

의 존재는 타인의 고통 앞에 응답하는 데서 완성되며, 그 응답성은 내 자율성 이전에 요구되는 것이다.

이러한 비개인주의적 철학의 접근법은 우리가 추구하는 프리덤이 공동체의 억압이 아니라, 타자와의 관계 윤리 속에서 구성될 수 있는 자유임을 보여준다. 관계성, 공감, 제도, 시간 속 정체성, 도덕적 연대, 시민적 참여 이 모든 요소는 자유를 '개인'에 국한시키지 않으면서도, 전체주의의 위험을 피하게 해주는 철학이다. 공동체의 이상을 굳이 전일성(wholeness), 대칭, 안전, 견고한 정체성으로 표현할 이유는 없는 것이다.

정치철학은 도덕철학과 구분된다. 정치철학은 도덕철학에 영향을 받기도 하지만 또한 주어진 정치적 상황에도 영향을 받는다. 노예제도가 현대에는 용인되지 않지만 근대까지는 왜 유지되었는가? 경제적으로 필수라고 대부분의 사람들에게 정당화되었기 때문이다. 그러므로 정치철학은 역사적 발전과정을 되돌아본다면 도덕철학과는 상대적으로 자유롭다. 그렇기에 자유민주주의라는 정치철학이 도덕철학적으로 시대를 관통하는 영원한 사상이 될 수 없다는 것은 당연하다. 지금까지 전개되어온 자유의 역사적 배경과 현대에 넘치는 자유를 겪으면서 변화된 정치 상황에 맞추어 새로운 자유주의가 필요한 것은 필연이라고 인식해야 한다.

자유주의는 선택의 자유를 아주 중요한 선으로 여긴다. 자유주의는 인간에 대한 존중을 핵심적인 가치로 여긴다. 그렇기 때문에 자유주의는 가치 문제에 대해 완전한 중립성이나 불가지론의 태도를 취하지 않아야 한다. 선택의 자유를 중시하거나 인간 존중을 핵심적으로 간주한다는 것 자체가 선과 가치에 대해 중립적이지 않다는 의미이기 때문이다.

그럼에도 리버티의 자유는 옳음의 좋음에 대한 우선성이라는 정의의 원칙으로 덕을 함께 배제했다.

특히 서양의 정치제도를 수입한 동양은 프리덤과 리버티에 대한 개념 구분을 정확히 이해하지 못한 채 자유라는 단어로 두 가지 개념을 표현했고, 그나마 동양에서 자유란 프리덤과 리버티 어느 쪽 개념도 담아낼 수 없는 용법의 단어였다. 일본 명치유신 때 J.S. 밀의 'On Liberty' 가 『자유지리』로 번역되면서 그러한 용례로 21세기 정치까지 그대로 사용되고 있을 뿐이다. 자유민주주의가 공산주의의 몰락 이후 현대 정치에서 금과옥조로 여겨지고 있지만 자유에 대한 연구 검토가 너무나 빈약함에 놀라움을 금할 수 없다. 특히나 대한민국의 최대 정치철학으로 국가 운영 이념으로 헌법에 채택되고 있음에도 어설프게 '제 멋대로' 라고 사용되던 자유라는 용어는 정치철학은 물론 도덕철학까지 압도하는 위치를 차지하고 있는 것이다.

나는 지금까지 분석한 리버티와 프리덤에 대한 검토 결과에 기초하여 자유민주주의의 한계를 극복할 수 있는 새로운 정치사상으로 공화자유주의(Republic Freedomism)를 제안한다. 공화자유주의란 제1덕목을 기초로 공화문명체가 추구하는 나녀자유주의다. 공화자유주의는 공동체, 윤리, 감정, 도덕, 책임, 규범성이라는 내용을 포괄하면서도 개인의 내면과 관계까지 아우르는 새로운 범주의 자유 철학이다. 시민의식에 관한 피상적인 자유주의와 지나치게 끈끈해서 숨막히는 공동체주의적 정체성 사이에서 시민적인 공화제 영역으로 자리를 잡을 수 있게 된다.

**아리스토텔레스**
→ 자유는 공동체적 덕목의 실천

↓

**칸트**
→ 도덕법칙에 자율적으로 복종하는 이성

↓

**헤겔**
→ 인정과 제도 속에서의 역사적 자기실현

↓

**맥킨타이어**
→ 전통과 공동체 서사 속의 덕윤리

↓

**찰스 테일러**

→ 자기 해석적인 존재로서의 인간, 긍정적 자유, 공동체적 도덕성

↓

**마이클 샌델**

→ 공동체주의 정의론

↓

**마사 누스바움**

→ 감정과 공감에 기반한 정의와 자유

↓

**공화자유주의**

→ 공감과 책임이 구성하는 프리덤의 규범성 회복


공동체주의는 사회적 동질성을 중점 목적으로 하기에 사회적 결속의 힘을 강조한다. 사회복지, 평등 등 좌파적 성향을 가지면서도 공동체의 관습과 규범을 중요시 한다는 측면에서는 우파적 성향도 동시에 가진다. 대체적으로 공동체 사회에서는 사회의 동조 압력이 강하기에 개인의 주장을 끝까지 보호하기가 어렵다. 정치적 자유주의는 개인의 자유와 직관을 중시하는 것이기에 개인주의 성향이다. 그러나 공화자유주의는 강한 공동체와 강한 개인 모두를 강조한다는 면에서 이들과 차이가 있다. 정치발전이 생물학적 진화와 다른 점은 우리가 규칙과 규칙이 실체화된 제도를 선택한다는 것이기에, 우리의 의도에 따른 제도를 설계하고 이를 문화적으로 전달할 수 있다는 점이다.* 프리덤을 기반으로 설계된 공화자유주의의 공동체적이고 윤리적인 사상체계는 독자적인 정체성을 가진다. 아리스토텔레스, 아담 스미스, 칸트, 누스바움, 하이에크, 페팃, 스키너, 대거 등을 잇는 서사적 자유론의 결론으로서 '주의(-ism)'을 붙여 하나의 철학적 입장으로 전환한 면에서 철학사적 연속성과 독창성을 결합한 사상이다.


　　　프리덤과 리버티

# 국가공동체(commonwealth)

공화자유주의는 공동체를 막연하게 구상하지 않는다. 공동체란 부부공동체에서부터 지구공동체까지 범위가 광범위하다. 종친회, 동창회, 향우회, 신우회, 불자회, 아파트 입주민 공동체, 산악회, 독서회, 로타리, 라이온스, 시민사회단체, 군민 공동체 등을 공동체라는 단일 용어로 망라할 수 있지만 단일하게 개념화할 수는 없다. 국가와 민간 그리고 제3섹터의 공동체를 모두 지칭하기 때문이다. 그러나 마이클 샌델 등은 자유와 정의론을 전개하면서도 공동체주의라는 용어를 사용하여 어느 단계의 공동체인지 스스로 개념을 혼동시킨다. 샌델은 공동체주의적 참여 수준과 공화주의적 참여 수준을 항상 구분하지는 않는다. 다음 두 가지 사례에서 그 혼동의 문제점을 살펴볼 수 있다. 1996년 미국 디즈니 월드 인근 플로리다 주에서 시작된 계획공동체(planned community)인 '셀레브레이션(Celebration)'은 물리적 환경이 이상적 공동체 형성에 기여할 수 있는 실증 모델로 기대를 모았다. 하지만 시간이 흐르면서 공동체를 설계·강제할 수 있다는 전제 자체의 한계를 보여주었다.** 원자화된 개인주의를 넘어 질서와 공동체 감각을 복원하려는 시도라는 점에서 중요한 의미를 갖지만, 셀레브레이션은 공화자유주의적 실험이라기보다는 상업적으로 통제된 자유주의 도시 모델로 보는 것이 정확하다. 반면에, 프랑스 파리는 단순히 예술과 문화의 도시가 아니라, 도시 전체가 규율과 규범에 따라 관리되고 보호된 공동체 공간이다. 건축물의 외형, 간판의 크기, 창문의 재료, 건물 색조에 이르기까지 세부적인 사항

---

*프랜시스 후쿠야마, 정치 질서의 기원, 함규진 역, 웅진지식하우스, 2011, 5부 정치 발전 이론의 발전을 위하여.

**플로리다의 Celebration은 디즈니가 1990년대 중반에 개발한 상업적 이상주의와 감성적 공동체 기획의 산물로서 전통적 건축양식, 공원 중심 배치, 걷기 좋은 도시로 조성되었으나 2004년 도시 운영에서 사실상 철수하여 일반 교외 지역처럼 변화되었다.

이 시민 개인의 자유로운 결정이 아닌, 파리 시정부의 엄격한 규제 하에 유지된다. 파리 전체가 개인의 자유를 절제하고, 공동의 미학과 역사적 질서를 보존하려는 프리덤의 실천을 요구받는 구조라는 것을 의미한다. 공화자유주의의 관점에서 본다면, 파리 시민은 자신이 원하는 방식으로 집을 수리하거나 상점을 꾸미는 리버티를 제한받는 대신, 공동의 미(美)와 역사적 연속성을 유지하려는 프리덤의 덕목, 즉 공공 질서와 역사적 미학에 대한 책임을 공유한다. '우리는 어떤 공간에서 어떤 정체성을 공유하고 있는가' 라는 공동체적 자기인식의 실천이기도 하다. 두 가지 사례를 통해 우리는 공동체의 지속성은 하드웨어보다 국가공동체에 의한 시민 덕목과 제도에서 비롯됨을 시사적으로 배울 수 있다.

그래서 공화자유주의는 샌델의 경우와는 달리, 공동체를 국가공동체라고 명확하게 표현한다. 대한민국의 국기에 대한 맹세문에 자유와 정의가 포함되어* 있듯이 자유와 정의의 논의는 국가공동체에 관한 것이다.

공화라는 언어 자체가 국가 공권력을 배경으로 하기에 기업과 시민사회단체는 포함될 수 없다. 따라서 공화자유주의는 프리덤과 정의 등 국가와 관련된 정치철학을 논의하는 사상이기에 국가공동체라고 명확하게 표현하고 논리를 전개해 나간다. 국가와 관련된 것이기에 행정부만이 아니라 입법, 사법부까지 망라한다.

국가공동체의 구성원은 국적을 가져야 한다. 국적을 가지지 못한다면 합법적으로 거주할 권리를 보유하고 있어야 한다. 근대 자유주의는 자유를 보편적 인간에게 타고난 자연권(natural rights)으로 간주해왔다. 『독립선언서』나 『인권선언』은 "모든 인간은 태어나면서부터 자유롭고 평등하다"고 선언하며, 자유를 자연적이고 초역사적인 권리로 정당화했다. 그러나 자연권으로서의 자유는 국가공동체의 제도적 기반 없이 실현될 수 없다는 근본적인 문제를 간과했다. 자유는 공기처럼 존재하는 자연의 일부가 아니라, 국가공동체가 보장해주는 제도적 권리이며, 국민으로서의 지위와 책임 속에서만 실질적으로 실현될 수 있는 가치다. 제6장 프리덤의 반격에서 보았듯이 국적 없는 사람, 즉 무국적자는 아무리 인간적으로 자유를 원하더라도 그 자유를 실현하거나 보호해줄 정치 주체가 없기에 실질적 자유의 주체가 될 수 없다. 한나 아렌트는 『전체주의의 기원』에서 이를 "권리를 가질 권리(the right to have rights)"라는 개념으로 정식화했다.

그녀는 국가로부터 보호받지 못하는 사람은 법적 권리뿐 아니라 인간의 존엄까지도 박탈당할 수밖에 없다고 보았다. 이처럼 자유는 시민적 · 정치적 소속감, 제도적 관계망 속에서만 실현될 수 있으며, 무국적자의 자유는 공허한 이상에 불과하다는 것을 수백만 명의 유대인을 죽음의 수용소로 보낸 나치정권의 만행으로부터 절감하여야 한다.

또한 자유를 누리는 주체는 추상적 개인이 아닌, 문화와 제도를 공유하는 국가공동체의 일원이어야 한다. 한 국가의 국민이라는 것이 역사적으로 무한하게 뻗어나갈 수 있는 개념은 아니다. 한반도에 거주한 사람이라 하더라도 선사시대 때 살았던 인류나, 삼국시대, 고려시대, 조선시대의 국민을 대한민국 국민이라고 하지는 않는다. 1787년 제헌헌법을 통해 건국하기 이전에 북미 대륙에 거주했던 인디언을 미국인이라 하지 않는다. 국가공동체의 문화적 소속과 제도적 조건을 떠난 자유는 철학적 논리도, 현실적 보장도 가질 수 없다. 미국 웨스트포인트 사관학교의 교훈은 "의무(Duty), 명예(Honor), 조국(Country)"이다. 장차 군인으로서 미국이라는 국가공동체의 유지 번영에 이바지하고자 한다면 국가공동체의 구성원으로서 권리가 아닌 의무가 최우선이 되어야 한다는 의미를 내포하고 있다. 특히나 국가를 지키는 간성이 되고 지도자가 되려면 명예와 조국애가 필요한 것이지 돈이나 부, 권력이 필요한 것이 아니라는 정신이 깔려있다. 제4장에서 본 바와 같이 내가 속한 공동체의 자유를 의미하는 프리덤의 접미사 '~dom'이 사고의 저변에 흐르고 있는 것이다.

---

*현행 국기에 대한 맹세문은 나는 자랑스러운 태극기 앞에 자유롭고 정의로운 대한민국의 무궁한 영광을 위하여 충성을 다할 것을 굳게 다짐합니다 이다.

이러한 논의는 자유가 무제한의 자율성과 자기결정의 이름으로 남용되어
선 안 된다는 공화자유주의의 전제와 맞닿아 있다. 공화자유주의는 자유를
천부적 권리가 아닌, 국가공동체의 구성원으로서의 소속과 책임, 그리고 도
덕적 규범을 기반으로 한 정치적 실천으로 본다. 그리고 이 자유는 제도로
부터 부여받는 것인 동시에, 그 제도에 기여하는 윤리적 태도를 요구한다.
미국 6대 대통령 존 퀸시 애덤스의 손자이자 정치학자인 브룩스 애덤스
(Brooks Adams 1848~1927)는 인간의 가장 강력한 격정은 두려움과 탐욕
이라 했다. 그러나 밀과 콩트는 세계에서 두려움을 없애려 했다. 하지만 인
간에게 두려움이 사라지면 인류는 투쟁해야 할 모든 동기와 미덕을, 추구해
야 할 모든 의무감을 상실하게 된다. 미국의 시인 제임스 러셀 로웰(James
Russell Lowell 1819~1891)은 천박하고 무자비한 자유만을 의미한다면 무
가치한 것보다 더 못하다고 하여, 명예, 정의, 문화가 자유를 무한히 가치
있게 만든다고 했다.* 결국 자유는 자연 속에서 태어나는 것으로 저절로 되
는 것이 아니라, 국가공동체 안에서 훈련되고 실현되는 정치적 가치와 덕목
이다. 공화자유주의는 이러한 자유를 제6장에서 논의한 공화문명체
(commonwealth of civilization) 속에서 함께 살아가는 시민이 갖는 책임
이자 권리로 재정의하며, 단지 존재하는 자유가 아니라 함께 살아갈 수 있
는 프리덤의 구조적 가능성을 다시 묻는다.

# 2. 공화주의

공화자유주의는 공화주의를 기초로 한다. 공화주의는 공적인 일이나 공간을 의미하는 레스 푸블리카(res publica)에서 비롯되었다. 공화(共和)는 여러 사람이 화합해 공동의 일을 추구한다는 의미다. 따라서 공화주의는 법과 공공선에 기반을 두고 주권자인 시민들이 만들어낸 정치공동체 사상을 의미한다. 공화주의에서 자유로운 인민은 복종은 하지만 예종하지는 않으며 지도자는 두지만 주인은 두지 않는다.** 공화정이 인류 역사상 최초로 시행된 것은 로마시대다. 왕정제와 황제 시대 사이에 채택했던 정치체제였다. 기원전 510년 로마 7대왕을 축출한 후, 비록 귀족으로 구성했지만 100명의 원로원을 구성했고, 임기 1년의 집정관(consul) 2명을 선거로 뽑았다. 법무관(praetor), 호민관(tribunus plebis), 경찰 업무를 수행하는 조영관(aedilis), 재무관(quaestor), 감찰관(censor), 그리고 각급 단위의 민회를 구

---

* 러셀 커크, 보수의 정신, 이재학 역, 지식노마드, 2018, 10 좌절한 보수주의 : 미국
 (1865~1918).
** 모리치오 비롤리, 공화주의, 김경희, 김동규 역, 인간사랑, 2006.

성했다. 혼합정으로서의 공화정을 시행하다 기원전 31년 아우구스투스 황제정의 시작으로 끝났다. 그리스 로마시대의 자유는 벤자민 콩스탕이 이야기하였듯이 민주적으로 스스로를 통치하는 공동체에 참여하는 것이기에 공화정은 로마공화주의의 중요한 속성이었다. 투표와 공직 입후보를 통한 정치 참여, 언제든 국가가 필요로 하는 전쟁에 참전, 권력 균형, 로마시민으로서의 미덕 등을 구현하는 정치사상이었다. 로마공화정이 어떻게 작동하였는지는 곧 이어 "스키피오의 꿈"에서 상술한다.

로마의 멸망으로 사라진 로마공화주의는 중세 르네상스와 근대를 거치며 고전적 공화주의로 부활한다. 마키아벨리는 1498년 피렌체 공화국의 서기관(chancellor)으로 공직을 시작했으나 1512년 줄리아노 데 메디치(Giuliano de' Medici 1479~1516)의 재집권으로 면직되었다. 그는 피렌체 남서쪽 산탄드리아(Sant 'Andrea in Percussina)에서 『군주론』 등을 집필하면서 복권을 노렸다. 티투스 리비우스의 첫 번째 열 개 묶음에 대한 고찰을 『로마사 논고』로 내면서 로마공화정의 역사적 부활을 고민했다.* 그는 예속을 피하려는 욕구가 자유를 향한 욕구이며, 군주정보다 공화정이 더욱 효과적인 정치형태라 보았다. 공적 덕성과 시민 참여, 제도적 견제가 작동하는 구조 속에서 자유와 정의, 권력 분립의 전통이 작동할 수 있기 때문이다. 노예의 자유가 자유가 아니듯이, 자비로운 자유주의적 독재자 하의 자유도 자유가 아닌 것이다.

중세 이탈리아의 도시국가 중 공화정을 가장 잘 구현한 곳이 베네치아다. 유일한 특권이 국정참여 뿐인 귀족은 형사문제 없어야 하고, 납세, 국방 의무를 필해야 한다. 귀족 자제는 나이에 따라 바다 근무, 서민 사정을 이해할 수 있도록 치안 업무, 선박 관리 업무, 감찰 업무 등을 거쳐야 하며, 과정을 통과하고 살아남아야 공직을 맡을 수 있었다. 공직 선출은 추첨과 선거를 반복하여 이루어지고 철저하게 견제되기에, 공화정이면서 귀족정으로서 개인의 야심과 대중의 전횡을 막는 체제로 운영하였다.** 베네치아와 쌍벽을 이룬 제노바는 스페인이 남아메리카로부터 가져온 은화로 유럽 자본주의의

    프리덤과 리버티

| 도시 | 존 속 | 정치체제 | 변 천 | 특 징 |
|---|---|---|---|---|
| 베네치아 | 697-1797 | 선출평생직 도제(Doge), 귀족공화제 성격 | 교황·황제로부터 독립적 성장 | 해상무역, 안정된 과두제와 복합 견제 |
| 피렌체 | 1115-1532 | 길드 대표 시뇨리아와 통치자 곤팔로니에레 선출 | 클레멘스 7세가 메디치 세습군주 임명 | 은행·상업, 예술 르네상스, 시민 혁명과 민회 전통 |
| 제노바 | 11c-1797 | 2년 단임 도제, 귀족 상인 연합 | 해상 무역, 금융 중심 | 지중해·흑해 교역, 은행가 공화국 |
| 피사 | 11c-1406 | 집정관 선출, 상인 및 귀족 연합 | 피렌체에 병합 | 해군력 강세, 십자군 원정 참여 |
| 아말피 | 958-1137 | 공작 통치, 귀족 상인 연합 | 1073년 노르만 정복 후 도시형태 | '아말피 해양법' 제정, 항로 주도 |
| 밀라노 | 11세기~13세기 | 자치공화정에서 비스콘티·스포르차 세습 공국 | 군주국 중심의 절대권력 | 북이탈리아 상업·군사 중심 |
| 산마리노 | 301년 설립~현대 | 2명의 6개월 임기 집정관(captains), 평의회 | 교황, 나폴레옹도 존중 | 기독교 자유공화체, 현존 최장 도시공화국 |

중심 국가로 활약하다가, 네덜란드, 영국의 대서양 중심 무역의 주도로 베네치아와 함께 쇠락하였고, 근대국가인 프랑스 나폴레옹에 의해 막을 내리게 되었다. 그러나 티타노(Titano) 산 정상에 인구 3만 명으로 구성되는 산마리노 공화국은 가장 오래된 자치공화국으로 공동체 공화주의의 살아있는

*니콜로 마키아벨리, 정략론, 황문수 역, 동서문화사, 2016.
**시오노 나나미, 바다의 도시 이야기, 정도영 역, 한길사, 2009, 5 정치의 기술.

사례이다.*

　이외에도 『로미오와 줄리엣』의 배경도시인 베로나는 12세기 경 자치공화정을 실시했으나 13세기 후반 스칼리제리(Scaligeri) 가문의 세습군주정으로 전환되었다가 15세기 이후 베네치아에 편입되었다. 토리노는 사보이 공작령으로 일관되게 군주정을 실시했으며 1861년 이탈리아가 통일된 후 수도가 되었다. 북부와는 달리 남부는 농업 중심이었고, 나폴리는 그 중심이었다. 일찍부터 왕정체제를 수립하여 중세와 근세를 지나면서 유럽 왕가의 지배를 받은 군주정이었기에 북부의 공화정 도시국가와는 달랐다.

　마키아벨리는 작고 자율적인 도시공화국이야말로 민주성과 자유, 공공의 덕이 살아 숨 쉬는 장이라 보았다. 체제 경쟁 속에서 자유를 유지하는 실험장 역할을 수행하였기에 이탈리아 중세 도시들은 현대 공화주의와 권력 분립의 선구적 모델로 평가된다. 도시공화정은 시민의 덕성과 공동선에 대한 헌신을 중심에 두었으며, 권력은 상호 감시와 순환, 집단적 책임에 기반해 분산되었다. 자유란 공공의 일에 참여할 수 있는 자격과 의무를 의미했으며, 개인은 공동체의 일원으로서 스스로를 규율해야 했다.

　반면에 현대 자유민주주의는 개인의 권리를 최우선으로 삼는 리버티에 방점을 두고, 대의제 정치로 시민은 정치적 능동성보다 사적 이익과 선택의 자유를 보장받는 존재로 간주된다. 요컨대, 도시공화정은 공동체 중심의 공화적 프리덤, 자유민주주의는 개인 중심의 리버티를 구현한다는 점에서 실질은 크게 갈린다.

　한편, 영국에서는 올리버 크롬웰(Oliver Cromwell 1599~1658)이 1649년 찰스 1세를 처형한 후 영국 연방(Commonwealth of England)을 수립하였고 1660년 찰스 2세의 왕정복고 때까지 유지되었다. 이때 영국 정치이론가 제임스 해링턴(James Harrington 1611~1677)은 절대군주의 자의적 지배에 맞서 시민의 정치적 자유와 권리를 주장하면서, 자신의 생계는 자신이 해결할 수 있도록 평등하게 토지를 분배해야 한다고 했다. 영국 연방은 군주정의 세습 권력을 부정했지만, 동시에 현대 자유민주주의처럼 보편적 선거권, 정당 경쟁, 삼권분립을 구현하지도 못했다.

크롬웰은 군대와 청교도 이념을 기반으로 한 권위주의적 호국 체제(Lord Protectorate)를 구성하여 사실상 개인 통치에 가까운 공화국을 운영했다. 크롬웰의 공화정은 군주정의 폐단을 제거하면서도, 자유민주주의의 조건을 충족하지 못한 과도기적 실험이었다.

이러한 고전적 공화주의는 공동선(common good) 안에서 실현되는 자유와 정치참여를 통한 자기실현을 의미하였다. 고전적 공화주의는 법에 의한 제한이나 간섭은 공화주의적 자유의 핵심 구성요소로 본다. 우리 모두는 자유롭기 위해 법에 복종한다는 키케로의 사상을 이어받아 로크는 법이 허용하는 범위 내에서 타인의 자의적 의지에 종속되지 않고 자신의 의지를 따르는 자유를 주장했다. 그러나 벤담은 모든 법은 침해가 결국에는 자유의 총합을 증가시키더라도 자유의 침해인 것은 변함없다고 했다. 따라서 예속을 줄이기 위해서는 법적 제약을 늘릴 수밖에 없게 되어 예속과 법에 의한 제약 둘 중 하나를 선택해야 한다.

1774년 영국 브리스톨 유권자 앞에서, 버크는 "나는 당신들의 대리인(delegate)이 아니라 수탁자(trustee)"라 말했다. 그는 의원이 지역 이해관계의 전달자에 머무르지 않고, 국가 전체의 정의와 자유를 판단하는 독립된 양심의 소유자여야 한다고 보았다. 그래서 "여러분의 의견을 따르기 위해 자신의 판단을 포기한다면 그것은 여러분을 섬기는 것이 아니라 배신하는 것이다"** 라고 했다. 이는 지역주의와 포퓰리즘적 압력에 휘둘리는 정치를 경계하고, 공화주의적 덕성과 책임을 강조한 이상적인 대의제 철학이다. 자유민주주의와 공화자유주의를 잇는 중핵을 지적한 것이다.

문제는 법과 규범이 리버티가 아닌 프리덤을 위해서 무엇을 제약하는가

---

*https://brewminate.com/government-and-social-structure-in-medieval-italian-city-states/?utm_source=chatgpt.com
**테렌스 볼, 리처드 대거, 현대 정치사상의 파노라마, 정승현 등, 아카넷, 2006, 189쪽.

이다. 자연권, 자유, 평등, 법치만으로는 부족하다.

로마공화주의의 사례는 공화주의적 덕성과 책임을 살펴봄에 있어 결정적인 시사점을 우리에게 깨쳐준다.

## 가. 스키피오의 꿈

이탈리아 정치철학자 모리치오 비롤리(Maurizio Viroli 1952~)는 공화주의가 자유주의와 민주주의로 나뉜 것은 개탄스럽다고 했다. 로마공화주의가 고전적 공화주의로 부활하려 했으나, 18세기 절대 계몽주의 시대에 법치에 의한 자유를 주장하는 자유주의로 먼저 나타났다. 이후 선거권 확대 등에 힘입어 평등과 참여가 민주주의의 도입으로 가능하게 되었다. 18세기 공화주의는 덕의 공동체를 재건하려는 기획으로서 공공선의 개념을 그리스 원천보다 로마적 원천으로부터 물려받고, 중세 이탈리아 공화국을 통해 매개된 언어로 서술하려 했다. 로마의 권위와 명성은 도덕적 힘에 크게 의존하여 신뢰, 명예 등의 미덕을 중요하게 여겼기 때문이다. 이탈리아 법철학자 노르베르토 보비오(Norberto Bobbio 1909~2004)는 민주주의란 공화국에 대한 사랑으로 이해되는 덕 없이는 해나갈 수 없기에 덕을 촉진 부양하고 강화시켜야 한다고 했다.* 하지만 리버티에 입각한 현대의 자유민주주의는 진정한 공화주의의 속성인 덕목을 놓치고 말았다. 잃어버린 로마공화주의의 덕목은 무엇이 있는지 몇 가지 사례를 살펴보기로 한다.

BC279년경, 재선 집정관 가이우스 파브리키우스(Gaius Fabricius Luscinus)는 피로스(Pyrrhus of Epirus BC319~BC272)가 아스쿨룸 전투에서 로마군을 압박하여 불리한 상황이었다. 그 때 피로스 진영의 한 탈주병이 보상을 해주면 돌아가 피로스를 독살하겠다는 제안을 하자 그를 체포하여 피로스에게 돌려보냈다. 파브리키우스는 그렇게 얻는 승리는 불명예이자 로마의 수치라며, 정정당당한 전쟁과 명예로운 승리야말로 로마 시민이 지켜야 할 가치임을 행동으로 보여주었고, 이는 원로원의 칭송을 받았다. 파브리키우스가 로마 포로 석방을 위해 피로스 진영에 가서 몸값 지급을 제안했으나, 피로스는 그의 청렴과 명예를 존중하는 인품에 감동해 돈을 받지 않고 포로들을 모두 풀어주었다.** 파브리키우스는 사망한 후 딸이 시집갈 때 지참금이 없어 원로원이 도와주었을 정도로 청렴했다.

BC255년 1차 포에니 전쟁 때 집정관 마르쿠스 아틸리우스 레굴루스(Regulus BC307~BC250)는 누미디아 기병에게 패배하여 포로가 되었다가, 원로원에 화평 교섭 차 풀려났다.

그러나 카르타고 포로들은 젊고 좋은 지휘관이나 자신은 늙고 쇠약하기에 포로 교환하지 말라고 원로원을 설득하여 전쟁을 계속하게 되었음에도 약속대로 다시 포로로 돌아가 고문을 당한 후 피살되었다. 그가 죽음으로 보인 것은 성실(fides), 명예(honor), 자기희생으로서 로마 공화정 시민의 '말의 무게'와 국가공동체에 대한 절대적 충성이었다.

BC216년 칸나이 전투에서 로마군 5만 명 이상을 전사시키고 승리한 한니발이 로마군 귀족 포로 대표 10명을 원로원에 보내 8,000명의 몸값 협상을 하려 했다. 그러나 원로원은 패전병이 돈을 주면 살아 돌아갈 수 있다고 생각하면 사기 저하로 패전할 우려가 있기에, 포로의 몸값 지불을 거절하는 것이 로마공화국의 원칙이라며 협상을 거부하였다. 10명의 대표 중 1명이 복귀를 거부하자 그를 묶어 나머지 9명과 함께 돌려보내, 복귀 약속과 명예를 지킴과 동시에 카르타고군의 사기를 저하시켰다. 로마는 절망에 빠진 상황에서도 그토록 고상한 영혼을 지녔다고 생각했기 때문이다.*** 이는 포로이자 패전국 시민임에도 불구하고, 맹세는 신성하며 위반 시 책임을 져야 한다는 로마의 정치 윤리를 보여준 사례로서, 공화국 시민의 핵심 덕목인

*노르베르토 보비오, 자유주의와 민주주의, 황주홍 역, 문학과지성사, 1992, 18. 민주주의의 미래.
**플루타르코스, 플루타르크 영웅전3, 김병철 역, 범우사, 2004.
***키케로, 의무론, 임성진 옮김, 아카넷, 2024, 227쪽.

신뢰, 성실(fides)과 명예(honor)는 목숨을 뛰어넘는 엄격한 규범이었던 것이다. 칸나이 전투 이후 수많은 도시가 로마를 배신하고 한니발에 가담했지만, 로마는 끝까지 협상을 거부하고 총력전을 선언하여 로마 공화정의 강인함과 확고한 신뢰 구조의 근간이 되었다.

제2차 포에니 전쟁에서 스키피오 아프리카누스(大스키피오 BC236~BC184)는 풍전등화였던 로마를 구한 전설적인 승리자였다. 로마의 최대 위협이던 한니발을 '자마 전투'에서 격파함으로써 로마를 구하고 '아프리카누스'라는 칭호를 얻었다. 승리 이후 스키피오는 점점 왕처럼 행동하기 시작했고, 법과 의회 절차보다는 개인의 권위와 카리스마로 정치를 주도하려 했다. 스키피오의 동생 루키우스 스키피오가 셀레우코스 왕조의 전리품을 착복한 의혹이 있자, 이를 좌시하지 않은 마르쿠스 포르키우스 카토(大카토 BC234~BC149)가 공공 자금에 대한 철저한 회계감사와 책임을 요구했다. 카토는 공화정 원칙을 수호하기 위해 국가의 영웅조차 비리와 사치, 권한 남용의 혐의는 공적 감시를 받아야 한다고 주장했다. 스키피오가 공적 자금 사용 내역을 밝히지 않아 탄핵 절차에 회부되었고, 스키피오는 자존심을 지키기 위해 스스로 은퇴했다. 이는 아무리 위대한 영웅일지라도 공동체의 덕과 책임의 기준을 넘을 수 없다는 공화정 정신의 상징적 사건이었다. 공화국의 시민은 법과 신뢰의 테두리 안에서만 명예로울 수 있다는 교훈이다. 大카토는 집정관 세르비우스 술피키우스 갈바(Servius Sulpicius Galba BC191~BC137)가 BC149년 경 히스파니아(오늘날 스페인) 원정에서 루시타니아(Lusitani)족과 조약으로 로마의 보호를 약속하고 무장을 해제하게 한 후, 약 7,000명 이상을 기습 학살하자, 85세 노구를 이끌고 전쟁범죄를 이유로 그를 민회에 고발했다. 정의(iustitia), 공약(fides), 책임(responsabilitas)의 신성함에 근거한 로마의 명예가 군사적 승리보다 우위에 있다는 점을 강조했다. 공화주의적 자유는 단순한 힘의 사용이 아니라, 도덕적 정당성 위에 세워져야 한다는 이상을 보여준 것이다. 또한 제2차 마케도니아 전쟁의 영웅인 루키우스 퀸크티우스 플라미니누스(Lucius

Quinctius Flamininus BC230~BC170)*가 귀환한 뒤 집정관의 위엄을 잊고 주정(酒酊)과 정욕에 빠져 여인과 연회 중, 흥을 돋우기 위해 죄수를 도륙케 하여 문제시되었다.

이에 大카토는 공화정의 지도자는 전쟁터뿐 아니라 일상의 품행에서도 시민의 모범이 되어야 한다며, 법 위반이 아닌 절제(modestia)와 공공적 명예(honor publicus)라는 공화국의 도덕 기준에 어긋난 행동이라는 이유로 플라미니누스를 원로원 명단에서 삭제하여 공적 명예를 박탈하였다.

미국의 초대 대통령 조지 워싱턴은 로마의 또 다른 인물 루키우스 퀸크티우스 킨키나투스(Lucius Quinctius Cincinnatus BC519~BC430)를 이상적 지도자로 추앙했다. 기원전 458년 킨키나투스는 채소밭에서 쟁기질하다 위기 시 전권을 행사하는 독재관(dicator)으로 임명되었지만, 국가가 위기에서 벗어나 안정되자 16일 만에 권력을 반납하고 농사로 돌아간 인물이다. 그는 절제(modestia)와 공공 책임(responsibilitas)이라는 덕목에 따라 권력을 사유화하지 않고, 공공의 목적에 봉사하는 것으로 지도자의 도리를 다한 것이다. 워싱턴은 독립전쟁을 승리로 이끈 후에도 왕이 되기를 거부하고, 두 번의 대통령 임기 후 스스로 물러남으로써 킨키나투스적 모범을 따랐다. 이처럼 로마 공화정의 이상은 단순히 고대의 이야기가 아니라, 자유와 책임이 조화를 이루는 정치윤리의 모범적 유산으로 이어져왔다.

『스키피오의 꿈(Somnium Scipionis)』은 키케로의 『국가론』(Res Publica)에 등장하는 철학적 환상 서사이다.** 로마의 명장 스키피오 아이밀리아누스(小스키피오 BC185~BC129)가 할아버지 大스키피오 아프리카누스를 만나 우주의 질서와 인간 영혼의 운명, 공화국에 대한 봉사의 의미를 깨닫는 환상적 꿈의 이야기다. 영혼의 불멸을 말하는 플라톤주의적 우주

*루키우스의 형이 티투스 퀸크티우스 플라미니누스로서 2차 마케도니아 정복 사령관이며, 비티니아에 숨어있던 한니발에게 체포조를 보내 자살하게 만든 장군이다.
**마르쿠스 키케로, 국가론, 김창성 역, 한길사, 2007.

론이 아니라, 공화국을 위해 헌신하는 삶이야말로 인간이 도달할 수 있는 최고의 명예와 자유의 경지임을 설파하는 정치철학적 선언이다. 자유를 창조한 사람들과 안목이 뛰어나며 희생정신을 가진 사람들은 저 세상에서도 만날 수 있다는 것이다.

『스키피오의 꿈』은 시민적 덕성(civic virtue)의 형이상학적 기반을 제공한다. 아프리카누스는 진정한 자유는 국가를 위하여 사는 삶에서 주어지고, 개인의 명예는 사적인 쾌락이 아니라 공공선을 위한 봉사에서 비롯되며, 이러한 삶을 산 자만이 별들 사이의 천상적 자리에 오를 자격이 있다고 한다. 명예(honor), 진실, 공동선, 자제, 공동체적 질서 안의 자유라는 공화주의 덕목의 중요성을 지적한 것이다. 자유란 더 이상 타인의 간섭이 없는 상태(non-interference)가 아니라, 의미 있는 삶을 선택하고 책임지는 '덕 있는 자유'다. 프리덤의 철학이 단순한 자유방임이 아니라, 윤리적 자기제약과 명예로운 시민적 책임을 통해 확립되는 규범적 자유라면, 『스키피오의 꿈』은 이를 고대 로마적 이상을 통해 극적으로 구현한 사례이다. 공화자유주의는 단순한 개인의 권리 보장을 넘어, 시민으로서의 명예와 책임, 공동체에 대한 헌신을 통해 이루어지는 프리덤을 자유라고 주장한다.

중세 암흑기를 지나고 18세기에 태동하기 시작한 민주주의는 한층 강직한 형태의 시민권을 대중의 동의로 대신하는 자유주의 정체에 정당성을 부여했다. 하지만 자유주의는 공적인 것보다 사적인 것, 시민 정신보다 자기이익, 공동선보다 개인들의 의견 취합을 끊임없이 강조함으로써 시민권의 퇴화를 불러오게 된다.

이러한 자유주의와 민주주의가 자유민주주의로 통합하여 나타나는 과정에서 결국 공화주의의 시민적 미덕은 부활하지 못하게 된 것이다.

칸트의 사례를 보자. 누군가 지인으로부터 막대한 자금을 관리해달라는 부탁을 받았고 이 지인이 죽었다고 가정해보자. 죽은 사람의 상속권자는 이런 사실을 알지 못하며 또 알 수도 없다. 자금 관리를 맡은 사람은 자신의 잘못도 없이 큰 어려움에 빠졌다. 그는 그 자금을 써서 자신의 불행한 가족,

아내와 아이들을 극빈 상태로부터 구해줄 수 있다. 더구나 그는 어진 성격으로 자선을 베풀기 좋아하는 사람인 반면, 저 상속권자는 냉혹한 부자이며 대단히 낭비벽이 심해 우연히 얻게 된 재산을 바다에라도 던져버릴 사람이다. 이제 이런 상황을 두고 여덟 혹은 아홉 살 아이에게 물어보자. 이런 상황에서 관리자는 맡겨진 자금을 자신에게 유리하게 써도 좋을까? 의심할 바 없이 아이는 이렇게 대답하리라.

"안 돼요! 그런 짓은 의무와 어긋나기 때문에 부당해요"*

우리는 이런 질문을 받는다면 이 아이와 같은 대답을 할까? 글쎄, 아마 재산관리자가 사용하는 것이 좋지 않으냐고 보는 사람이 더 많을 듯하다. 공화주의적 자유는 공공 봉사의무를 자유의 필연적 동반자로 생각하지만, 자유민주주의에서 자유는 의무보다 권리에 가까운 리버티의 개념으로 자리를 잡음으로써 공공선에 대한 의무 의식은 사라지게 되었기 때문이다.

요즘 공화주의가 자치정부의 참여를 최고 가치로 본다고 하지만 이것은 착각이다. 공화주의는 참여 보다 통치와 결정자가 공공선에 진정으로 봉사하려 하느냐 여부가 중요하기 때문이다. 대한민국 헌법 제1조는 '대한민국은 민주공화국이다. 대한민국의 주권은 국민에게 있고, 모든 권력은 국민으로부터 나온다' 라고 규정되어 있다. 공화국이란 국가 권력을 다양한 정부 기관에 분산 위임함으로써 상호간에 견제와 균형을 통해 개인의 권리를 보장하는 간접민주정 방식을 의미한다. 직접민주정 방식이 아니다. 플라톤은 직접민주정을 할 수 있는 이상적인 인구수를 5,040명으로 한정했고, 아리스토텔레스는 모든 시민이 서로 면식이 있는 범위에 있어야 가능하다고 했다.** 핵심은 직접민주주의가 아니라, 공화국의 시민으로서 덕목에 의거하여 자신의 언행을 스스로 규제할 수 있어야 한다는 점이다.

자유민주주의는 타인의 간섭이 없는 상태(non-interference)로서의 자

*마틴 반 크레벨드, 양심이란 무엇인가, 김희상 역, 니케북스, 2020, 172쪽.
**김진경, 고대 그리스의 영광과 몰락, 안티쿠스, 2014, 80쪽.

유를 제도화한 결과이다. 여기서 자유란 'individualwealth' 즉 개인의 소유, 이익, 선택의 자유를 확장하는 수단으로 이해된다. 국가의 역할은 그 자유를 침해하지 않도록 최소화되며, 공동체는 선택적 배경으로 전락한다. 반면 공화자유주의는 자유를 단순한 개인의 선택권이 아니라, 덕과 책임 속에서 실현되는 정치적 상태로 본다. 여기서 자유는 'commonwealth', 즉 공공의 선과 국가공동체의 도덕 질서 위에서만 정당화될 수 있는 가치다. 공화주의적 자유는 타인의 간섭이 없다는 외적 조건만으로는 부족하며, 국가공동체의 질서 속에서 자기 제약을 통해 얻어지는 내적 자유를 요구한다. 시민은 권리의 주체이기 이전에, 책임의 주체이며 공적 덕성(civic virtue)의 수행자이다. 오늘날 자유민주주의가 제도적 성공에도 불구하고 사회적 해체와 도덕적 무관심을 낳고 있는 것은 자유의 공화적 조건 즉 공동체적 삶의 질서와 책임을 회피했기 때문이다.

19세기 이후 등장한 민족주의(nationalism)가 어느 정도 이를 수용해주기를 기대했으나 그렇지 못했다. 고전적 공화주의의 시민적 덕성은 출신, 계층, 언어, 종교를 초월하여 정치 공동체 구성원으로서의 윤리적 자격에 뿌리를 둔다. 반면 민족주의는 관념, 기호, 연상 및 행동과 의사소통 양식의 체계 등 같은 문화를 공유하는 공통의 민족 정체성에 기반을 두고 '우리'와 '그들'을 구분하는 배타적 성격을 지닌다.*

고전적 공화주의가 이상으로 삼는 개방성과 보편성에 기초한 시민 공동체와는 뚜렷이 대비된다. 이질적인 문화를 가진 구성원이나 소수자는 민족주의 안에서 비시민 또는 비국민이 되며, 시민적 덕목을 실천하고 있더라도 진정한 정치 주체로 인정받지 못하는 경우가 많다.

역사적으로도 이러한 긴장은 뚜렷하다. 민족주의는 18세기 후반 피히테, 헤르더 등 독일 낭만주의자들에 의해 문화적 민족주의로 태동했으며, 19세기 프랑스 혁명 이후 정치적 민족주의로 발전되었다. 이후 민족주의는 통일 이탈리아·독일 등 국민국가 건설의 동력이 되었고, 1차 세계대전과 함께 극단적 민족주의와 파시즘으로 발전했다. 이 과정에서 공화주의적 덕목은

　　프리덤과 리버티

점차 주변화되거나 악용되었고, 특히 20세기 전반의 전체주의 국가에서는 시민성보다는 민족혈통이 정치적 정당성의 기준이 되었다.

따라서 고전적 공화주의의 시민 개념과 민족주의의 정체성 정치 사이에는 구조적 긴장이 존재한다. 전자가 개인의 능력과 참여를 중심으로 시민 공동체를 구상한 데 반해, 후자는 특정한 정체성과 배타적 범주를 중심으로 공동체를 구획짓는다. 이로 인해 공화주의가 추구하는 시민적 덕성과 민족주의는 이론적으로도, 역사적으로도 양립하기 어렵다고 평가된다.

이러한 사정으로 고전적 공화주의는 현대의 자유민주주의로 모습을 나타낼 수 없게 되었다. 영국 출신 뉴질랜드의 정치사상가 존 포칵(John Greville Agard Pocock 1924~2023)은 이 점을 정확하게 지적하고 있는데, 시민의 덕이 사라지고 사적 이익이 공적 삶을 대체하는 위기의 순간을 "마키아벨리언 계기(Machiavellian Moment)"라고 표현했다.[**]

고전적 공화주의가 시민적 미덕이 배제됨으로써 현대 자유민주주의로 '전락'하는 순간이다. 마키아벨리 공화주의의 핵심 개념은 자유, 덕성, 부패이기 때문이다. "마키아벨리언 계기"에 공화주의적 자유가 가장 격렬하게 논의되어야 한다고 보는 이유이다.

공화자유주의는 이 단절의 순간을 회복하고자 한다. 자유는 홀로 존재하지 않으며, 언제나 '누구와 함께, 어떻게 살 것인가' 라는 질문 속에서만 완성된다. 공화자유주의는 자유를 단순한 '간섭 없음'으로 보지 않고, 개인의 자유가 타인의 호의나 자의적인 의지에 의존적인 경우로부터의 자유임과 동시에 개인이 공화주의의 국가공동선을 추구하는 관계적 · 제도적 · 윤리적 구조 속에서 성취되는 프리덤을 목적으로 하는 정치사상이다. 키케로는 『스키피오의 꿈』을 통해 하늘의 별들 사이로 오르기 위한 조건은 정치적 자

---

*어네스트 겔너, 민족과 민족주의, 최한우 옮김, 한반도국제대학원대학교, 2009, 1장 민족주의 개념 정의.
**J G A 포칵, 마키아벨리언 모멘트1,2, 곽차섭 옮김, 나남, 2011.

유의 수호자, 즉 공화국의 시민으로서 살아가는 명예로운 삶이라 역설했다. 로마 공화정의 위대함은 권력자라 하더라도 덕(virtus)에 어긋나면 반드시 공적 책임을 물어야 한다는 정신에 있다.

공화적 이상은 제도적 장치뿐 아니라, 공공의 명예와 도덕적 기준에 따른 시민 감시라는 실천을 통해 구현되었다. 공화자유주의가 추구하는 자유는 자유민주주의가 놓친 바로 이러한 존재론적 명예 속에서 완성되는 것이다. "마키아벨리언 계기"를 집중 재조명하는 것이다.

## 나. 공화주의의 진화

공화자유주의는 자유로운 개인이 자유로운 사람들과 함께 생활하기 위해서 연대 덕목을 준수하는 공화주의 정치사상이다. 프리덤의 재발견에 기초한 것이다. 공화자유주의의 프리덤과 비슷한 사유를 하는 현대적 노력 가운데 하나는 '공화주의적 자유(republican liberty)'의 논의다. 근대 자유주의는 개인의 권리를 중심으로 자유를 개념화했다. 존 스튜어트 밀 이후 확립된 자유 개념은 '간섭받지 않을 권리', 곧 국가나 타인의 개입 없이 자신이 원하는 삶을 선택하고 추구할 수 있는 상태인 소극적 자유(negative liberty)가 중심이다. 그러나 이러한 자유 개념은 한 가지 중대한 물음을 간과한다. 바로 '그 누구도 간섭하지 않지만, 내가 여전히 지배받고 있다면 과연 나는 자유로운가?'라는 문제다. 노예해방을 둘러싸고 남북 간 전쟁이 치루어지는 동안 링컨은 진정한 '기독교에 기초를 둔 공화주의적 자유'는 세계의 기초로서 굳건하다고 했다.* 아무리 국가나 타인의 간섭이 없어졌다 하더라도 하나님의 간섭은 있는 상태에서의 자유를 언급한 것이다. 결국 밀의 자유는 공동체적 윤리와 도덕적 책임을 배제하고 개인의 선택과 자율성만을 강조함으로써 공동선의 기반을 약화시키는 결과를 낳았다. 이에 대한 반성은 20세기 후반부터 본격화되어 신로마공화주의(neo-Roman republicanism)와 신공화주의(new republicanism) 그리고 공화주의적 자유주의(Republican liberalism) 등의 형태로 나타났다. 이들은 모두 현대 자유주의의 한계를 넘어서기 위한 공화주의적 자유 개념을 발전시켜왔지만, 각 사상은 뿌리와 강조점에서 뚜렷한 차이를 지닌다.

신로마공화주의는 고대 로마 공화정의 시민 자유 개념에 뿌리를 두고, 마키아벨리, 루소 등이 시민적 자유와 참여를 강조하면서 발전시킨 근대 공화주의에 사상적 기원을 둔다. 영국 철학자 퀜틴 스키너(Quentin Robert Duthie Skinner 1940~)와 아일랜드 철학자 필립 페팃(Philip Pettit 1945~), 이탈리아 정치철학자 모리치오 비롤리 등이 이론적으로 체계화하였다. 이들은 자유를 단지 간섭이 없는 상태가 아니라 자의적 지배가 구조적으로 불가능한 상태, 즉 '비지배(non-domination)'로 재정의하였다. 신로마공화주의의 자유 개념은, 리버티가 놓친 지속 가능하고 정당한 자유의 조건, 즉 제도 · 참여 · 책임의 삼위일체를 복원한다. 이는 리버티를 단지 도덕적 자유로만이 아니라, 제도적 자유로 확장시켜주는 정치철학적 재정의이다. 자유는 지배받지 않기 위해 공동체를 함께 구성해가는 정치적 능동성이며, 공동체 안에서 성숙하게 실현되는 제도적 기반을 갖추게 된다.

퀜틴 스키너는 자유의 부재가 간섭이나 예속에서 기인한다고 한다. 『퀜틴 스키너의 자유주의 이전의 자유』(Liberty before liberalism)** 에서 고전 공화주의 전통을 복원하면서, 고대 공화국 시민은 단순히 권리의 수혜자가 아니라, 자유를 지키기 위해 공동체의 의사 결정에 적극적으로 참여하는 책임 있는 존재라고 설명한다. 리버티가 사적 권리의 개념으로 축소되기 이전의 고전적 자유 개념을 복원하고자 하며, 그것은 공동체의 주권에 참여할 수 있는 정치적 능동성으로서의 리버티이다.

비지배의 자유는 참여와 덕목의 삶 속에서 유지되는 것이며, 외부 통제의

---

*카렌 암스트롱, 신의 전쟁, 정영목 역, 교양인, 2021, 447쪽.
**퀜틴 스키너, 퀜틴 스키너의 자유주의 이전의 자유, 조승래 역, 푸른역사, 2007.

위험이 제도적으로 제거된 조건에서만 정당화된다.

페팃은 『신공화주의』*에서 리버티가 단지 '간섭받지 않을 상태'를 의미하는 반면, 공화주의적 자유는 간섭받을 가능성조차 없는 제도적 조건이 보장된 상태를 의미한다고 한다. 즉, 자유는 단지 간섭이 없다는 소극적 개념이 아니라, 지배가 구조적으로 불가능한 정치·사회적 틀 속에서만 확보되는 능동적 개념이다. 주권자가 간섭하지 않더라도 언제든 간섭할 수 있는 위치에 있다면 그것은 자유가 아니며, 잠재적 지배조차 없는 상태만이 진정한 자유라고 보았다. 노예의 자유는 진정한 자유가 아니며, 언제든 갑(甲)으로부터 '갑질'을 당하는 을(乙)에게 진정한 자유란 없다는 것이다. 자유가 단순한 선택이 아닌, 공동체 구성원으로서의 참여와 제도적 보장 외에 비지배를 포함하는 실천적 자유를 강조한다.

이러한 자유는 다음 세 가지 구체적 조건을 통해 실현된다. 법은 자의적이지 않으며, 모든 시민에게 동등하게 적용돼야 한다는 법치(rule of law), 권력은 분산되어야 하며, 모든 권력은 시민의 감시와 평가를 받을 수 있어야 한다는 제도적 견제와 투명성, 시민은 단지 통치를 받는 존재가 아니라, 통치에 참여하는 능동적 행위자여야 한다는 시민 참여다. 자유는 자연상태에서 주어지는 것이 아니라, 정치적으로 구성되어야 할 질서적 상태이며, 그것은 의도된 법의 간섭뿐 아니라 무분별한 지배 가능성 자체를 예방하는 제도적 구조를 통해서만 보장될 수 있는 것이다.

비롤리는 『공화주의』**에서 고대 로마 공화정의 정치적 유산에 뿌리를 두며, 자유란 지배(domination)로부터의 해방이라는 점을 핵심으로 주장한다. 마키아벨리, 키케로 등의 고대 로마와 르네상스 공화국에서 역사적 기초를 찾고, 자유는 법률과 제도의 설계와 공적 덕목 강조를 통해 비지배 방식으로 실현되며, 이러한 자유에 위험 요소는 권위주의적 통치자, 부패한 법률, 독점 권력이라고 보았다. 그의 이론은 고전 공화주의의 현대적 계승이라 할 수 있다.

신로마공화주의는 정의를 자의적 지배로부터의 자유(non-domination)

가 제도적으로 보장되는 상태로 본다. 정의란 개인이 타인의 의지에 복속되지 않고, 법과 제도를 통해 공정하게 대우받는 상태를 의미한다. 핵심은 '간섭이 없을 자유(non-interference)'가 아니라, 임의적 통제에서 벗어난 상태 자체가 자유이자 정의라는 점이다. 정의는 제도적 설계를 통해 시민 누구도 권력 남용의 대상이 되지 않도록 보장하는 구조적 조건의 문제이며, 시민의 권리와 참여가 그것을 가능케 하는 수단으로 강조된다.

신로마공화주의에 따르면, 자유로운 삶이란 단지 외부의 개입이 없는 상태가 아니라, 그 누구도 나의 삶에 자의적으로 개입할 수 없는 제도적 조건이 마련된 상태다. 설령 상대가 실제로 개입하지 않더라도, 그가 나를 언제든 제약할 수 있는 권력을 쥐고 있다면, 나는 여전히 지배받는 존재이며 자유롭지 않다. 이런 고민은 리버티 중심의 자유주의를 넘어서는 자유 개념을 제공했다. 그것은 '나 혼자서 결정할 수 있음'을 자유로 보는 것이 아니라, 누구로부터도 지배당하지 않고, 누구와도 함께 살아갈 수 있는 조건을 자유의 본질로 이해하려는 노력이다.

신로마공화주의의 자유는 리버티 개념에서 출발하지만 제도적 보장과정에서 프리덤의 요소를 도입하고 있는 것이다.

한편 신공화주의(New Republicanism)는 마이클 샌델, 찰스 테일러, 벤자민 바버 등이 이끄는 공동체주의적 전통으로부터 출발한다. 이들은 자유를 개인이 공동체 내에서 책임과 덕을 수행함으로써 성취되는 관계적 자유로 본다. 개인의 정체성은 관계 속에서 형성되며, 도덕적 실천과 정치적 참여가 자유의 본질이다. 고전적 자유주의가 공동체를 해체하고 개인을 원자화시켰다고 비판하면서, 자유란 공동체 안에서 책임을 지고 도덕적 미덕을 실천할 수 있을 때 비로소 실현된다고 한다. 샌델은 『민주주의의 불만』에서

* 원제는 'Ruplicanism, A theory of freedom and government'이나 곽준혁이 '신공화주의'로 번역하여 찰스 테일러 등의 신공화주의 사상과 혼란을 일으킨다.
** 모리치오 비롤리, ibid..

리버티 중심 자유주의가 시민성을 약화시켰고, 도덕의 공백을 초래했다고 지적한다. 루소의 일반의지론은 단일 의지와 만장일치를 바탕으로 하기에 그의 공화주의는 억압의 가능성 있어 위험한 정치, 보장이 없는 정치라고 했다.* 공화주의의 가치중립성 주장 때문에 교육이 황폐화되고, 정당한 권위를 경멸하며, 책임성과 의무감을 약화시킨다고 보았다. 신공화주의는 개인의 권리보다도, 공동체 안에서 형성되는 관계적 자아와 그 자아가 정체성과 책임감을 갖고 참여하는 정치 공동체를 강조한다. 자유는 프리덤으로서 정치적 참여와 덕의 실천, 상호책임을 전제로 해야 하며, 이러한 도덕적 기반이 없는 자율성은 허상에 불과하다는 것이다.

신공화주의는 정의를 공동체적 도덕 질서와 공공선(common good) 속에서 실현되는 시민적 덕성(civic virtue)으로 본다. 정의란 인간 개개인의 권리 이전에 우리가 어떤 공동체에 속한 존재인지, 즉 우리의 정체성이 형성되는 윤리적 · 문화적 맥락 속에서 실천되어야 하는 것이다. 정의는 공동체적 삶에 참여함으로써 얻어지는 공존의 도덕적 질서이며, 보편적 원칙보다 맥락적 · 도덕적 연대에 방점이 찍힌다.

미국의 정치철학자 리처드 대거(Richard Dagger 1945?~)는 전통적 자유주의의 개인 권리 담론과 신로마공화주의의 시민적 덕성 개념을 조화시키는 공화주의적 자유주의(Republican Liberalism)를 제안하였다.** 정의는 오직 개인의 권리 보장에만 기초하거나, 혹은 공동체의 덕성만을 강조함으로써 성립되지 않는다. 오히려 정의란 자율적 개인이 시민으로서 공공의 책임을 수행함으로써 권리를 정당화하는 구조적 균형 안에서 실현된다. "권리와 시민적 의무의 상호성(justice as balance between rights and civic responsibility)"이다. 정의는 단일 원리로 환원되지 않고, 자유주의적 권리와 공화주의적 덕성의 균형적 통합으로 형성된다. 이러한 정의관은 한편으로는 자유주의적 권리의 가치를 인정하면서도, 다른 한편으로는 공공선과 시민적 참여를 통해 그 권리의 정당성을 확보하려는 시도다. 대거는 이를 통해 도덕적 개인주의와 공동체주의의 일방성 모두를 넘어서고자 한다. 그는 '자유'는 단순히 침해받지 않는 권리가 아니라, 시민으로서 의무를 다하고 덕을 실천할 때에야 온전해진다. 자유란 권리의 단순한 소유가 아니라, 공동체 속에서만 정당하며 국가 참여 없이는 완전하지 않다. 각자 다름과 다양성을 수용하면서도 공공의 덕성을 위한 '공동의 기준'이 필요하다. 공동선을 위하여 정치 참여, 공공의식, 교육과 같은 제도적 요소를 통해 시민적 균형을 유도해야 한다.*** 그는 신공화주의자들처럼 공동체를 정체성 형성의 기반으로 삼지는 않으며, 신로마공화주의자들처럼 지배로부터의 해방에 정의를 국한시키지도 않는다. 그는 권리와 덕성, 자유와 책임 사이의 절충적 통합을 통해 정의를 구성하려는 독립적인 시도를 수행한다.

이러한 의미에서 공화주의적 자유주의는 공화주의의 덕성과 자유주의의 권리 논리를 연결하는 일종의 '정치적 중도 지대'를 형성한다. 그러나 이러한 절충성으로 인해 정의 개념이 덕성의 실천 원칙인지, 혹은 권리의 사회적 정당화 기준인지 모호해지는 비판도 가능하다. 이는 공화자유주의가 '마땅함'의 윤리로 정의를 재정의하는 시도와 중요한 대조점을 제공한다.

공화자유주의는 진화된 공화주의의 여러 전통을 포괄하면서, 질서와 책임의 윤리로서의 자유라는 새로운 철학적 자유 개념을 제시하며 한층 더 강한 도덕적 기반과 규범적 실천을 강조한다. 공화주의 이론은 모두 자유를 개인의 선택이 아닌 구조와 관계, 제도와 참여, 그리고 덕목의 실천 속에서만 실현될 수 있는 개념으로 본다. 그러나 공화자유주의는 한걸음 더 나아

---

*마이클 샌델, 민주주의의 위기, 안규남 역, 동녘, 2012, 10장 공공철학을 찾아.

**서재천(2007), 공화주의적 자유주의가 우리나라 시민성 교육에서 가지는 함의 고찰(The Implication of Republican-Liberalism on the Citizenship Education in Korea), 사회과교육 제46권 3호, 189~211쪽. 공화주의적 자유주의(Republican Liberalism)는 본서의 공화자유주의(Republic Freedomism)와 영어 표기로는 명확하게 구분되나 한글 번역이 비슷하여 혼란을 줄 수 있음에도 기 번역한 것을 존중하여 그대로 사용한다.

***Richard Dagger, Civic Virtues; Rights, Citizenship, and Republican Liberalism, Oxford University Press, 1997.

| 구 분 | 신로마공화주의<br>(Neo–Roman<br>Republicanism) | 신공화주의<br>(Communitarian<br>Republicanism) | 공화주의적<br>자유주의<br>(Republican<br>Liberalism) | 공화자유주의<br>(Republic<br>Freedomism) |
|---|---|---|---|---|
| 철학 | 로마 공화정<br>+<br>마키아벨리 | 아리스토텔레스<br>윤리 +<br>현대 공동체 윤리 | 신로마공화주의<br>+<br>자유주의 권리론 | 홉스의 질서관<br>+<br>공화적 도덕 규범 |
| 이념 | 자유 중심적<br>공화주의 | 규범적 공동체주의<br>프리덤 | 중도적 공화주의 | 최소 공화주의 |
| 자유 | 권리로서의<br>리버티 | 공동체 안의 자유<br>(도덕적 참여) | 권리와<br>의무로서의<br>리버티 | 의무 존중의<br>프리덤 |
| 정의 | 비지배 상태 | 공공선의 실현 | 공정 플레이<br>(fair play) | 자격(deserveness)<br>중립화정의론 |
| 덕성 | 갑질과<br>지배의 부재<br>(non–domination) | 공동체·윤리 중심 | 공동의 기준<br>(정직, 존중, 책임,<br>공공정신, 관용) | 제1덕목<br>(상호존중, 명예,<br>진실, 가족) |
| 국가 | 간섭의 억제자 | 덕성의 촉진자 | 국가 참여 필요 | 최소 도덕 질서의<br>수호자 |
| 실현<br>조건 | 법치, 견제,<br>시민 참여 | 관계적 자아,<br>공동체 참여,<br>시민 미덕 | 자유와 덕의 공존<br>(교육과 자율성) | 덕목 제도화<br>속의 자유 |
| 주요<br>사상가 | 퀜틴 스키너,<br>필립 페팃,<br>모리치오 비롤리 | 마이클 샌델,<br>찰스 테일러 | 리처드 대거 | 허명환 |

간다. 자유가 단지 정치적 제도에서 비롯되는 것이 아니라, 공감과 도덕, 책임과 신뢰의 덕목 속에서 구현되어야 함을 주장한다. 자유를 권리로 주어지는 것이 아니라, 도덕적 질서 안에서 실천할 자격이 성립될 때에만 허용되는 프리덤으로 본다. 자기 존재의 본질적 힘인 코나투스(Conatus)*를 이성적으로 실현할 때 진정한 자유를 누릴 수 있고, 이때 자유는 권리가 아니라 시민적 덕성이 있는 자기 실현이다. 프리덤은 존재자가 자기 존재를 충실히 살아가려는 노력 그 자체이고, 타자와의 조화 속에서 윤리적 질서를 만들어 내는 자유이기에, 코나투스는 단순한 생존 본능이 아닌 공화자유주의의 철학적 토대가 된다. 따라서 공화자유주의의 프리덤은 제도를 통한 질서가 아니라, 사람들 사이의 윤리적 협력과 실천의 체계다. 개인은 홀로 자유로울 수 없으며, 모든 시민이 상호 견제와 참여 속에서 공적 질서를 유지할 수 있을 때에만 진정한 프리덤이 가능하다. 이런 점에서 프리덤은 자연적 권리가 아니라 공동체 안에서의 정치적 능동성과 윤리적 책임을 수반하는 질서다.

　공화자유주의는 신로마공화주의의 자의적 지배가 배제된 구조적 조건을 수용하고, 신공화주의의 공동체적 시민 덕성과 책임 윤리를 이어받고, 공화주의적 자유주의의 덕성의 공동기준 형성에 국가 참여의 필요성을 공감하면서도, 그 위에 다음과 같은 철학적 전제를 세운다. 단순히 지배받지 않을 권리나 공동체적 윤리만이 아니라, 국가공동체가 요청하는 도덕 질서를 제1덕목(The first virtues)으로 구성원의 자율 속에 강제 가능한 범위로 설정한다. 프리덤이란 국가공동체 규범을 따르고 책임을 수행할 준비가 되어 있을 때 비로소 누릴 수 있는 질서라는 점에서, 공화자유주의는 윤리적 프리덤의 정치 철학적 체계이다. '지배의 부재'에 만족하지 않고, 제1덕목 같은 도덕적 덕목을 단지 사회적 권고가 아니라, 국가공동체의 규범으로 요구하고 보장할 수 있는 윤리적 기반이 되어야 한다는 주장이다. 공화자유주의의

---

*스피노자 철학의 핵심 개념으로서 자기 존재를 유지하려는 모든 존재의 본질적인 노력을 지칭한다.

자유는 자기결정의 결과가 아니라, 도덕과 질서를 감당한 자에게만 허용되는 실천의 상태다. 자유를 방임이나 자율로 환원하지 않고, 제도적으로 보호되고, 윤리적으로 요구되며, 관계적으로 실현되는 다차원적 질서로 본다. 이는 자유를 권리의 언어에서 책임의 언어로, 개인주의의 이상에서 국가공동체적 도덕의 수행으로 전환하는 새로운 자유 개념이다. 단순히 제도적 설계에 의한 자유가 아니라, 프리덤이 인간의 윤리적 의식과 국가공동체적 신뢰 안에서 유지되어야 한다는 철학적 요청을 수반한다.

자유 개념의 전통을 신로마 공화주의는 제도적 자유를, 신공화주의는 공동체 윤리를, 공화주의적 자유주의는 권리와 의무의 상호성, 그리고 공화자유주의는 연대적 도덕 질서 안에서의 실천과 책임을 강조한다. 공화자유주의는 자유를 단순한 권리가 아닌, 자격과 신뢰의 결과물로 본다. '할 수 있는 자유'가 아니라, '해야 할 것을 감당했을 때 주어지는 자유'이며, 국가공동체의 윤리적 토대 위에만 지속 가능하다. 이 새로운 자유의 틀은 자유민주주의의 종언 이후, 무기력한 리버티의 정치학을 넘어서는 철학적 대안을 제시한다. 공화자유주의는 자유를 회복하기 위한 철학적 선언이며, 자유란 선택이 아니라 책임에서 비롯되는 질서임을 드러낸다. 우리는 자유를 단지 절차의 결과가 아니라, 공동체의 규범과 목적을 반영하는 덕성적 질서로 복원하려는 시도, 즉 공화주의적 자유 개념의 부활을 검토하게 된다.

     프리덤과 리버티

# 3. 제1덕목(The First Virtues)

공화자유주의는 막연한 공동체주의를 정치적 이상으로 받아들이지 않는다. 공동체주의는 구성원의 차이를 용납하지 않고 다양성과 이질성을 통일성으로 만들려는 강한 동기에서 출발하기 때문이다. 국가공동체의 총체성 안에서 개인들은 개성을 유지하면서 조화를 이루는 개체가 된다. 논어 子路편에 '君子和而不同 小人同而不和(군자화이부동 소인동이불화)' 라 하여 군자는 조화롭게 어울려 살지만 개성이 있음이나, 소인은 똑 같으면서도 조화롭게 살지 못함을 지적한 글에서 공화자유주의는 화이부동과 유사하다. 가장 관대한 애국자와 가장 인색한 구두쇠도, 가장 용감한 영웅과 가장 비굴한 겁쟁이도, 모든 행동에서 자신의 행복과 복지에 동일한 관심을 가진다.[*] 인간의 개체성과 보편성이 조화를 이룰 때 비로소 국가공동체의 선이 개인의 이익과 함께 할 수 있는 것이다.

공화자유주의의 가장 두드러진 특징은 제1덕목을 둔다는 점이다. 제5장

---

[*] 데이비드 흄, 도덕 원리에 관한 탐구, 강준호 역, 아카넷, 2022.

에서 보았듯이, 사실과 가치의 이분론, 그리고 옳음이 좋음에 앞선다는 정의론, 그리고 개인주의의 대립항으로서의 공동체주의 등의 요인들은 서로 중첩적으로 영향을 미쳤고, 결국 개인은 각자 간섭을 받지 않고 좋음을 선택할 자유가 있다는 인식으로 발전하게 됨으로써, 프리덤의 덕목과 가치는 외면되었다. 하지만 어느 개인에게 좋음이란 것이 다른 개인에게도 모두 동등하게 좋은 것은 아니기에 리버티의 자유는 본원적으로 한계를 내포하고 있다. 자유가 도덕적 구속력을 배제하면 단순한 이기심으로 쇠퇴할 수밖에 없다. 어떤 사회체제든 만인에 대한 만인의 투쟁으로 타락하지 않으려면 그 체제에 참여하는 구성원들이 내면화할 일정한 윤리가 필요하다. 다양한 범죄 충동으로부터 구성원들을 다잡을 윤리 말이다. 단순히 절대 가치라는 전제와 인격체의 존엄에서 시작하면, 모든 개인은 국가나 어떤 자의적 의지에도 속박되지 않아야 한다는 자유주의는 국가 권력 강화로 끝나게 되어 있다. 로크는 이기심이나 '사적 악'이라는 낮지만 확고한 기반 위에서 시민사회를 구성할 때, 본질적으로 '부여되지 않은' 미덕에 헛되이 호소할 때보다 훨씬 더 큰 '공공 이익'을 성취할 것이라 했다.* 미덕이 담긴 관습과 법률이 없다면 국민들은 해밀턴이 지적한 "위대한 짐승(great beast)"이 된다고 토크빌은 주장했다. 위대한 짐승이란 다수결 제도에 대한 견제 장치가 없는 자유로운 민주주의의 잠재적인 위험을 비유한 표현이다. 모든 개인을 초월하고 계약 없이도 서로를 구속하는 객관적 가치와 진실을 믿을 때 자의적 권위에서 벗어난 자유와 질서 있는 공동체라는 개념이 자유주의 안에 함께 구현될 수 있는 것이다.**

자유 자체는 덕목이 아니다. 영화 『레옹』의 킬러는 생계 수단으로 살인청부를 받고 자유 의지로 살인을 한다. 칸트는 사람이란 이성에 따라 행동하는 만큼 자유롭다고 했지만 레옹의 경우를 반영하지 못한다. 그렇기에 자유는 차원 높은 무엇과 연계되지 않을 때는 덕목으로 간주할 수 없다. 모든 자유는 무엇을 위한 자유이며 차원 높은 무엇과 연계됨으로써 정당화된다. 따라서 모든 자유는 요구되는 목적 때문에 자유를 조건화하게 된다. 프리덤을

　　　프리덤과 리버티

정치철학적 배경으로 하는 공화자유주의 사상에서 '나너자유'의 기본적 덕목은 반드시 찾아야 할 필수과제이다. 국가공동체 나름의 고유한 정신세계를 반드시 유지해야 하기 때문이다. 제1덕목의 접근방식은 기존의 비개인주의적 정치철학에서는 시도한 적이 없는 독창적인 접근법이다.

사람의 행위가 진정으로 자유롭다고 하기 위해서는 어떠한 형태의 목적을 필요로 한다. 따라서 우리는 자유롭기 위해 어떠한 방식으로든 목적을 채택해야 한다. 당연히 그런 목적은 궁극적인 가치에 기반을 두어야 한다. 자율적으로 궁극적인 가치나 이상을 설정하고 이에 맞춰 행동할 때 자유로운 것이다. 가치나 이상 대신, 욕정이나 정념 혹은 자기이익을 따르는 것은 천박하다 할 것이다.

정당의 사당화, 보스정치, 정치인의 자질, 도덕적 부패, 압력단체 등에 대한 판단이 가치와 유리된 것이라 한다면 가당하겠는가!

공화자유주의는 프리덤의 제도적 삶(institutional life of freedom)이 가능한 질서를 구축할 수 있어야 한다. 덕목에 무관심한 것이 아니라 덕목 있는 자유주의(virtue liberalism)가 되어야 한다. 덕목은 자유주의적 사회의 핵심 가치로서 의무와는 다르다. 우리가 생각할 수 있는 덕목으로는 신중, 조심, 진취, 근면, 열심, 검소, 절약, 양식, 사려, 분별. 절제, 절주, 인내, 지조, 끈기, 사전숙고, 이해심 많음, 비밀엄수, 정돈, 설득력 있게 말함, 수완, 침착, 이해의 빠름, 표현의 재능 등등이다. "모세의 10계명" 핵심은 공동체 인간관계를 규제하는 것이다. 그 중 비종교적 영역으로 적용 가능한 계명은 부모 공양, 살인, 간음, 절도 금지, 타인 재산권 존중 등이다. 메소포타미아 문명의 "함무라비 법전"이나 고조선의 "8조 법금"에 공통적으로 들어가는 항목은 사람을 죽인 자는 사형, 남을 다치게 한 자는 곡물로 배상, 도둑질한 사람에 대한 처벌이다. 고전 시대 미덕은 용기와 기독교의 사랑이었으며,

*레오 스트라우스, 자연권과 역사, 홍원표 역, 인간사랑, 2001, 5장 로크의 자연권 사상.
**러셀 커크, 보수의 정신, 이재학 역, 지식노마드, 2018.

스토아학파는 인생에서 좋은 것인 돈, 지위, 가족을 얻으려 노력을 하되 자존감, 가치 그리고 담대함을 잃지 않는 한에서만 이루어져야 한다고 했다. 아담 스미스는 신중, 절제, 정의, 지혜를 4가지 미덕으로 여겼다. 르네상스 시대 이후 인간이 추구해야 할 덕목들 중, 사랑, 죽음, 가족, 도덕, 진실, 신 그리고 별이 빛나는 드넓은 우주에 대한 질문과 삶의 의미, 가치, 목표와 같은 것에 의문을 두고 고민하는 가운데 예술이 새롭게 등장하였다. 다른 한편으로 덕목의 한계를 지적하기도 한다. 간디는 근로 없는 부, 도덕심 없는 쾌락, 정직하지 않은 지식, 윤리 없는 상행위, 인간성이 결여된 과학, 희생 없는 명예, 원칙 없는 정치, 이들은 모두 폭력을 부른다고 했다.*

니체가 『차라투스트라는 이렇게 말했다』에서 말한 "최후의 인간(der letzte Mensch)"이란 인생에서 '가련하기 그지없는 안락함' 밖에는 아무런 열망도 남아 있지 않아, 고통도, 위험도, 위대함도 원하지 않는 인간의 상징이다. 열정이 상실되었기에 오직 일신상 편안함만을 추구하고 '비루한 안락'을 최우선적 관심사로 삼는다. 자본주의 사회에서 살아남아야 한다는 긴박함 때문에 본질적인 가치를 가진 목표들이 파괴되거나 주변화된다. 금욕주의, 영웅주의에 빗장이 채워져 고귀함이 상실된 것이다. 삶을 살아가는 어떤 목적이나 선을 전제하지 않기에 자기중심을 우선하게 되고, 결과적으로 공동체에 대한 귀속성, 탄생과 결혼과 가족과 공동체에서 생겨나는 연대는 부차적인 것이 되어버린다.

사회 구성원으로 현대의 개인은 각자 성향이 다르고 뚜렷하며 독특하고 그 정도도 다양하다. 그러한 개인이 생존에 필요조건인 국가공동체를 유지하고 바람직한 방향으로 운영해나가기 위해서는 개인의 도덕과 윤리에 대해 덜 형식적인 개인주의가 필요하다. 자유분방한 개인은 오히려 믿을 만한 구성원이 될 수 없다. 도덕적 의무는 개인의 취향이나 습성과는 관계없이 특정한 것을 해야 한다는 사고이다. 그런 사고가 필요하면서 더욱 중요해지는 것은 개인에게는 그렇게 하려는 자발적 경향성이 없기 때문이다.

그러나 자기중심을 도우는 사람들은 타자이지만 중요한 타자이다. 외적 존재가 아니다. 고립된 '나' 가 될 수 없다. '나너자유' 가 필요한 것이다. '나너자유' 이기 때문에 나의 외부에 있는 도덕의 원천을 의무로 받아들이고, 이를 비루한 안락을 추구하는 과정에서라도 준수해야 하는 것이다. 더 이상 도덕의 원천은 객관적인 것이 아니라 주관적이고 개인적인 공감을 통해 접근하는 것이다. 도덕의 원천을 규정할 수 있는 유일한 길은 개인적 공감을 통해서다. 최소한의 도덕 원천을 공감을 통해 도출하고 이를 준수하는 한 개인은 공동체의 구성원으로서 프리덤을 누릴 수 있고 비지배의 자유도 가능하게 된다. 네가티브 시스템이 작동하는 것이다. 중세 프랑스 보베의 자치도시 헌장에는 주민들이 권리와 특권을 누리기 위해서는 "도시의 성벽 안과 교외에 있는 모든 사람들은 공동체 서약을 해야 한다"고 정했다.** 무엇을 칭찬하고 비난해야 하는지를 우리에게 말해주고, 가족의 가치와 시민적 덕목을 배양하는 것은 사회의 일이다. 모든 국가는 자체의 가치와 덕목을 가르쳐야 한다. 우리는 시민으로 태어나는 것이 아니라, 살아가면서 자유의 기술과 기능을 배워야 한다. 토크빌이 지적한 지속적인 '자유를 위한 숙련 과정' 이 필요한 것이다.*** 국가가 제공하는 시장의 실패. 공공재, 비용체감, 외부경제, 정보의 비대칭성을 해결하는 혜택을 누리기 위해서, 개인은 일정한 책무 바탕 위에서라야 비로소 자유를 향유할 수 있다. 덕과 자유는 함께 쇠락하는 만큼 덕은 자유의 조건이다. 개인은 공동생활에 참가하고, 다른 사람에게, 또 다른 사람을 위하여 책임을 가질 때 보다 강하고, 자신감 있고, 이해력이 있다.**** 모든 사람들이 도덕적 책임감을 공유하고 있어야 한다. 인간의 이성, 공감 그리고 역사적 교훈 등으로부터 그런 것을 정리한 것을 공화자유주의 제1덕목으로 구성하는 것이다. 정치적 목적의 기초가

*미치오 카쿠, 미래의 물리학, 박병철 역, 김영사, 2012, 9장 서기 2100년의 어느 하루.
**래리 시덴톱, ibid., 20장 도시의 반란.
***벤자민 바버, 뜨는 도시 지는 국가, 조은경 최은정 옮김, 21세기북스, 2014, 94쪽.
****마이클 왈쩌, 관용에 대하여, 송재우 역, 미토, 2004, 190쪽.

되는 핵심적인 정치적 가치와 선은 사회 전체가 인정하는 것이어야 한다. 단순히 내가 싫고 내가 혐오한다고 시민의 자유를 제한하는 근거로 삼을 수는 없다. 따라서 우리는 이러한 선과 가치를 점정적인 협정이 아니라 좋은 것으로 받아들이도록 요구할 수 있어야 한다.

'로빈슨 크루소'가 아닌 '나와 너'의 공동체 생활을 할 수밖에 없는 인간으로서, 그것이 프리덤의 기본 바탕을 유지시켜 줄 수 있다. 이미 구조적으로 이런 것이 요구되고 있기에, 우리가 지금 다시 노예제를 주제로 논의하고 제도화하는 시도조차 할 수 없는 것이다.

공화자유주의 제1덕목은 관념적이지만 이를 따르고 실행하는 행위자는 실제적이다. 이 덕목을 우리 스스로가 합리적으로 부과할 때 실제적인 규범이 되는 것이다. 공감된 도덕의 원천은 공적 질서로 편입되어야 한다. 여기서 홉스의 철학이 활용된다. 국가가 제시하는 도덕은 전체주의로 변질되기에 일체의 국가 주도 도덕은 거부되어야 한다는 사고는 지극히 편협적인 양비론이다. 옳고 그름의 문제가 아니다. 그것은 차라리 결정하기가 쉽다. 옳고 그름의 문제가 아니라 옳음과 옳음의 문제이기에 전향적으로 대해야 한다. 헤겔도 존재의 비극은 옳고 그름의 갈등이 아니라, 옳고 옳음의 갈등이라 했다. 정치의 영역과 도덕의 영역이 따로 존재하는 것이 아니다. 국가란 결국 도덕 체계를 집행하려고 존재하는 것이어야 하지, 개인의 이해를 조정하기 위해 존재하는 조직이 아님을 알아야 한다. 일단 옳다는 것이 수용된다면 정도의 문제만 남는다. 최소한의 도덕 원칙이 '나너자유'의 규범으로 동의가 된다면 공적 질서화하여도 문제가 없다. 최소한의 도덕 원칙은 전장에서 살펴본 공감과 공정의 논의를 기초로 하여야 한다. 유사 이래 1,170억 명의 인류 중 현재 80억 인구는 7%에 불과하다. 하지만 나머지 93%의 인간도 46개 염색체에 의해 포유류로서의 삶을 살았고 그들이 남긴 관행과 경험과 지혜로 최소한의 도덕 원칙은 가능하다. 인류의 역사는 위대한 정신적 비전이 역사가 진전됨에 따라 독이 든 성배였고 야만의 원인이 되었음을 보여주고 있다. 도덕적으로 중립적이지 않고 분명한 도덕적 내용을 갖는 자유주의를 제시할 수 있어야 한다. 인간에 대한 동등한 존중, 표현과 양심의 자유에 대한 명확한 사회적 가치를 표명할 수 있어야 한다.

그러한 도덕 원칙은 충분하게 선험적으로 도출가능하며 역사적으로 사후 실험을 통해 검증도 가능하다. '올빼미와 철학에게 좋은 황혼녘의 분위기'를 우리는 이미 알고 있는 것이다. 이러한 추덕(樞德 cardinal virtues)을 공화자유주의의 제1덕목이라 한다.

## 제1덕목의 토대

프리덤은 '나너자유'다. 나와 너, 즉 자아와 타자의 비대칭적인 차이에서 관계가 시작되고, 관계가 서로에 대한 질서를 짓게 만들고, 이것이 윤리와 도덕의 기초가 된다. 마이클 샌델은 '철학적 인류학'을 주장했다. 경험적 일반화가 아니라 반성적으로 도달한다는 점에서 철학적이고, 다양한 가능 형태의 정체성에서 인간 주체의 본성에 관심을 둔다는 점에서 인류학이라는 것이다.* 개인의 다수성과 개별성을 다루는 것은 사회의 선이 그것을 향유하는 개인의 이득에 내재한다고 한다. 기존 공동체주의자들이 내세우는 덕목은 공동체가 합당하다고 인정한 미덕이나 전통으로서, 개별 구성원들은 그러한 미덕에 종속되어야 하는 것으로 논의를 진행한다. 하지만 그런 미덕에 개인이 동의하지 않는다면 그것은 강요가 되고, 나의 자유를 침해하는 것으로 인식하기에 공동체주의는 쉽게 동의되기가 어려웠다. 그러나 그런 논의는 이분법적인 단순 논리였다. 모든 미덕이 동일한 미덕이 아니다. 미덕 중에도 우선순위가 있고 누구나 동의할 수 있는 미덕이 있다. 그동안 공동체주의는 이러한 미덕에 대한 구체적인 탐구를 추구하지 않았다. 이것 아니면 저것으로 흑백론적 논의를 진행했기 때문이다.

*마이클 샌델, 정의의 한계, 이양수 역, 멜론, 2012, 146쪽.

사실 공공적 덕에 대한 공화주의적 복종 의무에서 전체주의와 테러의 기원을 발견할 수 있었기 때문이다. 로베스피에르가 권력을 장악했던 프랑스 혁명 시기(1792~1794)에 덕의 공화국(republic of virtue)이 작동할 때 충분한 폭력을 경험하였다. 영국의 올리버 크롬웰의 공화국도 신앙심과 계율을 엄수하는 덕의 공화국을 추구했지만 그의 사후 급격히 몰락했다. 공동체의 덕목이 경계를 나누고 타인을 심판하고 배제하는 기준으로 사용되어서는 안 된다는 것을 교훈으로 남겼다.

샌델은 옳음이 좋음에 우선한다는 것은 도덕적, 종교적 가치에 대한 이견은 자유로운 제도 아래 이루어지는 인간 이성 활동의 정상적인 결과라는 '합당한 다원주의의 사실'에 기인한다고 한다.* 정치적 정의가 선에 대한 우선성을 가지지 않으면 합당한 도덕적, 종교적 신념의 지지자 간 사회 협력 기반을 제공하는 데 실패할 것이기 때문이다. 샌델은 모든 도덕적, 종교적 가치에 대해서는 개인들의 신념이 합치될 수 없다고 보고 그것을 당연한 것이라는 전제를 기초로 논리를 전개한다.

본서는 종교적 가치에 대해서는 검토하지 않는다고 했다. 예컨대, 가톨릭은 수태 순간 이미 인간이라고 보는 종교적 가치관을 여기에서는 논의하지 않는다는 것이다. 낙태의 찬성 여부를 둘러싼 각자의 생명체에 대한 종교적 신념을 존중한다. 그러나 종교적 가치가 아니더라도 모든 도덕적 가치가 모두 개인들 간에 의견일치를 볼 수 없는 것은 아니다. 무지의 베일 뒤에서 다수의 인격들이 특정 정의 개념에 대해 만장일치에 이른다면 굳이 무지의 베일 뒤로 갈 이유는 없다. 가상적으로 그런 상태를 상상하고 연역적으로 모두가 동의할 수 있는 덕목들은 왜 도출할 수 없다는 것인가?

모든 개인은 각자의 자유의지로 선택할 수 있으나 그 선택이 존중받고 비판받을 공간이 필요하다. 그 동안 살펴본 바에 따라 리버티가 아니고 프리덤의 자유가 되어야 하기 때문이다. 개인들이 모여 공동체를 이루는 것을 구성적 공동체라 한다. 일상 삶에서 소소한 선택을 하는 사람들, 타인의 공감을 얻고 싶어 하는 사람들, 약자를 배려하고 사랑으로 안으려는 사람들,

그러면서도 우리의 공동체를 위하여 더 높고 중요한 가치에 헌신하려는 사람들이 함께 모여 살기 때문이다. 자유를 '사실'로 환원할 수 없으며, 프리덤에는 언제나 도덕적 가치 판단이 포함된다. 이성이 스스로 설정한 가치는 '규범적 사실'로 작용한다는 것을 제6장에서 '이성의 사실'에서 살펴본 바가 있다. 우리는 공감을 통해 무엇이 소중한 우리 공동체의 미덕이어야 하는지를 수많은 역사적 경험을 통해 도출할 수 있다. 자유주의자는 공정한 사회란 일정한 혜택과 부담을 분배하는 체계이며, 그러한 혜택은 다양한 교리를 지닌 모든 사람이 정치적 합의를 이루고자 할 때 동의할 수 있는 본질적인 부분이라는 생각에 동의한다.** 자신의 도덕관이 어떠하든, 정치적 성향이 어떠하든 우리가 의견합일을 볼 수 있는 덕목들이 분명히 있다. 두 사람이 종교, 정치적 관점, 궁극적인 삶의 목표가 서로 달라도 친구가 될 수 있고 연인이 될 수도 있다. 신념의 문제는 선택의 폭이 너무나 크기 때문에 사람들을 결속시키기보다 오히려 단절시키기 쉽다. 민주주의 사회는 특정한 선택의 가치와 유효성을 인정하지 않도록 도덕주의에 대항한다. 그렇지만 공화주의의 제1덕목은 일반화된 인간의 선호나 욕망에 토대를 둘 수 있다. '상호존중'의 덕목을 누가 반대할 수 있을 것인가? 물론 때에 따라 사람은 상대를 멸시하고 모욕하며 심지어 살해할 수도 있다. 그렇다고 우리가 나 이외의 사람을 존중하지 말아야 한다고 할 수는 없다. 비록 상대가 원수일지라도, 희대의 살인마일지라도 그 인격을 존중하여 적법절차에 의해 합당한 처벌 절차를 밟는 것이 현대사회의 제도적 구성틀이다. 샌델은 옳음의 보편성에 대해서 비판적이면서 명확한 대안은 유보적이고 신중하다. 덕목의 선택에 정당성을 부여하는 것이 반드시 단일한 이유에 의한 합의(consensus)일 수도 있지만, 꼭 그럴 필요는 없다고 본다. 다양한 이유가 정당성을 약화시키는 방향으로 작용하기보다 정당성의 형성으로 수렴

*마이클 샌델, 정의의 한계, 이양수 역, 멜론, 2012, 401쪽.
**마사 누스바움, 혐오와 수치심, 조계원 역, 민음사, 2015, 597쪽.

(convergence)하는 것으로 규정될 수 있기 때문이다. 미국의 철학자 찰스 라모어(Charles Larmore 1950~)는 『정치철학』에서 "합당한 불일치(reasonable disagreement)"라는 개념을 사용했다.* '네커의 정육면체' 나 '반잔의 물' 을 바라보는 시각은 개인에 따라 다를 뿐이지 누가 옳고 틀렸다는 것이 아니다. 합당한 불일치는 옳음 간의 대립과 갈등에 의해 일어나기에 옳음과 그름 간의 이성적인 선택의 문제와는 다르다. 법정의 판결은 정치적 갈등을 해결할 수 없고, 모든 국민에게 정신과 마음의 평화와 화합의 정신을 가져다줄 수 없다. 그러므로 정치적 자유주의의 핵심 가치를 우선으로 덕목화하고, 나머지는 합당한 불일치의 영역으로 분류하는 것이다. 합당한 불일치 영역에 속하는 가치들이 존 롤스의 '중첩적 합의' 를 이룰 수 있다면 핵심 가치로 인정될 수 있을 것이다. 개인이 덕목들에 대해 다양하게 반응을 보이는바, 평균적인 중심으로 수렴하는 덕목도 있고 양 극단과 아웃라이어의 존재를 보이는 덕목도 있을 것이다.

국가공동체의 평균적 수렴을 보이는 덕목이 공화주의의 덕목이 되고 이것이 법, 도덕, 윤리의 토대로 작동해야 한다. 호주의 범죄학자 브레이스웨이트(John Braithwaite 1951~)는 좋은 사회란 핵심 덕목에 대해 합의를 이루고, 보편적으로 합의되지 않는 덕목에 대해서는 제도적으로 갈등을 격려하는 곳이라 했다. 좋은 사회가 합의를 이루는 핵심 덕목으로는 프리덤, 다양성 진흥 그리고 건설적 갈등을 들었다.**

제1덕목은 롤스의 원초적 입장에서 중첩적으로 선택되는 덕목이라 할 것이다. 신과 종교에 관한 것, 인간의 불멸성 또는 영혼의 속성과 존재와 관련된 형이상학적 교리, 그리고 정치적 영역 바깥에 놓인 윤리적, 미적, 심리적 교리는 중첩적 합의의 대상인 정치관에 포함해서는 안 된다. 정치적 객관성은 궁극적인 진리와는 주의 깊게 구분되는 것이다.*** 진리라는 것을 주장할 수는 있지만 협소한 범위 내에서 그칠 수도 있기 때문이다. 의무론적 자유주의는 칸트 식 주체와 연결되는 난점이 있지만, 『교육학』에서 인간의 자유에는 강제가 필요하고 했다. 자신의 자유를 사용하면서 동시에 강제력을 가진 법칙의 지배에 스스로를 예속시키는 문제가 남을 뿐이라는 것이다.**** 감각계의 인간의 공감 능력에서 도출되었기 때문이다. 공화자유주의의 제1덕목은 인간의 선택에서 비롯되는 선보다 근원적이다. 올바름이기에 개인의 선보다 우선되어야 하는 의무론적 자유주의가 되는 것이다.

그래서 공화자유주의는 적극적으로 프리덤의 자유를 누리며 공동체를 유지할 수 있는 제1덕목을 연역적, 서사적, 역사적, 맥락적으로 구성한다. 인간의 본성과 공감에 의한 객관적 도덕이 가능함을 알 수 있는 역사적 근거들이 있다. 정치적, 사회적 리더들이 목적의식이 없는데 나라가 목적의식을 잃은 것처럼 보이는 건 전혀 이상하지 않을 뿐이다. 정치에 "원칙은 없다, 이기면 끝이다"라는 의식이 팽배하면 안 된다. 단호하게 끝과 한계를 보여주는 역할을 공화자유주의 제1덕목은 수행해야 한다. 제1덕목은 맨눈으로는 보이지 않지만 결국엔 스스로 그 가치를 입증하게 될 것이다.

공화자유주의는 단순히 프리덤의 정치적 형식만을 다루지 않는다. 그 프리덤이 도덕적으로 정당화되고, 공동체 안에서 실천될 수 있으려면 공통된 규범적 기반, 곧 제1덕목이 요청된다. 이 미덕들은 단순한 사회적 선호나 문화적 관습이 아니라, 선험적으로 직관될 수 있는 도덕적 근거를 가져야 하며, 그 기반을 마련해주는 철학적 전거 중 하나가 스코틀랜드의 철학자 로스의 "제1의무(prima facie duties)" 윤리학이다. 로스는 『옳음과 좋음(The Right and the Good)』(1930)에서, 도덕적 삶은 단일한 원칙이나 결과만으로 설명될 수 없으며, 여러 개의 도덕적 의무가 중첩되고 충돌하는 다원적 구조를 갖는다고 주장했다. 그는 이를 '제1의무' 라는 개념으로 설명하며,

*찰스 라모어, 정치철학, 장동진 옮김, 명인문화사, 2023.
**Braithwaite, John(1989), Crime, Shame and Reintegration, Cambridge and New York: Cambridge University Press, p.185.
***마사 누스바움, 혐오와 수치심, 조계원 옮김, 민음사, 2015. 590쪽.
****임마누엘 칸트 지음 빌헬름 바이셰델 엮음, 별이 총총한 하늘 아래 약동하는 자유, 이학사, 2002, 25쪽.

다음과 같은 일곱 가지 기본 도덕 원칙, 즉 충실(Fidelity), 보상(Reparation), 감사(Gratitude), 정의(Justice), 선행(Beneficence), 자기계발(Self-improvement), 해악회피(Non-maleficence)를 제시한다. 제1의무는 도덕적으로 성숙한 이성이 직관적으로 인식할 수 있는 자명한 원칙들이며, 단순한 감정적 충동이 아니라 도덕 이성의 훈련된 직관에 기반한 판단이다. 로스에 따르면 우리는 제1의무들을 모두 인식하고 있지만, 상황에 따라 서로 충돌할 수 있다. 이 경우 각 상황의 맥락에 따라 어떤 의무가 '실제 의무(actual duty)'로 우선되는지를 판단해야 한다. 그 판단 역시 감각이나 경험이 아니라, 도덕 직관의 신중한 숙고를 통해 이루어진다.

몽테스키외는 행위의 지도원칙과 기준을 왕정에서는 명예, 공화정에서는 미덕, 압제정치에서는 공포라고 했다. 세네카의 최고의 미덕은 정신의 숭고함, 건강, 자유, 조화, 아름다움(sublimitas et sanitas et libertas et concordia et decor animi)이다.* 덕을 자연적 덕과 인위적 덕으로 구분하고 전자는 자비심의 덕, 후자는 정의의 덕이 속하는 것으로 간주한다. 정의의 덕은 공공선을 위한 관습적 규칙들의 존재에 의존하나 자연적 덕의 존재는 본능적이고 공리에 달려 있지 않다고 한다.

공화정에서 미덕을 지도원칙으로 할 때 '합리적인 사람이라면 당연히 바라는 것'을 제1덕목이라 한다. 개인은 각자의 선관이 있고 추구하는 삶의 목적이 있을 것이다. 또한 정치 성향은 사람마다 당연히 다를 것이다. 그럼에도 불구하고 합리적인 사람이라면 누구든 바람직한 덕목이라고 할 미덕들이 있을 것이다. 주제넘었던 우리의 시건방진 장광설에, 침묵의 법칙이 강요되는 조용한 묘비가 세워진 이후에도 이해될만한 그런 덕목이 분명히 있다. 사실과 가치를 동시에 포함하는 두꺼운(thick) 용어들이** 있기에 사실과 가치의 구분이 명확한 것은 아니다. 어떤 윤리 도덕적 믿음이 우리의 삶에 최선이라는 의미를 반성적(reflective) 수준에서 확인된다면 충분히 채택할 수 있다. 어떤 가치에 대한 합의가 강제된 것이 아니려면 우리의 삶 내부에서 자라나야 할 것이다. 개인의 자유로운 삶의 추구뿐만 아니라 각자 삶의 상이성과 윤리적 다양성을 허용하는 제도를 함축해야 할 것이다. 인간의 존엄성, 상호 존중, 호혜성, 평등한 대우, 자존감, 자유의 보호 등은 모두가 동의하고 또 해야 한다. 인간 중심성은 인간 전체 행복의 최대화 또는 보편화될 수 있는 준칙에 기초한다는 의미이다. 공화자유주의의 제1덕목 역시 이와 유사한 선험적·다원적 구조를 갖는다. 상호존중, 진실, 명예, 가족의 가치는 단일 원리에서 연역된 것이 아니라, 공동체적 삶 속에서 반복적으로 확인된 도덕 질서의 기초 감각이다. 이 미덕들은 단지 문화적 취향이 아니라, 공감과 이성이 결합된 도덕 직관에 의해 자명하게 인식되며, 공화자유주의는 바로 이러한 미덕의 질서에 기초한 프리덤의 형식을 주장한다.

사실상 공동체 구성원 간에 공통적으로 일치된 정의감 없이는 시민적 우호 관계는 존속할 수 없다. 국가를 형성하는 한 민족의 구성원을 하나로 통합하는 요인에는 함께 살겠다는 열망, 역사 유산을 분할하지 않고 소중하게 보존하려는 의지, 그리고 실질적인 암묵적 동의가 있어야 한다. 제1덕목이 아무리 공동체 구성원의 합의 가능성이 높음을 전제로 도출되었다 하더라도, 개인이 이를 어길 가능성은 항상 존재한다는 것을 우리는 역사의 경험에서 알 수 있다. 살인을 금하였고 도둑질을 금한다 해서 이러한 악덕이 사라지는 것은 아니다. 모든 사람이 언제나 타인의 자유를 존중하리라고 신뢰할 수도 없다. 인간은 신성하게 이성적이어서, 인간을 추상적인 근거에 입각해 법을 만들 능력이 있는 존재로 대우하려고 시도하는 사회는 도벳(Tophet)***과 같은 지옥이 될 뿐이다.**** 개인들이 집단적인 문화적 관습에 순응하는 것은 집단 내의 다른 이들과 제휴하고, 조정하고, 비순응

---

*찰스 테일러, 자아의 원천들, 권기돈, 하주영 역, 새물결, 2015, 312쪽.
**버나드 윌리엄스, ibid., 243쪽.
***히브리 성경의 예루살렘 한 지역. 신께 어린이를 산 채로 태워 봉헌하기에 신학적이나 시적으로 지옥을 의미한다.
****러셀 커크, 보수의 정신, 이재학 역, 지식노마드, 2018, 5 미국 남부의 보수주의 : 랜돌프와 칼훈.

에 대한 처벌을 피하기 위한 홉스적인 이유에서이다. 또한 개인이 사회계약의 공저자로서 사회계약이 대표하는 옳고 그름의 '객관적인' 가치를 타당한 것으로 인정하고 사회계약을 정당화하는 루소적인 이유에서 순응한다.*
공화자유주의는 제1덕목에 대해 제한된 홉스주의를 취한다. 홉스주의는 주권 권력을 개인의 계약에 의한 것이 아니라 추방이라는 내버림으로 확립한다.** 추방된 자는 내버린 자의 자비에 위탁될 뿐이다. 제1덕목은 홉스 개념을 차용하여 국가가 관여하는 우선적인 덕목이 된다. 프리덤을 누리는 개인들 사이의 관계를 조정하고 규제할 최고의 주권적 권위가 없다면 프리덤이 훼손되는 것을 막을 방도가 없기 때문이다.

제1덕목은 모든 개인에게 준수를 요구할 수 있다. 도덕적이다, 비도덕적이다는 말 자체가 이미 규범성을 가진다. 이는 대단한 파워이고 인간 사회의 질서를 유지하는 강력한 도구가 된다. 누구든 다른 사람을 놓고 도덕적 판단을 해서 안 된다는 도덕적 불가지론은 인류 문명의 혼란만 초래할 뿐이다. 도덕은 사람에게 선택을 허용하는 이슈들만을 다룬다. 선택을 해야 하는 이상 도덕적 가치들로부터 도망칠 수 없다는 것이다. '할 수 없는 것' 과 '하지 않으려는 것' 의 차이를 망각하면 안 된다. 정의는 폭력이다. 국가의 흥망 여부는 폭력과 강압에 혹은 강제력에 따라 좌우된다. 정의, 자연적 자유나 평등의 보존 또는 복구는 자연권에 의거 요구되기에 국가는 제1덕목을 위해 노력해야 한다. 롤스는 국가가 개인의 가치에 중립을 지켜야 한다는 '국가의 중립성 테제' 를 주장하는 한편, 시민 상호 간의 신뢰를 보장하는 정의로운 사회를 위해서 그 준수를 보장할 일정한 강제를 받아들이는 것은 합당하다고도 했다.*** 찰스 라모아는 좋음이 옳음에 우선한다는 것은 사회적 유대를 해체하고 도덕적 사고를 빈곤하게 만들기 때문에 국가의 권위가 필요하다며, 강제적 규칙에 예속되는 것은 한 인격체로서 사람들의 고유한 지위에 대한 존중을 보여주는 것과 양립해야 한다고 했다.****
아이리스 영은 J.S. 밀의 해악의 원리(The harm-to-others principle)를 확장해서 새로운 기준을 제시하였다. 밀은 국가가 강제력을 행사할 수 있는 유일하게 정당한 기회는 타인에게 해악을 끼치는 것을 방지(prevent harm to others)하고자 개인의 자유를 제한할 때뿐이라고 했다. 영은 행위의 결과가 타인에게 해를 끼치지 않을 것, 상호 존중과 협력의 제약 안에서 개인들이 자신의 역량을 계발하고 행사할 능력을 금지하지 않을 것, 그리고 자신의 의사에 반해서 강제로 행동하게 하지 않아야 한다고 했다.*****두 번째 기준이 밀의 원칙으로부터 진전된 것이라 하겠다. 공화자유주의가 내세우는 제1덕목은 이 기준들을 모두 통과하는 것들이다. 제1덕목은 부정적으로 동력을 얻는 것이어서는 안 된다. 선을 베푸는 자에게는 시혜적이고 수용자에게는 굴욕적이라면 그런 도덕은 공동체가 수용할 수 없다. 제1덕목은 프지티브하게 권장하는 것이어야 하면서 이를 어긴 개인에 대해서는 상응하는 비난과 책임을 물어야 한다. 특히 책임을 묻는다는 것은 공동체의 미래지향적인 행위이기에 중요하다.

미셸 푸코는 "권력이 없는, 완전히 투명한 사회를 꿈꾸는 루소주의의 꿈(The Rousseauist dream of a transparent society without power)"을 이야기했다. 왕권이나 특권이나 무질서나 어둠의 영역이 없는 사회에 대한 꿈이다. '루소주의의 꿈'은 권력 없이도, 오직 시민들의 순수한 도덕과 일반의지만으로 운영되는 도덕적이고 투명한 사회를 상정하는 것이다. 국가나 제도 없이, 스스로의 덕성과 의지로 질서를 이루는 이상 사회이지만, 푸코는 이러한 꿈이 오히려 근대 권력의 미묘한 통제 메커니즘을 강화하는 역할을 했다고 보았다. 사회는 선하고 도덕적으로 자율적일 수 있지만, 도덕적 자율성 자체는 권력에 내면화된 형태다. 루소는 법과 강제 없이도 일반의지로 사회 통합이 가능하다고 하지만, 푸코는 '일반의지'는 순수하지 않

---

*마이클 토마셀로, 도덕의 기원, 유강은 역, 이데아, 2016, 제4장 객관적 도덕.
**<u>조르조 아감벤, 호모 사케르, 박진우 옮김, 새물결, 2008.</u>
***졸 롤스, 사회정의론, 황경식 옮김, 서광사, 1985, 586쪽.
****찰스 라모아, 정치철학, 장동진 역, 명인문화사, 2023, 268쪽.
*****아이리스 영, ibid., 526쪽.

으며, 다수의 시선과 자기검열로 구성된 감시 권력을 동반한다고 보았다. 공동체는 본질적으로 도덕적이라고 루소는 보나, 푸코는 공동체성은 이상이 아니라 훈육된 결과일 수 있다고 생각했다.

그래서 푸코는 루소의 꿈이 권력이 사라진 사회를 상상하지만, 실제로는 더 정교하고 내면화된 통제를 강화하는 판옵티콘(panopticon, 다 본다) 사회의 토대를 제공한다고 본 것이다.*

공화자유주의는 루소의 이상주의와 일정 부분 단절하고, 강제적 도덕 질서를 공화적으로 제시하기에 푸코가 비판한 루소적 순수성의 이상과는 다르다. 공화자유주의는 권력의 역할을 전면 부정하지 않고, 도덕적 기준을 명시하고 강제하는 국가의 필요성을 강조한다.

루소가 말한 이상적인 '일반의지' 대신, 명확하게 규정된 연대 미덕(solidarity virtues)을 설정하고 자율적 시민이 아니라, 자격을 갖춘 시민만이 자유를 누릴 수 있다는 조건부 프리덤론을 제시한다.

로스의 철학은 제1덕목이 권위주의적 도그마나 유토피아적 이상이 아니라, 다원적이고 실천 가능한 도덕 규범으로 정립될 수 있다는 철학적 가능성을 제공한다. 특히 그는 도덕적 의무 사이에 고정된 위계나 절대성을 부여하지 않고, 각 상황의 맥락 속에서 가장 적절한 도덕 원칙이 실제의무로서 발현된다고 보았다. 이는 공화자유주의가 요구하는 미덕의 윤리, 즉 국가공동체적 삶 속에서 요구되는 다양한 덕목들이 상호 긴장하면서도 조화를 이루는 윤리 질서와 철학적으로도 일치한다.

예컨대, 어떤 상황에서는 '진실'이라는 미덕이 '명예'보다 우선할 수 있고, 다른 상황에서는 '가족 보호'가 '진실'보다 도덕적으로 우월할 수 있다. 이러한 다층적 판단은 도덕의 상대주의로 흐르는 것이 아니라, 훈련된 공감 능력과 실천 이성, 그리고 성숙한 도덕 직관을 통해 균형 있게 수행될 수 있다. 우리는 계몽주의 시대의 경험을 통해 인간은 훈련될 수 있고, 개인이든 집단이든 역사의 흐름 속에서 스스로의 힘으로 진보할 수 있음을 충분하게 인식할 수 있었던 것이다.

따라서 공화자유주의의 제1덕목은 로스의 제1의무처럼 다원적이되, 무정부적인 것이 아니며, 이성적 숙고와 공감의 내면화된 판단을 통해 실천되는 규범적 질서이다. 그 자유는 아무렇게나 주장되는 자율이 아니라, 도덕적 자격을 획득한 주체만이 누릴 수 있는 실천적 프리덤이며, 이러한 자격은 바로 제1덕목의 수용과 실천을 통해 형성된다. 제1덕목은 단지 시민적 덕목이 아니라, 국가가 '옳음'으로 선언하고 제도적으로 강제해야 하는 질서다. 홉스가 자연상태의 전쟁을 종식시키기 위해 국가 권력을 요구했듯이, 오늘날 우리는 리버티의 무제한 투쟁을 멈추기 위해 다시금 옳음의 질서로서의 프리덤을 요구해야 한다. 가족, 진실, 명예, 상호존중이라는 미덕은 모든 개인이 어떤 선(善)을 추구하든, 그 선을 조율하고 타인과 공존할 수 있게 해주는 도덕적 프레임이다. 도덕적 책임감은 타인과 우리를 연결시켜주고 활동하게 만든다. 성적소수자(LGBTQIA)**의 권리와 전통적인 성(性)과 가족의 가치는 양자택일의 문제가 아니라, 제1덕목 아래서 공존할 수 있어야 한다. 이것이 바로 공화자유주의가 제안하는 새로운 자유의 구조이며, 더 이상 중립적이지 않은 국가, 규범을 선언하는 국가공동체, 그리고 자격 있는 시민만이 누릴 수 있는 프리덤의 시대를 예고하는 것이다.

공화자유주의 제1덕목은 여기서 자유가 도출되는 공리가 아니다. 오히려 자유와 권리에 대한 헌법 조항들이 반드시 따르고 준수해야 할 제약장치로 작동하는 것들이다. 프리덤의 세계에 들어와 프리덤을 누리기 위해 의무적으로 존중하고 준수해야 할 기본적인 비용인 셈이다. 그러므로 덕목들은 모든 사람들의 합당한 합의를 충족시킬 수 있는 것들이어야만 한다. 정당화의 중립성(a neutrality of justification)이 요구된다. 개인이 스스로 다양한 목적과 가치, 선관을 추구할 수 있도록 공정한 규칙들과 제도들의 정당성이 필요한 것이다. 그러한 규칙들과 제도들은 최고의 정치적 결사체인 국가만

*미셸 푸코, 감시와 처벌(감옥의 탄생), 오생근 역, 나남, 2020, 3 판옵티콘 권력.
**lesbian, gay, bisexual, transgender, queer, intersex, asexual.

이 만들 수 있는 것이고, 그것은 남태평양의 무인도에서 살아가는 로빈슨 크루소가 아니라, 나와 너가 공존하는 공동체가 요구하는 최소한의 덕목으로 존중하기를 의무로서 요구되는 것이어야 한다. 덕목들은 다양한 자유들의 공통된 근거가 되도록 합의의 대상이 되어야 하는 것은 아니다. 오히려 다양한 자유들을 모색하게 될 출발점이 된다.

그러므로 제1덕목들은 민주주의의 다수결로 변경될 수 없다. 오히려 다수결의 전제를 억제하고 그 한계를 설정하는 역할을 하게 된다. 제1덕목에 구속되는 사람은 국민이다. 국가공동체 생활을 함께 영위하면서 상호 신뢰의 감정을 공유하고 국민들이 하나의 공통의 삶을 공유한다고 간주해야 하기 때문이다. 따라서 공화자유주의 제1덕목은 다른 나라에도 공통적으로 적용될 수 있다고 볼 수는 없다. 인권에 대한 존중이 세계 여러 나라에서 동등하게 대우받지 못하고 있는 것에서 짐작할 수 있는 것이다.

제1덕목으로 선정된 4가지 덕목은 앞으로 공동체가 역사적 진전을 이루어가면서 위상의 변화가 없으리라고는 할 수 없다. 어느 날 더 깊은 숙고를 통해 우리의 선택을 바꿀 가능성을 배제하지는 않는다. 인간의 자기의식이 역사적이고 사회적이기에 제도화된 덕목들은 역사적 실패와 재구성을 통해 진화하여야 한다. 숙고적인 형태의 존중은 우리 삶에 기본적인 덕목을 더욱 충실하게 할 수 있을 것이다. 하지만 현재의 시점에서 과거의 역사를 감안하여 선정한 것이 제1덕목이다.


## 가. 상호 존중


홉스는 자신의 생명을 보호하는 것이 자연법이라 하며 이를 위해 국가가 만들어져야 한다고 했다. 아인 랜드도 같은 시각에서 이기심을 "객관주의 윤리"의 기초로 삼았다. 하지만 요즘 같이 치안과 안전이 보장되는 세상에 자신의 생명 보호라는 원초적 권리를 주장하는 것이 합당할까! 생명 보호보다 이 모든 것을 아우르는 공존의 미덕이 필요한 조건이다. 그러므로 상호존중이야말로 현대판 자연법으로 보아야 한다. 타인에게 구애되지 않으며 나 좋은 것만 하는 것을 자연법이라 할 수 없다. 나와 너가 지속적으로 공존하는 것이야말로 미덕이 되는 세상이다. 내가 어떤 옷을 어떻게 입는지는 나의 자유이고 존중받아야 한다. 하지만 비키니를 입고 문상을 가는 것은 상호존중의 미덕을 어기는 것이다. 초상집에 가면 우리는 어떠한 행동과 처신을 해야 하는지에 대해 타인과 공감을 형성한 일정한 관례와 도덕 규범이 있다. 지나치게 번문욕례도 문제이지만 최소한의 도덕규범은 지켜야 하는 것이다. 지금은 근대 계몽이론의 출발점이 된 자기 보존의 본능이라는 생물학적 의미에 순종할 시대가 아니다. 오히려 반기를 들어야 할 때다. 나만의 생존이 아니라 나와 너의 공존을, 그리고 이를 위해 개인적 삶을 초월하는 삶을 살아야 한다는 인식으로 생각이 바뀌어야 한다.

‘나’가 있으면 ‘너’가 있고 ‘너’가 있어야 ‘나’가 있을 수 있다는 것은 우리의 삶에서 가장 기초적인 덕목이다. 상호존중은 국가공동체 공존을 위한 최소한의 덕목이다. 상호존중은 인간 사회의 가장 기초적이고 본질적인 덕목이다. 고대부터 전해 내려오는 “네가 남에게 대접받고자 하는 대로 남을 대접하라”는 황금률(Golden Rule)이나 칸트의 정언명령은 그 단순함에도 불구하고, 모든 윤리 체계의 바탕을 이루는 불변의 규범으로 자리해 왔다. 우리는 공동체 내에는 항상 상이한 입장들이 존재한다는 사실과 타인들의 관점이 우리의 것과 다르다는 사실을 인정해야만 한다. 그러나 아이러니하게도, 상호존중은 가장 오래된 덕목이자 현대사회에서 가장 지켜지지 않는 덕목이기도 하다. 현대 민주주의 사회에서조차 우리는 ‘다름’을 이유로 상대의 존재를 부정하는 모습을 쉽게 목격한다. 동일한 시공간을 공유하면서도 피부색이 다르다, 생각이 다르다, 종교가 다르다, 정당이 다르다는 이유로 상대를 적대시하고 배척한다. 나를 근거지워 주는 것은 신체성이 아니라 사유라는 데카르트의 관념론 탓이다. 그러나 인간이 정신적 존재임은 신체를 통해 실현된다. 일정한 공간에 실존하는 것은 당신이 반드시 감당해야 하는 것이지, 당신의 생각과 맞지 않는다고 없어지게 할 수 없다. 가치와 사실의 이원론에 의지하여 가치를 선택적으로 취할 수 있는 것은 아니다. 상대의 존재를 인정하고 이를 바탕으로 공존의 틀을 구성해나가야 한다. 정치는 말로 한다. 논리적이고 이성적이고 감동적인 연설에 국민들은 마음을 움직이지만, 선동적이고 파괴적이고 경멸적인 연설에는 외면한다. 정치란 상대가 존재하는 영역이다. 그 상대가 아무리 자신의 생각과 이념과 다르다 하여, 그 존재를 부인하거나 말살시키려는 언어는 사용하면 안 된다. 그 어느 분야보다 상호 존중의 미덕을 실천해야 할 정치가 이를 어긴다면 반드시 책임을 물어야 한다. 양당 체제에서 자신의 주장과 다르다 하여 상대당의 존재를 부정하는 언어폭력은 국민을 진영으로 나누어 극한 대치 상황으로 유도하게 된다. 정치인의 "절멸시켜야 한다", "자폭하라", "해체하라"는 극언이 회자되면, 이를 추종하는 시민들은 파벌로 나뉘어 서로를 적개심으로 원수처럼 대한다. 정치는 선과 악의 대결이 아니다. 정치가 서로를 '절멸'시키는 싸움이 될 때, 시민은 함께 살아갈 길을 잃는다. 이는 상호존중이 상실된 민주주의의 퇴행적 풍경이다.

상호존중은 단순한 인내가 아니다. 그것은 상대의 존재와 의견을 인정하고, 생각과 가치가 다르더라도 공동의 공간에서 공존하고 존중할 수 있는 윤리적 지능이다. 자유는 상대를 인정하는 순간 시작된다. 자유롭기 위해서는, 우선 상대방이 자유롭게 존재할 수 있는 권리를 인정해야 한다. 이것이 없다면 어떤 자유도 유지될 수 없다. 존중 없는 다양성은 분열이고, 공감 없는 자유는 파괴일 뿐이다. 공화주의 제1덕목을 개인은 자신의 의지로 준수하지 않을 수 있다. 상호존중을 가장 극단적으로 무시하는 것이 살인이다. 인간 역사 이래 살인은 항상 금지되어 왔지만, 우발적이거나 치밀한 모의에 의한 살인도 있었고, 전쟁 때문에 빚어진 살인, 그리고 정당방위에 의한 살인도 있었다. 자신의 자유로 살인을 한 사람은 그에 합당한 책임을 지면 된다. 자유민주주의는 그러한 부분을 존중하는 사상이었지만 공화자유주의는 더 강화된 규범력을 부여한다. 민주국가에서 정당은 정권을 두고 다투는 시스템이다. 선거에서 다수표를 얻어 집권을 할 수 있기 위해 다투다보면 정상적인 비판을 넘어 상호존중에 벗어난 공격을 하게 된다. 공화자유주의는 이런 태도에 단호한 책임을 물어야 한다. 정당 간의 이전투구 식 비난과 증오는 각 당을 지지하는 사람들에게 엄청나게 부정적으로 영향을 미쳐온 것을 익히 보아 왔기 때문에 엄정하게 대응해야 할 필요가 있기 때문이다.

공화자유주의는 상호존중을 국민이 반드시 공유해야 할 시민적 미덕으로 제시한다. 상대가 실재한다는 것은 당신이 반드시 감당해야 하는 것이고 당신의 생각과 맞지 않는다고 사라지게 할 수 없다는 것을 받아들여야 한다. 동료 시민은 국가공동체에 태어나 공화문명체의 경계 내에 머무르며 모든 사람을 연결하는 관계의 대상이다. 현재 세대만이 아니라 장차 태어날 세대도 연결해야 할 대상이다. 그러므로 상호 존중의 틀 속에서 서로의 불일치를 담아내야 한다. 상호 존중이야말로 서로에게 좋은 행동을 하며 각자 자기보존을 하는 도덕성의 유일한 기초이다. 이런 도덕성이 있어야 비로소 질서 있는 사회생활이 가능해진다. 개인의 자존감(self esteem)은 아주 중요하기에 존중은 인간 존엄과 밀접히 관계를 맺는다. 상호존중은 단지 개인의 미덕이 아니라, 국가 공동체가 제도적으로 확산시키고 보호해야 할 정치 윤리다. 국가공동체 내의 정치적 갈등 완화, 시민 간의 공감 기반 형성, 다원주의적 공동체 유지의 기능을 수행할 수 있기 위해서다. 모두의 자유를 보장하는 사회는 단순히 각자의 자유를 병렬적으로 허용하는 공간이 아니다. 모두의 자유를 보호하기 위하여 서로에 대한 관용을 각자 가치관 속에 함양해야 한다는 윤리적 조건, 즉 '전체 정의역(universal domain)'을 성립시킨 경우에만 가능하다.* 전체 정의역은 어떤 가치관도 사전에 배제되어선 안 되고, 모든 사람의 선호, 신념, 자유는 공동의 규칙이나 제도 속에서 논리적으로 다뤄져야 한다는 조건이다. 이것은 제도적 합의가 아니라 윤리적 전제이며, 모두의 자유가 공존할 수 있는 도덕적 질서다. 다른 모든 사람의 자유

*아마르티아 센, 정의의 아이디어, 이규원 역, 지식의날개, 2019, 1부 정의의 요구.

가 동등하게 보호받을 수 있다는 조건 하에서만 나의 자유 실현이 정당화되기에 관용은 선택이 아니라, 자기정당성을 위한 필연적 조건이다. 관용(tolerance)과 공존(coexistence)의 문화는 법이나 정책만으로는 만들어질 수 없다. 그것은 국가공동체 구성원 모두의 자기 절제와 상호 인정의 습관화를 통해서만 가능하다. 교육 시스템을 통해 상호존중의 덕목을 체계적으로 가르쳐야 하고, 무엇보다 정치인과 사회지도자들은 우선적으로 상호존중의 본보기를 보여야 한다. 언론미디어나 SNS의 규범으로 작동할 법적, 제도적 보호가 따라야 한다. 정치인은 상대를 절멸시켜야 할 대상이 아니라 교대로 집권하며 국민과 국가를 위해 일을 한다는 자세를 지녀야 한다. 결투문화에서 공존문화로 바꾸고, 제도적 자제(institutional forbearance)를 보여야 한다. 헌법상 보장된 권한이라고 반드시 행사를 해야 할 것은 아니다. 할 것 같지만 하지 않고, 터질 것 같지만 참고, 보복할 것 같지만 용서하는 것이야 말로 권한의 실제 행사가 가져 주는 것보다 훨씬 많은 것으로 보답한다는 지혜를 터득해야 한다. 정당끼리 자제를 보이고, 다수결을 억제하고, 소수를 잠재적 다수로 보호하는 상호존중의 정치는 정치인과 사회지도자들이 솔선해야 할 일이다. 정체성 정치는 한 걸음 물러설 필요가 있다.* 극단적인 정체성은 개인으로 원자화될 뿐이다. 반핵, 동성애, 다문화가정, 희생자 유족 등에 대한 관심과 배려는 공화정으로 풀어나가야 한다.

자유민주주의는 리버티를 핵심 덕목으로 하지만 공화자유주의의 상호존중은 프리덤의 핵심 덕목이다. 리버티는 자기 주장의 자유지만, 프리덤은 서로의 존재를 인정할 때만 실현 가능한 자유다. 상호존중 없는 자유는 파괴이고, 존중 없는 다양성은 분열이다. 프리덤은 단지 나의 자유가 아니라, 너와 함께 나누는 '나너자유'이며, 공화자유주의의 출발점은 바로 이 단순하지만 근원적인 덕목인 상호존중에 있다.

# 나. 진실

정직이 최선의 정책이다(Honesty is the best policy). 진실은 우리 인간의 품격이다. 진실은 신뢰와 명예를 지탱하는 국가공동체의 기둥이 되는 덕목이다. 진실이 없으면 자유도 없고, 진실은 공화국의 숨결이다. 정직, 신의, 진실성은 사회의 이익을 증진하는 직접적 경향성 때문에 칭찬을 받는다. 이러한 덕을 가진 사람들은 이로움을 받기에, 살면서 존경을 받고자 하면 반드시 가져야 할 덕목이다. 공화자유주의는 국가공동체 구성원 모두가 서로의 존재를 존중하고, 규범과 덕목을 공유함으로써 프리덤을 누리는 사상이다. 국가공동체를 지탱하는 가장 근본적인 윤리적 자산은 '진실'이다. 진실은 제도 이전의 약속, 자유 이전의 의무다. 진실은 구성원의 신뢰를 낳고, 신뢰는 제도의 정당성과 시장의 신용, 정치의 책임성을 가능케 한다. 국가적 차원에서도 진실은 경제의 신용도를 뒷받침한다. 아리스토텔레스는 『니코마코스 윤리학』에서 진실된 언행(alētheia)을 덕의 하나로 보았고, 사회적 삶에서 명확한 표현과 정직함은 시민 간 신뢰의 매개라고 보았다. 마이클 왈쩌는 돈이 명예, 권력, 자유 등을 교환할 수 있는 지배적 재화가 될 때, 사회의 정의는 파괴된다고 경고했다. 돈의 지배력에 의해 거짓이 통용되면 그 사회는 모든 영역에서 부도덕한 거래가 가능한 사회가 되어버린다. 국가공동체의 지속적인 발전에 도로, 항만, 공항, 철도 등 사회적 인프라의 중요성에 대한 인식은 확립되어 있다. 그러나 진실에 기반한 "신뢰의 인프라"가 필요한 부분에 대해서는 대단히 미진하다. 진실이 정치적 덕목으로 간주된 적이 없다. 오히려 거짓말은 정치적 거래에서 정당화가 가능한 도구로 간주되어 왔다. 약속을 지키지 못했을 뿐이

*스티븐 레비츠키, 대니얼 지블랫, 어떻게 민주주의는 무너지는가, 박세연 역, 어크로스, 2018, 9장 민주주의 구하기.

| 구 분 | 정 의 | 평 가 |
|---|---|---|
| 묵비권<br>(Right to Remain Silent) | 자기에게 불리한 진술을<br>거부할 권리 | 공직자의 도덕적<br>책임 회피 수단 |
| 시인도 부인도 않기<br>(NCND, neither confirm<br>nor deny) | 입장 표명을 회피하는<br>의도적 중립 | 정보 왜곡이 아니라<br>정보 공백으로 불신 조장 |
| 애매한 부인<br>(Non-denial denial) | 부정처럼 말하지만 법적<br>책임은 피하는 기만적 부정 | 미묘한 뉘앙스의 기만 |
| 진실 은폐<br>(Suppression of Truth) | 공개되어야 할 사실을<br>고의로 감추거나 지연 | 정보의 비대칭으로<br>민주주의 기능 마비 |
| 허위 암시<br>(Implication of Falsehood) | 직접 거짓말은 하지 않되<br>오해하게 유도 | 명백한 기만으로<br>신뢰 완전 상실 |
| 약속 불이행<br>(Breach of Promise) | 특정한 행동을 하겠다고<br>하고도 이행 못하는 것 | 정당한 사유 없으면<br>일관성·성실성 기대 붕괴 |
| 거짓말<br>(Lie) | 사실과 반대되는 내용을<br>의도적으로 주장 | 절대 금지해야 할 행위 |

지 거짓말 한 적은 없다는 말이 용인되는 것이다. 그러나 발전된 국가일수록 신뢰의 인프라는 굳건하다.

진실함이 규칙이다. 여기에서 '거짓말하지 말라'는 외적인 규칙과 '신뢰할 수 있는 사람이 돼라(Be trustworthy)'는 내적 규칙이 나온다. 플라톤은 『국가』에서 거짓말은 영혼을 병들게 하는 것이라 하였고, 정치 지도자는 누구보다 진실을 말해야 할 의무를 지닌다고 강조했다. 칸트 역시 거짓은 인간의 존엄성을 훼손하는 자율성의 침해로 보았으며, 거짓말은 항상 악이라고 단언했다. 그의 정언명령은 거짓말이 보편화되어 버리면 언어 자체의 신뢰가 무너져 공동체의 도덕적 기반이 붕괴된다고 한다.

오늘날의 민주정에서 진실은 단지 도덕의 문제가 아니라, 국가 운영의 합리성과 지속 가능성에 직결되는 정치적 자산이다. 진실이 제도와 법률보다 우선될 때, 공화문명체는 신뢰를 기반으로 성장하고, 개인은 공동체적 자부심과 자유를 온전히 누릴 수 있다. 그렇기에 공화자유주의에서 진실은 권리 이전의 의무이며, 말보다 실천을 요구하는 프리덤의 윤리적 기둥이다. 평범한 사람들은 진리가 그들이 소중히 여기는 것, 예컨대 자신, 가족, 국가, 명성, 사랑 등과 상충되지 않을 때에만 진리를 사랑한다. 진리가 그들과 마찰을 일으킬 때면 그들은 진리를 미워하고 덧없는 것으로 취급한다. 이해관계 때문에 은폐가 필요하고, 거짓말하는 것 외에 다른 방법으로는 정당하게 수행될 수 없을 때도 있다. 어떤 비밀을 지키려고 거짓말을 하는 경우도 있다. 진실의 은폐(suppressio veri)와 허위의 암시(suggestio falsi)는 상황에 따라서는 정당하다고 생각할 수도 있다.* 그러나 거짓말을 하느니 모르면 입 닫고 있는 것이 낫다. 숨기는 것 다르고 침묵하는 것 다르다. 묵비권 행사나 시인도 부인도 하지 않는 것이 거짓말보다 훨씬 우월하다.

진실은 윤리적으로 국가공동체 신뢰의 기반이며 도덕적 자기통제를 이끈다. 제도적으로는 공론장과 민주정의 정당성 유지의 기능을 수행하고, 시장 경제적인 측면에서 신용 기반의 시장 질서를 유지하게 한다. 보편적이고 추상적인 진실은 가장 소중한 재산이다. 진실에 반대되며 어떤 방식으로든 정의를 해치는 모든 것은 거짓말이다.** 국가공동체의 진실에 가장 위협적인 것은 고위 공직자의 '공적 거짓(public falsehood)'으로서, 국가공동체의 윤리를 붕괴하고 공적제도의 신뢰를 손상시켜 시민들의 규범적 정당성 인식을 뿌리째 흔든다. 고위 공직자의 거짓말은 단순한 사적인 문제가 아닌 국가에 대한 국민의 신뢰를 손상시키는 구조적 범죄이다. 유교적 전통에서는 부끄러움을 모르는 무치(無恥)를 가장 큰 수치로 여겼고, 공직자의 불명예는 가문과 국가 전체에 누가 된다고 인식했다. 하버마스도 담론 윤리

*헨리 시지윅, 윤리학의 방법, 강준호 역, 아카넷, 2018.
**장자크 루소, 고독한 산책자의 몽상, 조명애 역, 은행나무, 2014, 83쪽.

(discourse ethics)를 통해 진실된 소통의 중요성을 강조했다. 공론장의 분별 있는 공개성은 관리의 태만과 악의에 반대하는 가장 안전한 보장책이라고 했다.* 공론장에서의 거짓은 다중 검증을 통해 걸러질 수 있으며, 후일 거짓 발언에 대한 증거로 활용될 수 있기 때문에 공론장의 참여자들은 진실을 말할 가능성이 높게 유지된다. 정치 지도자나 공공기관이 거짓을 반복하면, 사회 전체가 시민적 냉소(civic cynicism)에 빠지며 제도에 대한 정당성은 붕괴된다. 거짓은 자유를 파괴하고, 진실은 공동체를 세운다. 진실을 어떻게 타당한 것으로 받아들이느냐에 따라 맹신으로 발전하여 국가공동체의 근간을 흔들 수 있기 때문에, 진실을 호도하거나 왜곡한 경우는 필히 문책하는 시스템이 구비되어야 한다.

페르시아 제국의 아르타크세르크세스 2세(Artaxerxes II, bc404~359)는 왕의 명령을 어긴 고위 관리에게 벌거벗은 창녀를 자신의 돈으로 산 후, 어깨에 짊어지고 하루 종일 사람들 앞에서 시장을 돌게 했다.** 이는 육체적 고통이 아닌 수치심과 망신을 통해 권위에 복종하게 만드는 전형적인 명예형(honor punishment)의 사례다. 단순한 신체형이나 금전형이 아닌, 공공장소에서 체면을 잃게 함으로써 권위와 충성심을 유지함이 목적이었다. 국가공동체의 흥망성쇠에 크게 영향을 미치는 고위 지도자들에게 명예형은 예나 지금이나 필요한 과제이나 적절한 방법이 문제일 뿐이다. 大카토가 플라미니누스에게 했듯이 고위지도자들에게 기록삭제형은 현대에도 가능한 방법이라 본다.

따라서 공화자유주의는 고위공직자의 거짓말에 대해서만 특별하게 공개적 책임을 물어 도덕적 복원 장치를 갖추어야 한다. 공직 사임이나 벌금형, 집행유예형 등 기존의 형사처벌을 넘어 '명예형'(dishonor punishment), 즉 공개적 사과, 사회적 퇴출, 자발적 퇴임 등 수치 기반의 도덕적 질서 복원 메커니즘이 별도로 필요하다.

이것은 단순히 인권 의식이 약했던 과거의 방식이 아니라, 현대 공화주의적 통치윤리에서도 충분히 실천 가능한 원칙이다. 대한민국 고위공직자는

    프리덤과 리버티

최소한 거짓말은 하지 않는다는 인식이 사회 저변에 깔린다면 법과 질서가
존중받는 대단한 국가발전의 인프라가 될 것이기 때문이다.

## 다. 명예

오늘날 젊은 세대는 '돈이 전부인 사회'에 좌절한다. 돈이 권력을 사고,
명예를 사고, 심지어는 정의까지 매수할 수 있는 현실은 자유민주주의의 외
피를 두른 리버티 체제의 병리다. 플라톤은 승리와 명예를 좋아하는 대신,
돈벌이와 돈을 좋아하면 부자를 칭찬하고 감탄하면서 지배자의 자리에 앉
히지만, 결국 가난한 사람은 천대하게 된다고 경고했다.*** 돈이나 권력에
의해 명예가 왜곡되기 시작하면 인류의 타락이 아무리 심하더라도 놀랍지
않다. 성직자와 왕들이 지옥부터 하늘까지 쌓아 닿을 만큼 상상도 할 수 없
는 죄악을 저질러도 놀랍지 않은 것이다.****

명예는 인류와 함께 존재하는 개념이다. 폴리네시아와 멜라네시아의 부
족들, 호주의 원주민, 그리고 북서아메리카의 인디언의 관습에 남아있는 명
예의 개념은 맹렬하고, 민감하며, 지속적이고, 파괴적이다.***** 고대 그
리스 공화주의 전통에서도 뿌리를 찾을 수 있다. 플라톤은 『국가』에서 인간
의 영혼을 세 부분으로 나누었고, 그 중 기개(thymos 티모스)는 명예와 분
노의 감정을 조절하며 정의로운 삶을 실천하게 하는 중간적 동기였다. 아리
스토텔레스 역시 『니코마코스 윤리학』에서 '위대한 혼(magnanimity)', 즉


* 위르겐 하버마스, 공론장의 구조변동, 한승완 역, 나남출판, 2001, 3장 공론장의 정치적 기능.
** 플루타르코스, 플루타르크 영웅전8, 김병철 역, 범우사, 2004. 아르타크세르크세스 2세.
*** 플라톤, 국가, 조우현 역, olje, 2014, 383쪽.
**** 존 러스킨, 참깨와 백합, 유정화, 이봉지 역, 민음사, 2018.
***** 마르셀 모스, 증여론, 박세진 옮김, 파이돈, 2025, 87~88쪽.

명예를 지킬 수 있는 위엄과 자존감이 도덕적 덕목의 핵심이라고 강조했다.

로마 공화주의자인 키케로는 명예를 공적 삶을 살아가는 자의 의무로 보았다. 그는 『의무론(De Officiis)』에서 정의와 명예는 모든 정치적 결정의 출발점이어야 한다고 했다. 이러한 전통은 스키너나 페팃 같은 신로마공화주의 철학자들에 의해, '비지배(non-domination)'의 원리와 함께 공적 명예의 복원으로 이어진다. 명예는 국가공동체의 일원으로서 자신의 책임과 도덕적 기준을 준수할 때 발생한다. 샌델은 『정의란 무엇인가』에서 명예를 사회적 역할에 대한 기대와 연결하여, 도덕적으로 구조화된 사회질서의 일부로 설명한다. 각자가 맡은 역할을 덕스럽게 수행하는 것 자체가 명예로운 삶이며, 이는 공동체를 구성하는 윤리적 기초다.

명예는 공동체의 눈으로 보는 자아의 도덕성이다. 혼자 산다면 필요 없는 덕목이며 공동체의 삶이기에 필수 덕목이다.

그것은 타인의 평가를 넘어, 공동체가 공유하는 가치와 규범 안에서 자기 자신을 비추는 윤리적 거울이다. 몽테스키외는 명예는 모든 행위의 원천이며 왕과 인민 위에 제왕처럼 군림한다고 했다. 명예의 덕목은 공화자유주의의 기준으로서 사회적 품위를 형성하기 위함이다. 공화자유주의에서 명예는 공감이나 자유로운 표현의 한계를 넘어, 공동체적 책임과 존엄을 유지하는 도덕 질서의 수문장 역할을 한다.

정치는 의(義)에 기초해 이루어져야 하며, 이익에 좌우되어서는 안 된다. 정치에서 진실은 명예이며, 명예는 프리덤의 첫걸음이다. 정치지도자들은 언행의 중요성 때문에 명예와 신뢰와 존경심을 최우선 의무로 생각해야 한다. 역사적으로 이름을 남긴 정치지도자들은 본인과 배우자의 명예를 지키기 위해 결투를 하고 사망하기까지 하였다. 이들에게 결투는 단순한 폭력 행위가 아니라, 자기 명예를 위해 생명을 걸 수 있다는 도덕적 자부심의 표현이었다. 미국 건국 초기 실질적 2인자였던 알렉산더 해밀턴은 부통령 애런 버(Aaron Burr, 1756~1836)가 자신의 명예를 훼손했다는 이유로 결투를 신청하자 응하여, 1804.7.11. 허드슨 강 서안 뉴저지주 위호켄

(Weehawken)에서 권총 결투 끝에 사망했다. 3년 전 해밀턴의 장남이 부친의 명예를 훼손했다는 이유로 결투를 하다 사망한 바로 그 곳이었다. 미국 제7대 대통령 앤드류 잭슨은 1806년 내슈빌의 부호 찰스 디킨슨(Charles Dickinson)이 자신의 부인 명예를 훼손했다는 이유로 결투를 하여, 디킨슨을 살해했으나 자신도 총알을 맞고 평생 지닌 채 살아갔다. 러시아의 국민 시인 알렉산드르 푸시킨(Alexandr Pushkin, 1799~1837)은 1837년 상트 페테르부르크에서 아내의 명예를 지키기 위해 프랑스 장교 조르주 당테스와 권총 결투에 나섰다가 치명상을 입고 사망했다. 제1차 세계대전 때 프랑스 총리 조르주 클레망소는 정치적 모욕에 결투로 대응하였고, 프랑스 혁명 때 엑상프로방스 귀족 출신 오노레 드 미라보(Honoré de Mirabeau, 1749~1791)도 명예 문제로 여러 번 결투를 하였다. 1826년 미국 하원의장 헨리 클레이(Henry Clay, 1777~1852)와 버지니아 상원의원 존 랜돌프(John Randolph, 1773~1833)는 서로의 명예 때문에 권총 결투를 하였다. 텍사스 공화국 대통령 샘 휴스턴(Samuel Houston, 1793~1863)과 남북전쟁 때 남부연맹 대통령 제퍼슨 데이비스(Jefferson Davis, 1808~1889)도 명예를 지키기 위해 결투를 마다하지 않았다.

알렉산더 해밀턴의 구상에 따라 1802년 제퍼슨 대통령 때 개교한 미국 육군사관학교 웨스트포인트의 교훈, "의무, 명예, 조국(Duty, Honor, Country)"은 정치인과 고위공직자가 지녀야 할 공화적 덕목을 응축한 것이다. 헌법과 공익에 대한 헌신(duty), 정직하고 책임 있는 행동(honor), 국가 공동체에 대한 충성(country)의 가치를 기반으로 하며, 공화자유주의가 지향하는 도덕적 자질을 갖춘 자유인(civic virtue)의 전형을 그리고 있다. 제34대 대통령 아이젠하워(Dwight D. Eisenhower 1890~1969), 더글라스 맥아더(Douglas MacArthur 1880~1964) 장군, 알렉산더 헤이그(Alexander Haig 1924~2010) 국무장관 등을 배출하여 국가를 위해 봉사하게 할 수 있었던 것이다.

요즘 정치인들은 존경심을 잃어버렸다. 그렇게 행동하기 때문이다. 국회에서 시정잡배들 수준의 언행을 하는 것이 진솔하다, 인간적이다, 참신하다는 평가로 오도되면서, 결과적으로 국회의원들도 시정잡배 수준과 같음을 확인시켜 주었기 때문이다. 정치란 권위가 있어야 하고 권위는 존경심을 낳는다. 존경심과 권위가 사라진 그들의 리더십에 어느 국민이 따라 갈 수 있을 것인가. 명예를 잃음에 따른 부끄러움과 수치심은커녕 오히려 뻔뻔함과 능글능글함이 정치인의 이미지가 되고 있다. 무덤을 넘어서는 책임감을 개인의 영혼에 회복시켜주어야 한다. 부끄러운 짓을 저질렀으면 그에 상응하는 사회적 책임을 지는 그런 민주 '공화국' 이 되어야 한다는 말이다.

'막가파 자유' 는 자유가 아니다. '나자유' 가 아닌 '나너자유', 즉 프리덤이 필요한 것이다. 디드로가 쓴 『라모의 조카』에 나오는 라모는 상황에 따라 적응하고 진정성이 없는 것을 당당하게 여기는 인간이다. 루소가 경멸한 라모 같은 정치인이 많아졌다. 정치인은 대중의 탐욕, 협소한 애국심, 두려움, 증오를 활용한다. 정치인과 대중에게 사회적 조치들의 가능성과 한계를 알리는 수단이 필요하다. 과도한 탐욕과 이기심에 대해 부끄러움을 느끼게 해야 한다. 말로 타일러 정신을 차리게 하기엔 이미 너무 멀리 가버린 상태라면 공개적으로 망신을 주어 행동을 바로잡을 것이다.* 공화주의의 덕목이 필요한 것이다, 개인의 선호는 여전히 존중된다. 하지만 국가공동체로서 최소한의 지향점과 옳다는 것에 대한 가치는 존중하고 구성원 모두가 받아들여야 한다. 물론 이를 어길 수도 있다.

하지만 그에 상응하는 책임을 반드시 물어야 한다. 인간은 지옥의 나락을 바로 앞에 두고 있을 때 너무나 자신 있게 돌진한다. 그게 인간의 속성이다. 겸손만이 타고난 허영심을 유일하게 효과적으로 억제한다.

마이클 왈쩌는 특정한 하나의 사회적 재화인 돈을 가짐으로써 자동적으로 다른 사회적 재화들까지 당연하게 취득할 수 있게 하는 '지배적 재화의 침투' 는 부당하다고 했다. 원래 각 영역에는 고유의 정의 원칙이 있어야 하는데, 돈이 모든 영역을 지배하면 사회는 왜곡되고 정의는 무너진다. 돈에만 가치를 두지 않는 사회를 만들어가는 것이 중요하다. 우정, 문화 예술적 표현, 사회 정의를 추구하는 일 등 많고 다양한 유형의 성취가 가치를 지닌다는 것을 인식해야 한다. 다양한 종류의 건설적 성취를 가치 있게 여기는 사회에서는 일직선으로 순위를 매기는 일을 하지 않으며 다양한 삶에 자부심을 느낄 수 있다. 공화자유주의는 이러한 요청에 맞추어 돈이 아닌 명예가 중심 가치로 존중되는 질서를 회복하려 한다. 돈은 사라져도 명예는 남는다. 앤드루 카네기는 "부유한 채로 세상을 떠나는 것은 치욕스럽다"라고 했다. 돈은 가고 명예만 남기 때문이다. 공화자유주의는 명예의 복권이다. 명예는 행동의 결과가 아니라, 공동체가 승인하는 행위의 품위와 도덕성에서 비롯된다. 명예는 자신의 양심과 공동체의 질서를 함께 존중하는 도덕적 자존감이다. 명예는 한때 귀족의 전유물로 여겨졌으나, 이제는 누구든 공동체의 가치를 지키고 타인을 존중하는 행위로 획득할 수 있는 공화적 미덕이다. 프리덤이 지속되기 위해서는 사회 구성원들이 부끄러운 줄 아는 문화, 즉 수치심(verecundia)을 도덕적 나침반으로 삼는 사회가 되어야 한다. 수치심은 공동체의 기초이며 단정한 행위와 더 고상한 것에 대한 추구, 그리고 칭찬과 명예에 도달하기 위해 결정적인 것이다. 법으로 다스린 국민은 수치심이 없고 어떻게 해서든 처벌을 피하려 하지만, 도덕과 모범으로 다스린 국민은 수치심과 자기 발전의 개념을 갖게 된다.** 수치심을 느낄 줄 아는 사회가 프리덤을 지킨다. 명예는 모든 덕의 수호자로서 적합하지 않은 것은 피하고, 무엇보다 찬사를 추구한다.

공화자유주의는 직업의 귀천보다 행위의 품위를 더 중시하는 사회를 위해 돈으로 살 수 없는 명예의 문화를 지향한다. 존경은 돈으로 살 수 없고, 명예를 통해만 얻을 수 있어야 한다. 부패하지 않고 공공 책임을 다한 공직자가 예우 받는 제도, 그리고 시민의 선행, 공감, 희생에 대한 공적 인정의 구조화를 통해 배금주의 문화에 명예의 입지를 확보하도록 한다.


*루키우스 안나이우스 세네카, ibid., 62쪽.
**카를 야스퍼스, 위대한 사상가들, 권영경 옮김, 책과함께, 2005, 116쪽.

명예는 국가공동체의 기준에 부합하는 도덕적 품위와 책임의 인정이기에 단순한 연예인이나 재벌 중심의 명예 소비에 따르는 개인의 명성(fame)이나 인기(popularity)와는 다르다. 그것은 개인이 소유한 재산, 지위나 권력에 따른 외부적인 평가에 기초하는 것이 아니라, 시민적 책임 수행, 양심적 실천, 공공선에 대한 헌신에서 나온다. 명예는 금전·권력 중심의 서열화와는 달리 개인에게 수치심과 존경심을 도덕적 통제 메커니즘으로 작동시키는 것이다. 명예는 부의 숭배와 경쟁이 되도록 해야 한다.

그리하여 명예는 리버티 체제의 개인주의적 가치와는 달리, 프리덤 국가공동체의 윤리 기준이자 사회적 안정장치로 작동하게 되는 것이다. 간호사, 교사 등 국가공동체 기여자를 예우하는 문화가 형성되어야 한다. 국가를 위해 목숨을 던진 병사들에 대한 공감은 헌신에 대한 보상으로 나타나야 한다. 명예를 확보하는 방법은 가치 있는 행위에 대해서 정당하게 평가해주고 인정해주는 것이다.*

기부문화를 조성하기 위해 기부에 대한 명예감을 부여하는 정책이 필요하다. 높은 상속세로 부가 세대 간에 이동하는 것을 막는 방법은 바람직하지 않다. 그저 한 세대 동안 가난에서 일어나 재산을 이루었다가 다시 가난으로 돌아가는 작은 부자만 키우기 쉽기 때문이다. 작은 졸부들은 오만하고 헛된 과시나 음식이나 사치에 부를 소비하고 만다. 부자는 자유롭게 기부하는 것을 도덕적 의무(noblesse oblige)로 여기고 그런 부자를 존경하고 명예를 부여하는 문화를 만들어야 한다. 그것이 나만의 자유가 아닌 '나너자유'로 이어질 수 있다.

이처럼 명예를 리버티가 아닌 프리덤의 윤리로 재구성할 때, 청년은 돈이 없어도 좌절하지 않고, 도덕적 성취를 삶의 지향점으로 삼을 수 있다. 공화자유주의에서 명예는 단지 전통적 유산이나 구시대의 가치가 아니다. 그것은 서로가 서로를 지켜주는 도덕적 계약이며, 타인의 평가가 아닌 스스로의 자율성과 책임감을 반영하는 윤리적 거울이다. 누가 보지 않아도 바르게 행동하려는 마음, 그것이 곧 프리덤을 지키는 명예다. 명예 없는 자유는 방종이며, 명예가 있는 자유가 프리덤이다. 명예야말로 공화자유주의의 제1덕목이자 공동체의 자유를 지탱하는 근간이다. 명예와 진실은 상호 보완적이다. 진실 없는 자유는 허무이며, 진실 없는 공화는 허상이고, 명예 없는 권력은 폭력이 된다. 바로 이 점에서 공화자유주의는 정의롭고 품위 있는 국가공동체의 가능성을 다시 열어주는 자유철학이 된다.

## 라. 가족

가족은 프리덤의 최초 학교이며, 인간 공동체의 기초 질서이자 국가공동체의 영혼을 전수하는 공간이다. 가족의 가치를 주장하면 종교적 우파라고 비난하지만 공화자유주의는 가족을 프리덤의 제도적 출발점으로 정당화한다. 미국 인기 드라마 『지정생존자(Designated survivor)』에 묘한 가족이 소개되었다. 백악관 대변인이 하버드대학에 다닐 때 자신의 정자를 팔았고, 이것을 어느 여성이 구입하여 딸을 출산하였다. 익명성이라는 정보 보호 때문에 모녀지간은 알지만 정자판매자는 모르는 상황이다. 딸이 대학생이 되고 인턴 자리를 찾는 과정에서 정자판매자와 딸은 서로의 존재를 알게 되고 생전 처음 만나게 된다. 묘한 분위기다. 생물학적으로는 부부이고 부모이고 딸이지만, 가정을 함께 하는 사이는 아니다. 아버지를 아버지라 부르지 못하는 관계다. 시대 흐름에 따라 가족과 가정의 개념이 바뀌는 것을 보여주는 드라마다. 하지만 우리는 그런 가족을 부인할 수도 없지만 권할 수도 없다. 개인이 자신의 선택에 따라 그러한 형태로 가족을 만들 때 잘못된 것으로 비난하기보다 정상적인 가정이 무엇인지, 그리고 국가공동체는 그러한 가정에 가치를 둔다는 것을 사회적으로 보여주면 되는 것이다.

가족은 인간의 자기복제 유전자의 본성에 따라 유성생식으로 형성되는

---

* 키케로, 국가론, 김창성 역, 한길사, 2007.

인간 사회의 기초다. 가족이야말로 한 사회의 자연발생적인 근본이자 핵심이며, 가족이 쇠락하면 사회도 쇠락하고 결국 국가도 몰락하게 된다. 가족은 가장 오래된 정치 공동체이자, 인간이 처음으로 경험하는 도덕 교육의 장이다. 부모와 자식, 형제자매, 조부모와, 친인척의 관계 속에서 인간은 사랑, 신뢰, 의무, 책임, 배려, 공감, 협동이라는 덕목을 자연스럽게 체득하게 된다. 공화자유주의는 이처럼 도덕적 감수성과 사회적 연대의 출발점으로서 가족의 가치를 제1덕목으로 규정한다.

고대 그리스의 가족은 폴리스의 윤리적 기초였다. 플라톤은 『국가』에서 이상국가를 설계하며 가족의 해체를 제안했지만, 이는 현실 정치에 적용하기 위한 것이 아니라 정의의 형식을 철학적으로 실험하기 위한 장치였다. 아리스토텔레스는 『정치학』에서 가족은 자연적이고 정치적 질서의 출발점이라고 선언하며, 부와 부, 부모와 자식, 주인과 노예 관계가 각각의 덕(arete)을 통해 조화롭게 이루어져야 함을 강조했다. 가정 없는 시민은 없다고 보며 가족을 공공선의 실천과 도덕 훈련의 장으로 간주했다. 로마의 황제 아우구스투스는 건전한 국가는 건전한 가족의 보호와 육성 없이는 성립되지 않는다고 생각했다.* 간통을 공적 범죄로 간주하고, 독신과 이혼을 할 수는 있지만 공직 취임 및 상속권 등 재산권 행사에 불이익을 감수하게 했다. 8명의 자식, 35명의 손자, 18명의 증손자를 가진 노인을 초대하여 유피테르 신전을 함께 참배하는 연출도 하였다.

가족은 개인적 헌신의 대상이다. 에드먼드 버크는 프랑스혁명을 반대한 주된 이유 중 하나로 '가족의 대대적인 파괴와 몰락'을 들었다. 인간 공동체와 나아가 국가의 오랜 질서를 무너뜨리기 때문이다. 결혼은 자발적 선택이다. 그러나 결혼의 의무는 선택의 문제가 아니다. 우리가 알지 못하는, 알 수도 없는 물리적 힘에 의해 그 도덕적 의무가 만들어진다. 여성은 사회의 접착제로서 가정의 기반이자 단결의 핵심이라는 취지로 존중되어야 한다. 그렇기에 결혼으로 이루어지는 가족은 공화국이 추구해야 할 가치와 덕목이 되어야 하는 것이다. 한나 아렌트는 『인간의 조건』에서 인간의 시작은 행위(action)보다 더 본질적으로 탄생(natality)에 있다고 말한다. 인간은 자신의 의지로 세상에 태어나는 것이 아니라, 타인의 결정과 공동체의 환대 속에서 이 세계에 들어온다. 아렌트는 이를 통해 "인간은 정치적 동물 이전에 탄생의 존재"라는 점을 강조하고, 인간의 정체성은 개인주의가 아니라 관계성과 공동체성 속에서 형성된다고 보았다. 이는 공화자유주의가 개인의 자유가 아닌, 태어남에서 비롯된 연대와 책임의 윤리로서 프리덤을 강조하는 철학적 뿌리와 공감한다.

어느 누구도 부모를 선택할 자유를 가질 수 없고, 어떤 자식을 가질지 선택할 자유가 없다. 인간이 탄생으로 인간 공동체에 들어오면서 갖게 되는 가족 간의 권리와 의무는 묵시적 동의를 전제한다. 왜냐하면 모든 합리적 존재의 추정된 동의는 미리 만들어져 있는 사물의 질서와 일치하기 때문이다.** 마찬가지로 인간이 태어나면서 접하게 되는 공동체에 존재하는 모든 중요하고 오랜 질서에는 불가사의한 신의 섭리가 작용하고 있기에 개인의 선택으로 이를 받아들이거나 배제할 수 없다. 자신이 선택하지 않았음에도 의무의 구속력에 복종해야 한다. 개인의 자유를 강요하는 근거 중에 도덕과 예의범절이 있는데 이를 동의하지 않았다는 이유로 어기는 경우도 있다. 자유를 억제하는 규범을 어길 수 있다. 하지만 그에 상응하는 책임을 물어야 한다. 법적 책임은 징역, 벌금 등이 있고, 도덕적 책임은 비난, 배제 등이 있다. 책임을 감내하면서 자유를 행사하겠다는 것도 개인의 자유다. 즉 규범을 어길 자유도 있는 것이다.

인간은 계약 이전에 탄생으로 공동체에 진입한다. 아이는 가족 안에서 언어를 배우고, 동화책을 함께 읽고, 함께 놀고 목욕하며, 정서를 형성하고 도덕을 체득한다. 이 과정은 단순한 감정적 유대가 아니라 인류사회가 도덕과 윤리를 전수해온 실천적 기초 질서이며, 시장, 정치, 법률이 대체할 수 없는

*시오노 나나미, 로마인 이야기6, 김석희 옮김, 한길사, 1997, 165~168쪽.
**에드먼드 버크, 프랑스 혁명에 관한 성찰, 이태숙 옮김, 한길사, 2017.

윤리의 자궁이다. 가족은 성적 충동의 만족을 목적으로 삼는 단순한 제도나 거주 수단 그 이상이다. 가치라는 공통의 토대, 공통의 기쁨과 슬픔, 자발적 협력과 희생을 통해 구성원들을 하나의 통일체로 변화시키는 것이다.* 양성의 결합이 자연적으로 맺어지면 하나의 가족이 탄생하게 된다. 가족의 생존을 위해 특수한 규칙들이 필요하게 되고 그것이 정의가 된다. 사람들이 이를 인식하게 되면 나머지 사람들은 그 규칙에 바로 포함되지 않더라도 그 규칙들을 받아들인다. 몇몇 가족이 연합해 사회를 만든다면 그 사회는 범위가 확장되고, 그런 사회 간의 교류가 발생한다면 정의는 더욱 확대될 것이다.** 인간의 유용함만을 강조하는 이 세상에서 도덕 법칙을 교육하고 강조할 수 있는 유일한 곳이 가정이다. 그러나 자유민주주의의 가정은 그 기능을 적절히 수행하지 못하고 있어, 자식들의 전문화된 능란함과 성공만을 기대하지 현명한 사람이 되기를 기대하지 않고 있다. 남의 물건을 훔치지 말 것, 거짓말 하지 말 것 등 최소한의 사회규범만을 가르친다. 자식들이 내세우는 자신의 행동 이유란 기껏 '내가 그러면 그 사람도 그럴거야' 라거나, '하고 싶어서', 아니면 '하기 싫어서' 다.

인간의 유아기는 길고도 무력하기에 자녀의 생존을 위해 부모의 결합이 뒷받침되어야 한다. 출산과 교육이라는 가족공동체의 목적은 인간에게 다른 피조물보다 더 오랜 결합상태를 유지할 것을 요구한다. 이런 필요성 때문에 부부 간의 신의와 정조를 요구하게 된다. 어떤 시각에서든 안정적인 관계와 후원의 망을 만들어 낼 수 있는 가족의 삶을 강화시키는 계획이 가장 중요하다. 자녀의 삶과 안녕을 통해 성취되는 정신적 존재로서의 영속성, 재산의 축적과 유산을 통해 충족되는 획득의 욕구, 변화보다 안정성이 높아 마음이 편해지는 확신이 필요하다. 이를 위해서는 리버티보다 프리덤이 요구되는 것이다. 로크는 외설, 근친상간, 수간을 죄로 규정하며, 자식들은 항상 부모를 명예롭게 할 영구적인 의무가 있음을 주장하고, 자식은 성년이 됨으로써 부모에 복종할 의무가 사라진다고 했다. 부모는 자식의 출산이라는 고귀한 행위 때문에 자식으로부터 존경받을 권리가 당연히 발생하지는 않으며, 아버지의 관심, 희생, 친절이 보일 때라야 상당한 권리를 갖게 된다고 했다. '너의 아버지와 어머니를 존경하라' 는 범주적 명언은 '그들이 마땅히 존경받을 만할 경우에 존경하라' 는 가설적 명언으로 바뀌고 있다.*** 현대 리버티 체제는 개인의 자율성과 권리를 강조하며, 결혼과 출산, 육아, 양육을 선택 가능한 사적 영역으로 밀어내어 심각한 반가족주의 현상이 드러났다. 칼 야스퍼스는 기술적 대중 질서에서 가정이란 한낱 소굴이나 잠자는 곳으로 변모했다고 했다. 이혼율 증가, 출산율 저하, 돌봄 노동의 불균형, 그리고 여성이 아이와 함께 집에 머무는 것은 가족의 중요성 때문임에도 가정 내 인간관계의 약화라는 결과가 뒤따랐다. 나아가, 동성결합, 자기 복제, 생명공학의 윤리 문제는 생명의 탄생조차 기술적 통제와 계약의 영역으로 밀어 넣었다.

　인류 역사가 진전되면서 인류는 지역, 종교, 문화 등에 따라서 일처다부제(Polyandry), 일부다처제(Polygamy), 일부일처제(Monogamy), 군혼제(group marriage)의 4가지 결혼 형태를 보였다. 엥겔스는『가족, 사적 소유, 국가의 기원』에서 가족 제도는 푸날루아 가족(Punaluan family),**** 모계제, 부계제, 일부일처제의 진화 경로를 통해 경제 구조 및 사유재산의 발전과 함께 변화했다고 주장했다.***** 캔터베리 대주교 크랜머(Thomas Cranmer 1489~1556)는 1549년 공동기도서에서 결혼을 해야 하는 이유를 세 가지 들었다. 정당한 자녀 생산과 간음 방지, 그리고 사람들이 번영과 역경의 시기에 서로에게 베풀어야 할 조력과 위안을 상호적으로 주

*러셀 커크, 지적인 사람들을 위한 보수주의 안내서, 이재학 역, 지식노마드, 2019, 5장 가족.
**데이비드 흄, 도덕 원리에 관한 탐구, 강준호 역, 아카넷, 2022.
***레오 스트라우스, 자연권과 역사, 홍원표 역, 인간사랑, 2001.
****고대 하와이 및 폴리네시아에서 관찰된 것으로, 한 그룹의 남성 형제(또는 촌수 내 남성들)가 한 그룹의 여성 자매(또는 촌수 내 여성들)와 집단적으로 결혼하는 군혼의 가장 높은 단계.
*****프리드리히 엥겔스, 가족, 사적 소유, 국가의 기원, 김경미 역, 책세상, 2007, 2장 가족.

고받는 사회 때문이다. 사랑이 포함된 동료애가 가진 내적인 정신적 가치를 강조한 것이다.* 성도덕의 근거는, 첫째 인간 종족의 지속적 번영에 가장 이롭다고 생각되는 일정한 사회질서의 유지, 둘째 개인의 완전성 혹은 행복에 가장 중요하다고 생각되는 그들의 감정 습성의 보호다. 유성 생식을 통해 인간의 유전자는 세대를 이어가지만 유성 생식의 방식은 가변적이다. 현대에는 일부일처제가 주된 결혼 풍습이지만, 이슬람은 코란(꾸란, Qur'an)에 의해 과부나 고아의 생계 보호와 부족 간 정치적 결속 유지 측면에서 4명의 아내까지 허용되고 있다.** 요컨대, 가족의 가치는 시대적으로, 지역적으로, 종교적으로 변화될 수 있다는 것이다.

　동성애는 인간의 최고 목적인 생식이라는 선을 충족시킬 수 없기에 반대해야 한다고 할 수 있다. 하지만 이성애도 피임, 불임 방법을 사용한다는 반박이 타당하기에, 생식이라는 선이 도덕적 가치의 판단 기준이 될 수는 없다. 사랑하는 사람 간에 성애를 통해 드러내는 사랑과 책임감은 이성애든 동성애든 모두 가능하다. 동성애의 성적 문란은 이성애에서도 발생하기에 성적 문란을 이유로 동성애를 반대할 수도 없다. 문제는 개인의 성생활에 국가가 어떤 이유로 개입할 수 있는가이다. '가족'은 공화자유주의의 제1덕목으로서 높이 평가한다. 인간의 체세포에 들어있는 DNA의 작용은 이성애가 기본이고, 인류는 생식을 통해 대를 이어가는 것이 유전인자의 성질이기 때문에 가족의 가치를 제1덕목으로 한다. 동성애자가 가족의 가치를 수용하든 말든, 인류가 생식을 통해 대를 이어가는 것은 영원한 생존자인 유전자가 개체보다 우위에 있기 때문이다. 따라서 동성애는 이성애자가 생활계획에 의해 피임하는 경우와 동등하게 대우할 수 없다. 아라비아의 역사철학자 이븐 할둔(Ibn Khaldun 1332~1406)은 종의 종말을 초래하기에 간음과 동성애를 반대하였다.*** 하지만 상호존중의 덕목이 있음에도 살인이 발생하듯이 가족의 가치를 높이 평가하여도 개인은 동성애를 추구할 수 있다. 성소수자는 국가가 개입할 사안이 아니기에 시민결합에 의한 가정, 즉 부부 가정이나 모모 가정도 개인의 선택 사안이다. 다만 국가는 공적으로 국가공동체를 운영함에 있어 동성애자에게 불이익을 주는 것이 아니라, 이성애를 통한 정상적인 가족생활을 배려해야 한다는 것이다. 미혼 남녀가 결혼을 하여 가정을 이룰 경우 각자가 납세할 때보다 절세가 되도록 하며, 신혼부부에게 주택분양 우선권을 줄 수 있을 것이다.

근친상간은 매우 타락한 행위와 더불어 도덕적 추함을 낳기 때문에 가까운 친척 사이의 결혼이 법과 관습으로 금지된 것이다. 아테네에서는 계모나 그녀의 자녀는 마치 다른 가족의 여자처럼 접촉을 피했다. 성적으로 더 개방적이었던 로마에서는 삼촌과 조카뿐만 아니라 이복 오빠나 누이와도 결혼할 수 없었다.**** 왜 이오카스테(Jocasta)가 스스로 목을 매고 오이디푸스는 자신의 눈을 찔렀을까? 오이디푸스는 자신도 모른 채 생모 이오카스테와 결혼하고 안티고네 등 2남 2녀의 자식을 낳지만, 진실이 드러난 순간 그의 세계는 붕괴한다. 오이디푸스는 부끄러움과 죄책감으로 세상과 단절하기 위해 눈을 찌르고, 이오카스테는 어머니로서도 아내로서도 견딜 수 없는 수치심에 목을 맨 것이다. 근친상간은 생물학적으로 유전적 다양성을 저해하고, 사회적으로 가족 내 권력의 위계를 무너뜨리지만, 소포클레스의 『오이디푸스 왕』이 보여주는 핵심은 이 금기가 인간 존재의 정체성과 인간 공동체의 윤리적 질서에 대한 위협으로 받아들여졌다는 점이다. 벨기에의 페미니스트 철학자 뤼스 이리가레(Luce Irigaray 1930~)는 딸의 아버지에 대한 욕망은 법의 이름으로 거절당한다고 한다.***** 하지만 근친상간 금지는 법의 문제가 아니라 보다 근본적으로 타인과의 관계 이전에 자기 자신

*찰스 테일러, 자아의 원천들, 권기돈, 하영주 옮김, 새물결, 2015, 453쪽.
**너희가 고아에게 공정할 수 없을까 두려우면, 너희가 좋은 대로 두세 명 혹은 네 명의 여인과 결혼하라. 그러나 만일 너희가 그들에게 공평하게 할 수 없을까 염려되면, 단 한 명만을 아내로 하라.(꾸란 4장 3절)
***이븐 할둔, 역사서설 아랍, 이슬람, 문명, 김호동 역, 까치, 2003, 4장.
****데이비드 흄, 도덕 원리에 관한 탐구, 강준호 역, 아카넷, 2022.
*****뤼스 이리가레, 반사경: 타자인 여성에 대하여, 심하은 황주영 옮김, 꿈꾼문고, 2021, 61쪽.

에 대한 앎과 절제의 문제이며, 자유로운 인간 주체의 조건이다. 바그너의 후기 오페라『파르지팔』에서 순진무구한 청년 파르지팔은 성배의 세계에서 쿤드리의 유혹에 노출된다.* 쿤드리는 파르지팔에게 어머니의 이름과 사랑을 말하며 그를 유혹하는데, 이는 곧 어머니에 대한 그리움과 성적 충동이 뒤섞인 근친적 이미지를 상징한다. 파르지팔은 이 유혹을 연민과 자각을 통해 절제함으로써 물리친다. 근친상간이 단지 육체적 금기가 아니라, 자신이 누구이며 무엇에 복무해야 하는지를 자각하는 존재만이 넘어설 수 있는 도덕적 경계선임을 상징적으로 보여준 것이다.『오이디푸스 왕』과『파르지팔』은 근친상간 금지가 인간 존재의 도덕적 경계선이자, 진정한 자유를 위한 조건임을 예술적 형식으로 증명하고 있다. 이 사례는 자유와 권리가 개인의 리버티에만 기반할 수 없으며, 보편적 인간 조건과 공동체 규범이라는 프리덤의 기반 위에서만 정당화될 수 있음을 보여준다.

　간통죄는 당사자 간 합의에 의한 관계로 사적 자치를 존중한다는 의미에서 폐지되었다. 여성의 성적 자기 결정권 침해 이유로 헌법재판소는 위헌결정을 한 것이다. 계약주의적 접근으로 합의에 의한 성관계는 용인되어야 한다는 주장에 근거한다. 하지만 당사자 간 합의만 있으면 주인 노예제 시행도 가능한가? 당사자 간 합의로 이루어지는 성매매는 왜 처벌하는가? 당사자 간 합의로 이루어지는 동성애나 근친상간은 왜 반대하는가? 교사와 학생 간 합의만 있으면 성관계가 가능한가? 간통에 대한 형사처벌은 폐지되었지만 민사소송, 이혼사유, 도덕적 비난은 여전하다. 가정이 깨어지고 상처받은 자녀의 피해는 미래까지 이어지며 국가의 윤리도덕이 훼손된다. 혼외정사는 가정의 가치를 버리는 것이기에 공화자유주의에서는 가족의 가치를 위해 간통죄는 부활되어야 한다.

　공화자유주의는 가족의 재정립을 단순한 보수주의적 가치 회복으로 보지 않는다. 오히려 민주주의의 미래를 위한 윤리 인프라의 복원이며, 경제·정치적 효율성만으로는 설명할 수 없는 공감, 돌봄, 헌신이라는 사회적 덕목의 기반이다. 인간적 시간의 원천인 가족은 국가의 바깥에서 자신을 동일화한다. 국가는 플라톤이 구상했던 것처럼 가족이라는 구조를 몰아내지 못한다. 번식성의 생물학적 구조는 번식성의 선(善들)을 국가의 구성적 요소들과 달리 국가의 수단으로 종속되지 않게 한다.** 따라서 국가공동체는 가족의 가치가 존중되고 실현될 수 있도록 양육에 대한 공동 책임, 돌봄 노동에 대한 존중, 가족 친화적 노동제도, 이혼과 출산 관련 윤리교육 강화 등의 정책을 통해 가족을 개인의 사적 문제에서 공화적 책임의 영역으로 회복시켜야 한다. 가족이 존중받지 않으면, 국가공동체도 붕괴한다. 인류는 수천 년간 혈통과 양육의 공동체를 통해 문화, 기억, 전통을 '대물림(transmission)' 해왔다. 가족은 단지 혈연의 연결이 아니라, 역사를 이어주는 윤리적 계약의 단위이며, 공화자유주의가 지향하는 지속 가능한 프리덤 국가공동체의 핵심 덕목이다.

이상으로 공화자유주의의 제1덕목인 상호존중, 진실, 명예, 가족에 대해 논의를 하였다. 제1덕목은 샌델의 철학적 인류학 접근으로 도출되었다. 풍부한 역사적 경험과 교훈을 바탕으로 이성의 반성적 고찰에 의해 근거한 것이다. 철학은 통시적으로 고정된 것이 아니다.

노예제가 용인되었지만 지금은 금지되고 있는 것처럼 시대에 따라 변화된 사례는 많다. 따라서 제1덕목은 시대 흐름에 따라 변화될 수 있고 또 변화되어야 한다. 진보적인 정치인과 정치철학자들의 과제라 할 것이다. 다음 장에서는 공화자유주의의 효율적인 작동을 위한 마땅함으로서의 정의와 구체적인 사례들을 살펴보기로 한다.

* 김윤미, 바그너 읽기, 산지니, 2021, 3부 파르지팔.
** 에마뉘엘 레비나스, 전체성과 무한, 김도형, 문성원, 손영창 옮김, 그린비, 2019, 462쪽.

# 4. 공화자유주의의 정의

정치적 정의는 자기충족을 목표로 자신들의 삶을 공유하는 사람들, 즉 자유롭고 비례적으로나 산술적으로 평등한 사람들 사이에서만 발견될 수 있다. 테리 핀카드는 "우리 자신의 작은 나(Mini-Me's of us)"라 한다.* '우리인 나, 나인 우리(The I that is a We, and a We that is an I)' 이기에 공동체주의에 휩쓸려 가는 '나'가 아닌 것이다. 공화자유주의의 핵심적 특징 가운데 하나는, 프리덤이 단지 권리로서 주어지는 것이 아니라, 책임과 연대의 도덕적 질서 속에서 실현되는 것임을 강조한다는 점이다. 프리덤은 무제한적 자율성과는 다른 의미를 지니기에 국가공동체적 삶의 교훈과 역사적 경험을 통해 정립된 덕목들, 곧 제1덕목을 전제로 하며, 이로부터 구체적인 정의의 기준이 도출된다.

공화자유주의는 인간이 고립된 자율적 존재가 아니라, 서로에게 영향을 주고받는 관계적 존재라는 사실을 전제로 한다. 인간은 가족, 마을, 국가, 문명이라는 일련의 공동체 속에서 태어나고, 양육되며, 삶의 의미를 형성해 간다. 이러한 공동체의 역사 속에는 반복된 경험과 집단적 교훈, 즉 무엇이 공동체를 지탱해왔고, 무엇이 공동체를 무너뜨렸는가에 대한 인식이 축적되어 있다. 공화자유주의가 주장하는 제1덕목들은 이러한 역사적 경험의 응축된 도덕적 정수이며, 좋은 삶의 전통에서 뽑아낸 핵심 규범들이다.

제1덕목들, 상호존중, 진실, 명예, 가족은 단순한 권고가 아니라, 국가공동체 구성원이 자유를 누리기 위해 반드시 선행적으로 갖춰야 할 가치들이다. 이 덕목들은 선험적 이념이 아니라, 국가공동체 내부에서 공감과 합리적 반성, 도덕적 상상력을 통해 정당화될 수 있는 좋음의 형태로 우선 제시된다. 그리고 이 좋음을 지속 가능하게 만들기 위한 규범의 구조, 즉 옳음(rightness)의 원칙이 뒤따른다. 이때 옳음이란, 특정한 좋음이 국가공동체 안에서 반복적으로 입증된 윤리적 기준이라는 점에서 정당성을 획득한다.

따라서 공화자유주의의 정의 개념은 단순히 형식적 공정성이나 절차적 정당성에서 나오지 않는다. 그것은 무엇보다 국가공동체적 덕목을 실천하는 사람에게 마땅히 주어져야 할 것, 즉 "마땅함으로서의 정의(justice as deserveness)"로 구현된다. 정의에 관한 공화주의적 관념이 근본적으로 평등의 의미에서, 이차적으로는 공적인 공적과 공로에 의해 정의되는 것이다. 이 정의는 각자의 선택과 노력, 관계적 책임 속에서 얻어진 결과에 응답하며, 동시에 국가공동체의 안정성과 신뢰를 유지하는 도덕적 구조물로 작동한다. 공화자유주의의 제1덕목은 국가공동체가 제도적으로 강제할 수 있는 공적 덕목이며, 정의는 제1덕목이 마땅하게 존중되고 회복되는 관계적 상태이다. 정의는 응답의 덕이며, 질서의 윤리다. 이 정의관은 아리스토텔레스적 덕 윤리의 현대적 계승이면서도, 국가가 공공덕을 유지하고 강화하는 적극적 역할을 맡아야 한다는 점에서 독자적인 정치철학적 기획인 것이다.

이러한 정의관은 공화자유주의의 정치철학이 단순히 리버티와 프리덤의 대립을 넘어서, 역사와 도덕, 국가공동체와 규범을 통합하는 윤리적 자유의

---

* 테리 핀카드, 역사는 의미가 있는가, 서정혁 역, 그린비, 2024, 5. 역사에서 작동하는 무한한 목적들.

구조를 제시한다는 점에서 의의가 있다. '좋음에서 옳음으로의 이행'은 선택의 자유를 넘어 살아갈 가치가 있는 질서 있는 자유의 삶을 위한 철학적 조건이며, 오늘날 파편화된 자유 담론에 대한 통합적 대안을 제공한다.

롤스는 『사회정의론』에서 "얇은 선이론(the thin theory of the good)" 개념을 도입했다. 무지의 베일 아래에서 합의할 수 있는 범용적인 좋음으로 생존, 건강, 기본적 자유와 기회, 소득과 부, 자존감의 기반인 '기초적인 선들(primary goods)'의 목록을 준거로 하여 선택할 수 있다고 한다.* 이는 서로 다른 선의 개념을 가진 개인들이 공통의 정의 원칙에 합의할 수 있게 하기 위한 중립적이고 절제된 가치관이다. 롤스에게 정의는 중립적 절차 위에 서야 하며, 각자 삶의 좋은 것들에 대한 판단은 사적 차원에 맡겨져야 한다. 반면 "최대 선(thick theory of the good)" 개념은 특정한 종교, 문화, 공동체 또는 도덕 체계에 따라 형성된 실질적이고 규범적인 좋음을 의미한다.

공화자유주의는 공동체적 삶에서 자유를 유지하려면 공유된 좋음(good)의 내용이 반드시 필요하다. 이러한 입장은 찰스 테일러와 매킨타이어의 사상과 친연성을 가진다. 테일러는 "두꺼운 개념(thick concepts)"의 중요성을 강조한다. 인간은 윤리적으로 '중립적 자아'로 존재할 수 없으며, 항상 특정한 문화, 언어, 공동체, 전통 안에서 정체성을 형성하고 삶의 방향을 찾는다. 정의와 도덕은 그 공동체적 맥락에서 형성된 좋음의 서사를 통해서만 의미를 가질 수 있다는 것이다. 매킨타이어 역시 『덕의 상실』에서 현대 사회가 옳음을 좋음과 분리함으로써 도덕의 방향을 상실했다고 비판하며, 윤리적 판단은 반드시 전통과 공동체의 이야기를 통해서만 정당화될 수 있다고 주장한다. 그는 '옳음'은 자율적이고 절대적인 원칙이 아니라, 역사적으로 공유되고 실천되는 '좋음'의 흐름 속에서만 생겨날 수 있는 것이라 말한다.

따라서 공화자유주의의 정의는 '중립적 절차의 산물'이 아니라, 역사적 현실과 윤리적 교훈으로부터 도출된 마땅한 질서로 재정의된다. 제1덕목은 개인의 선택이나 주관적 선호가 아니라, 국가공동체가 함께 살아가기 위해 반드시 공유하고 지켜야 할 선험적이고 연대적인 규범이다. 공화자유주의의 제1덕목은 롤스의 '최소 선'이 아니라, 테일러와 매킨타이어의 '두꺼운 선(善)'의 전통 속에서만 뿌리내릴 수 있다. "옳음이 좋음에 우선한다"며 사실상 옳음을 좋음의 뒤에 두는 롤스의 절차적 정의론과는 달리, 공화자유주의의 정의는 "두꺼운 옳음"을 좋음에 우선한다. 삶의 성공에 대해 사회의 유일하게 중요한 척도만 있어서는 안 된다. 사회적 기본 가치(primary social goods)의 다양화가 요구되는 것이다. 많은 형태의 불평등이 존재하고 각 불평등이 각각의 영역에 한정된다면 각 영역의 불평등은 어느 정도까지는 서로를 상쇄할 수 있을 것이며, 그래서 불평등의 영향은 받아들일 만할 것이고, 심지어 적절하고 바람직하기도 할 것이다.** 왈쩌는 어느 선도 다른 선을 지배하지 못하는 복합적 평등(complex equality)은 불평등을 받아들일 만하게 하고, 상이한 가치들은 상이한 분배 원칙에 따라 상이한 주체에 의해 분배되어야 한다는 다원적 평등을 주장한다.***

프리덤은 그저 규칙을 따르는 자유가 아니라, 공유된 좋은 삶에 대한 공감과 실천에서 비롯된 마땅함으로서의 자유이다. 공화자유주의의 제1덕목은 "마땅함으로서의 정의"를 통해 구현되어야 한다. 각 덕목 별로 세부적인 구현 절차는 논의되는 정책 별로 구체적으로 검토될 수 있을 것이다. 이하에서는 주요 정책에 대해 제1덕목을 구현하는 과정을 논의하고자 한다.

## 가. 생애귀족제도 도입

고대 로마 공화정을 분석한 폴리비오스(BC200~BC120)는 정체 순환을 극복하고 안정된 질서를 유지할 수 있었던 핵심 원인으로 군주제, 귀족제,

---

*버나드 윌리엄스, ibid., 158쪽.
**토머스 스캔론, 관용의 어려움, 이민열 옮김, 서울대학교출판문화원, 2021, 359쪽.
***마이클 왈쩌, 정의와 다원적 평등, 정원섭 외 옮김, 철학과현실사, 1999, 1장 다원적 평등.

민주제를 조화시킨 혼합정 이론을 제시했다. 혼합정 이론은 단지 권력 분산의 기술이 아니라, 서로 다른 사회적 계층과 도덕적 자질을 가진 구성원들이 국가 운영에 균형 있게 참여해야 한다는 정치적 통찰을 포함한다. 공화자유주의는 도덕적 덕성과 공적 기여에 기초한 프리덤의 국가공동체 형성을 목표로 한다. 혼합정 이론을 통해 이러한 목표를 추구할 수 있도록 특정 계층이나 지역, 정당의 이해관계에 휘둘리지 않고 공화문명체의 지속가능성과 도덕성을 대표할 수 있는 인물군을 제도적으로 확보할 '생애귀족제도(Lifetime Nobility System)'를 도입한다. 현재의 민주공화국 내에서 덕목 기반의 귀족제 요소로 기능하게 되는 것이다.

우리가 귀족제를 배격하는 것은 출생에 의해 신분이 세습되기 때문이다. 개인의 노력이나 의지와 관계없이 '금수저와 흙수저'로 갈리기에 공화자유주의의 중립화정의론과 배치된다.

그러나 생애귀족은 혈통이나 가족 배경이 아닌 개인의 삶에서 실현된 공적 헌신과 봉사를 근거로 임명되며, 일단 임명되면 본인이 사퇴하거나 중대범죄로 제명되지 않는 한 종신 자격을 유지하고, 세습귀족(Hereditary Peer)처럼 자식이나 가문에 세습되지 아니 하기에 마땅함으로서의 정의에 부합한다. 이는 정당의 공천 구조나 지역 기반의 '묻지마 투표'로 인해 자질이 현격하게 부족한 선출직 정치지도자가 권력을 오염·타락시키는 구조적 문제를 보완하기 위한 것이다. 생애귀족은 장차 구성될 상원(Senate) 또는 국가원로회(Council of State Elders) 등에서 비당파적, 윤리적 판단 중심의 공론과 감시 역할을 수행하게 된다.

선정 기준은 공화자유주의가 추구하는 시민적 덕목 기반의 자격이다. 평소 정직성, 절제된 처세, 명예를 중시하는 삶 등 도덕적 자질이 입증되어야 하고, 공공을 위한 헌신, 봉사, 희생의 실천적 업적이 있어야 한다. 금전적 기여나 일시적 유명세에 의한 선정은 제외된다. 왈쩌의 다원적 평등 개념에 따라 자신의 지배적 재화를 이용하여 돈, 명예, 권력을 상호 교차 확보할 수 있는 현상을 배제할 수 있어야 한다. 거금을 기부하였다고, 화려한 임명직

경력을 갖고 있다고, 올림픽에서 금메달 한 번 수상했다고 임명되어서는 안 된다. 어떠한 이유에 의해서든 병역의무를 이행하지 않았다면 대상이 될 수 없고, 성실하게 재산세, 소득세 등 세금을 납부하여야 하고, 파산, 불륜, 논문 표절이라든지 음주운전 등 일체의 비리와 전과가 없어야 한다. 특정 정당 활동이나 이념에 맹목적으로 기속되지 않는 정치적으로 중립적인 사고와 양심을 가져야 한다. 선정 과정은 인공지능(AI, Artificial Intelligence)과 무작위로 선정되는 일정 수 이상의 심사단에 의한다. 인공지능으로 자격의 적격 여부를 필터링함으로써 인위적인 개입을 차단하고, 1차 통과된 대상자 중 심사단의 집단지성으로 결정한다. 예컨대, 최소 1,000명 이상의 심사단을 구성한다면 특정인의 영향력보다 집단지성이 우세하게 될 것이다. 선출자는 엄격한 쿼터제로 연 1~5인으로 다수결 또는 상대평가 방식의 투표로 결정한다. 이 과정에 정부나 국회는 일체의 간섭을 배제하고 어떤 형태든 안배나 할당제는 고려되지 않는다. 기대여명을 20년으로 본다면 대략 100명 내외의 생애귀족이 활동하게 될 것이다.

생애귀족 임명은 60세에서 65세로 한정하여, 생애귀족 임명을 목표로 하는 사람은 평생을 시민적 덕목에 부합하게 살아야 하고, 또 일단 작위를 수여받으면 여생 동안 국가공동체에 기여할 수 있어야 한다. 생애귀족은 금전적 보상과 특권은 전혀 없다. 특수계급이 아니다. 향후 상원이 설치된다고 하더라도 생애귀족이 당연히 상원의원이 되는 것은 아니다. 생애귀족 풀(pool)을 구성하고 그 중에서 추첨 방식으로 선출될 수도 있다. 작위는 공작, 후작, 백작, 자작, 남작 등으로 구분하기보다 일괄적으로 동일한 호칭을 사용한다. 남녀 구분 없이 "경(卿)"으로 하여 모두 동등하게 대우하면서 자연스럽게 예우질서가 형성되면 된다.

공화자유주의가 주장하는 생애귀족(Lifetime Nobility)은 영국의 생애귀족(Life Peers)과는 다르다. 영국은 정치적 보상이나 전문가 등용을 목적으로 총리가 지명하는 정치인, 법관, 학자 등 유력 인사를 상원 의원으로 보임함으로써 하원의 입법 감시 기능을 수행토록 하기 위해 1958년에 도입되었다.* 작위 수여와 함께 상원의원(House of Lords) 자격이 자동으로 부여되고, 작위(title)는 '남작(Baron)' 또는 '여남작(Baroness)'로 수여된다. 작위 수여에는 정치적으로 여·야 균형이 고려되고 있다.

이 제도는 자유민주주의의 무제한적 팽창이 만들어내는 정당 중심 선거 정치의 단기성과 파벌성을 견제하여 권력과 도덕성 사이의 균형을 회복하고, 공동체적 미덕과 헌신을 정치 질서 내에 제도화할 이성적 균형 장치가 될 것이다. 따라서 생애귀족제도는 국가의 정신적 중심을 형성하는 시민적 본보기로 기능함으로써, 공공선과 도덕질서의 유지라는 공화자유주의의 가치를 실천하는 제도적 해법이다.


## 나. 검사응보제 도입


공화자유주의는 프리덤을 규범과 책임 속의 자기 통제로 본다. 프리덤은 정의로운 질서 속에서만 성립할 수 있으며, 권력을 행사하는 모든 공직자는 그 책임을 감당할 준비가 되어 있어야 한다. 특히 형사사법권을 독점적으로 행사하는 검찰은 국민의 자유를 직접 제한할 수 있는 막강한 권한을 가진 만큼, 그 권한은 더욱 엄격한 책임과 균형의 원칙 위에 놓여야 한다.

대한민국 검찰 조직은 '검사동일체의 원칙' 아래서 운영된다. 검사 개인이 아니라 검찰 전체가 하나의 조직으로 수사를 수행한다는 원칙이지만, 현실에서는 검찰총장의 수사지휘권과 승진·보직 등 인사권이 결합되면서 개별 검사가 정치적 압력에 저항할 수 없는 구조로 기능해왔다. 무리한 기획수사, 별건수사, 강압수사로 부당한 기소가 되면 인사고과에 가점으로 반영되어 승진과 영전의 과실을 누린다. 무죄가 확정되는 것은 몇 년 뒤의 일이고, 무죄 판결이 나더라도 고의나 중대한 과실이 드러나야 손해배상이나 징계가 가능하기에 검사 개인에 대한 법적 책임은 원칙적으로 제한되어 있다. 무죄에 따른 국가보상은 국민의 세금으로 집행되지만, 담당 검사에게 구상권은 청구되지 않는다. 사과할 의무도 없다. 약자에게는 무관심하고 권력자에게는 유약한 것이 검사의 현명한 복무 자세다. 반면에, 일단 기소가 되고, 특히 구속기소가 되면 피고인은 무죄가 확정될 때까지 수 년 동안 돌이킬 수 없는 심대한 시간적, 경제적, 명예적 손실을 감내해야 한다. 피고인이 중요 기업인일 경우, 기업의 이미지와 생산성에 미친 악영향은 영원히 보상받지 못할 낭비가 된다. 무죄가 되더라도 기껏해야 보상금만 받는 정도이지, 그동안 피고인으로서 받았던 모든 손실은 세월이 흐름에 따라 영원히 복구가 불가능하기에 국가에 대한 원성만 남긴다. 양피지 위에 근엄하게 씌어진 검사의 공직윤리는 말없이 먼 산만 쳐다 본다.

정의는 이기심에서 파생되며 이기심에 기여한다. 로크가 지적하였듯이 모든 사람은 본질적으로 자신의 선만을 추구한다는 것을 인정해야 한다. 개인의 악덕이라도 솜씨 좋은 정치인이 잘 다룬다면 사회의 이득이 될 수 있는 것이다.** 검사도 마찬가지다. 검사의 내적 사리분별이나 지혜로 이기심을 추구할 때 정의가 이루어지도록 시스템을 디자인해야 한다. 공익을 사익화하는 것이 요체이기에 국가형벌권의 행사를 검사의 사익과 연계시킴으로써 권한 남용을 스스로 억제하게 해야 한다. 따라서 공화자유주의는 마땅함으로서의 정의관에 입각하여 검사응보제(Accountability Reprisal for Prosecutorial Misconduct)를 채택한다. 검사응보제란 검사가 수사하고 기소한 형사사건이 대법원에서 최종 무죄 판결을 받을 경우, 해당 검사가 현직 공무원일 경우 중징계(감봉, 정직, 해임, 파면)하고, 퇴직 후 변호사 개업 중일 경우 3년 등 일정기간 변호사 자격 정지의 불이익을 부과하는 제도이다. 이는 처벌이 목적이 아니라, 수사권의 남용을 예방하고 공정성을 제도화하기 위한 장치다. 검사 개인의 수사 공정성과 책임의 윤리화를 위함이다. 검사응보제는 형벌과 응보의 철학에 기반하며, 피의자의 인권 보호를 넘어 공

---

* 현재 영국의 세습귀족은 800여 명, 생애귀족은 650~670명 정도인 것으로 추정된다.
** 버나드 맨더빌, 꿀벌의 우화, 최윤재 역, 문예출판사, 2010.

직 윤리의 강화와 국민 신뢰 회복을 위한 헌정적 장치로 기능할 것이다.

미국은 검찰 면책 원칙(Absolute Immunity)이 존재하지만, 최근 무죄 피해자 보상제도 및 검찰 부정행위 책임제도가 뉴욕 주 등 일부 주에서 강화 중이다. 영국 검사들은 윤리규범(Code for Crown Prosecutors) 위반 시 내부 징계 또는 공공기소위원회의 조사 대상이 되며, 반복적 오류는 퇴직 후 변호사 자격에도 영향을 미친다. 검사응보제는 이들보다 더 강력하다.

검사응보제는 개별 검사에게 수사 독립성을 실질적으로 보장하는 명분이 된다. 부당한 지휘나 정치적 압력에 대해 최종 책임은 수사 지휘자가 아닌, 기소한 검사에게 돌아온다는 구조 속에서, 검사는 자신의 법률적 양심과 판단에 따라 수사 여부를 결정할 내부 저항의 윤리적 정당성을 확보할 수 있다. 무리하게 수사 기소를 한 부담을 검찰총장 등 상관이 아니라 자신이 부담하게 될 것이기에 지시를 거부할 합당한 명분이 될 수 있다. 국가형벌권을 담당하는 국가기관을 정치적, 행정적 이유로 개편하더라도 수사를 담당하는 공무원은 검사든 누구든 검사응보제의 대상이 되어야 한다.

검사응보제는 공화자유주의적 법치주의의 실현이다. 프리덤은 법의 통치(rule of law)를 요구하지만, 그 법은 또한 윤리적 책임과 제도적 억제의 구조를 함께 가져야 한다.

검사응보제는 공권력의 일방적 행사로 인한 개인의 피해를 실질적으로 보상하는 구조는 아니지만, 적어도 그러한 결과를 초래한 자에게 정당한 응보와 책임을 부과함으로써, 미래의 인권 침해를 예방하는 제도적 경고가 된다. 검사에게 결과 기반의 책임, 즉 응보성을 부과하는 검사응보제는 윤리와 제도의 접합을 시도하는 '마땅함으로서의 정의' 의 혁신적 구현이다.


## 다. 배심원제 전면 도입

형사 재판의 배심원제를 전면 도입해야 한다. 자유가 국가공동체 윤리 속에서 실천되고 정당화되는 프리덤이라면, 그 자유는 제도적 참여와 책임의 형식 속에서 실현되어야 한다. 그 점에서 배심원제는 프리덤의 제도적 구현이다. 배심원제는 시민의 자유를 구체화하고, 정의의 정당성을 회복하며, 권력을 시민의 감시 아래 두는 제도이다.

사법의 전문성과 시민의 도덕 감각 사이의 다리 역할을 하며, 공화적 시민의 실천적 프리덤을 보장하는 헌법적 장치이다.

배심원제는 피고인의 권리를 보장하는 장치인 동시에 시민이 법의 해석과 판단에 참여함으로써 도덕 공동체의 일원으로서 역할을 수행하는 제도다. 퀜틴 고전 공화주의 전통을 계승하며, 진정한 자유는 단지 간섭받지 않는 상태가 아니라 지배당하지 않을(non-domination) 제도적 구조 속에서만 성립한다고 보았다. 사법 판단이 법률 전문가 집단에 독점될 때, 시민은 법이라는 이름의 권위에 억압당할 위험에 빠지게 된다. 반면 배심원제는 법적 판단의 최종 정당성을 시민의 상식(common sense)에 기반을 두는 체계로서, 지배의 자유를 실현하는 핵심 장치가 된다.

법은 내용 못지않게 과정이 중요하다. 시민이 법정에 참여해 판단하는 절차는 공정성에 대한 신뢰를 높이고, 제도에 대한 정당성의 기반을 넓힌다. 또한 매킨타이어가 강조하듯, 도덕은 개인의 내면에서 독립적으로 성립하는 것이 아니라 공동체 안에서 길러지고 체화된 가치의 산물이다. 배심원제는 바로 공동체의 도덕 감각이 제도 속에 반영되는 통로다. 따라서 모든 형사 재판은 소배심(Petit Jury)의 평결을 필수로 하고, 평결은 만장일치를 원칙으로 한다. 평결은 권고적 효력에 그치지 않고 판사를 기속하고, 배심원의 유무죄 판단 후 판사는 양형만 결정한다.* 형사 사건의 기소 여부는 검사가 아닌 대배심(Grand Jury)의 과반수로 결정한다.**

*2012년부터 시행 중인 국민참여재판 제도는 배심원 평결이 권고적 효력만 있어 피고인의 신청률이 감소 추세임.
**기소심의위원회 등이 있으나 법적 강제력은 없다.

　배심원제는 자유를 권리에 가까운 리버티로만 보지 않고, 책임과 역할이 수반되는 프리덤으로 승화시키는 정치제도다. 권력은 견제받을 때 자유는 살아 있고, 사법부 권력도 예외일 수 없다. 제임스 매디슨은 『페더럴리스트』에서 다수결의 전제를 경계하며, 권력의 분산과 시민의 참여 없이는 자유는 언제든 전제에 굴복할 수 있다고 경고했다.

　배심원제는 사법 권력을 시민의 눈높이로 끌어내리고, 그 권한을 나눔으로써 공화적 시민의 자격과 책임을 구현하는 대표적 제도다. 오늘날 사법권의 자율성과 전문성은 분명 존중되어야 하지만, 그 이면에서 시민은 '마땅함으로서의 정의'에 대해 고민하고, 국가공동체의 윤리로서의 프리덤을 실천할 기회를 요구하고 있다. 배심원제는 단지 법정의 한 절차가 아니다. 그것은 시민이 스스로 판단하고 책임질 수 있다는 믿음이 제도화된 프리덤의 실천 장치다. 이는 공화자유주의가 꿈꾸는 정치공동체의 실현 방식이며, 프리덤이 제도로 살아 숨 쉬는 방식이다.

## 라. 정치숙려기간제 도입

　공화자유주의는 자유의 실현을 단지 권리의 보장이나 자기결정의 확대에서 찾지 않는다. 오히려 공정하고 신뢰 가능한 제도적 기반 위에서만 자유는 진정으로 구현될 수 있다고 본다. 이 점에서 국가 권력의 정치적 중립성과 공정성 확보는 자유의 전제 조건이 된다. 정치숙려기간제도(Cooling-off Period for Political Candidacy)란 권력부서 공직자가 퇴직 후 선거직에 출마할 때 일정한 기간을 유예시키는 제도이다. 통상 권력부서라 함은 대통령실, 검사, 판사, 국가정보원, 국세청, 경찰청, 기획재정부 예산실 등이고, 여기에서 퇴직하는 공무원은 퇴직 후 5년이 경과한 후에 정당의 공천을 받고 입후보가 가능하게 하는 제도다. 권력기관 출신의 공직자가 퇴직 후 곧바로 특정 정당의 비례대표로 선출되거나, 공천을 받아 선출직에 출마하는 사례는 국민의 신뢰를 크게 위협한다. 이는 현직 시절 공권력의 행사와 정치권과의 은밀한 거래 가능성, 이해충돌의 우려, 정치적 보은 등 수많은 부작용을 야기하며, 결국 국가권력의 정치적 오염(political contamination of state authority)이라는 구조적 문제로 이어지기 때문이다. 언론과 노동조합은 공직은 아니지만, 현실적으로 특정 정파에 편향된 언론보도와 논평 그리고 편집으로 여론의 형성과 변화에 큰 영향력을 행사할 수 있고, 노조는 강력한 자금력과 동원력으로 역시 특정 정파의 이익에 기여할 수 있다. 따라서 언론과 노조도 비영리기관(NGO)이라는 기준으로 함께 적용되어야 한다. 언론과 노조가 스스로 정치숙려기간제를 천명한다면 자신들의 언행에 대한 정당성이 높아질 것이다.

이 제도는 권력과 정치 사이에 일정한 윤리적·제도적 장벽을 마련하자는 것이다. 직업의 자유나 참정권을 박탈하는 것이 아니라, 국가공권력의 공정성과 비정파성을 보호하기 위한 헌정적 예방 조치다. 권력이 지배재가 되어서는 안 된다. 항상 권력과 양지만 쫓고, 돈과 명예를 함께 가지는 징검다리 역할에 국가 권력이 이용되어서는 안 된다.

권력이 사익 추구 수단이 되어 권력기관 종사자가 공직과 정당·정치 간 경계를 흐리게 할 위험에 대비해야 한다. 권력기관의 영향력이 정치적 권력으로 전이되는 순간, 공화국은 타락하는 것이다. 공직 권력의 후광 없이 스스로의 역량으로 새로운 정치 분야에서 새롭게 출발하여 성취를 이루는 것이 중립화정의론에 부합한다. 독일, 프랑스, 일본 등 선진국도 고위 공무원이 정당 후보로 출마하려면, 법이나 암묵적 관례로 퇴직 후 일정 기간 동안 정당 활동과 선거 출마를 제한한다.

정치숙려기간은 단지 제도의 기술적 설계가 아니다. 그것은 프리덤의 핵심인 공정하고 신뢰할 수 있는 제도적 질서를 지켜내는 공화적 덕성의 요구다. 자유란 특정 권력자들이 마음대로 휘두를 수 있는 권능이 아니라, 누구에게도 지배당하지 않는 상태를 제도적으로 보장받는 상태다. 이 제도가 바로 그 지배의 사적 거래 가능성을 차단함으로써, 정치적 자유와 국가 신뢰를 동시에 확보할 수 있는 제도적 응답이다. 권력기관의 정보, 영향력, 관료적 인맥은 결코 사적 정치권력으로 전이되어서는 안 된다. 프리덤은 시민의 판단에 의해 정당성이 부여된 권력만이 행사되는 상태를 전제한다. 그러므로 이 제도는 공화자유주의의 원칙에 부합하면서 권력과 정치를 분리하는 제도적 교량이자 민주주의의 정화 장치가 된다.

## 마. 고위공직자 상징 태형제 도입

공화자유주의가 강조하는 자유는 권리의 방종이 아니라, 도덕과 국가공동체적 책임에 기반한 질서 있는 자유, 즉 프리덤이다. 특히 고위공직자의 거짓은 상황에 따라 용납될 수도 있는 단순한 도덕적 결함이나 리버티가 아니라, 국가공동체의 제도적 신뢰와 시민의 정치적 감각을 무력화시키는 공공질서의 구조적 파괴 행위이며, 국가공동체가 이를 용인하거나 사소하게 다룰 경우, 사회는 진실과 거짓을 구별할 윤리적 기준을 상실하게 된다. 조금이라도 권력을 가진 사람들은 신뢰할 만한 행동을 해야 한다는 사실을 강하고 두렵도록 통감해야 한다. 그들은 위탁한 신뢰에 따라 행동해야 할 책임이 있다. 자연적 정의가 내리는 명령에 정치적 합의를 일치시키려 애써야 한다. 진(秦)나라 상앙(商鞅)은 남문의 나무를 북문으로 옮기는 사람에게 황금을 준다는 약속을 지켜 사목입신(徙木立信)으로 백성의 신뢰를 얻었다.* 반대로 고위관리가 백성의 신뢰를 배신하는 경우에 대한 대책도 있어야 한다. 이러한 관점에서 공화자유주의는 법적 처벌을 넘어선 '기억의 정의(justice of memory)'와 '명예의 질서(order of honor)'라는 진실의 윤리를 요청한다. 대표적으로 제안할 수 있는 것이 기록삭제형과 상징적 태형(恥刑)이다. 고위공직자는 타인의 자유에 제한을 가할 수 있기에 일반 시민보다 더욱 엄격한 기준을 적용해야 하고, 누구든 기록삭제형이나 상징적 태형을 거부한다면 스스로 공직을 포기하면 된다. 진실을 말할 수 없는 상황이라면 묵비권을 행사하거나 시인도 부인도 하지 않으면 된다. 거짓을 말하여 국민을 오도하는 행위와 묵비권의 차이는 하늘과 땅 만큼의 차이이다.

기록삭제형은 공직자의 공적 기록에서 그 이름과 업적을 제거하거나 표시함으로써, 후대의 기억에서 그를 제거하는 윤리적 제재다. 이는 단순한 응보를 넘어서, 국가공동체의 기억이 가져야 할 도덕적 정화 기능을 부여한다. 후대는 고위공직자의 실책을 기억하되 그 이름이 공적 기록에서 영예롭게 보존되는 것을 방지해야 한다.

상징적 태형은 더 실천적인 도구이다. 훈장 박탈, 명예직 제한, 공직 이력서의 파면 표시, 국회 혹은 시민에 의한 공개적 경고 등과 같이 물리적 고통 대신 도덕적 수치심을 자극하는 제도다.** 아리스토텔레스가 수치심은 덕을 내면화한 시민의 증거라 했던 사상과도 일치하며, 국가공동체가 요구하는 최소한의 윤리적 일관성 확보를 위한 규범적 장치다.

이러한 처벌 방식은 자유민주주의가 다루지 못한 영역, 즉 제도와 공직이 요구하는 공적 신뢰의 질서와 시민 교육적 효과를 함께 지닌다. 고위공직자의 거짓이 사회 전체의 신뢰를 무너뜨릴 수 있는 위험요소임을 인식하고, 신뢰를 기반으로 한 프리덤의 질서를 지키는 마지막 윤리적 방어선으로서 이러한 도구들은 정당화될 수 있다.

공화자유주의가 요청하는 제1덕목 중 진실과 명예라는 덕목의 구체적 구현이기도 하다. 진실 없는 자유는 허무이며, 명예 없는 권력은 폭력이다. 프리덤은 관계와 책임의 자유이며, 그 책임의 중심에는 공공을 기만하지 않겠다는 시민의 서약이 있어야 한다. 거짓말이 허용되는 자유는 없다. 프리덤은 진실을 지킬 때에만 성립한다.

---

# 바. 고위공직자 정책철학 개혁

12명의 조손(祖孫) 가정이 소 00두를 사육하며 오순도순 살고 있었다. 어느 날 사육지 한 가운데로 고속철도가 놓이게 되었다. 땅이 양분되면 축사가 사라지게 되어 소를 사육할 수 없으니 고가(高架)로 건설해주도록 민원을 넣었으나 거절되고, 통로를 만들어달라고 했으나 2km 떨어진 곳에 건설되었다고 또 거절되었다. 땅이 양분되니 저당 잡힌 은행에서 대출금 상환 요구를 하고, 임의 방목에 대해 동네 민원으로 결국 소는 모두 도축 내지 헐값에 팔아야 했다. 남은 돈으로 염소 사육이라도 하려 했으나 동일한 장소임에도, 자치단체 조례 상 기존 축사는 허용되나 신규 축사가 되기에 거리 제한 규정으로 허가가 거부되었다. 국토교통부, 철도시설공단, 중앙토지수용위원회, 시청 등 백방으로 노력했지만 허사가 되어 이 가정은 하루아침에 생계를 걱정하는 지경으로 급락했다.

어느 공직자도 책임지지 않았다. 고속철도 건설이라는 국가사업이면 백성은 오롯이 희생을 감내해야 하는가? 회전의자에 앉아 책상머리에서 정책을 머리로만 다루는 고위공직자는 법적 책임만 없다면 이 가정에 대해 윤리적 도덕적 책임은 없어지는가? 적정하게 책정된 보상비를 지급했다고 이 가정의 소박한 삶과 행복, 그리고 앞날의 생계에 대한 보장이 되는 것인가? 이 가정에게 국가란 무엇인가?

고위공직자는 단순한 행정집행자가 아니다. 그들이 내리는 일상적인 정책결정 하나하나는 수많은 시민의 삶의 조건을 형성하고, 한 사람의 일생을 근본적으로 바꿔놓을 수 있다. 따라서 고위공직자는 철학과 가치에 기반한 깊이 있는 정책 판단 능력을 갖추어야 하며, 단기적 효율이나 다수의 선호에만 휩쓸려서는 안 된다. 최대 다수의 최대 행복을 지향하는 고전적 공리주의는 공공정책의 판단 기준으로 삼기에 위험하다. 소수의 고통을 정당화하며, 사회적 약자의 희생을 구조화할 우려가 있기 때문이다. 프리덤의 공화민주주의에서는 공존과 상호존중, 그리고 가족과 지역 공동체의 안녕을 훼손하지 않는 방식의 정책결정을 추구한다.

조직화된 이익단체나 강한 정치적 목소리를 낸 집단의 요구에 부응하면 잠시 갈등을 줄여주는 듯 보일지라도, 그 이면에서 목소리 없는 이들이 겪는 고통은 우리 공동체의 도덕적 기반을 침식시킨다. 위의 사례에서 보듯이 오순도순 살아가는 평범한 시민의 일상이 무너지는 것을 막는 것이야말로 자유와 공화의 정신을 실현하는 길이다.

고위공직자를 위한 정책철학 교육은 다음과 같은 방향으로 설계되어야 한다. 공리주의, 자유주의, 공동체주의, 책임윤리 등 주요 정치철학 전통에 대한 심도 있는 이해를 바탕으로, 공화자유주의의 철학적 가치 판단에 기반한 정책의 도덕적 함의를 비판적으로 성찰하는 훈련이 되어야 한다. 다양한 사회적 갈등 사례를 논의하여, 갈등 당사자들의 입장에서 생각하고 공정한 해결책을 탐색하는 윤리적 딜레마 시뮬레이션 훈련을 받아야 한다. 역사적 혹은 현대 정책 실패 사례를 분석하며, 어떤 가치의 왜곡이 어떤 결과를 초래했는지 비판적으로 분석하는 사례 기반 학습(Case-based learning)을 해야 한다. 정책 결정에 의해 직접적 영향을 받은 피해자들의 생생한 목소리를 경청하고 정책경험을 교육함으로써, 추상적 가치가 아닌 구체적 인간의 삶을 중심에 놓는 감수성을 기른다. 정책이 무심코 무너뜨릴 수 있는 가족의 단란함, 지역 공동체의 정서적 유대를 보호하는 것이 왜 중요한지를 철학적으로 숙고할 수 있어야 한다.

고위공직자는 단순한 능률적 관리자가 아니라, 시민의 삶과 자유, 존엄을 실질적으로 지키는 공화정의 수호자가 되기 위해서는 공화자유주의의 철학적 교육이 필수적이다.

이는 실무 능력이나 법률 지식과는 별개로, 정책 결정의 질과 공동체 신뢰를 결정짓는 가장 중요한 요소임을 인식해야 할 것이다.

이상은 공화자유주의의 "마땅함으로서의 정의"를 구체적으로 정책화하는 과정을 논의한 것이다, 제멋대로 하는 자유가 아니라 리버티와 프리덤에

대한 정확한 이해, 그리고 이들이 야기한 자유민주주의의 한계와 공화자유
주의의 사상과 특징에 대한 숙지를 바탕으로 제1덕목이 요구하는 사항을 정
책화할 수 있을 것이다. 비간섭, 비방해의 자유를 넘어 비지배의 자유 그리
고 참여와 시민적 미덕을 공화자유주의는 구현함으로써 우리는 보다 많은
자유를 보다 바른 방향에서 누릴 수 있게 한다.

제 9 장

맺는말: 자유민주주의의 종언 이후

1917년 러시아 혁명이 성공하여 소련에서 공산주의 국가가 최초로 등장하였다. 2차 세계대전 이후 본격적으로 공산주의와 자유민주주의의 이념 대립인 냉전 기간을 지나 1991년 소련이 붕괴되면서 자유민주주의는 그 이념적 완결성을 역사의 종말로까지 표현할 정도로 극찬을 받았다. 하지만 후 쿠야마의 진단은 성급하였다. 인류 역사에서 자유가 본격적인 인권으로 위상 매김을 한 것은 불과 200년 정도이고, 인류 문명의 진화와 발전에 상응하여 정치사상도 바뀔 수 있고 또 바뀌어야 함을 도외시한 주장이었다. 원리의 차원에서 더 이상 개선될 여지가 없다는 자유민주주의에 대한 찬사는 그 후 불과 30여년 지난 현재도 여전히 유효할까? 프랑스혁명과 1848년 유럽혁명의 실패 이후, 리버티에 기초한 자유민주주의는 제국주의의 식민지 자유 착취, 공산주의의 부르주아지 자유 말살, 파시즘의 자유 유린, 피부색과 성(性)에 의한 자유 억압을 성공적으로 물리쳤다. 하지만 이들 위협이 사라지거나 대부분 극복되자, 자유민주주의는 개인을 원자화함으로 인한 각종 후유증을 남기게 되었다. 공화문명체의 존속을 위해 자유민주주의는 재검토되어야 할 국면에 이른 것이다.

인류 문명은 나날이 가속도가 붙으며 발전하고 있다. 과학 지식의 발전으로 우주와 지구, 그리고 인간에 대한 분석과 연구 성과가 빠르게 바뀌고 있다. 인공 지능의 출현으로 컴퓨터는 인터넷의 등장에 이어 또 다른 질적 도약의 시대를 열고 있다. 인공 지능이 인간의 지능을 초월하는 특이점(singularity)은 2045년이 될 것이라고 한다.* 언제라도 선박이나 항공기 운항 상황을 마린트래픽(Marine Traffic)이나 플라이트레이다24(Flightradar) 앱으로 확인해보면, 지구를 좁은 듯이 뒤덮은 채 오고가고 있음을 알 수 있다. 파푸아뉴기니 부겐빌 섬 외딴 곳에 가더라도 와이파이를 연결하면 서울 뉴스를 실시간으로 보고 주식 매매도 가능하고 축·부의금도 보낼 수 있다. 정보교환의 빠름이 2세기 전 자유가 자연권으로 대중에게 다가오던 시절과는 확연히 달라졌다는 말이다.

우리는 지구 자원의 고갈을 염려한다. 화석연료의 사용으로 인해 기후변화를 걱정한다. 석유와 석탄은 채굴량에 한정이 있다. 태양광, 풍력 등을 이용한 신재생에너지에 투자한다 하더라도 화석연료 사용은 충분하게 줄일 수 없다. 전기자동차나 풍력 터빈, 태양광 전지판 제조에 들어가는 강철, 시멘트, 플라스틱, 희소금속(minor metal) 등과 결합된 화석연료의 소모량은 여전하거나 오히려 증가할 것이다.

전기나 핵을 사용하는 비행기는 불가능하다. 식량 생산과 일상생활에 사용되는 기본적인 화석연료 때문에 2050년 탄소중립화는 달성 불가능하다. 해양수는 풍부하지만 담수는 불균등하게 분포하고 있어 지역적으로는 담수 기근도 예견된다. '지금 여기', 오늘만 즐겁고 내일이 없는 개인의 리버티를 더 이상 고집하기 어려운 상황이 전개되고 있는 것이다.

우주는 우리를 필요로 하지 않는다. 니체의 우화가 있다. "무수한 태양계 안에서 섬광을 발하면서 쏟아져 나온 우주의 어느 변두리 한 구석에 일찍이 별이 하나 있었는데, 그 위에서 영리한 동물들이 인식 활동을 시작했다. 이것은 '세계사'에서 가장 거짓된 순간이었다. 그러나 이것은 다만 한순간에 불과했다. 자연이 몇 차례 호흡을 하고 나니 그 별은 굳어버렸고, 영리한 동물들은 사멸하지 않으면 안 되었다." 그래서 니체는 신은 죽었다고 했다. 하지만 우리에게는 자유가 있다. '나는 마치 바닷가에서 놀고 있는 한갓 작은 소년 같지만', 자유가 있기 때문에 세렝게티 초원의 짐승 떼와는 다르다. 생명체 없는 사막 같은 우주 속이라 하더라도 인간이 무엇일 수 있는가에 대한 대답은 인간의 자유 안에 숨겨져 있다. 우리의 모습은 자유의 결과를 통해 지속적으로 변화되어 나타난다. 다만 자유로운 선택에는 책임감이 따른다. 나의 미래, 자식의 미래, 후손의 미래와 그들의 자유를 공화문명체 안의 프리덤으로 담아내야 한다. 유엔은 2050년 세계 인구를 97억 명으로 예상하고 있다. 따라서 '나너자유'에 현재는 물론 미래 세대까지 아우르는 통시

*바츨라프 스밀, 세상은 실제로 어떻게 돌아가는가, 강주헌 옮김, 김영사, 2022, 7. 미래에 대하여.

적(通時的)인 공동체 구성원도 포함해야 한다.

그러나 오늘날 리버티에 기반한 자유민주주의는 당선을 목표로 하는 정치인들로 하여금 눈앞의 이익을 위해 포퓰리즘 공약을 남발하며 대중을 무분별하고 무책임하게 선동하게 한다. 지상 천국을 내걸고 프롤레타리아와 농민의 다수표를 얻어 노멘클라투라의 특권을 유지하는 인민민주주의와 닮아가고 있다. 민주공화국을 외치며 유권자의 표를 선동하지만 정작 공화주의가 무엇을 의미하는지도 모른다. 대중의 망탈리테를 오도하고 악의적으로 활용한다. 로마공화주의가 현대의 자유민주주의로 변화되면서 상실된 부분이 시민적 덕목이다. 민주공화국을 외치는 정치인은 스스로 공화국의 덕성인 명예, 신뢰, 성실, 의무감 등을 솔선 수범해야 한다.

미국 건국의 아버지들이 나라를 세우면서 각종 고전을 읽고 공화국의 사례들을 공부하고 토론을 하며 익혔던 그러한 정치인을 보기 어려운 것이 지금의 자유민주주의 체제이다. 아담 스미스의 『국부론』을 읽어보지도 않은 채 자유시장 경제 정책을 논하고 있는 것이다.

자유민주주의는 많은 아쉬움을 남기고 있다. 그래서 본서는 자유민주주의의 자유를 시발점으로 하여 분석을 진행하였다. 서양철학에서 사용되고 있는 프리덤과 리버티의 역사적 근원부터 분석하였다. 기독교가 발전시킨 양심의 자유, 종교개혁 그리고 자연권 사상 등 다양한 요인이 리버티를 인류사에 주도적인 위치를 차지하게 하였다. 하지만 리버티에 대응하는 프리덤의 반격 논리의 탄탄함과 프리덤의 독자적인 정체성을 확인할 수 있었다. 프리덤의 반격은 단순한 이론적 복원이나 윤리적 회고가 아니다. 그것은 리버티 중심인 자유민주주의의 한계를 넘어서려는 철학적 요청이며, 새로운 자유의 질서에 대한 도전이다.

우리는 자유가 어떻게 리버티에 의해 권리와 선택, 자기결정의 이름으로 축소되어 왔는지를 살펴보았고, 그에 맞서 프리덤이 어떻게 국가공동체, 도덕, 규범, 연대의 이름으로 다시 정당화되고 있는지를 분석해보았다.

칼 야스퍼스는 『위대한 사상가들』에서 소크라테스, 석가, 공자, 예수 4대성인 사상의 공통점과 차이점을 분석하였다. 소크라테스는 끊임없는 인간과의 '대화'를 통한 사고로 진리와 현실이 나타난다는 것을 믿으면서, 그는 대화 과정을 통해 추구해야 할 진리와 선 그리고 이성이라는 절대적인 권위를 인정했다. 석가는 인간의 고통스러운 윤회(Samsara)는 출생에서 오고 출생은 존재에서 온다고 보았다. 해탈은 깨달음을 통해 이루어지고, 깨달음은 명상을 통해, 명상은 올바른 삶을 통해 이루어진다고 했다. 그는 '누구나 깨달음을 통해 해탈' 할 수 있으며 이러한 노력은 인간 공동의 관계를 유지하기 위해 끊임없이 필요한 것이라고 했다. 공자는 개인이란 도덕적인 공동체를 통해서만 진정한 인간이 될 수 있다고 했다. 인간의 진정한 본질은 인간 관습에 대한 경건한 태도와 전통에 뿌리를 둔 인간관계에서만 실현될 수 있기에 '자기를 극복하고 예의로 돌아가야 한다(克己復禮)'고 했다. 예수는 사람들과 어울려 살면서도 혼자 세상을 초월하는 것은 사랑이 아니라 했다. 개인이 혼자 하늘나라에 들어가는 것이 아니라 다른 '이웃과 더불어' 하늘나라에 도달해야 한다는 게 예수의 가르침이었다.* 이들 4대 성인의 핵심적인 사상은 본서가 분석한 극단적 개인의 자유인 리버티가 아니라 프리덤의 자유와 본질적으로 연결되고 있음을 확인할 수 있다.

철학은 고정된 교리가 되지 않는다. 철학은 그 자신 속에서 지속적인 투쟁을 벌인다. 자유민주주의에 대한 철학적 반격은 하나의 새로운 체계로 수렴된다. 공화자유주의(Republic Freedomism)이다. 이것은 공화주의와 자유주의의 단순한 절충이 아니라, 자유의 재정의다. 공화자유주의는 자유를 더 이상 무제한적 자율성이나 권리의 수혜가 아니라, 도덕적 판단과 제도적 참여, 국가공동체적 윤리 안에서 실현되는 질서로 본다. 리버티 대신 프리덤 개념의 자유로 전환해야 한다. 자유는 관계 안에서만 가능하며, 규범과 책임, 제도의 연동 속에서만 지속될 수 있기 때문이다. 공화자유주의의 제1덕목은 우리에게 더 많은 자유를 제공한다. 리버티 개념에 기초한 자유민주

*칼 야스퍼스, 위대한 사상가들, 권영경 옮김, 책과함께, 2005.

주의보다 더 많은 비지배의 자유, 참여의 자유를 누릴 수 있게 한다.

자유민주주의는 근대 자유주의 철학을 토대로 구성된 정치체제다. 핵심은 리버티(liberal liberty), 곧 타인의 간섭이 없는 상태로서의 자유에 있다. 이는 홉스와 로크, 밀, 롤스를 거쳐 개인의 권리 보호와 자율성 확보를 중심으로 제도화되었다. 자연상태를 "만인의 만인에 대한 투쟁"이라 가정하고, 이를 제어하기 위한 사회계약과 법의 중립성을 통해 자유와 정의의 조화를 꾀한다. 그러나 그러한 자연상태는 서구 정치철학의 최대 허구이다.

반면, 공화자유주의는 프리덤, 즉 덕성과 책임에 기초한 자유를 핵심으로 한다. 인간은 자연상태에서 고립된 원자가 아니라, 축복 속에 태어난 공동체적 존재이며, 자유는 단순한 해방이 아니라 존중과 자격을 얻을 책임 있는 실천으로 간주된다. 자유는 무조건적인 개인의 권리가 아니라 국가공동체가 요구하는 시민적 덕을 수행했을 때 그에 상응하여 주어지는 것이다.

자유민주주의가 "좋음은 개인이 정하는 것"이라면, 공화자유주의는 도덕적 공허함을 넘어서, "좋음의 선험적 정의인 옳음이 먼저이며, 마땅함이 기준"이라는 도덕적 요구를 동반한다.

롤스의 '얇은 선(thin good)'처럼, 공동체가 공유하는 제1덕목은 어떠한 경우에도 침해되어선 안 되는 기초 질서로 간주된다.

자유민주주의의 정의관은 다양하나 대체적으로 출생운에 대한 일정한 수정 필요성을 다수 이론들이 인정하며, 선택운에 대해서는 자율과 책임의 원리를 강조한다. 공화자유주의는 "마땅함으로서의 정의(justice as deserveness)", 즉 국가공동체 안에서 자신의 역할 이상(role ideal)에 걸맞은 노력과 책임을 통하여 자격을 획득하는 과정을 강조한다. 자유민주주의에서처럼 출생으로 당연히 배분적 정의를 요구할 권한이 발생하는 것이 아니다. 공화자유주의는 결과의 평등이 아니라, 중립화정의론에 기초하여 덕의 합당한 분배를 중시한다.

국가공동체를 이끌어가는 고위공직자에 대해 공화자유주의는 강화된 의무와 약화된 권한으로 상징되듯이 제1덕목에 대해 강한 윤리적 규율을 감내

| 공화 자유주의와 자유민주주의의 비교 | | |
|---|---|---|
| 구 분 | 자유민주주의<br>(Liberal Democracy) | 공화자유주의<br>(Republic Freedomism) |
| 자유 개념 | 리버티(나자유) | 프리덤(나너자유) |
| 권리성 | 천부적 권리 | 의무와 권리의 상호성 |
| 자연 상태 | 만인의 만인에 대한 투쟁 | 축복 속에 탄생 |
| 선 | 개인의 선택 | 제1덕목 우선<br>(상호존중, 정직, 명예, 가족) |
| 정의 | 선에 중립, 배분 정의<br>출생으로 자격 | 역할 이상(role ideal)에<br>부합 마땅함으로서 자격 |
| 운 | 출생 운은 일정 수정,<br>선택 운은 자율과 책임 | 비선택인의 중립화 정의론 |
| 고위공직자 | 제한 없음 | 강화된 의무, 약화된 권리 |
| 자유의 폭 | 비간섭 중심 제한적(positive) | 비지배 포함 폭넓음(negative) |
| 공동체관 | 개인 중심, 공동체는 수단 | 더불어 아우름 |

할 것을 요구한다. 검찰청이 어떻게 개편되든 수사와 기소를 담당하는 공직자에게 검사응보제는 자리에 상응하는 책임과 역할을 함으로써 정당한 자격을 갖기를 요구한다. 국가 권력을 담당하는 고위공직자는 정치권으로 발을 딛는 데는 정치숙려기간을 지나 현직의 후광이 사라진 후라야 가능하다. 고위공직자의 거짓말에 대해서는 단호하다. 인권 차원에서 직접적인 태형을 집행할 수는 없지만 상징 태형제를 통해 그들의 거짓말은 억제되어야 한다.

또한 다수결 제도는 자유민주주의에선 형식적 민주주의의 핵심 수단이나, 공화자유주의는 다수결의 전횡이 정의와 제1덕목을 침해해서는 안 된다는 원칙을 고수한다. 법률은 정당하되, 국가공동체의 도덕적 핵심을 위배하지 않아야 한다.

공화자유주의는 비간섭 뿐 아니라 비지배(non-domination) 개념을 수용함으로써, 자유민주주의보다 실질적으로 더 넓고 깊은 자유를 제공할 수 있다. 타인의 간섭을 피하는 것이 아니라, 불의한 지배 자체가 구조적으로 불가능한 상태를 지향한다. 자유민주주의는 원자화된 개인이 중심이고 공동체는 수단으로 남아 있지만, 공화자유주의는 프리덤을 누리는 국가공동체의 구성원을 모두 아우르고 함께 공존하는 입장이다.

이 책은 자유를 다시 보기를 제안한다. 우리가 무엇을 보는지를 넘어, 왜 그렇게 보게 되었는지를 묻는다. 윌리엄 힐(W.E. Hill)의 『아내와 장모』 그림처럼 자유에는 프리덤과 리버티가 공존하고 있다. 우리가 자유를 리버티로, 프리덤을 그림자로 보게 만든 틀을 다시 묻는다. 우리가 왜 세상을 리버티의 방으로 만들었는지, 왜 늘 리버티만을 비추고 프리덤을 지웠는지를 묻는다. 지각은 도덕이다. 철학은 바로 거기서 시작된다. 세상을 바꾸지 않고 시선을 바꾸는 것, 그것이 사유의 시작이다.

어떤 어려움도 존경심을 지닌 국민을 얻는 어려움보다 더 클 수 없다. 다양한 국민 사이에 사랑이 흘러야 한다. 우리는 원자화된 모래알이 아니다. 살아 있는 모두와, 우리보다 앞서 살았던 사람들, 그리고 우리를 이어갈 사람들 모두를 연결해주는 사랑과 의무의 유대를 생각해야 한다. 공화자유주의는 자유민주주의에서 그치는 것이 아니라 자유민주주의가 놓친 공화국의 덕목을 윤리 · 도덕화 함으로써, 현재는 물론 통시적으로 '나너자유', 즉 프리덤을 새롭게 누릴 수 있는 그런 나라를 구현한다.

결론은 자유민주주의의 보완이 아니라, 자유민주주의의 종언(the end of liberal democracy)이다. 자유민주주의는 리버티의 이상 위에 구축되었지만, 절제되지 않은 자율성과 무한한 권리주의는 국가공동체의 윤리와 연대를 침식시켰다. 프리덤의 자유는 자유민주주의 체계의 파열에서 나온 새로운 대안이며, 자유를 오히려 더 성숙하고 내면화된 방식으로 회복하는 정치철학적 틀이다. 이제 우리는 자유를 되찾아야 한다. 그것은 원자화된 고독으로의 회피가 아니라, 도덕적 질서와 제도적 참여, 공감과 공정의 새로운 통합으로서의 자유를 상상하는 일이다. 공화자유주의는 바로 그 상상의 이름이며, 이 책 전체의 정치철학적 결론이다.

# 찾아보기


## ㄱ

가다라의 돼지_ 48
갈바, 세르비우스 술피키우스_ 356
강희제_ 111
거위스, 앨런_ 251
건륭제_ 111
고르바초프, 미하일_ 123
고비노, 아르투르_ 131
고전적 공화주의_ 350, 353, 354, 360, 361
곤팔로니에레_ 351
공자_ 172, 192, 434, 435
공정한 관찰자_ 192, 194, 265, 281, 291, 300
공화자유주의_ 7, 147, 330, 334, 335, 343, 344, 345, 346, 348, 349, 353, 358, 360, 361, 362, 367, 369, 370, 371, 372, 373, 375, 376, 377, 381, 383, 384, 385, 386, 387, 388, 390, 391, 392, 393, 395, 396, 398, 399, 401, 402, 403, 404, 405, 408, 410, 411, 412, 413, 414, 415, 416, 417, 417, 419, 420, 422, 424, 425, 427, 428, 435, 436, 437, 438,
괴벨스, 요제프_ 295
그라쿠스 형제_ 56, 58
그라티아누스 교령집_ 77, 81
그레고리우스 7세_ 75

기조, 프랑수아_ 100
김광균_ 213
까베냑, 루이 외젠_ 100

## ㄴ

나카무라 마사나오_ 145, 146
나폴레옹 1세– 120
나폴레옹 3세_ 119
네그리, 안토니오_ 170, 310
네로_ 61, 62
네부카드네자르 2세_ 278
노직, 로버트_ 193, 194, 316, 320
누스바움, 마사_ 193, 194, 231, 234, 242, 243, 271, 288, 289, 308, 309, 321, 322, 338, 339, 344
뉴먼, 존 헨리_ 161
니스벳, 로버트_ 260, 273
니체, 프리드리히_ 27, 185, 187, 188, 196, 310, 374, 433
니콜라이 1세_ 102
닐슨, 카이_327, 328

## ㄷ

다비드, 자크 루이_ 97
다윈, 찰스_ 116, 130, 188
대거, 리처드_ 344, 366, 368
대카토, 마르쿠스 포르키우스_ 356
더글러스, 스티븐_ 246

데리다, 자크_ 46, 208

데이비스, 제퍼슨_ 399

데카르트, 르네- 82, 180, 188, 229, 389

데카브리스트의 난_ 102

도광제_ 112

도미티아누스_ 61

도벳_ 383

동굴 속의 내전_ 229

동등한 배려_ 193, 244, 320

들라크루아, 외젠_ 293

디드로, 드니_ 52, 229, 340

라투르, 브뤼노_ 46, 234

라캉, 자크_ 208

랜돌프, 존_ 41, 399

랜드, 아인_ 314, 388

러벳, 윌리엄_ 100

러셀, 버트란드_ 131, 188

러스킨, 존_ 32

레굴루스, 마르쿠스 아틸리우스_ 355

레닌, 블라디미르_ 121, 129

레비나스, 에마뉘엘_ 173, 224, 338, 341

레오나르도 다 빈치_ 293

레오폴드 2세_ 97, 131

레피두스_ 60

로머, 존_ 328

로베스피에르, 막시밀리앙자크 루이_ 85,

97, 115, 378

로스, W.D_ 289, 290, 381, 382, 386, 387

로웰, 러셀_ 348

로크, 존_ 83, 84, 85, 86, 88, 91, 111, 113, 176, 179, 180, 181, 182, 191, 220, 224, 225, 226, 235, 260, 263, 270, 284, 286, 289, 353, 372, 406, 419, 436

롤스, 존_ 28, 30, 194, 195, 196, 238, 239, 240, 241, 242, 244, 289, 290, 317, 319, 320, 321, 327, 340, 380, 384, 414, 415, 436

루소, 장 자크_ 29, 84, 85, 86, 90, 98, 135, 161, 177, 179, 180, 181, 182, 191, 212, 221, 222, 223, 224, 225, 226, 244, 255, 265, 266, 267, 268, 270, 285, 289, 291, 302, 337, 363, 366, 385, 386, 400

루소주의의 꿈_ 385

루스벨트, 시어도어_ 310

루스벨트, 프랭클린_ 42, 117, 250

루이 7세_ 65

루이 16세_ 21, 96, 97, 98

루이 17세_ 97

루이 18세_ 95, 98

루크레티우스_ 60

루터, 마르틴_ 74, 77, 200

룩셈부르크, 로자_ 120

르낭, 에르네스트_ 130
리베르타스_ 54, 75, 162, 164, 165
리스먼, 데이비드_ 213
리처드, 사자심왕_ 65
리처드 3세_ 196, 197
리케르트, 하인리히_ 238
리쾨르, 폴_ 338, 339
리프크네히트, 칼_ 120
릴리우오칼라니_ 114

**ㅁ**

마그나 카르타_ 67
마르크스, 칼_ 14, 29, 52, 63, 112, 119,
121, 122, 127, 188
마리우스, 가이우스_ 59
마키아벨리, 니콜로_ 60, 185, 197, 283,
350, 352, 361, 362, 363, 364, 368
마키아벨리언 계기_ 361, 362
마태효과_ 325
만적의 난_ 20, 325
매디슨, 제임스_ 84, 92, 198, 245, 246,
422
매카트니, 조지_ 111
매킨리, 윌리엄_ 114
맥퍼슨, 크로포드_ 321
메디치, 줄리아노 데_ 350, 351
메리 2세_ 68, 87, 88
메스트르, 조제프 드_ 96

메인, 헨리_ 182
메테르니히_101
모세_ 29, 53, 158, 278, 373
모택동_ 24, 121, 122, 129
목공(穆公)_ 330
몽포르, 시몬 드_ 66, 67
무솔리니, 베니토_ 124, 125, 127
무어, 조지_ 185, 187, 236, 237, 289,
290
무지의 베일_ 31, 139, 194, 244, 290,
319, 320, 378, 414
무함마드_ 192
미노그, 케네스_ 150, 268
미라보, 오노레 드_ 399
미제스, 루트비히 폰_ 112
미켈란젤로_ 293
밀, 존 스튜어트_ 52, 111, 135, 245, 288,
362

**ㅂ**

바버, 벤자민_ 365
바스코 다 가마_ 109
바울, 다소의 사울_ 73
박경리_ 20
박완서_ 29
반다수제_ 247, 248
배빗, 어빙_ 284
버크, 에드먼드_88, 98, 202, 222, 226,

253, 255, 261, 264, 322, 353, 404

베드로_ 165

베르길리우스_ 61

베버, 막스_ 185, 188, 200, 205

베이컨, 프랜시스_ 28, 180

베토벤, 루트비히 판_ 295

벤담, 제레미_ 67, 85, 185, 186, 250, 255, 288, 316, 353

벤하비브, 세일라_ 329

보나파르트, 루이_ 100, 295

보니파키우스 8세_ 76

보름스 협약_ 76

보비오, 노르베르토_ 354

보스워스 전투_ 196

보이지 않는 손_ 194, 209, 210, 264

볼테르_ 96

뷰캐넌, 제임스_ 246

브레넌, 제이슨_ 152

브루투스, 마르쿠스_ 59

비롤리, 모리치오_ 354, 363, 364, 368

비스마르크, 오토 폰_ 120, 203

비스콘티_351

비트겐슈타인, 루트비히_ 172, 305, 306

빌헬름 4세_ 101

사냥꾼-채집자 사회(Late Pleistocene Appropriate)_ 312

사모라, 알칼라_ 125

30년전쟁_ 78, 124

샌델, 마이클_ 14, 191, 219, 239, 240, 241, 242, 323, 326, 338, 340, 341, 344, 345, 346, 365, 368, 377, 378, 379, 398, 411

샤를마뉴 대제_ 75

샤를 4세_ 64

샤프츠베리 3세_ 289, 291

섭명침_ 112

세네카, 루키우스_ 61, 334, 382

센, 아마르티아_ 150, 193, 194, 288, 316, 321

셀레브레이션(Celebration)_ 435

셰익스피어, 윌리엄_ 142, 143, 196

소로, 헨리 데이비드_ 212

소유적 개인주의_ 318, 321

소크라테스_ 56, 183, 197, 222, 223, 246, 284, 434, 435

소포클레스_ 409

쇼펜하우어, 아르투어_ 72

술라, 루키우스_ 59

슈보시(chevauchee)_ 64

스미스, 아담_ 92, 194, 209, 212, 224, 265, 266, 267, 268, 269, 271, 281, 291, 300, 301, 304, 305, 344, 374, 434

스캔런, 토마스_ 226, 231, 232, 234, 289, 290,

스코투스, 존 둔스_ 73
스콧, 드레드_ 133
스크루턴, 로저_ 330
스키너, 퀜틴_ 338, 340, 344, 363, 368, 398
스키피오, 아프리카누스_ 356, 357
스탈린, 조지프_ 121, 122, 125, 128, 129, 188, 189, 294
스테파노 2세_ 75
스토, 해리엇_ 295
스트라우스, 레오_ 46, 308
스포르차_ 351
슬로터다이크_ 46
시저, 줄리어스_ 59, 60, 142, 143, 157, 202
시지윅, 헨리_ 186, 187, 289
신로마공화주의_ 362, 363, 364, 365, 366, 367, 368, 369, 398
십자군_ 75, 76, 351

◉

아그리파, 마르쿠스_ 167
아네슨, 리처드_ 328
아렌트, 한나_ 149, 188, 227, 249, 261, 347, 404, 405
아리기, 조반니_ 266, 270
아리스토텔레스_ 56, 57, 71, 92, 134, 178, 183, 184, 187, 191, 207, 209, 219, 221, 235, 263, 270, 285, 286, 289, 308, 338, 339, 343, 344, 359, 368, 393, 397, 404, 413, 425
아사냐, 마누엘_ 125
아우구스투스(옥타비아누스)_ 58, 66, 167, 350, 404
아우구스티누스, 아우렐리우스_ 72, 73, 184
아우랑제브_ 110
아우스부르크 화의_ 78
아이밀리아누스, 小스키피오_ 357
아퀴나스, 토마스_ 72, 73, 184, 286, 289
아크바르_ 110
아편전쟁_ 112
안토니우스, 마르쿠스_ 60
알렉산드르 1세_ 102
암셀, 마이어_ 255
앙트와네트, 마리_ 97
애덤스, 브룩스_ 348
애덤스, 존_ 93, 119, 222
애덤스, 존 퀸시_ 348
애로우, 케네스_ 247
에드워드 1세_ 76
에드워드 3세_ 64
에드워드 4세_ 196
에로스_ 46, 188, 208
에이어, 알프레드_ 188
에피쿠로스_ 54, 61

엔텔레케이아_ 287

엘레오노르_ 65

엘리자베스 1세_ 87, 108

엠마누엘레 3세, 비토리오_ 125

엥겔스, 프리드리히_ 14, 118, 119, 407

역할 이상(role ideal)_ 312, 313, 314, 436, 437

영, 아이리스_ 234, 242, 328, 329, 338, 384

예수_ 71, 192, 200, 247, 252, 323, 434, 435

오리엔탈리즘_ 46, 52, 53, 130

오비디우스, 푸블리우스_ 61

오설리번, 존_ 113

오웰, 조지_ 123

오이디푸스_ 409

오토 1세_ 75

와트, 제임스_ 108

와트 타일러의 난_ 20, 325

왓슨, 헨리_ 112

왈쩌, 마이클_ 193, 194, 262, 314, 323, 393, 400, 415, 416

외모지상주의_ 17

우르바누스 2세_ 75

울스턴크래프트, 메리_ 135

워싱턴, 조지_ 89, 94, 96, 357

월 폴 내각_ 89

위그노 전쟁_ 78

윌리엄 3세_ 68

윌리엄스, 버나드_ 231, 232, 324

윌버포스, 윌리엄_ 115

윌슨, 우드로_ 128

윤리적 이기주의_ 314

이승만_ 152

이오카스테_ 409

이이_ 24

인노켄티우스 3세_ 76

임칙서_ 112

**ㅈ**

자크리의 난_ 20

잭슨, 앤드류_ 399

쟈가노트의 행진_ 203

정여립_ 20

정철_ 21

제1의무(prima facie duties)_ 381

제임스 2세_ 87, 88, 89

제퍼슨, 토마스_ 93, 114, 168, 212, 255

조지 3세_ 111, 168

존슨, 사무엘_ 252

존슨, 앤드류_ 114

존 왕_ 67

중첩적 합의_ 319, 380

**ㅊ**

찰스 1세_ 21, 68, 89, 180, 352

찾아보기

찰스 2세_ 87, 88, 352
채플린, 찰리_ 206, 294
처칠, 윈스턴_ 117, 157
초다수제_ 247, 248

ㅋ

카, T.H._ 230, 270
카라칼라, 안토니누스_ 61
카르납, 루돌프_ 186
카를로스 1세, 후안_ 127
카사스, 바르톨로메 데 라스?_ 108, 109
카시우스_ 59, 142
카토, 마르쿠스_ 356, 357, 396
칸트, 임마누엘_ 27, 86, 180, 185, 186,
192, 198, 205, 230, 236, 237, 238, 254,
264, 270, 284, 285, 289, 290, 294,
298, 301, 302, 303, 304, 305, 316,
319, 338, 339, 343, 344, 358, 372,
380, 389, 394,
칼훈, 존_ 247, 248
캉캉푸아_ 29
케인스, 존_ 24, 189, 280
코제브, 알렉산더_ 46
코헨, 제럴드_ 327, 328
콕토, 장_ 261
콘스탄티누스_ 62, 70
콩스탕, 벤자민_ 54, 350
콩트, 오귀스트_ 188, 348

쿠르베, 귀스타브_ 293
크랜머, 토마스_ 407
크롬웰, 올리버_ 352, 353, 378
클레망소, 조르주_ 254, 399
클레멘스 5세_ 76
클레멘스 7세_ 351
클레이, 헨리_ 399
키루스 2세_ 53, 278, 316
키에르케고르, 쇠렌_ 186, 207
키케로_ 43, 60, 61, 83, 178, 270, 313,
353, 357, 361, 364, 398
킨키나투스, 루키우스 퀸티우스_ 357

ㅌ

타나토스_ 208
타르퀴니우스, 수페르부스_ 58, 66
털럭, 고든_ 247
테일러, 찰스_ 231, 233, 241, 242, 307,
327, 337, 338, 344, 365, 368, 414, 415
토이브너, 군터_ 271
푸가초프의 난_ 20
트럼프, 도널드_ 16, 39, 254
트로츠키, 레온_ 121, 125
트루먼, 해리_ 133
티모스_ 46, 208, 397
티에르, 아돌프_ 120

**ㅍ**

파르지팔_ 410

파브리키우스, 가이우스_ 354, 355

파블로비치, 콘스탄틴_ 102

판옵티콘(panopticon)_ 386

팽크허스트, 에멀린_ 136

퍼거슨, 애덤_ 148

페르디난트, 프란츠_ 116

페리, 매튜_ 128

페리클레스_ 55

페인, 토마스_ 64, 202, 253, 254, 255

페팃, 필립_ 338, 340, 344, 363, 364, 368

펠로폰네소스 전쟁_ 54

포셋, 밀리선트_ 136

포이어바흐, 루트비히_ 80, 280

포칵, 존_ 361

포트, 폴_ 122, 129

포퍼, 칼_ 209

폴라니, 칼_ 38

폴리비오스_ 415

푸날루아 가족_ 407

푸시킨, 알렉산드르_ 399

프라이스, 리처드_ 88

프란츠 1세_ 101

프랑코, 프란시스코_ 126, 127

프로스크립티오_ 59

프루동, 피에르 조제프_ 318

플라미니누스, 퀸투스_ 356, 357, 396

플라시 전투_ 110

플라톤_ 56, 61, 72, 134, 172, 177, 183, 185, 186, 189, 190, 209, 222, 233, 286, 308, 316, 357, 359, 394, 397, 404, 411

피로스_ 354, 355

피핀 2세_ 75

필리프, 루이_ 100

필리프 4세_ 76

필리프 6세_ 64

**ㅎ**

하드리아누스_ 157, 162

하디, 토마스_ 212

하버마스, 위르겐_ 238, 338, 339, 395

하이데거, 마르틴_ 207, 235, 258, 323

하이에크, 프리드리히_ 25, 148, 150, 194, 195, 270, 304, 305, 338, 339, 344

하인리히 4세_ 75

하트, 마이클_ 170, 310

한니발, 바르카_ 163, 355, 356

할둔, 이븐_ 408

합당한 불일치_ 380

해링턴, 제임스_ 352

해밀턴, 알렉산더_ 92, 93, 168, 372, 398, 399

허치슨, 프랜시스_ 290, 291

헌팅턴, 새뮤엘_ 46, 270

헤겔, 게오르그_ 46, 86, 176, 203, 204, 208, 230, 290, 305, 306, 307, 343, 376

헤르더, 요한_ 229, 231, 360

헤밍웨이, 어네스트_ 295

헤시오드_ 324

헨리 2세_ 64, 65

헨리 3세_ 67

헨리 5세_ 68

헨리 8세_ 86, 108, 169, 170

호라티우스_ 31, 61

혼트, 이스트반_ 268

홉스, 토머스_ 29, 37, 82, 84, 85, 92, 111, 113, 124, 172, 177, 178, 180, 181, 191, 221, 223, 224, 225, 235, 245, 260, 270, 285, 302, 368, 376, 384, 387, 388, 436

후설, 에드문트_ 305, 306

후쿠야마, 프랜시스_ 45, 46, 47, 84, 432

후쿠자와 유키치_ 145, 147

휘트먼, 월터_ 294, 310

휴스턴, 샘_ 398

흄, 데이비드_ 69, 180, 184, 185, 191, 193, 222, 228, 237, 270, 289, 291, 298, 299, 300, 304, 305, 310, 316

히데키, 도조_ 129

히틀러, 아돌프_ 120, 125, 126, 127, 128, 132, 188, 189, 209, 246, 254

힌덴부르크, 파울 폰_ 128

힐, 윌리엄_ 228, 438